船山遺書

第四册

礼记章句（上）

[清] 王夫之 著

中国书店

目录

礼记章句（上）

礼记章句（上）

礼记章句序（增补）

《易》曰："显诸仁，藏诸用。"缘仁制礼，则仁体也，礼用也；仁以行礼，则礼体也，仁用也。体用之错行而仁义之互藏，其宅固矣。人之所以异于禽兽，仁而已矣。中国之所以异于夷狄，仁而已矣；君子之所以异于小人，仁而已矣；而禽狄之微明，小人之夜气，仁未尝不存焉；惟其无礼也，故虽有存焉者而不能显，虽有显焉者而无所藏。故子曰："复礼为仁。"大哉礼乎！天道之所藏而人道之所显也。

仁之经纬斯为礼，曰生于人心之不容已，而圣人显之。逮其制为定体而待人以其仁行之，则其体显而用固藏焉。《周礼》六官、《仪礼》五礼，秩然穆然，使人由之而不知。夫子欲与天下明之而发挥于不容已，精意所宣，七十子之徒与知之，施及于七国、西汉之初，仅有传者，斯戴氏之《记》所为兴也。故自始制而言之，则《记》所推论者体也，《周官》《仪礼》用也；自修行而言之，则《周官》《仪礼》体也，而《记》用也。《记》之与《礼》相倚以显天下之仁，其于人之所以为人，中国之所以为中国，君子之所以为君子，盖将舍是而无以为立人之本，是《易》《诗》《书》《春秋》之实缊也。

天下万世之为君子，修己治人，皆以是为藏身之固，而非是则仁道不显，而生人之理息矣。是以先儒莫不依礼以为躬行之密用，而论撰姑缓焉。非徒悯于礼经之阙佚而无以卒其业，亦以是为道之藏而不可轻也。虽然，沿此而俗儒纂诂以应科举者，乃以其支离鄙之言附会成书，文义不属，而微言之芜敝也愈以远。明兴，诏定《五经》，徒取陈氏之书，盖文学诸臣之过，而前无作者，不能阙以姑待，取办一时学宫之用，是其为失盖有由然，而亦良可憾已。

夫之生际晦冥，遭悯幽怨，悼大礼之已斩，惧人道之不立，欲乘未死之暇，上溯《三礼》，下迄汉、晋、五季、唐、宋以及昭代之典礼，折中得失，立之定断，以存先王之精意，徵诸实用，远俟后哲，而见闻交诎，年力不遑，姑取戴氏所记，先为章句，疏其滞塞，虽于微言未知或逮，而人禽之辨、夷夏之分、君子小人之别，未尝不三致意焉。天假之年，或得卒业，亦将为仁天下者之一助。倘终不逮，则世不绝贤，亦以是为后起者迻言之资也。

岁在癸丑日长至衡阳王夫之序。

礼记章句卷一

《礼记》者，汉戴氏圣述所传于师，备五礼之节文而为之记也。《周礼》《仪礼》，古礼经也。戴氏述其所传，不敢自附于经，而为之记，若《仪礼》之记，列于经后以发明之焉。孔子反鲁，定礼乐，引申先王之道而论定其义，辑礼经之所未备而发其大义，道其微言。七十子之徒，传者异闻而皆有所折中，以至周末洎汉之儒者，习先师之训，皆有纪述。小戴氏承众论之后，为纂叙而会归之，以为此书，显微异同之词，虽若不一，而于以体先圣复性以立人极之意，其不合者鲜矣。善学者通其意以会其同，辨其显以达其微，其于先王穷理尽性、修己治人之道，明而行之，亦庶乎其不远矣。

曲礼上

"曲"者，详尽委曲之意。此篇举礼文之委曲，以诏人之无微而不谨，尤下学之先务。先儒因简策繁多，分为二篇。上篇凡六十三章。旧未分章，诸说多所割裂，今寻绎文义，为之节次如左。

《曲礼》曰：毋不敬，俨若思，安定辞，安民哉。

言《曲礼》者，举篇名以冠一篇之文。"曰"者，列其目之辞。"毋不敬"，大小众寡之不敢慢，动而慎也。"俨若思"，未有思而端严凝志，若有所思，静而存也。"安"，审处其当也，循事察理，必得其安，而后定之以为辞说，言而信诸心也。此三者未及于安民之事，而以此自治而临人，则天下之理得而情亦可通矣。于以安人，奚难哉！民者，人之尽辞。此言君子行礼反躬自尽之要。

右第一章。按此章原本正心修身之道以为礼之本，而圣学之功举不外于此，盖一篇之统宗，全经之体要备矣。

敖不可长，欲不可从，志不可满，乐不可极。敖，五报反。长，丁丈反。从，足用反。乐，卢各反。

"志"者，心有所期于事也；"乐"，得其意之所适也。四者之动，以礼节之，则各适其当而不流，是以君子贵乎循礼也。

贤者，狎而敬之，畏而爱之。

"狎"，亲也；虽狎必敬，虽畏不忘其爱，则礼行乎其间矣。

爱而知其恶，憎而知其善。

能节其情，则善恶之理见矣。

积而能散，安安而能迁；临财毋苟得，临难毋苟免；狠毋求胜，分毋求多。难，乃旦反。分，如字。

"安安"者，安于其安。"迁"，无怀土之心也。"毋求胜"者，自反而缩，虽败犹荣也。"分"，与人分财。"积"与"狠"虽非君子之所务，而货恶其弃于地，则积而非贪，以直报怨，则狠而非戾。六者能审乎利害死生之间，以反诸其节，则私欲不行，义立而礼行矣。

疑事毋质，直而勿有。

"质"，证也。事之然否曲直未明见而信诸心，毋质证以为固然。其直者虽可自信，抑勿挟而有之以与人竞能焉，如此，则私意不行而天理以见矣。

若夫，坐如尸，立如齐，礼从宜，使从俗。夫，防无反。齐，侧皆反。使，疏吏反。

"从俗"，谓所使之国所习行之礼。上言学者去私循理以为行礼之本，则自强于礼，而不挟己自是以拂乎人情，其于容貌之庄，权宜之中，亦举而措之而已。此盖有阙文。详见《大戴记》。

右第二章。此章言节情去私为礼之本，与上章相承而立言，以为一篇之纲领。上章言存理之学，而此章言遏欲之事。先存理而次遏欲者，圣学所以异于异端而有本也。此下四章则以发明礼之大旨，本立而用斯行矣。

夫礼者，所以定亲疏，决嫌疑，别同异，明是非也。夫，防无反。别，笔列反。

"定"，谓不以私爱逆天伦也。相似曰"嫌"，未审曰"疑"，"别同异"者，别其似同而异，似异而同也。

礼，不妄说人，不辞费。说，与"悦"同。

亲疏定，嫌疑决，则不妄说人矣。同异别，是非明，则不待辞之费而自辩矣。

礼，不逾节，不侵侮，不好狎。好，呼报反。

"节"，亲疏、嫌疑、同异、是非之定则也。有礼而节不逾，则其于人也，亢而不侵侮之，卑而不玩狎之矣。

右第三章。

修身践言，谓之善行。行修言道，礼之质也。行，下孟反。

"道"，顺也。能修其身以践其言，则行修矣。所言者皆可修之于身，则言顺矣。

礼闻取于人，不闻取人。

君子秉礼在躬，人将取则。身不修，言不道，强欲效人以行礼，质不立而所行皆伪矣。

礼闻来学，不闻往教。

有自修之心则来学而因以教之，若未能有自修之志而强往教之，则虽教亡益。故君子修身务本，而后可以学礼。

右第四章。

道德仁义，非礼不成；教训正俗，非礼不备。

在理曰"道"，在心曰"德"。"仁"者，爱之礼。"义"者，心之制。礼以显其用，而道德仁义乃成乎事矣。设科以督正之曰"教"。启释其所未通曰"训"。教训斯民以正其俗者，以为善去恶为大纲，而非示之以礼，则不能随事而授之秩叙，以备乎善也。

分争辨讼，非礼不决；君臣上下、父子兄弟，非礼不定；宦学事师，非礼不亲；班朝治军、莅官行法，非礼威严不行；祷祠祭祀，供给鬼神，非礼不诚不庄。朝，直遥反。

"上"，官长。"下"，贰属。游学曰"宦"。"亲"者，亲其师友。"班朝"，序朝位也。"祷"，祈也。"祠"，辞也，谓告祭也。地祇曰"祭"，天神曰"祀"。"供"，荐；"给"，备物；谓宗庙馈食之祭。"诚"，尽其心也。"庄"，饬其事也。

是以君子恭敬、撙节、退让以明礼。撙，祖本反。

"恭"，神之肃也。"敬"，心之慎也。"撙"，酌也。"节"，制也。"退"，自抑也。"让"，逊于人也。礼著于仪文度数，而非有恭敬之心、撙节之度、退让之容，则礼意不显。君子知礼之无往不重，而必著明其大用，使人皆喻其生心而不容已，故内外交敬，俾礼意得因仪文以著，而礼达乎天下矣。

鹦鹉能言，不离飞鸟；猩猩能言，不离禽兽。今人而无礼，虽能言，不亦禽兽之心乎？夫惟禽兽无礼，故父子聚麀。是故圣人作为礼以教人，使人以有礼，知自别于禽兽。离，力知反。猩，音生。"不离禽兽"，卢氏本作"走兽"。夫，防无反。

在野曰"兽"，见获曰"禽"。《易》："田无禽。"御法："逐禽左。"皆谓兽也。鹿牝曰"麀"。"作为"者，因人心自有之制而品节之为章程也。天之生人，甘食悦色，几与物同。仁义智信之心，人得其全，而物亦得其一曲。其为人所独有而鸟兽之所必无者，礼而已矣。故"礼"者，人道也。礼隐于心而不能著之于外，则仁义知信之心虽或偶发，亦因天机之乍动，与虎狼之父子、蜂蚁之君臣无别，而人道毁矣。君子遭时之不造，礼教坠，文物圮，人将胥沦于禽兽，如之，何其不惧邪？

右第五章。

大上贵德，其次务施报。礼尚往来。大，他盖反。施，以鼓反。

"大上"，谓大贤以上也；君子秉仁义以接物，而不因人之顺逆以异其施。其次，则虽自尽而不能忘于物矣，故施报交致，而后人劝于善。"礼"者，以齐天下，合贵贱贤不肖而纳于道者也，是故因其施报之情而将之以酬酢，则达情兴行而人无不劝也，是以"礼尚往来"。

往而不来非礼也，来而不往亦非礼也。

以礼接人者，必以礼应；应以礼者，必更以礼接之。觐问之有劳贿，祭祀之有碫撰，以及于登降揖让，无不然者。

人有礼则安，无礼则危。故曰：礼者，不可不学也。

有礼则心泰而行亨，无礼则心歉而行竞。

夫礼者，自卑而尊人。虽负贩者，必有尊也，而况富贵乎？ 夫，防无反。

人心固有之退让，礼所生也；虽负贩者不能泯之。

富贵而知好礼，则不骄不淫；贫贱而知好礼，则志不慑。 好，呼报反。

"慑"，怯惑也。以礼立身则所行皆裕，富贵贫贱不足以移之。

右第六章。此上六章通论礼为德行之要、委曲必尽之意。自此以下乃列其事而目言之，皆礼之曲也。

人生十年曰幼，学。二十曰弱，冠。三十曰壮，有室。四十曰强，而仕。五十曰艾，服官政。 幼、弱、壮、强、艾，绝句。下耆、老同。冠，右乱反。艾，鱼肺反。

"十年"者，通十年以后，二十以下放此。八岁而入小学，十五而入大学，在十年之先后也。"弱"，未强之称。"壮"，气盛也。舜三十未娶而称鳏，则"有室"亦通三十前后也。"强"，骨坚也。"艾"，治也；谓阅历足任治也。"官政"，大政。古者四十始试为士，三载考绩，三考历中、上士，五十而使受命为大夫，与闻国之大政。

六十曰耆，指使。七十曰老，而传。八十、九十曰耄。

"耆"之为言至也，言已至老境也。"指使"，谓指事使人，不躬亲也。"传"，传家政授子孙，已就养也。"耄"，惛忘也。

七年曰悼。悼与耄，虽有罪不加刑焉。

"悼"，谓可怜爱也。悼无知，耄虽有知而无力，故矜其有罪，均于恤幼。

百年曰期颐。

"期"，待。"颐"，养也。饮食衣服皆待人，不能自服食也。

大夫七十而致仕。若不得谢，则必赐之几杖，行役以妇人，适四方乘安车。

"谢"，免也。阮谌《礼图》云：几长五尺，高二尺，广二尺，置坐侧以凭而安体。赐几杖，则入公门携以从。"以"，携也。古者六十闭房，七十开房，行役携妇人以温体。"安车"，庳轮小车，驾一马，可坐乘者。

自称曰"老夫"，于其国则称名。

"自称"者，行役而称于异国也。于其国，对君称名，君臣之义虽老不废。

越国而问焉，必告之以其制。

"告之以其制"者，先以国之旧制告之，而听其裁酌，使知因革也。他国之制非所素习，故必告之。此二句与上下文义不属。朱子谓《曲礼》杂取精要之语集以成篇，然则采辑者因文连而未删，于养老敬长之义无与，不必强为附合也。

谋于长者，必操几仗以从之。长，丁丈反。下同。从，疾用反。

所谋者或非俄顷所决，长者小步伫思，则操几杖而从其后，示若从游，不相迫也。

长者问，不辞让而对，非礼也。长，丁丈反。

"问"，谓问道艺。

右第七章。此章序人生历年人事之节、勤逸之差，因以推长长老老之道。其下五章皆因是而广记之。

凡为人子之礼，冬温而夏清，昏定而晨省。清，七性反。

"温"，谓篝火加纩之类。"清"，谓奉箑进浴之类。"定"者，安置其枕簟。"省"者，候问向夕之安否。

在丑夷不争。

"丑夷"，等类也。谓兄弟与己同事父母，温清定省，人各自致，不可争先取悦，贻兄弟之忌，以伤父母之心。

夫为人子者，三赐不及车马。夫，防无反。

仕者一命受爵，再命受服，三命受车马，受车马而尊备矣。父在，虽年逾五十，爵为大夫，不敢受车马之赐，嫌于以贵临亲也。

故州闾乡党称其孝也，兄弟亲戚称其慈也，僚友称其弟也，执友称其仁也，交游称其信也。"其弟"之"弟"，特计反。

二十五家为"闾"，四闾为"族"，五族为"党"，五党为"州"，五州为"乡"。"亲"，谓同姓之疏者。"戚"，姻亚也。"慈"，犹和也。同官为"僚"，同业为"执"。"交游"，所相往来者。"信"，谓纯厚可依任也。人惟倨傲之情不能自抑，则无以顺亲，而动与物忤；能以退让之道事其亲，而人皆宜之矣。故曰：孝，顺德也。

见父之执，不谓之进不敢进，不谓之退不敢退，不问不敢对。

"执"，执友。"不问"而言"不对"者，谓或问他人，己虽知，不敢对也。

此孝子之行也。行，下孟反。

总结上文。

右第八章。

夫为人子者，出必告，反必面，所游必有常，所习必有业。夫，防无反。告，古沃反。

"反"言"面"者，既面则自知其反，不待告也。若所出不果，则亦告。"有常""有业"，皆素令父母知之，其或改业，亦必以告。

恒言不称老。

凡言语皆避之。"老"者，人子之心所怆怛不忍言也。

年长以倍，则父事之。长，丁丈反。下同。

谓己年二十以上，交游四十以上者。

十年以长，则兄事之，五年以长，则肩随之。

"肩随"者，并行而差退逊，不敢与齐等。

群居五人，则长者必异席。

古者席长二寻，容四人。五人则最长者别专一席，余不敢与同席。敬老以其近于父，敬长以其近于兄，一孝弟之推也。

右第九章。

为人子者，居不主奥，坐不中席，行不中道，立不中门。

命士以上，父子始异宫，此言与父同宫者。"奥"，室中西南隅。"中席"，谓专席而居其中。"道"，门内道。"中门"，枨阗之间也。

食飨不为槩，祭祀不为尸。食，祥吏反。

食宾曰"食"，以酒曰"飨"。"槩"者，平器之名，谓酌也。凡食醑飨献，主人酌之；"不为槩"者，不自为主人也。己为尸而父助祭，则己尊父卑。郑氏谓"尸卜筮无父者"是也。

听于无声，视于无形。

以父母之心为心，则凡有意指，不待言色而审知之矣。为君子者，未有以言色诏其子者也。

不登高，不临深，不苟訾，不苟笑。

"訾"，非诋。"笑"，嘲谑也。登临或致陨坠，訾笑将召怨辱，皆以伤父母之心。

孝子不服暗，不登危，惧辱亲也。

"服"，执事也。"暗"，暗处。不执事于暗处，恐触物亏体。"危"，亦高也。重言者，亦记者杂集之词。

父母存，不许友以死，不有私财。

"许友以死"者，为友报仇，有死之道也。子畏于匡，颜渊后。子曰："吾以女为死矣。"曰："子在，回何敢死？"然则夫子遇害，颜子其死矣。颜路存而可以殉师者，何也？盖许友以死者，未必死而有死之心也。颜子之于匡，即令其死而变出意外，初无致死之道与必死之心。若时值其变，可以死而无死，则抑偷生以辱亲矣。

右第十章。

为人子者，父母存，冠衣不纯素；孤子当室，冠衣不纯采。纯，诸允反。

"纯"，缘也；冠之缘，则武也。父母存，深衣青缘，其或缟冠，则亦玄武。"孤子"，谓年未三十而父没者。"当室"，谓冢子专家政，虽除丧，冠衣素纯，感早孤也。若三十以后，有代亲之道，及庶子生本迟暮，纯采可也。

右第十一章。

幼子常视毋诳。

"视"，古与"示"通。言教示幼子，常必以正，毋戏语，令习闻诳说。

童子不衣裘裳。 衣，于既反。

盛饰则习为泰侈。

立必正方，不倾听。

"正方"者，随室之四方，恒正立，不面隅也。"不倾听"者，凝神以伺，长者虽低语，不必倾耳而闻。

长者与之提携，则两手奉长者之手；负剑辟咡诏之，则掩口而对。 长，丁丈反。奉，方勇反。辟，匹亦反。

"奉长者之手"，敬爱以承也。"负"，背负之。"剑"，旁挟之，如带剑状。"辟"，偏也。口旁曰"咡"。或负，或剑，而倾头附耳以与之语，则掩口以对，以屏气也。

从于先生，不越路而与人言。 从，才用反。

"先生"，通师与父兄之称。"越路"，迤行也。

遭先生于道，趋而进，正立拱手。先生与之言则对，不与之言则趋而退。

"趋"，流水步。"趋而进"，急于见也。"趋而退"，重烦之也。古者相见，不拜则不揖，揖所以肃宾而进之。

从长者而上丘陵，则必乡长者所视。 从，才用反。长，丁丈反。上，时掌反。乡，许亮反。

平地起阜曰"丘"，高山迤下曰"陵"。"上丘陵"者，登眺也。"乡长者所视"，不敢佻，且待问也。

右第十二章。此上五章，承第七章而广记事父母兄长之礼。孝弟者，德之本，礼之实也。谨诸此以达乎众礼之原，则天礼之节文皆生心而不容已矣。自此以下，乃杂记应对、进退之节以广之。

登城不指，城上不呼。 呼，火故反。

恐惑人也，大叫曰"呼"。

将适舍，求毋固。将上堂，声必扬。 上，时掌反。

"舍"，旅馆。"求毋固"者，有所需求，不可必得。"堂"，室基。"声必扬"者，时堂上先有人则然。

户外有二屦，言闻则入，言不闻则不入。将入户，视必下。入户奉扃，视瞻毋回；户开亦开，户阖亦阖；有后入者，阖而勿遂。闻，亡运反。奉，芳勇反。

古者脱屦乃坐，"有二屦"，则先有客在坐。"言不闻不入"者，徘徊扬声警之而后入，疑有私秘，勿干掩之也。"视必下"者，恐有不欲令己见者，便令覆蔽也。"扃"，门扇上镮钮。"奉扃"者，开不令骤，勿触内人。此言户阖者也。"回"，邪视也。开阖必因其旧者，虑主人之开阖有故也。"阖而勿遂"，亦谓户阖者，勿遂尽阖，嫌拒后人；小阖之，使后人者亦知阖耳。

毋践屦，毋踖席，抠衣趋隅，必慎唯诺。唯，以水反。

"屦"，谓先客所脱屦。"踖"，亦践也。"惟""诺"，皆应声；"惟"，恭于"诺"。"慎"，谓不爽其节。

右第十三章。自此以下至第十六章，皆记升堂入室之礼。大要为少事长者言之，而成人以后，主宾相接，趋朝奉使，亦因类而通之。

大夫、士出入君门，由闑右，不践阈。

"门"，门橛也。门以向堂为正。"闑右"，东也。宾客入门而左，臣不敢当宾礼，入门而右，示从君也。"阈"，门限也。闑在门中，阈倚之，车行则去阈。"践阈"，践阈际也。言"士""大夫"者，上统卿，侯国之卿亦上大夫耳。

右第十四章。此章因上章入门升堂之文而广记之。少者入长者之门，亦不敢当宾而由右。凡若此类，皆可推而通之也。

凡与客入者，每门让于客。

"凡"者，统尊卑之辞。"与"，延也。"每门"者，诸侯则有应门、库门、庙门，大夫则有大门、庙门或寝门。"让"，让之先，让已乃揖。

客至于寝门，则主人请入为席，然后出迎客。

言"寝门"者，据在寝而言。在庙亦然。"然后出迎客"者，请入为席之意云然耳，实未入也。"为"，治也。

客固辞，主人肃客而入。

一辞曰礼辞，再辞曰"固辞"。不三辞者，主人听许不入为席，即便肃客入也。"肃"，揖也。

主人入门而右，客入门而左；主人就东阶，客就西阶；客若降等，则就主人之阶。主人固辞，然后客复就西阶。

"降等"，谓大夫于异国之君，士于大夫。

主人与客让登，主人先登，客从之。

"主人先登"，亦谓降等之客。若主客敌等，则同登。

拾级句**，聚足连步以上**。拾，本"涉"字之误。上，时掌反。下同。

"涉"，践而登也。"级"，阶之等也。"涉级"之法，前足蹋一等，后足从之併，而后前足又升，使步相连。

上于东阶，则先右足；上于西阶，则先左足。

便相乡也。

右第十五章。

帷薄之外不趋，堂上不趋，执玉不趋。

"不趋"，则步也。"趋"者，前足践地，后足即起；"不趋"，则前足安而后足移也。"帷"，布幔。"薄"，帘也。大夫以薄，士以帷。"帷薄之外"，大门外。凡趋以敏示敬，未见尊者则不为容。言"帷薄"，则天子诸侯之屏外不趋可知已。堂上地迫，不容趋。"玉"，聘者所执圭、璧、琮、璋。"执玉"，重玉，虽堂下亦不趋。

堂上接武，堂下布武。

"武"，足迹也。"接武"，迹相接，每移足蹋前迹之半，其步密也。"布武"，后足继进，当前足迹之尽处，各自成迹，不相蹋也。此皆谓步之容也。堂上地狭，虑与人相抵摩，故其步密，堂下则步阔。

室中不翔，并坐不横肱。

皆嫌其迫人也。行而张拱曰"翔"。

授立不跪，授坐不立。

恐烦受者俯仰。若尊者坐，则跪授之。

右第十六章。

凡为长者粪之礼，必加帚于箕上，以袂拘而退。其尘不及长者，以箕自乡而扱之。为，于伪反。长，丁丈反。拘，古侯反。乡，许亮反。扱，读若"吸"，许急反。

"粪"，扫也。初奉箕帚时，加帚箕上，两手奉箕，恭也。"袂"，左袂。"拘"，曲拥如钩。右手扫而左袂外拘，蔽之也。"退"，却行。《史》所谓"拥篲却扫"者是也。"尘不及长者"，通上下文言之。"扱"，敛粪入箕内也。敛粪时，箕内乡而乡外扫之，使箕后膺乡长者，亦以御尘。

右第十七章。此章以下至二十三章，皆记侍坐之礼。其宾主之坐异者则别记之，同者则即侍坐而见也。此章记粪礼。"粪"者，布席之始事。

奉席如桥衡。奉，芳勇反。桥，居妙反。

谓为长者奉席也。"桥衡"，桔槔上横木，"有低昂"者，席有首尾，展而奉之，左手举席首，昂；右手承席尾，低；如桥衡之低昂然。

请席何乡，请衽何趾。乡，许亮反。下同。

此将布席而请也。"衽"，卧席。言"请衽"者，因请席而类记之。问"何趾"者，首尊，不敢斥言。

席南乡、北乡，以西方为上；东乡、西乡，以南方为上。

"南""北"，下上；"东""西"，左右也。此据路寝南面而推言之尔。"为上"者，专一席则席有首尾，席首为上；若非一席，则坐时以北为尊卑之次。西南为奥，深密尊崇，故其方尊。此记室中之席。若堂上，则或东上、北上，如《乡射》《燕礼》所记。

若非饮食之客，则布席，席间函丈。

"函"，空处所容也。饮食之客，宾主各有定位，相去疏远。若非饮食，则讲说须密迩，故相对设席，去一丈。古一丈当今官尺六尺，凡言丈尺者放此。

主人跪正席，客跪抚席而辞。客彻重席，主人固辞。客践席，乃坐。

"抚"，手据之也。"重"席者，客大夫以上则设之。此下四节记宾主即席之礼。

主人不问，客不先举。

"举"，称言也。客来必有故，嫌于急自暴，故必主先问之。

将即席，容毋怍。两手抠衣，去齐尺。齐，子斯反。

"怍"，色变如怍也。"抠衣"，便坐时展之。"齐"，裳下缉。"去齐尺"者，齐去地尺。

衣毋拨，足毋蹶。蹶，居卫反。

"拨"，发扬貌。"毋拨"者，方坐之顷，振身敛衣令收摄也。"蹶"，跃也；举足高则若跳跃然。

先生书策琴瑟在前，坐而迁之，戒勿越。

此记侍坐之礼。"坐"，跪也。"在前"者，谓当即席之路也，须迁之乃可即席。既过，仍还迁故处而后坐。"戒"者，慎饬之辞。

虚坐尽后，食坐尽前。尽，子忍反。

尽后，谦也。尽前，恐污席也。

右第十八章。

坐必安，执尔颜。长者不及，毋儳言。长，丁丈反。

"安"，不摇动也。"执"，守也。以心神存守其颜，而后颜从心以正也。"儳"，暂貌，谓忽然而言及之。

正尔容，听必恭。

"正容"者，勿流视，无惰色也。持听以恭，其听乃察。

毋剿说，毋雷同。必则古昔，称先王。剿，初交反。

"剿"，夺也，谓人方言而中夺之以伸己说也。"雷同"，铦然群净，无所分别之貌，谓人方言此，己无异义相竞复说也。人之为言不生于心，不审于理，仓猝而发，其不陷于此二者鲜矣。"剿说"则私意横行而众论不伸，"雷同"则不顾其安而增其惑乱，乃其妄之所自起。则惟竞流俗之长短，为异为同，不出于里巷之是非。若能称古昔，法先王，则斟酌群心，而徐喻以至理，为之折中，及其论定，不求异于人而自非人之所能及，亦何暇剿人之说，而亦何屑与之雷同哉！此虽小学之所早戒，而亦士君子之所不易持者，可勿慎哉。

右第十九章。按此章及"将适舍、求毋固"之类，俱叶韵为短句；临川吴氏曰，取其诵读之易而便于童习也。古书阙而教法泯，俗间率以周兴嗣《千文》、李瀚《蒙求》开其先。士大夫之家颇知其无用而舍旃，童习之初，遽授《小学》《孝经》等书，字语参差，往往不能以句；教者强揠学者苦难，又胡能使之乐学哉？程子尝欲作诗略言洒扫、应对、事长之节，其说韪矣。

侍坐于先生，先生问焉，终则对。

不敢自矜敏速。

请业则起，请益则起。

"请业"，问所习。"请益"，闻教未了而更求详也。

父召无诺，先生召无诺，惟而起。 惟，以水反。

"无诺"，亦"惟"也。"先生"，谓师也。先生之召均于父，敬之至也。"诺"者，应朋友之声。

侍坐于所尊敬，毋余席。见同等不起。

"所尊敬"者，位尊齿长者。虚坐尽后，宾主则然。侍于尊者则尽前，以亲近为敬也。"同等"，同辈也。尊统于一，私敬不伸，故不起。

烛至起，食至起。

趋，执事也。

上客起。

尊者之客，随尊者起也。

烛不见跋。

古者以炬为"烛"，束蒿薪以膏灌之，手所持处谓之"跋"。"不见跋"者，两手高举之。

尊客之前不叱狗，让食不唾。

"让食"，谓两人共食，二者皆粗鄙之尤，然不觉察，则或有然者。

侍坐于君子，君子欠伸，撰杖屦；视日蚤莫，侍坐者请出矣。 撰，仕转反。莫，麦故反。

"欠伸"，呵气而侧伸其躬，倦容也。"撰"，料理也。"请出"者，达君子之意。

侍坐于君子，君子问更端，则起而对。 更，古行反。

"更端"，别有问难也。"起"者，敬以受益；君子命之复坐，乃复坐。

侍坐于君子，若有告者曰"少闲，愿有复也"，则左右屏而待。 闲，如字。复,芳服反。

"闲",空暇也。"复",如《周礼》"复逆"之"复",下告上之辞。"左右",即谓侍坐者。"屏",退也。人不即言,则不欲吾闻矣,避之使伸其说。

右第二十章。

毋侧听,毋噭应,毋淫视,毋怠荒。

"侧听",心不适主而姑听之貌。"噭应",鄙人远应之声。"淫视",目驰而不收也。"怠",惰也。"荒",放也。皆容止自恣之貌。

游毋倨,立毋跛,坐毋箕,寝毋伏。

"游",小步。"倨",高足。"跛",斜倚一足也。"箕",伸足如箕舌也。"伏",覆也。君子必左侧而卧。

敛发毋髢,冠毋免,劳毋袒,暑毋褰裳。

"髢",髦也。垂余如妇人之假发也。"敛发",必以缅韬之至末,不使其余散垂。"发"者,人之异于禽兽,古人重而必韬之,防损落也。"冠",非有丧及待刑则不免,"袒",偏露其裼衣也;非丧与割牲则不袒。"褰",袪也。去裳而露其袴,鄙人涉水之容也。

右第二十一章。

侍坐于长者,屦不上于堂;长,丁丈反。下同。上,时掌反。
客敌等,则脱屦于屛下以就坐。"不上于堂",脱于阶下也。

解屦,不敢当阶。
屦有系,穿约而结之,脱则解之。"不敢当阶"者,向阶外侧。不敢以蹲俯乡长者。

就屦,跪而举之,屏于侧。
"就",著也。谓退而著之以行也。"跪举"者,不俯以取,防欹蹶失容也。"屏",退也。"侧",阶侧,退即阶侧隐蔽而著之。

乡长者而屦,跪而迁屦,俯而纳屦。乡,许亮反。
谓长者送之也。长者在前,不得屏退,则迁屦向旁,侧身纳之。"俯而纳"者,以身隐蔽之也。

右第二十二章。

离坐，离立，毋往参焉。

谓交游群居时也。"离"，两人并也。彼或有所谋论，往参则强与闻之。

离立者，不出中间。

行过之，必绕其旁。

右第二十三章。

男女不杂坐，不同椸枷，不同巾栉，不亲授。

"男女"，通夫妇而言。"不杂坐"，昼则男子居外，女子居内，各有坐次也。"椸枷"，衣架也。"巾"，拭巾。"栉"，梳具。"不亲授"者，此奠之地而彼取之也。

嫂叔不通问，诸母不漱裳。

"通问"，谓相候谢及馈遗。"诸母"，父妾之有子者。漱，洗也。可使漱衣，不可使漱裳。裳在下体，亵也。

外言不入于梱，内言不出于梱。

"梱"，与"阃"同，闺门限也。谓男在外，女在内，不相遥语也。

女子许嫁，缨；非有大故，不入其门。

"缨"，以五采为之，系之于衿。女子十五笄而许嫁，则系缨，示有所属；嫁则丈夫亲脱之。"大故"，谓水火危疾。"门"，其寝室之户。"不入"，通父兄而言。

姑、姊、妹、女子子已嫁而反，兄弟弗与同席而坐，弗与同器而食，父子不同席。

"反"，归宁也。"父子"，谓父于女子子也。言"兄弟"，该兄弟之子于姑。父子再言"不同席"者，容可共器而食。

右第二十四章。此下二章记男女有别之礼。

男女非有行媒，不相知名；非受币，不交不亲。

"行"，犹通也。"知名"，问名而告之。媒氏相通言而后，纳采问名，故纳采之辞曰"吾子有惠贶室某"也。"受币"，纳征也。币用束帛玄纁。"交"，谓吉凶相闻。"亲"者，始定婿、妇之名也。

故日月以告君，齐戒以告鬼神，为酒食以召乡党僚友，以厚其别也。 _{告，古沃反。齐，侧皆反。食，祥吏反。}

"日月"，谓所生年、月、日也。《周礼·媒氏》："凡男女自成名以上皆书年、月、日、名，令三十而娶，二十而嫁；凡娶判妻入子者，皆书之。"书成登于朝，是"告君"也。婚礼受于庙，为神席以告祖祢。酒食召客，礼无所考，或女子之家纳征以后行之。"厚"，重也。"别"者，别人道于禽兽。

取妻不取同姓。故买妾不知其姓则卜之。 _{取，七遇反。下同。}

"卜"者，占其可否。

寡妇之子，非有见焉，弗与为友。

"有见"，谓因所亲之人而求见也。

贺取妻者曰："某子使某，闻子有客，使某羞。"

"使某"，使者名。"羞"，进食也。"有客"，谓送女者。不斥言贺其婚者，男女之嫌，不以婚为可庆。

右第二十五章。

贫者不以货财为礼，老者不以筋力为礼。

礼以将其爱敬也，财力不足而强为之，则重难之心生，而爱敬衰矣。

右第二十六章。自此章以下杂记礼之节文，其以事类序者，则因序次；其不以事类序者，各自为义，不可强为连合，然其由本至末，自小而大之条理，学者亦可以意求之也。

名子者不以国，不以日月，不以隐疾，不以山川。

"国"，如卫侯晋、蔡侯吴之类。"日月"，干支也。如蔡侯、甲午、鲁侯甲之类。"山川"，谓名山大川。如泰、华、河、海之类。避之者，为难讳也。隐疾，黑臀之类，嫌扬其恶。

男女异长。 _{长，丁丈反。}

各为伯仲。

男子二十冠而字。父前子名，君前臣名。女子许嫁，笄而字。冠，古乱反。

既字则恒以字称之，惟臣于君前名其父及僚长，子于父前名其兄，孙于王父前名其父，则不敢以字行。女子笄而字，则无所称名。

右第二十七章。

凡进食之礼，左殽右胾，食居人之左，羹居人之右；脍炙处外，醢酱处内；葱渫处末，酒浆处右。食，祥吏反。下同。处，昌与反。炙，之夜反，俗读"之石反"者误。

"进"，陈设也。肉带骨曰殽，切肉无骨曰胾，二者皆当人前。食肉以胾为便，故"右"之。"食"，饭。"羹"，肉兼汁，或有糁菜。"居人左右"者，列殽胾之旁也。先啜羹而后饭，故羹居右。"脍"，聂切生肉而酿造之。"炙"，火灼熟肉也。脍炙，珍馔，将饱乃以劝食，故处殽、胾之外。"醢"，盖"醓"字之误。"醓"，用鱼、蛤、雁、兔，"酱"用麋鹿之类，先脯干其肉细莝之，杂以粱麹及盐，渍以美酒或醯，涂置瓮中，百日乃成。其制若今虾酱、鱼子酱之类。醢酱以调换杀、胾，故处内。"渫"蒸葱。"处末"者，在醢酱之左，以陪醢酱而设，故云末。"浆"，澄米沸醅之酸而饮之。古无茗饮，故通饮此。"酒浆"，以酳食者，处醢酱之右。若两有之，则左酒右浆。此大夫、士与宾客燕食之礼。其礼食之设，见《仪礼·公食》。

以脯修置者，左朐，右末。

薄切肉为长条而干之曰"脯"，捶而加姜桂曰"修"；每条皆中屈之，置于俎。"置"，陈也，谓置于脍炙之外，为加馔也。"朐"，中屈处。"末"，两端也。"右末"者，便持其末而绝之也。

客若降等，执食兴辞，主人兴辞于客，然后客座。

"降等"，若士于大夫。"兴辞"者，先席宾于户西，客不敢当，若将食于堂下，主人亦兴，辞其勿下也。"执食"，食为食之主，殽、胾之属不能偏执。

主人延客祭。祭食，祭所先进。殽之序，偏祭之。

"延"，举手若揖然。"祭"，祭始制食者于豆间。客不先祭，须主人延请者，祭则食矣。"祭所先进"者，食或有益，后不祭也。"殽之序"，谓殽、胾、脍、炙、脯，先设者先祭，始于殽，偏于脯。

三饭，主人延客食胾，然后辩殽。

"三饭"，三进食也；须三饭乃食胾者，养道以谷为主。"辩殽"，殽有肋、有脊、有骼、有肩，至肩则偏也。

主人未辩，客不虚口。

"虚口"，酳也，食竟以酒浆荡口也。酳则不复食矣。客不食，主人亦不复食矣。故主人未辩殽，虽饱不酳，若将复食然，以待主人。此宾主敌之礼。若尊客则不待主人，主人不先饱。

右第二十八章。此章记燕食之礼，特为详尽。自此以下至三十六章，皆记食饮之礼。《记》曰："礼始于饮食。"又曰："饮食男女，人之大欲存焉。"天理之节文，不舍人欲而别自为体；尽其宜、中其节则理也。弗之觉察而任之焉则欲也，亦存乎心之敬肆而已矣。

侍食于长者，主人亲馈，则拜而食；主人不亲馈，则不拜而食。长，丁丈反。

"馈"，手设之也。侍食则主人为食主，故惟亲馈而后拜，不敢尸客礼也。

右第二十九章。

共食不饱，共饭不泽手。

"共食"，或以大器。"不饱"者，留有余也。"泽"，挼莎之也。古者饭以手挼莎之，使余粒坠器中，虑为人所憎也。

毋抟饭，毋放饭，毋流歠，毋咤食，毋啮骨；挂，徒官反。"咤食"之"食"，祥吏反。

"抟"，谓以手抟聚之，易多食也。"放"，散也，且食且坠。"流"，长吸也。"咤"，口恬乙唇舌作声也。"啮骨"者，食殽不手擘。五者皆贪食之容。

毋反鱼肉，毋投与狗骨，毋固获；

"反"，反之于俎。"固获"，必得也；箸不能致，则置之。

毋扬饭。饭黍毋以箸。毋嚃羹，毋絮羹，毋刺齿，毋歠醢。"饭黍"之"饭"，扶晚反。絮，儒据反。刺，七亦反。

"扬"，掀去其热气，嫌欲疾也。黍圆滑，以箸则狼戾。"嚃羹"，谓食菜羹不以箸，口吸菜嚃嚃然也。"絮羹"，以醯酱调之，欲致味也。"刺"，撷也。肉菜或韧，易入齿缝，毋强嚼之，则齿不须刺矣。"醢"，以揉肉，非歠品也。

客絮羹，主人辞不能亨；客歠醢，主人辞以窭。 亨，普耕反。

"辞"，谢也。羹待客絮，则亨调先失矣。醢备咸酸，而可歠，则贫薄之醢也。使主人愧谢，何以自安？故必毋絮歠。

濡肉齿决，干肉不齿决。 干，古寒反。

"濡肉"，菹。"干肉"，脯。"决"，断也。干肉以手擘之，啮断则失容也。

毋嘬炙。

"嘬"，大撮之，一举尽脔也。孟子曰："人之所以异于禽兽者，几希。"言人无所往而不嫌于禽兽也。故甘食悦色，人之所与禽兽共者也，禽兽与人共而人之自异者，鲜矣。人之所异者，何也？心理之安而从容以中其节也。一饮一食之际，无所往而不求异于禽兽焉，亦君子立人道之大端也，盖可忽乎哉！

右第三十章。

卒食，客自前跪彻饭齐，以授相者。主人兴辞于客，然后客座。 卒，子恤反。齐，将合反。相，息亮反。

"自"，从也。"前"，反向席前也。"齐"，醯酱。"饭齐"，主人亲馈，故客亲彻。"相"，主人赞馔者。"辞"，不言"固"，一辞则已也。客复坐者，侍人彻竟然后起。

右第三十一章。此章承二十八章"客不虚口"之后而言，盖亦燕食之礼也。

侍饮于长者，酒进则起，拜受于尊所；长者辞，少者反席而饮；长者举未釂，少者不敢饮。 长，丁丈反。少，诗照反。

此燕居饮酒于室之礼。"酒进"，谓主人赞者酌而属己。"拜受于尊所"者，当酒尊所设处，乡主人而拜。在室中不得拜于阶，若反席而拜，则已倨也。饮而卒爵曰"釂"。长者辞，遂不成拜，恐劳长者答己。

右第三十二章。

长者赐，少者贱者不敢辞。长，丁丈反。少，诗照反。

"赐"，谓酒食。"贱者"，家臣，于其主亦称"长者"，官之长也。

右第三十三章。

赐果于君前，其有核者怀其核。

不敢弃也。"怀"者，古人祛口无缝合处。

御食于君，君赐余，器之溉者不写，其余皆写。

"溉"者，陶器之属。"其余"，萑竹之属。"写"，倾置他器中乃食也。器可溉者，则就器食，食已而溉之。不可溉者，则不敢污君器。

右第三十四章。

馂余不祭。

食尊者之余曰"馂余"。"不祭"者，尊者已祭矣。

父不祭子，夫不祭妻。

"祭"，延祭也。凡祭必主人延之而后祭，虽侍食于长者，长者亦延，少者亦祭。惟子侍父食，妻侍夫食，则与"君祭先饭"之礼同。若合卺之礼，妻亦祭者，未成妇，宾也。

御同于长者，虽贰不辞。长，丁丈反。

"御"，侍食。"同"，馔与长者等同也。"贰"，加馔；为长者设，故己不敢辞。

偶坐不辞。

"偶坐"，并席。食非己所专，虽加馔不辞。

右第三十五章。

羹之有菜者用梜，其无菜者不用梜。

"梜"，箸也。"不用"者，主人不设也。虚设无实则不敬。

右第三十六章。

为天子削瓜者，副之，巾以绤；为国君者，华之，巾以绤；为大夫，累之；士，疐之；庶人，龁之。为，于伪反。副，普逼反。华，胡瓜反。累，与"保"同，为果反。疐，古"蒂"字，当计反。

"瓜"，甜瓜，夏食之以解渴。"副"，四析而横断之，成八片。"华"，中裂横，不四析。巾，覆瓜上，置器中进之。"累"，不巾覆也。士、庶人不言"为"者，今自削之。"疐"，去其疐，不裂也。"庶人"，府、吏之属。"龁"者，但自削皮，疐则龁去之。必去疐者，疐苦也。此公庭大会，天子食瓜而赐群下之礼。

右第三十七章。

父母有疾，冠者不栉。

"不栉"，不暇自整饰也。童子、妇人则栉。无冠覆蔽之，蓬首则近丧。

行不翔，言不惰，琴瑟不御。

"翔"，张拱也。"惰"，辞气舒缓，若怠惰也。"御"，用也。

食肉不至变味，饮酒不至变貌。

"变味"，肉胜改食味也，犹必饮酒食肉者，嫌近丧。

笑不至矧，怒不至詈。矧，失忍反。

齿本曰"矧"，大笑则见。

疾止复故。复，芳服反。

须疾止，乃复其素。

有忧者，侧席而坐，有丧者，专席而坐。

"有忧"，谓父母疾，及父母在他邦有衅难也。"侧席"，不中席，示变也。"有丧"，通功、缌而言。"专席"，不与人同席。丧席素也。

右第三十八章。此章因上居坐饮食之礼，而记其变者以终之。

水潦降，不献鱼鳖。

不益人以所能自有也。

献鸟者，佛其首；畜鸟者，则勿佛也。畜，丑求反。

"佛"，违戾也；为小竹笼笼其首，系向后，恐其妄啄也。"畜鸟"，鸡、鹜、鹅，驯则不须佛也。

献车马者，执策绥；献甲者，执胄。

"执"，执之升堂致命也。"绥"，升车索。"策"，捶马杖。"胄"，兜鍪，轻小，便授受。

献杖者，执末。

尊受者，使执其端。凡奉杖于长者亦如之。

献民虏者，操右袂。

"民虏"，军所俘人民。"操右袂"者，制之防其异心。

献粟者，执右契；献米者，操量鼓；献熟食者，操酱齐；献田宅者，操书致。 量，力羊反。齐，子分反。

谷之属皆曰"粟"。"契"，书竹策，合以为验。司偿者执左，司取者执右。"鼓"，量器之总名。"致"，与"质"同；谓质约债鬻之书。古者田皆授于公，而此得献者，周末之礼。

凡遗人弓者，张弓尚筋，弛弓尚角，右手执箫，左手承弣，尊卑垂帨。 遗，于季反。

"遗"，平交赠报之辞。遗已定之弓，则张之；未定体则弛之。"尚"，在上也。弓筋外而角内，张体来，弛体往。遗人者执之，皆今屈向下，张而下曲则筋在上，弛而下曲则角在上。"箫"，梢也。"弣"，把也。"左手承弣"者，示不用也。"尊卑"，犹言高下，因身容之曲直，见手容之高下。"帨"，佩巾。曲躬磬折而其帨垂，则弓与心平也。

若主人拜，则客还辟，辟拜。 还，似宣反。辟，上毗益反，下毗义反。

"主人"，谓受遗者。"客"，遗弓者。"还辟"，逡巡回身貌。辟拜而不答者，方执弓也。

主人自受，由客之左，接下承弣；乡与客并，然后受。 乡，许亮反。

"自受"者，虽少贱不使人受，重弓也。"由客左"者，初乡客而立其左，以左手从下曲处接之，承弣而右，执客手执之箫，乃渐移足与客并立，客乃释弓而主人受之。客之执左箫而虚右箫，本以授主人，使右执，主人姑顺承其意，相乡以左手承弣，而必迁延并立乃受者，弓戎器，不可向人而持也。客右手执弣，示不用；主左承弣，示用之。弓者，男子之所有事，故其礼缛重如此。

进剑者左首。进戈者前其镈，后其刃。进矛、戟者前其镦。_{镈，在困}
反。后，胡豆反。镦，徒对反。

"首"，剑柄。"戈"，钩子戟也。"矛"，如铤而三廉，似今之枪。
"戟"，旁有方枝。"镈""镦"，皆柄末铁，锐曰"镈"，平曰"镦"。"左
首""后刃"者，皆示不用，利器不可持以向人也。

进几杖者拂之。

以袂去尘，昭敬也。

效马效羊者右牵之；效犬者左牵之。

"效"，呈也。马骍羊狠，须右牵犬易牵而或妄噬，左牵右制之。

执禽者左首。

进者左首，则受者右首矣；使受者便制其逸飞。

右第三十九章。此及下章皆记持进器物之礼。或有非君子所亲执者，
则当教习仆隶，使知也。

饰羔雁者以缋。

"饰"，覆羔雁上。"缋"，画布。此天子、卿、大夫之礼。诸侯之孤、
卿、大夫，其布不缋。

受珠玉者以掬。受弓剑者以袂。

合手曰"掬"。"以掬"，慎也。"以袂"者，纳手袂中而奉之，异于用时。

饮玉爵者弗挥。

"挥"，扬之；告卒爵也。

凡以弓剑，苞苴、箪笥问人者，操以受命，如使之容。_{苞，布交反。苴，}
子余反。使，色吏反。

"苞"者，以苇裹鱼肉，"苴"，藉也，以草藉器而贮腥物也。"箪"
"笥"，皆丝竹为之；圆曰"箪"，方曰"笥"，用盛饭饵。"问"，遗也。受
命之顷，陈设执持，皆如至彼之容，预展习之，示敬也。

右第四十章。

凡为君使者，已受命，君言不宿于家。

急君命也。"言"，命也。

君言至，则主人出拜君言之辱。使者归，则必拜送于门外。使，色吏反。

"言"，谓有所谘访。"出拜"，于门外迎拜。凡拜，使者皆不答拜。

若使人于君所，则必朝服而命之；使者反，则必下堂而受命。"使人"之"使"，如字。"使者"之"使"，色吏反。

此谓君行在外，己居守而有所请命，及受命使外而遣人归，有所告报也。下堂迎使者，使者升南面，乃升北面受命。事君之礼，不以遐迩易节。

右第四十一章。此章以下三章，又随文杂记之，说见第二十六章。

博闻强识而让，敦善行而不怠，谓之君子。强，如字。识，昌志反。行，下孟反。

"强识"，忍不忘也。多闻识而不骄。敦善行道，不以难成而怠，则立于礼而德成矣。

右第四十二章。

君子不尽人之欢，不竭人之忠，以全交也。

欢尽则情无余，忠竭则心无余。在人者既难乎继，且施我者已至，则我所报者不得独轻；在己者抑且不给，两俱困倦而交自此致矣。"交"者，人道之大伦。君子慎守其终，自处其厚，而不使朋友之或成乎薄。故自燕飨赠贿以至于一日一事之酬酢，无不酌此意以行之。所以朋友之伦，得与父子、君臣而并立也夫。

右第四十三章。按此二章，虽杂辑而泛记之，然其言持己与人之道，博习力行而酌情以为施受，则自第十三章以下，事君长，接宾友，以尽礼于居处、进退、饮食、馈问之间，皆必本此以行之。则此篇之序，纲目相因，条理不紊，虽错综而实相贯通，亦自此可识矣。自第四十四章以下，渐及于丧、祭、军、宾，则皆礼之大者，盖以序而推及之也。

礼曰："君子抱孙不抱子。"此言孙可以为王父尸，子不可以为父尸。

"王"之为言大也。生谓之"王父"，没谓之祖。引古礼文以证"子不可以为父尸"之理。其下盖有阙文。子之于父，本一体也，然君子之所贵于身者，性也，非形也。故忘性以厚爱其形者，小人之道也。子者，亦吾之委形而已矣；知其为小体，则不养小以害大；知其为委形，则不暱爱以乱别；是故君子不抱子，而昭穆之别于此立焉。情之所不得黦，神之所不得依也。孙则再传而固已别矣。生则抱之而不嫌于私，没则依之而不失其列，孝子之事亲也以道；生所不得抱，死不得以为尸。所以殊君子于小人，尊亲之至也。以此为教，后世犹有慈子以陷于恶者，则人道之不明久矣。

右第四十四章。此及下章，祭礼之散见者。祭莫重于尸，故先及之。

为君尸者，大夫、士见之，则下之；君知所以为尸者，则自下之。

此自散齐之日而言。"以"，用也。"知所用为尸"者，筮已从，尚未戒之。

尸必式，乘必以几。

"必式"者，敬以迓神之来依。"乘"，凭之以登车。"以几"者，尊者之动必慎也。此谓自家乡庙时。

齐者不乐，不吊。齐，侧皆反。乐，如字。

远哀乐以壹其心。

右第四十五章。

居丧之礼，毁瘠不形，视听不衰，升降不由阼阶，出入不当门隧。

"毁瘠不形"，无备容也。专精并志以致哀而慎终，虽致毁而神气聪明常炯如也。主人位在东序西面，而升降必由西阶，绕道以行，不忍亟废人子之礼。"隧"，中道柤阗之间。

居丧之礼，头有创则沐，身有疡则浴，有疾则饮酒食肉，疾止复初。不胜丧，乃比于不慈不孝。创，初良反。复，芳服反。胜，书烝反。

"不胜丧"，不堪终丧，或至毁死也。"不慈"，谓伤父母之慈。

五十不致毁。六十不毁。七十惟衰麻在身，饮酒食肉，处于内。衰，七雷反。处，昌吕反。

"致"，极也。"不致毁""不毁"，非哀不致，饮食居处稍听人调摄之。"处于内"，不居于倚庐。

右第四十六章。此下五章节记丧礼。

生与来日，死与往日。

"与"，数也。"往日"，死之日。"来日"，其明日也。"生"者，成服仗之事，以死之。明日数，哀宁有余也；"死"者，小大敛之事，即死之日数之，急送终之礼也。此士丧礼也。大夫以上，敛殡用繁而用冰，则死亦数来日。

知生者吊，知死者伤。知生而不知死，吊而不伤；知死而不知生，伤而不吊。

"知"，谓与相知交。"生者"，丧主人。"伤"，哭踊也。称情以行，礼不虚设也。此亦士丧礼耳。

诸侯则邻国之孤，虽未相知交，必吊。

右第四十七章。

吊丧弗能赙，不问其所费；问疾弗能遗，不问其所欲；见人弗能馆，不问其所舍。 遗，于季反。

"赙"，用车马或货贿。"所欲"，所需嗜食药。"不问"者，口惠不诚。

赐人者不曰来取，与人者不问其所欲。

畀君子曰"赐"，赍小人曰"与"。不令之来取，必往遗之，以崇君子。不问所欲，恐其欲难厌，以全小人。

右第四十八章。此章因吊赙之义而推广言之。

适墓不登垄，助葬必执绋，临丧不笑，揖人必违其位。

"垄"，冢也。登冢，嫌践死者上。"绋"，引柩车索。主人虽备足人数，必代为更迭引之，示有事也。"位"，丧家宾所即之位。后来吊宾或有须揖者，必违位揖之，不以凶位接，吉也。

望柩不歌，入临不翔，当食不叹。

"望柩"，道有行柩而望见之也，虽当歌必辍。"入临"，尊吊卑之辞。"食"，丧食，虽怀戚亦非叹时也。

邻有丧，舂不相。里有殡，不巷歌。 相，息亮反。

"舂"，舂粟。"相"，助舂之讴吟声。"巷歌"，行歌于巷。

适墓不歌，哭日不歌。

"适墓"，省己先茔。"不歌"，其日不歌。"哭日"，哭吊人之日。

送丧不由径，送葬不辟涂潦。辟，卑义反。

"送丧"，谓丧在他国而以归者，主国之人送之，丧车必由通轨，当追随之，毋取径道迤行。送葬趋墓所，不能尽由经途，或时凌轹途潦，送者不辟，有急当扶助也。"涂"，泥淖。"潦"，积水。

右第四十九章。

临丧则必有哀色，执绋不笑，临乐不叹。

"临乐"，与观乐也。与于人之哀乐，则不干之。

介胄，则有不可犯之色。

虽肄习之，如敌在前。

故君子戒慎，不失色于人。

"失色于人"，失其所以待人之色也。承上文而推广言之。惟常存戒慎，则心恒为主于内而顺应乎事物。则凡所酬酢，皆适如其哀乐刚柔之节，人不得以窥其失矣。

右第五十章。

国君抚式，大夫下之；大夫抚式，士下之。

"抚"，凭也。"式"，轼也。小敬则式，大敬则下车。尊者所敬，卑者当益敬之。此谓士从大夫，大夫从君，为从车而行之时。

右第五十一章。

礼不下庶人，刑不上大夫，刑人不在君侧。上，时掌反。下，胡驾反。

有士礼，无庶人礼；听其自尽，而上不责之。"刑"，墨、劓、剕、宫。刑人，各有所守，不使为近侍，以防奸而远怨。三者皆以明贵贱、崇廉耻也。

右第五十二章。此上二章杂辑而泛记之。说见第二十六章。

兵车不式。

崇武威、齐耳目也。

武车绥旌，德车结旌。绥，与"綏"同，而追反。

"武车"，革路、木路。"德车"，玉路、金路、象路也。析羽曰"旌"。然按《周礼》，惟游车载旌。游车者，木路也。此五路并言"旌"者，旌亦惟常旐，旗旐之总名也。"绥"，旗带也。"绥旌"者，张旌而舒其绥，以宣著众目，为进止也。"结旌"者，以绥结束，其旌不展。文事不尽饰，所以养德威也。

史载笔，士载言。

此谓从君在外也。"史"，内史、外史，掌书王令及外事者，皆为贰本，以为记注，所谓"君举必书"也。"笔"，古以竹为之，染于丹漆，书之于版；至秦始以毛为笔，濡墨而书。笔言"载"者，兼有简牍也。"士"，司士，掌群臣之版与邦国都家县鄙之数，以诏王治。"言"，版籍也。"载言"，以备王卒，有征召，考验而行也。

前有水，则载青旌。前有尘埃，则载鸣鸢。前有车骑，则载飞鸿。前有士师，则载虎皮。前有挚兽，则载貔貅。载，都盖反。骑，奇寄反。

"载"，与"戴"同，加于旌竿之上。君行师从，师必有先驱。先驱者有所见，则载物于旌竿，以警后车；后车皆载之，以警徒众，使知备御。"青"，青雀。言"旌"者，统下文之辞，凡载皆旌也。"鸣"之为象，张喙引吭；飞则张翼。"鸢"，鸱也。"有尘埃"，必有车众。远但见尘埃垄起，则载鸣鸢；近而知为车骑，则载飞鸿；又近而知为士师；则载虎皮。"士"，兵；"师"，众也；"挚兽"，虎狼也。"貔貅"，兽名，未详，或曰似豹。五者惟虎言"皮"，他皆未详其制。或刻木、范金为之。其以为绘于旌上者，则误也。取象之义亦未尽晓。按赵武灵以前无骑马事，此言"车骑"，则汉儒传经者附会之辞。

行：前朱鸟而后玄武，左青龙而右白虎。招摇在上，急缮其怒。进退有度，左右有局，各司其局。行，户郎反。

"行"，行列也。"玄武"，龟也。"招摇"，北斗杓星。"上"，犹中也。"急"，督也。"缮"，治也。"进退"，步伐止齐。"度"，尺度也。"左右"，两卒相距之间。"局"，行列部分也。此记军阵之法，言四方之旌旗，既绘四兽以为别，而中军建北斗之旗，高张特出，麾督以治四军，而致其勇毅。旗章既尔，陈法亦然。前扬象鸟，右踞象虎，左盘象龙，后峙象龟，中军圆转，以缮治四方之缺而助其威，象摇招。盖古之军阵后左高，前右下，下者掎角而进，飞扬攫踞，如火之扬，金之锐。高者，翼护而屹峙焉，如木之旁生，水之流绕；中军督麾而补治之，如天之运行四时。此举全军之形势而言也。至其束伍之间，疏密疾迟之节，则进而伐，退而止，皆有尺度，令进可及敌，互相躐而不离，退可容身而不相践。其两卒相距，什伍相因，则疏密各有定局，令其疏而不受冲，密而不相碍，终始各守其局而不乱。此以行伍之散合而言也。二者皆古阵法之著于军礼者，实万古不易之机要，诸葛八阵，李靖六花，皆迹此而为之，莫能过也。

右第五十三章。此章记兵车行陈之法，备矣。

父之仇，弗与共戴天。

行求必杀之，败则致死焉。不言母者，妇人无外事，不得为仇所害。

兄弟之仇，不反兵。

恒执兵自随，遇则杀之，不待归家求兵刃。

交游之仇，不同国。

朋友之义，同患难，一生死，或兄弟弱、子幼，则当为报。"不同国"者，不避则杀之。

四郊多垒，此卿大夫之辱也。

"垒"，敌来侵伐为营垒。谋国不臧，以召耻辱，必致命以御之。

地广大，荒而不治，此亦士之辱也。

"士"，邑宰。言"亦"者，卿大夫亦有辱，而士为专责也。胼胝服勤，虽如冥死于水，可也。

右第五十四章。此上两章皆记军礼。

临祭不惰。

志摄气盛则不惰。

祭服敝则焚之，祭器敝则埋之，龟筴敝则埋之，牲死则埋之。

交神之余，不敢亵也。"牲"，涤养未用者。

凡祭于公者，必自彻其俎。

助祭者与于献，则皆有俎。自彻者，尊神惠也。若助祭于大夫以下，则主人归之。

右第五十五章。此下三章皆记祭礼。下章言以讳事神之事，亦祭义也。

卒哭乃讳。

卒哭之前，不忍以神事其亲，故未讳。

礼，不讳嫌名，二名不偏讳。

"嫌名"，音相近。

逮事父母，则讳王父母；不逮事父母，则不讳王父母。

"事"，谓稍长知服勤也。闻父母尝讳之，不忍以存没异，则讳之。此士礼也。大夫以上，则庙未祧者，皆讳。

君所无私讳。

不自讳，亦不为大夫讳。

大夫之所有公讳。

陪臣于大夫之侧，既为大夫讳，尤必为君讳。以此推之，大夫于诸侯之侧，必为天子讳矣。

《诗》《书》不讳，临文不讳。

《诗》《书》通所诵习者而言。"临文"，谓简册奏移。"不讳"，恐碍理事也。周初以谥易名，始有讳理，惟不称先君某而已。其后乃以言语之触者皆回避之，渐渍成俗，日为繁苛，乃至临文曲为迁移，以"泉"代"渊"，以"兽"代"虎"，易古人之名，改家世之姓，曲文害义，多所窒碍。又或减易字画，形模不全，失六书之本旨。其弊非一，诚文胜伤质之明验矣。顾生其世，习其俗，仁人孝子，诚有见其字、闻其读而恻然不安者，盖亦情之所不容已。所谓"君子之过，其失也厚"也。

庙中不讳。夫人之讳，虽质君之前，臣不讳也。妇讳不出门。大功、小功不讳。

"庙中"，谓祭告之辞。于太庙不为群庙讳，于群庙不为祢讳，父前子名之义。"夫人之讳"，其家讳也。"质"，对也。惟或有复白于夫人，则讳，余则否。妇人生不通名于外，没亦无从讳之。族姓之卑幼者，皆不为讳也。"大功""小功"，谓再从伯叔父，非于其子前不为讳。

入竟而问禁，入国而问俗，入门而问讳。竟，与"境"同，居影反。

"竟"，疆关。"禁"，君所特禁。"国"，城门。"俗"，国所习尚习忌也。"门"，公门。君尊，故虽宾客必为之讳。三者皆远厌恶之道。

右第五十六章。

外事以刚日，内事以柔日。

境外曰"外"，国中曰"内"。盟会征伐之类，则用刚日，取其果毅克胜也。《诗》曰："吉日维戊"，又曰："吉日庚午。"冠婚丧祭，则用柔日，取其顺受福祉也。祭用辛或丁，入学用丁。其再虞用刚日，则欲急相仍祭而已。或云"社用甲"者，盖误。《周书》社用戊，初营洛，境外事也。若卜筮，则各以其刚柔卜筮之。

凡卜筮日，旬之外曰"远某日"，旬之内曰"近某日"。远，于怨反。近，其谨反。

"旬"，谓朔后十日内。不吉，则又后十日内；又不吉，则晦日内。"近""远"某者，去旬日内外，或刚或柔也。古者日不从月，无初一、初二之文，故其辞若此。

丧事先远日，吉事先近日。

"先远日"，先卜筮旬外。"先近日"，先卜筮旬内。"吉事"，祭也。丧先远，不忍迫也。祭先近，不敢后也。

曰："为日，假尔泰龟有常，假尔泰筮有常。"为，于伪反。

"曰"，命龟蓍之辞。"为日"，言为占日故卜筮。"假"，藉也。"泰"，尊之之辞。"有常"，谓不失其贞也。按命龟蓍者，"有常"之下更有"某日卜某事，无有后艰"云云。此略记之耳。大事卜、小事筮，卜筮之辞并记之，惟人所用。

卜筮不过三。卜筮不相袭。

"袭"，仍也。卜则不筮，筮则不卜。皆不吉，祭则免之，葬则择其仅可者用之。

龟为卜，筴为筮。卜筮者，先圣王之所以使民信时日、敬鬼神、畏法令也。所以使民决嫌疑，定犹与也。故曰："疑而筮之，则弗非也；日而行事，则必践之。"

"先圣王"，谓伏羲以降王者有天下之通称。"信"，期也；谓期必时日，以趋事也。"敬鬼神"者，示有所秉承，不敢专也。"畏法令"者，君奉天以治人事，民莫敢不畏也。"犹"，相似；"与"，相连；两端不决之意。"嫌疑"，是非不审。"犹与"，两是而无所折中也。"弗非"者，欲为而疑之，则众议可否，交相识非，以筮定之，则群论息矣。"日"，刻日也。事之将举，未有定期，或且以他事移易；筮日已定，不可更改，则人必践其期，无废事也。卜筮之神用，其精义虽不止于此，然苟非尽性至命而合天人之蕴者，则其所尚于卜筮者，但率此意以行之，犹为寡过。不然，废人事，渎鬼神，或至见义不为而失几召败，则卜筮且为冥行侥幸之用，而废之可矣。

右第五十七章。

君车将驾，则仆执策立于马前，已驾，仆展軨，效驾。

"仆"，御者也。大驭御玉路，戎仆御革路，齐仆御金路，道仆御象路，田仆御木路，皆谓之"仆"。"执策立于马前"者，监视圉人驾也。"展"，视也。"軨"，辖也。軨头穿毂空中，为一车之枢管，重展视之，慎也。"效驾"者，告已驾于君也。

奋衣由右上，取贰绥，跪乘。 上，时掌反。

"奋衣"，掀襟齐也。"由右上"者，君乘在左，辟君位也。"贰"，副也。路车有贰绥，君登车，执正绥；御，执副绥。"跪乘"者，君未乘，嫌专君车也。

执策分辔，驱之五步而立。

"分辔"，分疏六辔。"驱之五步"者，调试之也。"步"，六尺。"立"，止也。

君出就车，则仆并辔授绥，左右攘辟。 辟，毗亦反。

"并辔授绥"者，总六辔于右手，而以左手授君绥，转身向后，引君上也。"攘"，麾也。以策左右指麾，辟除前人而便于驱也。

车驱而驺。至于大门，君抚仆之手，而顾命车右就车。门闾、沟渠必步。 驺，任救反。

"驺"与"骤"同，马疾步也。"抚仆之手"，便回身内乡。"顾命"者，返顾门以内人，申警守备也。"车右"，有戎右，有齐右，有道右，皆取忠勇之士，骖乘以备非常。"闾"，里门也。"门闾"狭隘，有柝阑；"沟渠"，圮梁狭险；皆虞倾触，故车右必下步，令轻易行，且扶夹推掀之。

右第五十八章。自此章以下至第六十一章，皆记乘车之礼。此章言为君御右之事。

凡仆人之礼，必授人绥。若仆者降等，则受；不然，则否。

"仆人"，谓为人御也。"降等"，以爵言。然少为长御，礼亦应同。"否"者，辞仆者，使委绥，而后己揽之。

若仆者降等，则抚仆之手；不然，则自下拘之。拘，古侯反。

此谓初升车时，立未安固，且或有所顾命，须援仆以防倾仆。"抚"者，从上按之。"拘"者，从手下侧把之也。

右第五十九章。

客车不入大门。

此诸侯相见之礼也。宾至，主君迎拜辱，宾车稍进，下答拜，乃入门。及出，主君送至车前，三请三让乃登。详见《周礼·司仪》。

妇人不立乘。

"立"则面首出茀蔽外，故坐而乘之。

犬马不上于堂。

献犬马者，惟操缧勒，升堂致命。充庭实者，惟将币。

故君子式黄发。

"故"上必有所承之辞。此盖记者杂辑他书之文也。"君子"，有位之通称。"黄发"，里巷间不相识之老人。

下卿位。

此则专以君言。"卿位"，路门内门东北面位，君出过此，乃升车，入则于此下。

入国不驰，入里必式。

"国"，国门内。"不驰"者，恐惊扰人。"里"，闾门。谓士大夫入其所居之里闾，必修敬容，不以贵临其邻右。

右第六十章。

君命召，虽贱人，大夫、士必自御之。

"召"，以属车来迎己，欲速至也。"必自御之"，不敢以君之使者为仆。

介者不拜，为其拜而蓌拜。，为，于伪反。

"介者"，甲士。"蓌"，与"挫"通。"蓌拜"之"拜"，折也。《诗》云："勿剪勿拜"，谓拜则挫折。疑于伤陨，惟揖而已。《左传》："三肃使者。""肃"，揖也。

右第六十一章。

祥车旷左，乘君之乘车不敢旷左；左必式。

"祥"，吉也。葬有丧事，有祥车；祥车为仪容也。"旷左"，虚左以为死者之位也。"乘君之乘车"者，王行，五路皆驾，王惟乘一，余四，车右摄左而旷其右。"不敢旷左"，为其嫌于祥车也。右既摄左而必常式，不敢同于自乘也。

仆御妇人，则进左手，后右手；御国君，则进右手，后左手而俯。后，胡豆反。

妇人寻常乘安车，四轮驾一马，不须御于车上。惟翟车及嫁时容车有御。御非妇人所任。后夫人则奄人御，其余则戚属御之。"进左手，后右手"，侧身向右以远别也。"御国君"，则反是者，侧身向左，不背君也。"俯"者，乃执辔策不得式，微伛也。若寻常为御，则端立齐手。

国君不乘奇车。奇，居宜反。

"奇"，偏也。君乘必有右，偶而不奇，大夫以下，惟戎车有右。

车上不广欬，不妄指。

"广"，大也。大欬则体摇动车；妄指，则惑御者。

立视五巂，式视马尾，顾不过毂。

"立"，执绥正立时。"巂"，规也；谓车轮一周之远也。轮围一丈九尺八寸。五规，九丈九尺，平瞻而下视，其远近适至是也。"视马尾"者，自俯则适见马尾也。"顾"，回视也。"不过毂"者，回目而首不动，视不及毂后也。

国中以策彗恤勿，驱，尘不出轨。勿，莫勃反。

"彗"，横揩之如扫也。"恤"，怜也。"勿"，拂也。以策横揩马背搔摩之，如邮人之疴痒而拂摩之，才令知警，少步促行，不以策挥击令疾走；如此则虽驱不疾，尘不扬起出轨辙外。所谓"入国不驰"是也。

右第六十二章。

国君下齐牛，式宗庙；大夫、士下公门，式路马。齐，侧皆反。

孔氏《疏》云：按郑氏《周礼·注》，宜云"下宗庙，式齐牛"是也。"下宗庙"者，车至库门内，将左乡，入宗庙，则先下之，车不乡庙门也。"齐牛"，在涤之牛。"下公门"，谓横绝过公门外必下之也。"路马"，驾路车之马。式其马则式其路可知，皆以广其敬也。

乘路马，必朝服，载鞭策，不敢授绥，左必式。朝，直遥反。

"乘路马"，乘路车而驾其马，即所谓"乘君之乘车"也。于此更言者，记者所述不一，书随记之也。"鞭"，革条。"策"，竹杖；"载"之者，措于车上，不手执之，示不敢鞭策路马也。"不授绥"者，自引贰绥以上，仆不授也。"左必式"，义见前。

步路马，必中道。以足蹙路马刍，有诛。齿路马，有诛。

"步"，谓圉人引就驾及调习时。"以足蹙刍"者，谓秣不以手持刍，而蹴令食也。"齿"，问其年也。"诛"，责而罚之也。敬君而及其马，所以尊君者至矣。乃君之有近侍便嬖之臣，岂其不马若？而忠介之士必不为之屈下，绳以礼法，责其骄蹇，惟恐不至，则又何也？盖广敬而施及微贱者，臣礼之常，别嫌守正而不下比于匪人者，臣义之正；二者固并行而不相悖也。后世谄佞之徒，以怀禄固宠为心，引路马不齿之说，以文其依附权幸之奸，而世主曾莫之察，以疾趋于危亡，宜矣哉。

右第六十三章。

《礼记章句》卷一终

礼记章句卷二

曲礼下

凡十三章。

凡奉者当心，提者当带。奉，芳勇反。

"凡"者，平交授受之礼。器无系者"奉"，有系者"提"。"带"，大带，在肋下无骨间。所奉者当心，所提者当带，肘腕恒平，在心、带之间也。

执天子之器则上衡，国君则平衡，大夫则绥之，士则提之。上，时掌反。绥，汤果反。

"衡"，谓眉衡。《考工记》曰："乡衡而实不尽。""上衡"，手齐眉。"平衡"，器齐眉。"绥"，手齐肩。"提"，如提者，手在心、带之间也。为大夫执器者，其家臣、士则其宾友。盖助馈奠而执俎豆之属。

凡执主器，执轻如不克。

"主器"，助祭于君而奉瓒爵之属。《易》曰："主器者，莫若长子。""克"，胜也。

执主器，操币、圭、璧，则尚左手；行不举足，车轮曳踵；立则磬折垂佩。

"操币、圭、璧"者，助奠痤及聘礼所有事也。"尚左手"者，两手拱抱之，左加右上也。"车轮曳踵"，谓趾微举而踵常附地。曳之以行，如车轮之辗地无绝迹；敬慎之至，则不必有倾仆之忧而恒操恐虑也。"立"，谓稍立俟用间。"磬折"，俯而脊折，如磬之句倨然。磬折而佩垂矣。

主佩倚则臣佩垂，主佩垂则臣佩委。

此执器玉而与主相授之容。"倚"，附于身。"垂"，离身而悬于空。"委"，拂地也。主植立而佩倚裳，则臣小俯而佩垂；主致敬而俯，则臣大俯而佩委于地。授受必下于君也。

执玉，其有藉者则裼，无藉者则袭。

"执玉"，执聘圭及琼璋也。玉必有缲藉，以韦衣木牌承玉而加绚组之系。纤组两端，令垂向下，谓之"有藉"。屈组在手，谓之"无藉"。其衣服之制，夏葛冬裘，上有裼衣，裼衣上有袭衣，袭衣上加正服，掩而不开谓之"袭"。若开此正服及袭衣，左袒露其裼衣，则谓之"裼"。"裼"，见美也。"袭"，充美也。"有藉"则玉见其美，"无藉"则玉藏其美。故衣服各从其文质之称，所以尊玉也。聘则屈缲，享则垂缲。

右第一章。此章所记操奉授受之容，与上篇第三十八、九章相类。特上篇所记乃少贱之事，而此所记者，为宗庙朝廷之礼。故不以类相属而系于此。凡二篇之序，由弟子之仪以及成人之节，由家庭乡党以及于邦国，渐推而及于大者，是为《曲礼》之次第云。

国君不名卿老、世妇，大夫不名世臣、姪娣，士不名家相、长妾。相，息亮反。长，丁丈反。

"卿老"，上卿也。天子有二十七世妇，以降杀差之，诸侯当有九世妇也。"世臣"，谓父之臣。"姪娣"，大夫一娶三女，姪、娣，二媵也。"家相"，子弟任家政者。"长妾"，妾之有子者。"不名"者，别尊卑、养廉隅也。

君、大夫之子，不敢自称曰"余小子"；大夫、士之子，不敢自称曰"嗣子某"。

"自称"，谓摄祭时。"君"，诸侯。"大夫"，天子大夫视诸侯者。"大夫""士"，诸侯之臣也。"余小子"，王世子之称。"嗣子某"，侯国世子之称。

不敢与世子同名。

天子之世子，天下避之；诸侯之世子，一国避之。

右第二章。

君使士射，不能，则辞以疾，言曰：某有负薪之忧。

"使士射"，为以备耦也。"不能"者，卑贱不敢与君耦，托以不能也。"辞以疾"，所谓托于不能。"负薪"，贱者之辞。

侍于君子，不顾望而对，非礼也。

"顾望"，谓顾望同列，让人对也。若呼其名而问之则否也。

右第三章。

君子行礼不求变俗。祭祀之礼，居丧之服，哭泣之位，皆如其国之故，谨修其法而审行之。

此为大夫、士之去国者言也。"求"者，歆羡之辞。"俗"，旧习。谓不歆于新国而改故俗以从之也。周之侯国，各以事守用其先代之礼，如"祭祀"，则有求阴、求阳之类，"居丧"，则有旁亲降、不降之类，"哭泣"，则有宾主、男女、东西之别；各仍其俗而为法焉。"谨修"，慎于讲习，"审行"，临事不惑也。君子敦仁，不妄其本，不以君臣义绝而轻改之，诚有其不忍者也。

去国三世，爵禄有列于朝，出入有诏于国，若兄弟宗族犹存，则反告于宗后。

"爵禄有列"者，谓君为其家立后，使守先祀。"诏"，告也。"出入有诏"，谓所迁不定，或更徙他国，犹告之故君，令知所往也。"兄弟"，谓始出奔者兄弟之后。"宗族"，宗子收其族人也。"反告"者，告报吉凶之事而行。"宗后"者，宗子及君所命为后者也。如此则一如其故国之礼而行之矣。

去国三世，爵禄无列于朝，出入无诏于国，惟兴之日，从新国之法。

"无列""无诏"，则兄弟宗族或尽亡，或虽存而失其祀矣。"兴"，谓兴起受命为卿、大夫，得赐氏祀三世。若孔子于鲁，两世为下大夫，不得云"兴"，故曰"某殷人也"，犹用殷礼。

君子已孤，不更名。更，古行反。

"更名"，或有所避忌。父在则禀命为之。

已孤，暴贵，不为父作谥。

"贵"，谓为卿、大夫以上。"不为父作谥"者，父不知己贵，不敢以诬其亲。周不为大王、王季作谥。

右第四章。

居丧：未葬读丧礼；既葬读祭礼，丧复常读乐章。

"读"，谓可读之也。既葬，反虞，以祭易奠，故可读祭礼。"乐章"，弦歌之诗。

居丧不言乐，祭事不言凶，公庭不言妇女。

"言"，谓间语及之。"祭事"，谓散齐以后。"凶"，死丧灾眚。"妇女"，婚嫁及其疾病生育。

右第五章。

振书端书于君前，有诛；倒筴侧龟于君前，有诛。

"振"，拂尘。"端"，整齐其篇策也。"倒筴"者，筮人颠倒其著以齐之。"侧龟"，卜人反侧而省视之也。不预整理，至君前乃始为之，故皆有罚。

龟筴、几杖、席盖、重素，袗、絺绤、不入公门。重，直龙反。

"龟筴"，非君卜筮时，不得持入公门，问私事。"席"，坐具；君若赐坐，官为设之。"几杖"，则亦君设，赐之，不得自以之人，擅尊安也。"盖"，以蔽雨日，雨沾服失容，则不朝，日则不敢蔽也。"重素"，衣之缘以素者，疑于凶服。"袗"，单衣不裼。"絺绤"，葛也。凡非所当入而以入公门者，有司必呵止之；不然，交罚之。

苞屦、扱衽、厌冠，不入公门。苞，白表反。厌，于涉反。

"苞"，营也。"扱衽"者，扱前衽于带间，匍匐奔迫之容也。"厌冠"，丧冠；"厌"，伏也。丧冠外毕由武下反出之，故名"厌冠"。此皆初丧在殡之服饰。举三者则衰绖可知。盖居丧者不从政，无入公门之礼。小人无知而入，则呵禁之。

书方、衰、凶器，不以告，不入公门。衰，七雷反。

"书方"，书赗物之板。"衰"者，谓以衰服入，非谓服衰者也。"凶器"，棺椁、明器之属。此谓丧在公门之内，如宫正、庶子所掌宿卫之类，其成丧于次舍，需用凶物，必告于君而后敢以入也。

公事不私议。

"议"，集众讲拟，若今会议。会推必于公庭，不得因便在私署。

右第六章。

君子将营宫室；宗庙为先，厩库为次，居室为后。凡家造：祭器为先，牺赋为次，养器为后。造，在到反。养，余亮反。

"营"，度造也。"先"者，务尽其制；"后"者，取备而已。"厩库"者，有家之本，先于居室，务实也。"家造"，大夫有家之所造也。"牺赋"，刃、互盆、簨之类。"养器"，以自奉养者，盘、杅、卮、匜之属。

无田禄者不设祭器，有田禄者先为祭服。

"无田禄"，谓下士与庶人，在宫者同禄，颁粟而无田。命士以上始有禄田及圭田也。"不设祭器"者，荐用养器，无俎、豆、敦、铏也。财虽有余，不敢以货殖所获奉其先，惧辱亲也。有田禄，谓初受田禄。先为祭服而后祭器者，祭器可假，祭服须称身也。孟子曰："器皿衣服不备，不敢以祭。"无器无服则荐而不祭，以自艾也。初得田禄，则成衣服而假器以祭，急于祭也。古之人亟于欲仕，仕而备物以祭，乃得为人子。故人竞于贤，而朝廷之爵禄为重。后世举天禄天爵而仅以恣人之崇高肬厚，则廉耻轻而名器不足为荣矣。况乎非所得之爵禄、亏体辱亲，而藉口荣，养以文其贪冒乎！此古今之别也。

君子虽贫，不粥祭器；虽寒，不衣祭服；为宫室，不斩于丘木。粥，余六反。衣，于既反。

"丘"，墓垄也；不忍其亲之心，虽死不夺，而况于养其身与其妻子者乎？"不粥祭器"，则亦不买人之祭器以祀其先。"不斩丘木"，则他人之丘木亦不忍伐之。

大夫、士去国，祭器不逾竟。大夫寓祭器于大夫，士寓祭器于士。竟，与"境"同，居影反。

故国者，先人墓之所藏，神之所依也。虽不幸而去国，固有反之心焉。故祭器寄于人，而不将之以去。寄必于其等，尊不下移，卑不上干，以明守也。三世以后有兴于新国者，所寓者乃归之。

右第七章。

大夫、士去国逾竟，为坛位乡国而哭，素衣、素裳、素冠、彻缘、鞮屦、素簚、乘髦马。不蚤鬋，不祭食，不说人以无罪；妇人不当御。三月而复服。竟，同"境"，居影反。坛，"墠"字之误，裳演反。乡，许亮反。缘，余绢反。簚，亦作"幦"，莫历反。蚤，与"爪"同，侧七反。说，如字。复，芳服反。

"去国"，谓去其宗国也。"逾竟"乃哭，大夫待放于境上，未逾境，犹有反之望也。"坛"，当作"墠"，除地曰"墠"。"素衣、裳、冠"，三年之丧，大祥之服也。"彻缘""鞮"，皆谓屦。"鞮"，无絇，盖菲屦，大功屦也。"髦马"，不剪鬣。"簚"，车上覆苓。"素簚"，以白狗皮为之，丧车之饰也。"蚤"，修指爪。"鬋"，鬓去鬓下髟毛，如丧之不饰也。"不祭食"，丧食不祭也。凡此杂用丧礼而不纯，为君在，嫌也。"说"，告语也，或问其去国之故，引咎归己而讳国恶也。"当御"，大夫娶有二媵，其御亦各有制也。"复服"，则所为皆复，惟"不说无罪"则终始一耳。古之人笃于故国，而不忍忘君者如此。夫君既逐我，于义已离，而所适者亦中原冠带之友邦，可以得禄祀先而行其道。然且哀之如丧考妣，而引咎以让善于旧君，此岂故为之文哉！君子诚有其恻怛忠厚之心，故发诸容貌言语，有不如是而不安者，况于君非弃我，国罹倾亡，一旦改而事仇，而心不为之动？孔子曰："女安则为之。"言乎其无人之心也。

右第八章。此上八章皆记士、大夫之礼。此下三章则杂诸侯以下之礼而记之。

大夫、士见于国君，君若劳之，则还辟，再拜稽首；君若迎拜，则还辟；不敢答拜。劳，力报反。还，似宣反。辟，毗义反。

凡称"国君"者，皆邻国之君。"见"，私见也。此谓大夫以事出疆，顺见邻国之君，及出亡在外见其国君，未委贽求仕也。"劳"者，慰问之。"还辟"，逡巡却避，以非奉使，不敢当劳也。言"若劳""若迎拜"者，君加礼之，非犹聘礼之必劳、拜也。"迎拜"，谓未劳间先拜也。"不答拜"，君臣分殊，不敢当宾主也。

大夫、士相见，虽贵贱不敌，主人敬客，则先拜客；客敬主人，则先拜主人。

"先拜"者，主人出迎客时，望见而即拜也。"敬"者，因事意所存而致敬也。若宾主两无致敬之事，则士先拜大夫，后拜者还辟，俟拜已而后答拜。

凡非吊丧，非见国君，无不答拜者。

"吊丧"助执事，不自当宾礼，"见国君"，不敢亢宾主，故不答拜。礼尚往来，尊卑长幼俱必成宾主之礼，"无不答拜"矣。凡答拜，先拜者亦还辟之。

大夫见于国君，国君拜其辱；士见于大夫，大夫拜其辱；同国始相见，主人拜其辱。

"拜辱"，出门迎宾，甫见而即拜，谢其辱临也。"士见于大夫"，亦谓异国。若同国，则大夫、士皆谓之主人。

君于士，不答拜也；非其臣，则答拜之；大夫于其臣，虽贱必答拜之。

诸侯于大夫答拜，下天子也。于士不答拜，殊大夫也。非其臣，虽士必答，不臣人之臣。大夫之臣虽贱答拜，辟正君也。"贱"，谓下士。

男女相答拜也。

男女有别，不相为尊卑，虽舅于妇、妻之母于婿，无不答拜者。其答拜也，先拜者一拜，答者再拜，先拜者又一拜，谓之侠拜。

右第九章。

国君春田不围泽，大夫不掩群，士不取麛卵。

"泽"有芦苇，禽兽所聚乳育处。"掩"，袭也。"群"，牝牡合游成群也。"麛"，鹿子；"卵"，雉孚乳其卵：三者皆重伤生类，故禁之。凡田，有徒众则悉起之。国君徒众盛，故可"围泽"。大夫之徒众可"掩群"，士徒众寡，二者皆不能，仅可"取麛卵"。故因其得为而禁之，实则"掩群""取麛卵"，亦诸侯、大夫之通禁。

岁凶，年谷不登，君膳不祭肺，马不食谷，驰道不除，祭事不县。大夫不食粱，士饮酒不乐。 除，迟据反，县，胡消反。

"岁凶",谓水旱。"登",成也。"谷不登"者,螽、螟、风、雹害稼事也。"祭肺",杀牲有折俎,则有祭肺。天子日食少牢、朔月大牢,诸侯日食特牲、朔月太牢,则有之也。"驰道",君门外大道。"除",甃治之也。"县",天子宫县,诸侯轩县。"祭不县",则燕食可知。"粱",加食也。按《公食大夫礼》,初设黍稷、正馔,已,乃加稻粱。"不乐",谓不用乡乐。君子畏天灾,重民命、恐惧修省,而导民以俭也。

君无故,玉不去身;大夫无故,不撤县;士无故,不撤琴瑟。县,胡谓反。

大夫以下燕居则不佩玉,君则常佩之,以尽饰。大夫有特县,士张琴瑟而已。"故",谓丧灾病患。君子以哀掩乐,以乐节忧,使性情得其正而无偏庎,虽有怫情隐虑,尤必广其心以自裕也。

右第十章。

士有献于国君。他日,君问之曰:"安取彼?"再拜稽首而后对。

称"国君"者,别于大夫君之辞。"他日",谓士献于君,不亲受,致于后门,使人受之,他日见而后问之。"问",犹劳谢也。"取",用也。"安取彼",犹言何用此也。"再拜稽首",谢君之恤己贫而抑不终拒之也。

大夫私行出疆必请,反必有献。士私行出疆必请,反必告。

"私行",谓亲迎及吊葬于所亲者;士则或从师宦学。"献"者,以所受赠赂奉君,昭君之灵宠也。献必先告而后献。士告则无献。

君劳之,则拜;问其行,拜而后对。劳,力报反。

"劳",慰问其劳苦。"问其行"者,问其行道经历所闻见也。

右第十一章。

国君去其国,止之曰:"奈何去社稷也!"大夫,句**曰:"奈何去宗庙也!"士,**句**曰:"奈何去坟墓也!"**

"去",违也。"大夫""士",谓去其宗国而出奔者。国君则其臣谏止之,大夫、士则僚友留之,皆以大义相匡救。

国君死社稷。

国亡与亡也。盖国君之社稷受之天子,承之先君先世,以元德显功受帝王之命而修其先祀,国以外则皆非其所有矣。不能有其土则不能修其祀，神明之胄，浸且降为编氓，而祖功宗德自我绝矣，是以有死而无去，国君之义然也。故《记》言"国君死社稷"，而不言天子，其义明矣。李纲徇都人，怀土之私情，挟天子为孤注，一时浮竞之士翕然贤之，邪说相师，胁四海九州之共主，仅殉一都会之邑，而天下沦胥。邪说窃经义而不详，其为害亦憯矣！后之谋国者不幸而当其变，其尚明辨于此哉。

大夫死众，士死制。

大夫出为军帅，败则死之。士受君命，专制一邑，或制一军，邑亡军败死之。致身之义也。大夫不死其采邑。

右第十二章。

君天下曰"天子"。

"天下"，无外之称，谓播告臣民及四夷。"子"者，男子之美称。"天"者，言其德位配天。

朝诸侯，分职、授政、任功，曰"予一人"。 _{朝，直遥反。}

"分职"，分命六官之职。"授政"，颁政教于诸侯。"任功"，任邦国都鄙以征役之功。义取资众以有为，故自称曰"予一人"。

践阼临祭祀，内事曰"孝王某"，外事曰"嗣王某"。临诸侯，畛于鬼神，曰"有天王某甫"。

"阼"，阼阶，主祭者之位。"内事"，宗庙。"外事"，郊、社、柴望之类。称"孝"者，谓以致其孝养。"嗣"者，谓嗣续先人而奉祀典也。"临诸侯"者，巡守临莅其国。"畛"，疆也，入其疆而告祭之也。"鬼"，谓诸侯之祖祢，"神"，谓侯国之祀典，其秩视诸侯，故以臣主之礼临之。言"有"者，不恒相告祝之辞。"某甫"，以字称。冠而字之，达于天子。

崩，曰"天王崩"。复，曰"天子复矣"。告丧，曰"天王登假"。措之庙，立之主，曰"帝"。 _{复，芳服反。假，胡加反。}

"崩"，史册之辞。"复"，不名者，土无二王，魂神自喻也；称"天子"者，死事质也。"登"，升也。"假"，与"遐"同，远也；谓上升于天，高远不可挽也。"措之庙"，袝也。"主"，练主。称"帝"者，夏、殷之礼，周则称王而加之谥。通《经》所记，多杂用三代之礼文，记者盖有损益折中之意焉。

天子未除丧，曰"予小子"。生名之，死亦名之。

"予小子"者，自称也。"生名"者，有所播告，既曰"予小子"，下仍系之以名，示有适主也。"死名"者，以无谥。故史策所书，系名王下。《春秋》书"王猛"是已。

右第十三章。自此章以下至于篇末，皆记天子、诸侯、大夫、士庶尊卑隆杀之节，而先详其名称之别。名者，人治之大者也。各生于实，而实必因名以显，及其名之既定，则令共之义、详要之职、冠履之分，皆依此而立，则实生名而名亦生实，名实相待，而不可偏废者也。人之所以异于禽兽者，名而已矣。心能喻之，言不能别之，则义不达而冥昧无有恒则，故夫子言"为政"而以正名为先，岂但为卫辄言之哉！申不害、韩非之徒亦附此以立说，顾流于纤刻，而忠厚诚朴之意不足以存，固君子之所不取。然惩其已甚而概以名为刻核浅薄之术，则亦不足以与于圣人经世之大用矣。

天子建天官，先六大，曰：大宰、大宗、大史、大祝、大士、大卜，典司六典。大，他盖反。司，息吏反。下同。

"建天官"者，言本天治人，使治天职也。"六大""五官""六府""六工"，皆殷制也。"典"，常也。"典司"者，为其常职。"六典"，常法也。"大宰"，司百官之典，"大宗"，司宗族之典，"大史"，司古今之典，"大祝"，司祭祀之典，"大士"，司刑狱之典；"大卜"，司卜筮之典。殷尚鬼，故祝、卜尊焉。

天子之五官，曰：司徒、司马、司空、司士、司寇，典司五众。

"司徒"司县、都、乡，遂之众。"司马"司六军之众。"司空"司力役之众。"司士"司宿卫之农。"司寇"司胥隶之众。

天子之六府，曰：司土、司木、司水、司草、司器、司货，典司六职。

"府"，主藏者。"司土"掌田税，"司木"掌山林，"司水"掌川泽，"司草"掌原薮刍苇，"司器"掌百工。"货"，泉也，今谓之钱。"司货"掌口率、市征及铸造。

天子之六工，曰：土工、金工、石工、木工、兽工、草工，典制六材。

"土工"陶，"金工"冶，"石工"治玉石，"木工"梓匠轮与，"兽工"

治革骨。"草工"作苇器。"制",治也。

五官致贡,曰"享",五官之长曰"伯",是职方。长,丁丈反。下同。

五官之长,既各司其众,兼摄治五方之诸侯,各司其方。司徒主中,治畿外采男服;司马主南,司空主北,司士主东,司寇主西,典其方之诸侯。岁献于天子之赋物谓之"贡"。"贡"之为言功也。诸侯之国莫非王土,诸侯之财莫非王有,所能致其献者,功力所获而已。"伯",犹长也。

其摈于天子也,曰"天子之吏"。天子同姓谓之"伯父",异姓谓之"伯舅"。自称于诸侯曰"天子之老",于外曰"公",于其国曰"君"。

"摈"者,导其方之诸侯以享于天子,而摈者赞曰"天子之吏某率某方侯某"。天子称之"父""舅"而尊以"伯"者,以其长诸侯,优之也。"自称于诸侯",称于其所掌之方也。"于外"者,所掌之方侯国称之。"其国",县内国邑。

九州之长,入天子之国曰"牧"。

上五官之长以王官治侯国,此"九州之长"则以其州之诸侯,尊贤者为之;州各一长,内外兼制之道也。"入天子之国",谓率其州之诸侯觐天子,而摈曰"某州牧率某侯某"。"牧"者,率群驯扰之意。

天子同姓谓之"叔父",异姓谓之"叔舅",于外曰"侯",于其国曰"君"。

"叔"者,亚于伯之称。然此亦记其大凡耳。按《觐礼》云:"非他,伯父实来。"则不必五方之伯,而后称伯也。且同姓自有昭穆,假令在兄弟子孙之行为"伯"为"长",讵可称之"伯""叔"乎?此或据成王制礼时,属籍卑幼者而言尔。"于外",于其州所长之国也。"于国",则其本封。

其在东夷、北狄、西戎、南蛮,虽大曰"子"。于内自称曰"不谷",于外自称曰"王老"。

"夷",羊也。"狄",犬也。"戎",狁也。"蛮",貉也。四夷无人理,故以兽名。然此之夷狄戎蛮亦在九州之境,特以依山附海,礼俗职贡不同于诸侯,遂狄而贱之,若春秋之莱、介、潞、甲及今时黔、蜀之土司然者。"大",谓国土大而为之长者也。"子",爵止于子也。"于内",于其国。"于外",于其所长之小国。"不谷",谓驽庹不能为善。称"王老"

者，假王灵以威远方。

庶方小侯入天子之国曰"某人"，于外曰"小子"，自称曰"孤"。

"庶方"，犹言杂种。此蛮夷之君长，受治于其长者也。"人"者，略其君臣之辞。"于外"，于中国诸侯之前。"自称"，称于其国也。"子"，贱辞。"孤"者，夷狄不知有父，若无父之孤。

天子当依而立，诸侯北面而见天子，曰"觐"。天子当宁而立，诸公东面、诸侯西面，曰"朝"。 依，于岂反。朝，直朝反。

"依"，与"扆"同，其制如今屏风，以绛为质而画斧焉，建于堂上、室外、户西牖东。"当依"，当其前，所谓"负扆"也。"立"者，古者虽尊无坐，见人之礼；秦始制天子坐而受朝。"诸侯北面"者，五等诸侯皆北面也。秋见曰"觐"，受之于庙，奉祖宗之灵以涖之，侯皆北面面王而奉教戒也。门屏之间曰"宁"，在库门之外，外朝也。公东面，侯西面，子、男其北面与？春见曰"朝"。受挚于朝，受享于庙，出而与诸侯相见，环列各于其位。叙典礼也。

诸侯未及期相见，曰"遇"，相见于郤地曰"会"。诸侯使大夫问于诸侯曰"聘"，约信曰"誓"，涖牲曰"盟"。 郤，邱逆反。约，于笑反。

"期"，约也，"未及期"，谓卒然相遇，不及期约也。"郤"，空间也，谓非国都。会于郤地，则遇，亦于郤地也。"问"者，省候之意。"约"，结也。"信"者，不相疑贰。"誓"，矢于鬼神也。"涖牲"者，刑鸡犬豕之血于坎，刲牛耳，加盟言于上而埋之，为诅誓也。此皆诸侯友邦往来之礼。礼仪币享，各有差等，古礼亡，无所考矣。殷人始作"会"，周人始作"盟"。

诸侯见天子曰"臣某侯某"；其与民言，自称"寡人"。

此五等诸侯之通称。下四节放此。先"臣"而后爵者，爵固天子之臣也。汉以下先职而后臣，非是。

其在凶服，曰"适子孤"。临祭祀，内事曰"孝子某侯某"，外事曰"曾孙某侯某"；死曰"薨"；复曰"某甫复矣"。 适，丁历反。复，芳服反。

"适子"，正其为先君之嗣，所谓"定位于初丧"也。不称某者，告臣民之辞。不称嗣侯，未受王命也。"外事"，山川社稷。"曾"之为言重也。"曾孙"者，自古肇祀而已承之之意。内外俱称爵者，昭世守也。"薨"，亦史册之辞。"复"，称字者，诸侯爵非至极，而臣子不敢斥其名也。

既葬见天子，曰"类见"。

诸侯五月而葬，嗣子三年丧毕，乃以士服见天子。"既葬见"者，谓天子巡守至其国，不容不见也。"类"，似也，执皮帛从其等之诸侯后，似君非君，似世子非世子也。

言谥曰"类"。 类，力轨反。

"言"，请也。"类"，当作"诔"，哀词也。不敢直言谥，求哀诔也。

诸侯使人使于诸侯，使者自称曰"寡君之老"。 使于"使者"之"使"，色吏反。

诸侯之大夫不敢以爵称，依君以自见也。此章皆记诸侯之礼。此节承上文。诸侯使人问于诸侯，而附及之，且以著"寡君"之称也。

右第十四章。

天子穆穆，诸侯皇皇，大夫济济，士跄跄，庶人僬僬。 济，子礼反。僬，子笑反。

此记相临相见之容也。"穆穆"，深远貌；谓喜怒不形也。"皇皇"，大也；谓发气充盈而盛大也。"济济"，齐肃貌；"跄跄"，趋事若将不及貌；"僬僬"，卑局貌。上下各安其度，则各安其心。尊者舒而思深，卑者蹙而力勤也。

右第十五章。此章记容之殊，盖名正而分定，心安其分而著于容也。

天子之妃曰"后"，诸侯曰"夫人"，大夫曰"孺人"，士曰"妇人"，庶人曰"妻"。

"妃"，配也；君于阳曰"帝"，君于阴"曰"后；天称上帝，地称后土；天子之妃，为天下母，故与后土均称。"夫"，扶也；言扶助其君以奉宗庙社稷也。"孺"，属也；言以恩礼连属其姻党也。"妇"，阜也；阜安其家也。"妻"，齐也；贫富劳逸与夫齐也。

天子有后，有夫人，有世妇，有嫔，有妻，有妾。 此节旧误"在天子建天官"之上，今定正于此。

天子一后、三夫人、九嫔、二十七世妇、八十一御妻。"嫔"误序

"世妇"下。"妻",御妻。"妾",贱执事者,其数未闻。

公侯有夫人,有世妇,有妻,有妾。

诸侯之妃,秩视天子之夫人。两国之媵与夫人之媵为"世妇",凡八人。"御妻"盖二十七人。"妾"未详。

夫人自称于天子,曰"老妇"。自称于诸侯曰"寡小君"。自称于其君,曰"小童"。自世妇以下,自称曰"婢子"。子于父母,则自名也。

"称于天子"者,献享之辞。"老妇",谓诸侯为天子之老,而己其妇也。"妇"者,降从士妻之称。"称于诸侯"者,邻君来朝,答其享与致飧,摈者之辞也。"小童",无知之称。世妇以下无外交,称于其君尔。"子于父母自名"者,虽天子之后,诸侯之夫人,于其父母必自名,不敢以贵临之。《春秋传》曰"吾季姜"是已。

右第十六章。

列国之大夫,入天子之国,曰"某士",自称曰"陪臣某",于外曰"子",于其国曰"寡君之老"。使者自称曰"某"。_{使,色吏反。}

"某士"者,以国系士上,盖摈者之辞也。诸侯之大夫虽贵,与天子下士齿尔。"于外曰子"二句,盖错误。当云"于其国曰'子'",所使者称之之辞,若云"某子使某"是也。下当云"于外曰'寡君之老'",亦摈者之辞也。"使者",谓大夫之使,不得称使臣,以名自通而已。

右第十七章。

天子不言"出",诸侯不生名。

谓列国史策所书也。天子有天下,不以畿内为守;虽避乱出奔,不言"出"也。诸侯卒,从其告讣而名之,以正其终,生则爵而不名,君尊也。

君子不亲恶。诸侯失地,名,灭同姓,名。

"君子",谓君国子民之道。"亲恶",犹言"自作孽"也。"失地",亡其国也;失国则绝其先祖之祀。灭同姓,则戕其本根,尽失其君国子民之道,而行同匹夫矣。"名",列国之史名之。

右第十八章。

为人臣之礼不显谏，三谏而不听，则逃之。

"不显谏"者，不斥其过而暴之。"逃"，去也。古之君臣，分义虽明而恩礼相接。大臣既坐而论道；小臣亦日侍于君而与于从容讽喻之列，可先事而进其微辞，造膝而伸其密论，故"不显谏"者，可以弗显谏而无事于激也。后世尊君抑臣，分地悬远，士大夫之得进言于君也难，而宦寺戚畹与盘踞密勿之大奸，复从而间之；言路之臣，非亢言补牍，申明于属目之地，亦孰从致之而孰与听之哉！此古今臣道之所自别也。而丑直恶正之徒，犹借"不显谏"之说，挑激人主，而加言者以讦上沽名之罪，则有贼不见，有谗不知，而诒国于危亡，可不察与！

子之事亲也，三谏而不听，则号泣而随之。号，胡刀反。

诚发于中，不容自已也。

君有疾，饮药，臣先尝之；亲有疾，饮药，子先尝之。

爱君均于爱亲。

医不三世，不服其药。

阅历多则知变。记诵方书，与师心自用者，不敢以君、亲尝试之。

右第十九章。自十三章以下，记天子、诸侯、大夫等杀名称之别，君臣之名正而分定矣。至第十八章，言君不虚贵之道，以见尊者之必有以尊。此章则言忠臣资敬事君之节，以见臣之尊君，不徒以其名，而实必践之。记者之意深矣。此下则以补前章之所未备而杂记之焉。

儗人必于其伦。

"儗"，想像而名言之也。"伦"，等也。此一章之大纲。

问天子之年，对曰："闻之，始服衣若干尺矣。"问国君之年，长，曰"能从宗庙社稷之事矣"；幼，曰"未能从宗庙社稷之事也"。问大夫之子，长，曰"能御矣"；幼，曰"未能御也"。问士之子，长，曰"能典谒矣"；幼，曰"未能典谒也"。问庶人之子，长，曰"能负薪矣"；幼，曰"未能负薪也"。长，丁丈反。

问天子、诸侯，问其使臣也。大夫以下，问其父兄也。古者四十而仕为士，五十乃爵为大夫，故大夫、士之年不待问，惟问其子尔。"庶人"，谓未仕者。天子曰"闻之"者，至尊深居，虽见之，不敢言见也。至尊有所能否，臣下不敢测量，但以衣之长短辩其长幼。"若干"，犹言几许。"宗庙社稷之事"，祀事也。大夫有军旅之任，必习射御，御卑于射，谦词也。"典谒"，谓典司将命、报人请谒也。皆所谓"傩于其伦"也。

问国君之富，数地以对，山泽之所出。问大夫之富，曰"有宰，食力，祭器、衣服不假"。问士之富，以车数对。问庶人之富，数畜以对。"数地""数畜""数"，所矩反。畜，丑救反。

"地"，井疆。"山泽所出"，材木、金锡、鱼苇之属。先言"以对"，后言"山泽"者，山泽或有或无也。"宰"，邑宰，有采邑，则"有宰"。"食力"，食民赋税若干也。士三命，赐车马。"畜"，鸡豚牛羊。凡所对者，皆家国之本计，君子财以给用，不以货贿为宝。此亦"傩于其伦"之义。

右第二十章。

天子祭天地，祭四方，祭山川，祭五祀，岁遍。诸侯方祀，祭山川，祭五祀，岁遍。大夫祭五祀，岁遍。士祭其先。

"祭地"，社也。"四方"者，四望也。"五祀"，春户、夏灶、季夏中霤、秋门、冬行也。《祭法》谓天子七祀、大夫三、士二，与此不同，乃七祀有司命、泰厉，说《礼》者引纬书以实之，怪诞不经，盖汉儒之所附会，当以此及《王制》为正。"方祀"，祀其方之望，所谓诸侯有方望也。诸侯所祭之山川，其境内名山大川也。"祭其先"者，统天子以下之所同，士无外祀，故专言之。

凡祭，有其废之，莫敢举也；有其举之，莫敢废也。

圣人居天子之位，而当革命改制之时，则酌乎情理以为废兴。后此者虽或意有所见，不敢损益之也。

非其所祭而祭之，名曰"淫祀"，淫祀无福。

为淫祀者，本以徼福，而德所不及，情所不通，神固不歆，福岂可徼而得哉！

右第二十一章。

天子以牺牛，诸侯以肥牛，大夫以索牛，士以羊豕。牺，当作"牷"，疾缘反。

"牷牛"，毛色纯者，夏玄、殷白、周骍。"肥牛"，不拣色而养于涤者。"索"，求也；谓求得而用之，不养也。牛兼羊豕为太牢，羊豕无牛为少牢。大夫少牢而有牛者，一则天子之大夫视侯、伯，一则上大夫之虞祭用太牢也。士特牲而兼羊豕者，亦上士虞祭。

右第二十二章。

支子不祭，祭必告于宗子。

自宗子以外，皆谓之"支子"。此"宗子"者，统小宗言之。"祭必告"者，谓宗子有故，命支子摄祭，若筮日、筮尸之类，一皆请命。

右第二十三章。

凡祭宗庙之礼。

此记牲粢玉币之名而谓之"礼"者，礼以敬为主，为之嘉名，殊于人用，所以昭敬也。宗庙之事，亲而崇质，且为之文，则外祀可知已。

牛曰"一元大武"，豕曰"刚鬣"，豚曰"腯肥"，羊曰"柔毛"，鸡曰"翰音"，犬曰"羹献"，雉曰"疏趾"，兔曰"明视"。

"元"，大也，首也。"武"，足迹。牛头角侈、足迹大也。"鬣"，脊毛。"豚"，小豕早饲肥者。"翰"，羽也。"翰音"，美羽翰而善鸣也。"羹献"者，《仪礼》"羹定""羹饪"，郑氏皆以为用狗，则狗为羹，具也。雉以为羞，兔以为腊。凡腊充陪鼎，大夫用麋，士用兔，不言麋者，阙文。"疏趾"，谓雉足趾长，张则开疏也。"明视"者，兔目最明，故方家以兔矢疗目疾。

脯曰"尹祭"，槁鱼曰"商祭"，鲜鱼曰"脡祭"。

"尹"，正也。"脯"为馔主，故曰正祭。"槁鱼"，干鱼。"商"，量也；谓酌量燥湿之宜也。"鲜鱼"用鲋，鲋脡然条直也。

水曰"清涤"，酒曰"清酌"。

"水"者，盥洗之水；若上尊之水，则曰玄酒。"涤"，洗也。

黍曰"芗合"，粱曰"芗萁"，稷曰"明粢"，稻曰"嘉蔬"。其，居之反。

五谷芬芳之气曰"芗"。"合"，黏也，"黍"于谷属最黏者也。"萁"，茎也。"粱"茎高美。"明",犹正也;"稷"为五谷之长,"粢"之正也。稻称"嘉蔬"者,苗初生葱菁,若可蔬茹也。

韭曰"丰本",盐曰"咸鹾"。

"韭",菹之为豆实。"盐",形盐加箧也。"丰本"者,言其白茎丰长。大咸曰"鹾"。

玉曰"嘉玉",币曰"量币"。

"量",制也;言长短合制。币之制丈八尺。

右第二十四章。

天子死曰"崩",诸侯曰"薨",大夫曰"卒",士曰"不禄",庶人曰"死"。卒,子律反。

"崩",上坠也。"薨",颠坏之声。"卒",终也。"不禄",不终其禄也。"死",则质言之。"崩""薨""卒",史策之文。"不禄",赴辞。"死",恒言。

在床曰"尸",在棺曰"柩"。

"在床",袭敛迁尸之床。"尸",陈也;陈列形体,示全归也。"柩"之为言久也,欲其藏尸久长也。

羽鸟曰"降",四足曰"渍"。

"降",落也,鸟飞在上,死则落也。"四足",兽也。"渍",谓以汤泡去毛。

死寇曰"兵"。

异于凡死者,示当哀恤之。

祭王父曰"皇祖考",王母曰"皇祖妣",父曰"皇考",母曰"皇妣",夫曰"皇辟"。辟,婢亦反。

"王",太也,太犹大也。"皇",大也,君也。"考",成也,令终而成乎归也。"妣",媲也,媲美于考也。"辟",君也,夫为妻主也。妻有祭告者,子幼无丧主,妻摄为主也。

生曰"父",曰"母",曰"妻";死曰"考",曰"妣",曰"嫔"。

前言"夫",此言"妻",互文见之。"嫔",宾也,言夫所宾敬也。生、称质以全爱也,死称文,以昭敬也。以此推之,生曰"王父",死曰

"祖"，必有辨矣。"祖"，入庙之称也。流俗不察，生称王父为祖，鄙哉！

寿考曰"卒"，短折曰"不禄"。

此既毕丧而追语及之，以崇高年而悼早夭。大夫、士同之。

右第二十五章。

天子视不上于袷，不下于带。国君绥视，大夫衡视，士视五步。 上，时掌反。下，户嫁反。绥，与"妥"同，汤果反。

"袷"，交领。"带"，大带。上不过袷，下不过带，谓垂目而视，适见袷、带之间，当膺际也。"绥视"，微垂其目之上睑，妥然下视也。"衡"，平也，谓目之上睑适与睛平，虽不下垂，亦不及远也。"视五步"，则扬目外瞩矣。此皆临下之容。尊者视愈敛，以谨瞻视，养威望；卑者视弥舒，以便应接也。

凡视：上于面则敖，下于带则忧，倾则奸。 敖，五到反。

"上于面"，谓扬目而自见其鼻唇。"下于带"，首太俯也。"忧"者，近于有所忧思。"倾"，侧目也；"奸"者，有所思而叵测。

右第二十六章。

君命，大夫与士肄，在官言官，在府言府，在库言库，在朝言朝。 朝，直遥反。下同。

"肄"，习也；谓讲求国事之兴革从违也。"命大夫与士肄"者，大夫闻国政而事有疑，则使询于士，公议之也。"官"，署也。若肄官职，则于大宰之署；肄田赋，则于司徒之署也。"府"，藏货贿。"库"，藏车器甲兵。时命会同稽核，则就府、库肄之。"朝"，则典礼之所从议也，皆不得就私室谋公事。季氏欲用田赋，使冉有访于仲尼，三发不对，以其不延夫子于官朝而访之也。

朝言不及犬马。

言不及亵。

辍朝而顾，不有异事，必有异虑。故辍朝而顾，君子谓之固。

"辍"，罢也。"顾"，反顾。"固"，鄙陋也。辍朝则礼成事毕，恪共而退，无容反顾矣。惟朝有变故，则惊遽回望。不然，则有不轨之心，或抱恨而疾视。今皆不尔，而无故反视，是鄙固而不知礼也。

在朝言礼，问礼对以礼。

称引古礼相问答。

右第二十七章。

大飨不问卜。

"大飨"，袷，禘也。《书》曰："兹予大飨于先王。"袷、禘合祭群庙，莫适问其违从，以时自尽其诚，不卜也。

不饶富。

义未详。旧说以为"备而已，勿多于礼"也。

右第二十八章。

凡挚，天子鬯，诸侯圭，卿羔，大夫雁，士雉，庶人之挚匹。挚，与"贽"同。匹，一作"鹜"，莫卜反。

天子于天下无宾礼，惟巡守所至，告其鬼神，则神为主而己就见之，则用"鬯"。"鬯"者，秬黍酒，合郁人所贡百草之英，杂酿之，则谓之郁。此言"鬯"者，郁鬯也。"圭"，命圭。子、男执璧，言"圭"者，统辞。羔、雁皆以布维之，天子之卿、大夫，则缋其布。雉不能生致，用死者，或用腒。"匹"，鸭也。

童子委挚而退。

凡宾奉挚入，皆主人拜受，惟见国君则委挚于地而退，不授也。童子于先生用臣礼，不相授受，尊师也。其挚则束脯。

野外、军中无挚，以缨、拾、矢，可也。

"野外"，谓四时之田，乡、遂之远者，卒相见。"军中"者，异国之臣会师而遽相见也。"缨"，马首尾饰，以屬或氂为之。"拾"，韝也，射者以裹袖。

妇人之挚，椇榛脯修枣栗。

"椇"，枳也。"榛"，似栗而小。"脯"，干肉。"修"，加姜桂捶治之。诸侯之挚玉，昭其所守也。男子之挚禽，田牧之所得也。妇人之挚，笾豆之实，中馈之所勤也。非其力之所致者，货财不足以为礼。童子不能田牧，野外、军中仓猝不备物，然必有所执，示不徒见也。

右第二十九章。

纳女于天子，曰"备百姓"；于国君，曰"备酒浆"；于大夫，曰"备扫洒"。扫，先到反。洒，所卖反。

"纳女"，致女也。婿有故不亲迎，则女氏遣人致之，此其将命之辞。"备百姓"，言广子姓令繁多也，下必其为嫡嗣，谦也。天子之子孙，必有封邑，而赐氏。

右第三十章。

《礼记章句》卷二终

礼记章句卷三

檀弓上

夏、殷之礼，因时创制。周公监于二代，建一王之典，而三恪之后，犹修先世之事守，虽文献凋落，尚多传习。孔子折中裁定，归于画一，顾其言曰"吾从周"，又曰"某殷人也"，则孔氏所讲习而行用者，固有杂殷、周之制者焉。夫子没，七十子之徒亲闻习见，各得圣人之一体，是以尊闻行知，各有所尚。而春秋以降，学士大夫之行礼者，或移于俗尚，逾于轨则，或附古行私，名合实离，或惩创流俗，矫枉过直，参诸孔门，传说之不一，诚有不得而齐者矣。夫礼，经也；因事变之不齐而斟酌以中节者，权也。惟圣人而后可与权，则下此者不得与矣。是篇杂记夫子以后行礼异同之迹，其出入得失，或因圣言以为之论定，或虚悬其事而不明著其是非。诚体验而慎思之，将必有不易之理存乎其中，而精义之用显矣。诚学者择善之切图，而《礼经》之断案也。亦以简册繁多，分为上下篇。

上篇凡百二十五章。

公仪仲子之丧，檀弓免焉。 免，亡运反。

"公仪"，氏；"仲子"，字；鲁同姓大夫。檀弓，鲁人。"免"者，以布广一寸，从项中而前交于额，又却向后绕于髻，袒而不冠者之丧饰也。朋友皆在他邦，则袒免，矜其无主而为之主也。仲子所立非主，均于无主。故弓重服以哀之，且起问者见事情也。凡朋友冠弁绖。

仲子舍其孙而立其子。舍，书也反。下同。

明弓以是，故而免也。"孙"，适孙。"子"，庶子。"立"，立为丧主。春秋诸侯之大夫世官，则为丧主者嗣其爵。称仲子者，其遗令云然。

檀弓曰："何居？我未之前闻也。"居，车之反。

"居"，语助辞。主人不能喻弓变服为讽己，故显讥之。

趋而就子服伯子于门右，曰："仲子舍其孙而立其子，何也？"

子服伯子，亦鲁同姓大夫，名何。众兄弟位皆继主人西面，伯子位在门右者，服已绝也。弓显讥而主人犹不喻，故就其贤者诘之。

伯子曰："仲子亦犹行古之道也。昔者文王舍伯邑考而立武王，微子舍其孙腯而立衍也，夫仲子亦犹行古之道也。"腯，徒本反。夫，防无反。

伯邑考，文王长子，早卒。"舍"者，舍其子也。腯，微子适孙。衍，其庶子也。文王为殷诸侯，不自创制，微子守殷祀，故皆用殷礼。伯子无能改正仲子之乱命，又从而为之辞耳。

子游问诸孔子，孔子曰："否！立孙。"

弓为伯子强辞所抑，不能复争，故子游闻而以问也。"否"，决其不然之辞。公仪氏，姬姓之族属，无用殷礼之理，而爵位受之于君；顾不用一王之典制，则坏法乱纪之尤，而为争乱造端矣。

右第一章。

事亲有隐而无犯，左右就养无方，服勤至死，致丧三年。事君有犯而无隐，左右就养有方，服勤至死，方丧三年。事师无犯无隐，左右就养无方，服勤至死，心丧三年。养，余亮反。

"隐"，谓当属目之地，知其过而不讴白之也。"左右"，谓常依之不相去也。"养"，奉指使也。"勤"，劳也，"无方"者，子与弟子虽众，遇事即趋，无常职。"有方"，各司其职，不侵官也。"至"，致也，言遇难不避死也。"致丧"者，内外交尽也。"方丧"者，如礼法而为之服，尽其外也。"心丧"者，恻怛悲悼，不饮酒食肉，不闻乐，不御于内，尽其内也。审乎三者同异之辨，一因乎天理人情之自然，而道尽诸己矣。

右第二章。凡篇内非纪行礼者得失之已事，及称引前人之言者，皆记者述论定之说，其言或出于夫子与七十子之徒，无所从考。要以析群疑而明不易之理也。余章仿此。

季武子成寝，杜氏之葬在西阶之下，请合葬焉，许之。入宫而不敢哭。武子曰："合葬非古也，自周公以来未之有改也。吾许其大而不许其细，何居？"命之哭。居，车之反。

季武子，季孙宿。此盖其城费时事，然其说多所难通。不必强为之说也。

右第三章。

子上之母死而不丧。

子上，名白，子思之子。其母已出，不为丧服，盖子思命之。

门人问诸子思曰："昔者子之先君子丧出母乎？"曰："然"。

伯鱼丧出母，而夫子不禁也。

"子之不使白也丧之，何也？"

门人复问。

子思曰："昔者吾先君子无所失道；道隆则从而隆，道污则从而污。伋则安能？为伋也妻者，是为白也母；不为伋也妻者，是不为白也母。" 污，乌瓜反。

"先君子"，谓仲尼。"隆"，高。"污"，下也。《礼》：为出母齐衰期，为父后者则无服。周道尊尊，其制然尔。殷道亲亲，虽为父后者犹服之。子思言夫子道隆，故可损益三代而上用殷制，己道卑下，自当遵时王之礼也。不为伋也妻则不为白也母，言子上为父后，不得遂其私恩也。

故孔氏之不丧出母，自子思始也。

孔氏之后嗣，虽非为父后者，皆不丧出母，则非礼矣。

右第四章。

孔子曰："拜而后稽颡，颓乎其顺也；稽颡而后拜，顾乎其至也。三年之丧，吾从其至者。" 稽，康礼反。顾，口狠反。

"颓乎"，自上委下之貌。"顺"，象也。"顾"，切也。殷之丧拜，先拜。周之丧拜，先稽颡。拜以谢宾，稽颡以自致。先拜者，先宾后己，序之顺也。先稽颡者，情迫自致，哀之至也。礼以顺为贵，丧以哀为主。三年之丧，从其至者，暬以下从其顺者可尔。"从"，谓取之为礼制也。

右第五章。

孔子既得合葬于防。

"合葬"之说，详第十一章。防，鲁下邑。

曰："吾闻之，古也墓而不坟，今丘也，东西南北之人也，不可以弗识也。"于是封之，崇四尺。

"墓"，兆域。"坟"，丘冢也。孔子志行道于天下，得行斯行，不必仕鲁，恐子孙兴于他邦，不知其处，故用周制，聚土以为封。

孔子先反。

实土三，主人反而虞。

门人后。雨甚，至。孔子问焉，曰："尔来何迟也？"曰："防墓崩。"

"防"，虑也；恐其崩，当修之。

孔子不应。三。孔子泫然流涕，曰："吾闻之，古不修墓。"

泫然流涕而言者，情无已而礼不可过也。古之葬者，合为兆域，序其昭穆，墓大夫掌之各有版图，以为世守，无待修治，自以远樵苏占据之害，故不立修墓之制。俾送死者，有所终止，是以仁人孝子，情无已而制不可过。自秦以降，宗法毁，井田裂，士大夫无世禄，而强豪兼并，土田山麓旦暮易主，故时王之制，为高坟崇表谨识其所，用垂于后，孝子慈孙以时芟治而培护之，然后可免于耕钼发露之惨，固情理之不容已者也。读者察夫子泫然流涕之心，可以知礼随时变；而古道之未可泥矣。

右第六章。

孔子哭子路于中庭。有人吊者，而夫子拜之。既哭，进使者而问故。使者曰："醢之矣。"遂命覆醢。使，色吏反。覆，如字。

弟子哭师于庭，故如其哭位报也。"覆"，倾也，示不忍食。子路之死，惑于灵公之命，而不能推之以天理之至极，固未为得矣。食焉不避其难，亦以殉其一曲之义也，以视诸董搏霄、余阙之死，固不同矣。夫子不以为失身，而替其师弟之恩，诚有以谅其心与。

右第七章。

曾子曰：“朋友之墓，有宿草而不哭焉。”

“宿草”，谓前岁之草，经凋复荣。盖亦丧之至期而止。

右第八章。

子思曰：“丧三日而殡，凡附于身者，必诚必信，勿之有悔焉耳矣。三月而葬，凡附于棺者，必诚必信，勿之有悔焉耳矣。”

谓士礼也。“附于身者”，衣衾纱绞之属；“附于棺者”，棺翣茵器之属。“诚”者，尽其礼，“信”者，不疑于心。哀遽瞀乱，虑有疏忘，舒其期于三日，三月，得竭心殚虑以为之矣，勿令他日哀绪稍宁，始记忆追悔而无及也。

右第九章。

丧三年以为极，亡则弗之忘矣。故君子有终身之忧，而无一朝之患，故忌日不乐。

“极”，止也。“亡”，亦忘也。“患”，谓过毁灭性。“不乐”者，彻琴瑟。丧虽三年以为极，而释服以后岂遂忘乎？其思慕不置者，犹三年以内也。“忌日不乐”，不忘之征也。盖情则一往而易尽，性则有节而恒，于此可以验性情之分矣。

右第十章。

孔子少孤，不知其墓。少，诗照反。

孔氏以华督之难自宋奔鲁，家世未显，宗族未盛。至叔梁大夫，始以力事鲁襄公，而又早丧。其先世寓葬于鲁，非有墓人之掌，故孔子不知。

殡于五父之衢。人之见之者，皆以为葬也。其慎也，盖殡也。父，扶雨反，下同。

五父之衢，道名。杜预曰：“在鲁国东南。”叔梁大夫之卒，未得葬而殡于外，至夫子长，以不知先墓，故不敢葬焉。然葺至深固，人见之者，皆谓为葬。"盖殡"者，掘肂厝之，毕涂其上而又加慎焉，故有似乎葬也。

问于郰曼父之母，然后得合葬于防。

郰，鲁下邑。叔梁氏所食地。《春秋传》称，叔梁大夫为郰人纥，盖以邑氏。曼父或其族人。"合葬"，谓合于先人之墓也。葬必从祖祢，示不忘本。夫子不知先墓，姑慎于殡，以待访得而后葬，以道宁亲而勿之有悔也。

右第十一章。此章之旨，旧说乖谬尤甚，考文按事，义本如此。第六章同。

邻有丧，舂不相，里有殡，不巷歌。 相，息亮反。

义见《曲礼》。

右第十二章。

丧冠不緌。 緌，耳追反。

"緌"者，纮之余也。冠有笄，以纮系之，顺颐而下，结之而垂其余，以致饰也。丧冠，以麻维之而不垂其余，去饰也。记者见时有丧冠緌者，故云。

右第十三章。

有虞氏瓦棺。

上古衣之以薪。有虞氏尚陶，始为瓦棺，袭敛而殡葬焉。

夏后氏堲周。

烧土曰"堲"，今之砖也。夏后氏易棺以木，而以堲周围甃之。

殷人棺椁。

始加椁也。椁之制，如井阑，四周，上加抗木。

周人墙，置翣。

"墙"，柳衣；今之棺罩。柩车行道路以为饰，因以葬焉。其制：上有荒，荒上有齐，结采为之旁有帷，荒下有池；池如笕，衣以青布；尊者池下有振，容如幔檐，又悬铜鱼于振容之侧。"翣"，以木为之，形如扇而首如盾，画黼黻云气于上。"置"者，厝于墙外。

周人以殷人之棺椁葬长殇。 长，丁丈反。

"棺椁"无墙翣。十六至十九为"长殇"。

以夏后氏之堲周葬中殇、下殇。

"堲周"无椁。十二至十五为"中殇",八岁至十一为"下殇"。

以有虞氏之瓦棺葬无服之殇。

七岁以下,"无服之殇"。四代之制,物弥备,事弥文,而后孝子之心尽焉。生乎明备之世,而槁葬其亲者,是殇其亲矣。

右第十四章。

夏后氏尚黑,大事敛用昏,戎事乘骊,牲用玄。

"大事",谓丧事。"敛",兼大小敛而言。"昏",日落宇色黑。"骊",黑马。戎事齐力而此尚色者,天子之革路也。

殷人尚白,大事敛用日中,戎事乘翰,牲用白。

"日中"宇色白。"翰",白鸟羽,马色如之也。

周人尚赤:大事敛用日出,戎事乘骐,牲用骍。

"日出"宇色赤。"骐",今之枣骊。"骍",黄牛带赤色。三代王者本天治人,因心制法,体其德,用其道,皆以信诸心之独至而无疑者为治教一世之定理,而见天下之事物莫不以此为至极。故吉凶典礼、容音象数,咸于此准焉。非务为矫革以侈受命之符,缘饰以涂天下之耳目。故曰:"虽有其位,苟无其德,不敢作礼乐焉。"自邹衍五德之说,倡为不经之论,世儒踵之,强取天地阴阳五行,而物为之比肖,纤巧凑泊,有文无情,乃以是为立政之大者,遂可以合天而治人,其亦愚而诬矣。

右第十五章。

穆公之母卒,使人问于曾子曰:"如之何?"

穆公,鲁君,名不衍,哀公曾孙。曾子,曾申,参之子。

对曰:"申也,闻诸申之父曰:'哭泣之哀,齐斩之情,饘粥之食,自天子达。'" 齐,子斯反。

为母齐衰,并言"斩"者,言父母服异而情一也。"达",下达于士、庶人,诸侯可知已。

右第十六章

布幕，卫也；缫幕，鲁也。缫，思邀反。

"幕"，所以覆棺而殡者。"缫"，缣也。天子缫幕，诸侯布幕。鲁、卫皆侯国，而鲁独缫幕者，沿成王赐周公以天子之礼，后遂无所不僭。并言之，其失自见矣。

右第十七章。旧说皆以此章连上章，俱为曾申答穆公之言。今按曾申所答乃礼之大者，其余丧制概未之及，不应独详一幕。故分为二章云。

晋献公将杀其世子申生，公子重耳谓之曰："子盖言子之志于公乎？"世子曰："不可，君安骊姬，是我伤公之心也。"曰："然则盖行乎？"世子曰："不可，君谓我欲弑君也，天下岂有无父之国哉！吾何行如之？"重，直龙反。盖，与盍反。

申生，事详见《春秋传》。"言子之志"，谓暴其事之诬也。"安"，狎而便之也。"伤公之心"者，谓事白，骊姬当抵罪，戚公心也。"如"，往也。"之"，亦往也。迭言"行如之"者，迫遽之辞。按《春秋传》，申生死于新城，时重耳在蒲，此言重耳谏申生，盖传闻之讹。

使人辞于狐突曰："申生有罪，不念伯氏之言也，以至于死。申生不敢爱其死，虽然，吾君老矣，子少，国家多难，伯氏不出而图吾君，伯氏苟出而图吾君，申生受赐而死。"再拜稽首，乃卒。少，诗照反。难，乃旦反。

"辞"，诀也。狐突，申生之傅。"不念其言"者，皋落之役，突尝劝之出奔也。"子少"，谓奚齐。"再拜稽首"，拜君命也。"卒"，自缢死。

是以为恭世子也。

恭世子者，其后晋人谥之。《谥法》："执行坚固曰恭。"仅得为"恭"而不得称孝，以其不能全身格亲，必如舜之"不格奸"，而后人子之道尽。记者记此，以见孝道之难也。

右第十八章。

鲁人有朝祥而莫歌者，子路笑之。夫子曰："由，尔责于人，终无已夫，三年之丧，亦已久矣夫。"莫，芒故反。夫，防无反。

"祥"，大祥。二十四月之余，已交乎三年。"久"，谓丧极于三年，传行自旧，不可过也。

子路出，夫子曰："又多乎哉？逾月则其善也。"

"多"，犹甚也；谓子路之责之，亦非已甚也。"逾月"，谓更逾一月，二十七月也。君子以礼恕人，则人易从；若自尽之道，则不得苟可免讥而止也。

右第十九章。

鲁庄公及宋人战于乘丘。县贲父御，卜国为右。马惊，败绩，公队，佐车授绥。 乘，绳证反。县，胡涓反。贲，博昆反。队，与"坠"同，直类反。

乘丘，鲁地。"败绩"，公之戎路仆也。"佐军"，副车。"授绥"，援公登车以免。

公曰："末之卜也。"县贲父曰："他日不败绩，而今败绩，是无勇也。"遂死之。圉人浴马，有流矢在白肉。公曰："非其罪也。"遂诔之。

古者将战必卜御、右。庄公谓卜之未审，致用贲父而败，辞若宽之，实深责之也。贲父御不失正，知非己罪，而以为己适御而败车，不能辞无勇之罪，因驰入敌师而死。"白肉"，股里肉也。马中矢而惊，败非御者之罪，始明矣。无罪而死，义。故庄公哀而诔之。诔则谥。

士之有诔，自此始也。

礼：大夫乃有诔。此记礼之所由变也。

右第二十章。

曾子寝疾，病。乐正子春坐于床下，曾元、曾申坐于足，童子隅坐而执烛。

"病"，疾甚也。子春，曾子弟子。元、申，皆曾子之子。"隅坐"，不与成人并。

童子曰："华而睆，大夫之箦与？"子春曰："止！"曾子闻之，瞿然曰："呼！" 与，以诸反。呼，朽居反。

"华"，画饰。"睆"，刮去节目去也。"箦"，床第，时曾子所卧者。"止"，令勿言，恐曾子闻而欲易之也。"瞿然"，惊视貌；目先将瞑，至此惊而苏也。"呼"，欲问而不能之声。

曰："华而睆，大夫之箦与。"

童子知欲问，不忍欺而再告也。

曾子曰：“然，斯季孙之赐也，我未之能易也，元，起易箦。”曾元曰：“夫子之病革矣，不可以变，幸而至于旦，请敬易之。”曾子曰：“尔之爱我也不如彼；君子之爱人也以德，细人之爱人也以姑息。吾何求哉？吾得正而毙焉，斯已矣。”举扶而易之。反席未安而没。革，纪力反。

“革”，急也。“变”，动也。“细”，小也。“姑”，且。“息”，安也。“何求”，言不望及旦也。“举”，掖而起。“扶”，拥令稍坐也。季孙优老尊贤，以其箦奉养曾子，曾子寝之而不嫌，孟子所谓“不以为泰”也。死生之际，虽曰一如其素，而为人生之大变，则谨礼守正，尤为不可不慎。曾子养其大勇浩然之气，当病革之顷，徙义如不及，志正而不忧其气之不胜，朱子以为“行一不义，杀一不辜，得天下而不为”之心是已。或以受季孙之赐为非礼，而不当独慎之于将终之际为疑，其亦浅矣。

右第二十一章。

始死，充充如有穷；既殡，瞿瞿如有求而弗得；既葬，皇皇如有望而弗至。练而慨然，祥而廓然。瞿，九遇反。

“充充”，悲填膺貌。“穷”，无所复之也。“瞿瞿”，惊视貌。“求而弗得”，不信其亡而常若欲求之。“望而弗至”，虚望而已。“慨然”，愤不自辑也。廓然，寥廓而意孤也。此章可谓善状孝子之心矣。惟其如此，故闻乐不乐，食旨不甘，居处不安，而疏衰之服饦粥之食、哭泣之哀，一行其所不容已而已矣。

右第二十二章。

邾娄复之以矢，盖自战于升陉始也。娄，力猪反。复，芳服反。

邾，曹姓之国；称邾娄者，齐人语也。升陉之战，在鲁僖公二十二年，与鲁战也。邾虽胜鲁，死伤亦众，尸横原野，不得收敛。招魂者荣其死事，以矢代衣。后虽非兵死，亦习用矢，成乎蛮夷之殊俗矣。

鲁妇人之髽而吊也，自败于台骀始也。台，本“壶”字之误，产吴反。

去缅而露其紒曰“髽”。“台骀”，《春秋传》作狐骀。鲁为邾所败，事在襄公四年。有丧则不吊。鲁师大败，兄弟姻亚甥舅同死者众，方髽而互相吊，其后遂沿之成礼。此二事皆因兵事而成乎失礼，则兵为祸始，其可轻试之哉。

右第二十三章。

南宫绦之妻之姑之丧。

南官绦，南容也；其妻，孔子兄之子。

夫子诲之髽，曰："尔毋从从尔，尔毋扈扈尔，盖榛以为笄。长尺而总八寸。" 从，子勇反。长，直亮反。

古者以缅韬发，不露其髻。初丧，男子免而妇人髽，则去缅而为露髻。"从从"，高也。"扈扈"，广也。髽，当约发而卑小其髻，不为饰也。"笄"，簪也。"总"，以六升布一条束髻上而垂其余。妇为舅姑齐衰期，恶笄有首，或用榉，或用榛，故夫子言"盖"，谓可通用也。凡吉笄长尺二寸，今以髽卑小，故短之。"总八寸"者，齐衰之总。斩衰总六寸。

右第二十四章。

孟献子禫，悬而不乐，比御而不入。夫子曰："献子加于人一等矣！" 县，古涓反。比，必二反。

"比"，次也，谓次序其群妾，当御之辰待于内寝也。"不入"者，仍居恶室。"加"，犹逾也。时人皆不及于礼，而献子过之，故较时人为贤。

孔子既祥，五日而弹琴不成声，十日而成笙歌。

孔子父没，为母得伸其三年亦二十四月之祥也。祥卜远日，十日则亦禫月之初矣。琴声自外成，笙歌声自内出，故先琴而后笙歌。

有子盖既祥而丝屦组缨。

"既祥"，亦禫月也。《礼》：既祥，白屦无绚，缟冠素纰，以素为缨。有子以丝饰屦，以组为缨，则纯乎吉矣。二十四月而祥，间月而禫，禫则可以乐，而冠屦犹不纯吉，礼之中也。献子过情而不可为法，有子文不及而逾礼。故记者以圣人之中正折中之。

右第二十五章。

死而不吊者三：畏、厌、溺。 厌，于甲反。

"畏"者，死于盗刺。"厌"者，死于岩墙。"溺"者，死于徒涉。三者苟在亲故之伦，哭之可也。吊以吊生者，而为人子者，不能预防而谏免之，又不致身以殉难，不孝之尤，不足恤矣。何吊之有？

右第二十六章。

子路有姊之丧，可以除之矣，而弗除也。孔子曰："何弗除也？"子路曰："吾寡兄弟而弗忍也。"

姊妹适人者服大功，子路以寡兄弟，故欲以昆弟之服服之期。

孔子曰："先王制礼，行道之人皆弗忍也。"

言凡人皆有独致其情而不忍之处，先王所以制礼而为之折中；情所不及，必企及之，情所过者，必俯就也。

子路闻之，遂除之。

面诏而曰"闻之"者，夫子微辞尔，善子路之不逆也。

右第二十七章

大公封于营丘，比及五世，皆反葬于周。大，他盖反。比，必二反。

营丘，今青州府临淄县；大公始封之都也。"五世"，大公及丁公伋、乙公得、疢公慈母、哀公不臣。

君子曰："乐乐其所自生，礼不忘其本。""乐乐"，上如字，下卢各反。

"所自生"，谓所生之国。"本"，先世所习守也。君子之于礼乐，虽博习不滞，而夫人之情必依其旧，故或适他国，而必以其故国家世之声容度数为心之所安，如钟仪操南音，孔子用殷礼是已。此言齐人善体礼乐之意，以安其先君。

古之人有言曰：狐死正丘首，仁也。首，舒救反。

"正"，犹当也。狐生于山，故死必当丘以措其首。此不忍忘本之情，见诸禽兽者也。大公虽非周同姓，而其兴也，因周而得有宗庙社稷，以奉先而传后，故没而遗今反葬，施及五世，仁之至矣。"仁"者，礼乐之实也。昭代徐、沐二公，相传十余世宦于燕、滇，而皆反葬于留都，亦此意与。

右第二十八章。

伯鱼之母死，期而犹哭。夫子闻之，曰："谁与哭者？"门人曰："鲤也。"夫子曰："嘻！其甚也。"伯鱼闻之，遂除之。 期，居之反。与，以诸反。

伯鱼之母，出母也。"与"，诘辞。"嘻"，怪叹声。"甚"，过也。父在为母齐衰期，十三月而禫，十五月而除，则逾期而哭。出母，虽期而不禫，十二月斯除矣。

右第二十九章。此章之义详第四章。

舜葬于苍梧之野，盖三妃未之从也。季武子曰："周公盖祔。"

"苍梧之野"，旧以为在湖广宁远县，秦、汉属苍梧郡。"盖"，疑辞。祔者，夫妇合葬。

右第三十章。按此章之义出于秦、汉传记之传闻，而记礼者因之以著。古无合葬之礼尔，然犹未之信也。故两称"盖"以疑之。舜都蒲阪而崩于鸣条，孟子言之明矣。不知秦汉之际，何者倡为珠尘泪竹，象耕鸟耘之怪论，于是而卒葬苍梧之说起焉。沿及于今，指九疑培塿之丘以为舜墓，勒诸祀典，乃使鸣条冢域，樵苏无禁而永废明禋，亦古今之通憾矣。惟宋罗长源觉其非是，广为辨证，而信从者寡，良可欢也。又三妃之文，不别嫡庶。旧说以为帝喾四妃，舜不告而娶，不立正妃而三妃匹贵。孔颖达杂引纬书及王逸《楚辞》注以征之，说尤怪诞，而资并后匹嫡者之口实，其以坏人伦、导争乱者，为害尤烈。至于合葬之礼，取证季孙，而谓始自周公。乃考《周礼》，冢人辨兆域之制，先王居中，余以昭穆为左右，孙从祖列，既已灼然。男女之别，人之大伦也，漫令夫妇合冢，则嫂叔比肩而舅妇相向，不亦紊乱之尤乎？以庙制推之，则妇祔于王姑，与姑为昭穆，而男女之兆域必各有封界，其亦明矣。大抵《檀弓》一篇博采杂记，听其得失同异，以待言礼者之自择，如此类者众矣。弗思弗辨而执以为必然，则亦不足与于记者之深意，而徒为礼之蠹也。

曾子之丧，浴于爨室。

"浴"，谓煮浴汤也。《丧礼》：为垼于西墙下以煮浴。今煮之于爨室，以生事事之，之死而致之生，亦失礼者也。旧说谓曾子矫曾元之辞易箦而故为谦俭，移尸于爨室而浴之，不通。

右第三十一章。

大功废业。或曰："大功，诵可也。"

"业"，谓学业弦诵之事，乐之属也。故大功以上，哀戚深重，必废之。"诵"者，口读习之而不被之弦歌也。"可"者，或可之辞。盖为姑姊妹女子子适人者所服大功。

右第三十二章。

子张病，召申祥而语之曰："君子曰终，小人曰死。吾今日其庶几乎？"语，鱼巨反。

生之道尽，则可以"终"矣。"死"者，神气渐灭之称。"庶几"者，自信其生之无咎也。子张此言，与曾子"吾知免夫"之说，迹同而实异。诚于此而察其居心为学之不同，则学者孙志慎修之方亦可见矣。申姓、祥名，子张门人。

右第三十三章。

曾子曰："始死之奠，其余阁也与。"与，以诸反。

"阁"，庋架，措食物者。始死复已，即奠脯醢醴酒于尸东，以依神而事之。"余阁"者，即因养疾食余庋藏之物，急于取给。若须别具新馔，则恐迁延良久，盖不忍神之须臾无所依也。

右第三十四章。

曾子曰："小功不为位也者，是委巷之礼也。"

"为位"者，以亲疏序列而哭也。言"小功"，则大功以上可知。时有小功不为位者，故曾子讥之。"委"，曲也。曲巷闾不容车，细民所居，言其野也。此言闻丧于异地，不能奔赴以就丧家之位，则为位于己室而聚哭之也。若同处一国邑之内，则奔哭之。大功以下，有时归家哭，亦止不为位矣。

子思之哭嫂也为位，妇人倡踊；申祥之哭言思也亦然。

记者引二事以证哭之必有位也。子思，或曰原思也。言思，旧说以为子游之子，申祥妻之昆弟。叔为嫂，丈夫为妻之昆弟，皆无服。特子思之妻有娣姒之服，小功，申祥之妻为其昆弟，大功，故使之为主而倡踊为位，则无服皆可就哭，而已因即之以哭也。

右第三十五章。

古者冠缩缝，今也衡缝。缝，如字。衡，户盲反。

"缩"，直也。"古"，谓始有冠时也。一幅之布不周于首。古冠辟积少，以一幅布稍益之，直裁而缝合之，足矣。《杂记》所谓"条属"也。后世冠多为辟积，必取布幅横裁之，视首之大小为长短，盖虽一幅而长几倍之矣。

故丧冠之反吉，非古也。

"反"，异也；谓吉凶之冠缝异也。古有丧者，括发而免，后世初丧则然，成服而冠，以古冠质朴，因而以为丧冠，异于吉冠之衡缝，实则古之吉冠也。按负版，衰斩、绳缨、菅屦，皆始制衣服者之吉服，而后世皆以为丧服。丧者，去饰以从质而已，非别有以饰哀也。

右第三十六章。

曾子谓子思曰："伋，吾执亲之丧也，水浆不入于口者七日。"

"浆"，以淅米沉酿之为饮也。七日不饮不食，则殆于灭性。曾子自举以告子思，暴己过也。

子思曰："先王之制礼也，过之者俯而就之，不至焉者跂而及之。故君子之执亲之丧也，水浆不入于口者三日，杖而后能起。"

"跂"，谓足，举踵也；黾勉之意。杖而后能起，则已病矣，过此则灭性。子思记曾子悔过之言，而申明其义，以示后世。

右第三十七章。

曾子曰："小功不税，则是远兄弟终无服也，而可乎？"税，他外反。

"税"，谓日月已过乃闻其丧，而追服之也。《礼》："降而在缌，小功者则税之。余则否。"是小功正服终无服矣。"远兄弟"，谓从祖昆弟也。举兄弟之不容已于服，则从祖父母女孙适人者之不忍不税，可知已。故曾子疑古礼之非而欲正之。

右第三十八章。

伯高之丧，孔氏之使者未至，冉子摄束帛乘马而将之。使，色吏反。乘，绳证反。

伯高，姓名未详，时卒于卫。"使"，吊使。"摄"，贷也。帛十个为"束"。箇，丈八尺。"乘马"，四马。"将"，将命。冉子时亦在卫，亿孔子之必赙而先贷为之。

孔子曰："异哉，徒使我不诚于伯高。"

"异哉"，甚责之辞。有文无情，礼之伪也。

右第三十九章。

伯高死于卫，赴于孔子。孔子曰："吾恶乎哭诸？恶，哀都反。

哭必为位，有位则必择其所。

"兄弟，吾哭诸庙；父之友，吾哭诸庙门之外；师，吾哭诸寝；朋友，吾哭诸寝门之外；所知，吾哭诸野。

皆谓在远闻讣而哭也。若同国中，则就哭之。"兄弟"，远兄弟。"庙"，祢庙。"所知"，以事故相与而尝相见者也。按此与《杂记》及《奔丧》不同，传者异也。以情理推酌，此为得之。

"于野，则已疏；于寝，则已重。

孔子尝欲与伯高友而交未定，故酌于二者皆不可。

"夫犹赐也见我，吾哭诸赐氏。"夫，防无反。犹，与"由"通。

"犹"，因也。伯高旧与子贡为友，因之以求见。"氏"，家也，谓其寝门之外。

遂命子贡为之主，曰："为尔哭也，来者，拜之；知伯高而来者，勿拜也。"

"主"者，即主位而倡哭倡踊也，哭则吊。"为尔来者"，吊子贡者也。"知伯高者"，同哭者也。"勿拜"者，不夺人之情。《春秋传》曰："为礼必当其物与其所，而后可以言礼。"盖物与所各因其心之所安，而苟不得当，则虽有绸缪恻怛之心而居之不宁，反为之消沮。观此二章，圣人之所以处伯高者，则君子所以善养其哀乐敬爱而顺致之以不匮者，亦可见矣。

右第四十章。

曾子曰："'丧有疾，食肉饮酒，必有草木之滋焉。'以为姜桂之谓也。"

"滋"，味也。"姜桂"，可以辅疾，谓调和之者，必加药物而后可强孝子饮食之。此盖礼文之言，而曾子释之云。

右第四十一章。

子夏丧其子而丧其明。 丧，息浪反。

"明"，目睛。时子夏已老，溺情而不知节之以礼。

曾子吊之， 句 **曰："吾闻之也，朋友丧明则哭。"曾子哭，子夏亦哭，曰："天乎！予之无罪也。"曾子怒曰："商，女何无罪也。** 丧，息浪反。女，人渚反。下同。

君子遇灾则恐惧修省，不当恕己尤天。朋友以责善为道，故重责之。

"吾与女事夫子于洙泗之间，退而老于西河之上，使西河之民，疑女于夫子；尔罪一也。

洙水在鲁城南入泗。西河，今山西平阳府；郦道元云：崿谷水侧有石室，盖子夏教授处。今平阳河津县犹存遗迹。使民疑者，不称师以自抑也。

"丧尔亲，使民未有闻焉；尔罪二也。

家贫不为禄仕，丧不备礼，民无得而称之。

"丧尔子，丧尔明，尔罪三也。而曰尔何无罪与？" 丧，息浪反。与，以诸反。

"何"字衍文。

子夏投其杖而拜，曰："吾过矣！吾过矣！吾离群而索居，亦已久矣。" 离，力智反。

再言"过"者，有过而又不知自省也。"索"，萧散孤子之意，谓久不获朋友之益也。

右第四十二章。

夫昼居于内，问其疾可也；夜居于外，吊之可也。

言君子慎居处。不当使人疑也。

是故君子非有大故，不宿于外；非致齐也，非疾也，不昼夜居于内。 齐，侧皆反。

"外""内"，以中门言。"大故"，谓居丧。"致齐"者，大夫、士无散齐也，齐必居内以谢人事、敛思虑。"昼夜"，谓昼连夜。

右第四十三章。

高子皋之执亲之丧也，泣血三年，未尝见齿，君子以为难。 见，贤遍反。

子皋，高柴。《论语》作子羔。"泣血"，言无声而泣出如血流也。微笑则齿见；"未尝见齿"，终不笑也。"难"者，人所不能之辞。既葬三虞而卒哭，则哀有时；泣血三年，哀深逾礼；能为人之所不能也。

右第四十四章。

衰，与其不当物也宁无衰。齐衰不以边坐。大功不以服勤。 衰，七雷反。齐，子斯反。

"当"，称也。"物"，即衰也。"不当物"者，谓容不戚，动不以礼，与凶服不相称也。"宁无"者，甚之之辞也。"边"，偏倚也。"服勤"，执勤役之事也。服以饰哀，君子之事。君子之服而野人之为，其辱礼也甚矣。

右第四十五章。

孔子之卫，遇旧馆人之丧，入而哭之，哀。出，使子贡说骖而赙之。 说，他活反，下同。

"之"，过也。"旧馆人"，所尝为主者。《孟子》曰："孔子于卫主颜仇由。""骖"，骈马，脱之犹有服马可驾。赠丧之礼，车马曰"赙"。在旅无他物可赠，故脱骖。

子贡曰："于门人之丧，未有所说骖，说骖于旧馆，无乃已重乎？"夫子曰："予乡者入而哭之，遇于一哀而出涕。予恶夫涕之无从也。小子行之。" 乡，许亮反。恶，乌路反。夫，防无反。

"遇于一哀"，谓适与心之哀者遇也。"从"，犹绍也。君子有是情，则必有文以绍之。独有其情而文不继，野人之道。君子所恶也。

右第四十六章。

孔子在卫，有送葬者，而夫子观之，曰："善哉为丧乎！足以为法矣，小子识之。" 识，式志反，下同。

言孝子之用情适当如是，不可以外物易之也。

子贡曰："夫子何善尔也？"曰："其往也如慕，其反也如疑。"

"尔"，彼也。"慕"，追随不舍。"疑"者，行迟意惑，似不欲反之貌。

子贡曰："岂若速反而虞乎？"

日中而虞，恐不逮事也。

子曰："小子识之，我未之能行也。"

文可企而及，情不可学而至。夫子自谦以警人也。

右第四十七章。

颜渊之丧，馈祥肉，孔子出受之；入，弹琴而后食之。

"祥"，大祥之祭也。朋友之丧，有宿草而不哭，故弹琴以散哀，而不过礼以伤和也。

右第四十八章。

孔子与门人立，拱而尚右。二三子亦皆尚右。孔子曰："二三子之嗜学也，我则有姊之丧，故也。"二三子皆尚左。

"拱"者，出手袪外，俯指相覆，向上当心也。右手掩左曰"尚右"，凶礼也。左手掩右曰"尚左"，吉礼也。圣人喜怒哀乐之节，笃实于中，自见于外，故动容中礼而造次无违。二三子虽嗜学，而不得其性情之所自著，固有忘己而独徇乎教者。即此而见圣人无隐，而学者欲从末由，即凡动静云为之间无非是也。

右第四十九章。

孔子早作，负手曳杖，消摇于门。

"作"，起也。"负手曳杖"，谓反手向肩，曳杖于后。"消摇"字或作

"逍遥"，和适之貌。圣人知生死而顺之以天，故气象如此。

歌曰："泰山其颓乎，梁木其坏乎，哲人其萎乎？"

"萎"，凋落也。为天下后世悯圣人之不再作。

既歌而入，当户而坐。子贡闻之曰："泰山其颓，则吾将安仰；梁木其坏，哲人其萎，则吾将安放？夫子殆将病也。"遂趋而入。放，甫往反。

子贡旦谒夫子，侍夫子者以告之。"放"，倣也。

夫子曰："赐，尔来何迟也？夏后氏殡于东阶之上，则犹在阼也。殷人殡于两楹之间，则与宾主夹之也。周人殡于西阶之上，则犹宾之也。

"在阼"，如生者位。"楹"，堂前柱。"两楹之间"，当堂之中，宾在西，主人在阼，夹护而尊崇之也。"西阶"，宾阶。"犹宾之"，谓待之如宾。

"而丘也，殷人也。予畴昔之夜梦坐奠于两楹之间。夫明王不兴，而天下其孰能宗予？予殆将死也。"盖寝疾，七日而没。夫，防无反。

"畴"，近也。近昔，昨日。"奠"，定也；谓正席也。"宗"，尊也。人君南面听政，则席于牖户之间，当两楹之中。明王兴，夫子当如伊、吕，有国则正南面，今既不能然，而坐于两楹之间，则殷之殡礼而已，故以占其将终。此记圣人安死而重悯斯人，乐天而敦乎爱也。

右第五十章。

孔子之丧，门人疑所服。子贡曰："昔者夫子之丧颜渊，若丧子而无服；丧子路亦然。请丧夫子，若丧父而无服。"

"丧"，以丧礼戚之也。哭泣擗踊、居处、饮食，彻琴瑟，废冠昏，一如丧礼，特服吊服加麻而不为之衰耳。《礼》：为众子期。孔子之丧颜渊、子路，亦心丧期与？门人于夫子则三年。

右第五十一章。

孔子之丧，公西赤为志焉。

"为"，典治其事也。"志"，章识也。棺之饰，魂车之所建，皆以旌死者，为章识也。

饰棺句，墙，置翣设披，周也。披，彼义反。

此谓柩车之饰，用周制也。"墙"者，帷、荒、齐、池、揄绞、缥缁纽护棺四周，如墙垣也。"翣"，画翣。"披"，以缥布二约棺束之，耳结于枢车，垂其余，使人旁牵之以备倾侧。

设崇，殷也；绸练，设旐，夏也。

此谓魂车所建旌旗之饰，杂用夏、殷之制也。"崇"，崇牙；谓旐端横木以张旐者，刻为龃龉，高出如笋簴之崇牙也；"绸"，缠也。"绸练"者，谓以练帛缠建旐之竿也。旐以缁布，广充幅，长八尺，注龟蛇之饰于竿首。孔子仕鲁，为下大夫，于周制摄用孤卿之旛，今设旐者，夏制也。孔子仕鲁，则可从时王之礼，故为殷人则得用殷制，若于夏则未有取焉。公西赤以德兼三王，故杂三代之仪文以尊圣人，而圣人之德不待此而显，徒以匹夫损益时王之制，斯为过矣。

子张之丧，公明仪为志焉。褚幕丹质，蚁结于四隅，殷士也。

公明仪，盖子张弟子。"褚"，夹也；以丹布为夹幕，覆棺以行，遂以葬，不墙不翣。"蚁结"者，画褚幕之四角为蚁行文，往来交错也。"殷士"，谓殷之士礼。子张或亦殷人之后，未尝受爵命于周，仪之纯用殷礼，得之矣。

右第五十二章。

子夏问于孔子曰："居父母之仇如之何？"夫子曰："寝苦枕干，不仕，弗与共天下也。遇诸市朝，不反兵而斗。" 朝，直遥反。

"居"，处也。"仇"，敌也；谓手刃其亲者。"苦"，草也。"寝苦"者，不施第簟，恒若居丧。"干"，盾也。"不仕"者，仕则致身奉君，不敢专杀矣。"弗与共天下"，谓仇或避去，但在九州之内，必寻求之也。市朝非私斗之地，必斗，则涂野可知已。"不反兵"者，恒以兵自随，不待反而求也。

曰："请问居昆弟之仇如之何？"曰："仕弗与共国，衔君命而使，虽遇之不斗。"

"仕弗与共国"，同处一国，则必斗也。"衔命不斗"者，恐废君命；私行遇之异国，必斗。

曰："请问君居从父昆弟之仇如之何？"曰："不为魁，主人能，则执兵而陪其后。" 从，才用反。

"魁"，首也。"主人"，谓见杀者之子弟。

右第五十三章。按报仇之制著之《周礼》，而圣人于此复申明其义，则固王者所不得而罪之矣。夫杀人者死，周受殷，殷受夏，所不辞矣。必待人子之私报，则王法几于不立，此古今之所积疑者也。孔氏以为"遇赦而免"者，其说或然。然则赦之为害，使仁人孝子不得伸其不共戴天之愤，危身触法以尝试于一旦，而开仇杀之祸于无已，亦焉用立君于民上以牧之哉。诸葛孔明曰："治世以大德，不以小惠。"诚哉，其言之也。若夫非赦而昏墨之吏鬻狱失出，以致其子弟茹冤而逞志者，则必诘当日故纵之情，以严坐其直讯之官吏，斯亦"杀以止杀"之大权与！

孔子之丧，二三子皆绖而出。群居则绖，出则否。

"而出"二字衍文。"绖"者，衣吊服疑衰而加环绖也。五服之绖皆双纽，环绖独纽。"群居"者，孔子没，弟子皆庐于殡宫也。"出"，各以己事而有所往也。出不绖者，不疑于有丧。

右第五十四章。

易墓，非古也。 易，以鼓反。

"易"，治也；谓芟除培壅之。"古"，谓殷以上。古者，送形而往，迎精而反，贵精而轻形。周道大备，为人子者不忍忘亲，无所不至，乃有"易墓"之礼。若此类，从周之文可也。

右第五十五章。

子路曰："吾闻诸夫子：丧礼，与其哀不足而礼有余也，不若礼不足而哀有余也；祭礼，与其敬不足而礼有余也，不若礼不足而敬有余也。"

夫子疾时之徒饰仪文而无哀敬之实，故为此言。然人能尽其哀敬之实，则礼之以节文其哀敬者自无不足，非礼为外而哀敬为内，可略外以专致于内也。

右第五十六章。

曾子吊于负夏，主人既祖，填池，推柩而反之，降妇人而后行礼。 填，与"宾"同，支义反。推，吐回反。

负夏，卫地。"祖"者，古者远行，将行而饮酒为行始。孝子事死如事生，故于迁柩朝祖庙之后，日昃而设祖奠，为将就墓而饯之也。填，置，古字通用，设也。"池"以竹为之，衣以青布，象宫室之承霤，设于荒下为棺饰。饰棺者，先设帷，次设荒，而后加池，既置池则棺饰备矣。葬之前日，还柩向外而陈祖奠，商祝饰柩，主人降，妇人降，即位于阶间。于时或有吊者，主人拜于柩车东，柩不复还，则因柩以为位也。今推柩车而反之，使如在殡，主人复升，即未祖以前之位，而妇人不复反堂上，则其造次不成礼亦可见矣。

从者曰："礼与？"曾子曰："夫祖者，且也。且句，胡为其不可以反宿也。" 从，才用反。与，以诸反。夫，防无反。

"且"，暂也。"宿"，次也。"祖"，暂为行始而未行，疑可以还车。

从者又问诸子游曰："礼与？" 从，与音皆同上。

从者疑不释，他日见子游而问之。

子游曰："饭于牖下，小敛于户内，大敛于阼，殡于客位，祖于庭，葬于墓，所以即远也。故丧事有进而无退。" 饭，扶晚反。

"牖下"，寝室南牖下。"户内"，寝中当户处。"阼"，阼阶上。"客位"，西阶上。"庭"，祖庙堂下墀。"即"，渐也。"进"，往；"退"，返也。孝子不忍遽远其亲，故远之必以其渐，然既远则不可复返。成功者退，人道之当然也，则还车受吊之非礼明矣。

曾子闻之曰："多矣乎，予出祖者。"

"多"，犹赘也，过也。柩已启行，有赗而无吊。曾子既知主人之非，因言己不当于出祖之时而行吊，使主人疑于受吊之位，而不审以失礼也。

右第五十七章。篇内所记曾子之事，多未即合于礼，而就正于子游。故或疑其书出于子游之门人，而谓其诬曾子以崇子游。夫贤者所以大过人者，岂以其博习而速喻哉？夫子之称颜子曰："有过未尝不知，知之未尝复行。"慎于过而勇于改，则视敏给而苟无过者，其切己自得之实为已多矣。故《论语》称"参也鲁"，而程子曰"参也竟以鲁得之"，固非浅学之所知也。

曾子袭裘而吊，子游裼裘而吊。

"裼裘"，羔裘缁衣，裼之以充美也。去饰则袭之，而不露其裼衣。此吊在初丧之时，以袭为变，主人成服，则吊者疑衰弁绖矣。

曾子指子游而示人，曰："夫夫也，为习于礼者，如之何其裼裘而吊也。""夫夫"，上防无反，下同。

朋友以责善为道，面折而庭争之可也。

主人既小敛，袒，括发；子游趋而出，袭裘带绖而入。曾子曰："我过矣，我过矣，夫夫是也。"

"绖"，环绖。"带"者，加于吉冠之武上。始死不即变服者，哀遽无暇，且不忍即丧之也。礼从主人，主人未变，客不先变，主人袒而后客袭，主人括发而后客带绖。

右第五十八章。

子夏既除丧而见。

见于孔子。

予之琴，和之而不和，弹之而不成声。

"和"，调弦声，操曲也。

作而曰："哀未忘也。先王制礼，而弗敢过也。"

"作而曰"者，夫子诏之之辞，悯其哀之未忘，而使裁之以礼也。

子张既除丧而见，予之琴，和之而和，弹之而成声。作而曰："先王制礼，不敢不至焉。

"至"，合也。恕其哀之不足，而谓其节情以求合于礼。盖虽为奖借之辞，而不足之意亦寓乎其中矣。

右第五十九章。

司寇惠子之丧，子游为之麻衰，牡麻绖。为，于伪反。下同。衰，七雷反。

司寇惠子，名兰，卫公子郢之子，灵公之孙。"麻衰"，谓十五升布，吉服之布也。朋友之吊服用疑衰，十四升半，而此如吉者，示不为之衰也。其异于吉服者。削幅如衰制。"绖"，绞绖。"牡麻"，枲麻，齐衰之绖也。惠子废适立庶，子游为之绞绖，若哀其无主，以起问者而救其过。盖与檀弓之"免"同意。

文子辞，曰："子辱与弥牟之弟游，又辱为之服，敢辞。"子游曰："礼也。"

文子，惠子之兄。弥牟，其名。"辞"者，辞其绞经。非礼而言"礼"者，矫说以使深思之。

文子退，反哭。

吝过不改，若未喻然。

子游趋而就诸臣之位。

家臣位在宾后。因其不改，复深自贬抑；若谓不能责善，不足列于朋友。

文子又辞曰："子辱与弥牟之弟游，又辱为之服，又辱临其丧，敢辞。"

"临"者，上视下丧之辞。居臣位而言"临"者，谦辞。

子游曰："固以请。"文子退，扶适子南面而立。适，丁历反。

"南面"者，主人拜宾之位，在西阶下。众主人在其后东面，适子先已废，就众主人之位，文子感子游之固净，因扶适子正主人之位。嗣子定位于初丧，其后即以世其家矣。

曰："子辱与弥牟之弟游，又辱为之服，又辱临其丧，虎也敢不复位。"复，芳服反。

虎，适子名。

子游趋而就客位。

大反正也。不去绞经者，嫌于亟暴其过，俟他日乃易之。废适立庶，拂人道之大经，恶之大者也，出于死者之乱命，而死者吾友也，固不当使陷于恶而莫之救。若其为生者之私意，则朋友之为死者而伸大义，尤不容已。然而檀弓、子游不昌言直净，而寓讽于服位之间者，何也？凡人骨肉之恩有所轩轾，而奸人乘间以乱之，则必巧为之辞以拒谏，未有争而能胜者也。痛之深，则谏之必隐，使其自悟而改焉，则辩论息而己不居功，可以全人天性之爱，斯已善矣。若其怙终而不改，则亦末如之何而自尽焉耳。虽然此朋友之道，而非忠臣之以正其君也。李泌以三世老臣，居宾友之间，而审陈婉谕以止德宗之失，惟其时而已矣。若近者东林诸君子之力争福邸，自出于不容已，而议者乃责其过激。不知奸邪之势已昌，而乘与高拱，不得一进其从容之论。救焚拯溺而安步怡声以行之，非秦越其君父者不能为尔也。

右第六十章。

将军文子之丧，既除丧，而后越人来吊，主人深衣练冠，待于庙，垂涕洟。

文子，惠子兄弥牟。将军，其官也。大夫三月而葬，吊者毕至。越人去中国远，使不时达，而蛮夷不娴于礼，故除丧而后吊。"主人"，文子之子简子瑕也。"深衣"之制，孤子纯以素。"练冠"，小祥之冠，丧冠去绖也。自目出曰"涕"，自鼻出曰"洟"；言"垂"者哭不以声也。吊必于寝，而"于庙"者，主已入庙也。

子游观之，曰："将军文氏之子，其庶几乎！亡于礼者之礼也，其动也中。"

"亡于礼"，谓礼所无也。礼所无而能酌为之礼，不失其志哀居约之道，而抑不徇人以逾制，庶几无过不及而合于中矣。

右第六十一章。

幼名冠字，五十以伯仲，死谥，周道也。 冠，古乱反。

"伯仲"，谓不复称字，但以伯仲叔季称之；如今之称行也。周尚文，故四易名而弥尊，顾当其称名则面亦名之，当其不名则背亦不名之。不如后世之面谀而背憎也。

右第六十二章。

绖也者，实也。

在首与要皆谓之"绖"，以实有哀戚之心，故云"绖"也。此章上下盖有阙文。

右第六十三章。

掘中霤而浴，毁灶以缀足；及葬，毁宗躐行，出于大门，殷道也。

"掘"者，为坎以弃浴余之水。"中霤"，当室中也；周人掘坎于阶间，在户外矣。"缀"，拘也。拘正其足，勿使辟戾，可受屦也。"毁灶"者，彻灶甓堣为之，周人缀以燕几。"宗"，庙也。"躐"，凌也。行神之位在庙门西，生者出行，则设主于此以祭行。殷人殡于庙，及出葬，则坏庙西垣以出，不复为行神之位，凌躐而过之。周人殡于寝，迁于祖，而行出入皆由门矣。"出于大门"，谓不殡于寝，不涉中门也。殷人质，以死者不复有事于寝庙，因悲愤毁掘之而不恤其后，哀之至也。

学者行之。

"学者"，学于孔子者。孔子殷人而用殷礼，不忘其本。学者不必殷后而不用周制，则亦学圣人而徒得其迹者也。

右第六十四章。

子柳之母死，子硕请具。子柳曰："何以哉？"子硕曰："请粥庶弟之母。"子柳曰："如之何其粥人之母以葬其母也？不可。"既葬，子硕欲以赙布之余具祭器。子柳曰："不可。吾闻之也，君子不家于丧。请班诸兄弟之贫者。" 粥，之六反。

子柳，盖泄柳。孟子曰："子柳、子思为臣。"子硕，其母弟也。独言"子柳之母"者，冢子为丧主也。"具"，葬具。"以"，用也。"布"，钱也。"家"，谓因之以利其家。"班"，颁，通。君子之用财也，即物自尽而不愿乎其外，故仁不伤物，义不擅利，贫而不乱，有余而不私。若子柳者其可矣。

右第六十五章。

君子曰："谋人之军师，败则死之；谋人之邦邑，危则亡之。"

二千五百人为"师"，万二千五百人为"军"。"邦"，国；"邑"，都邑也。"亡"，谓引罪受放逐，以避贤也。与其谋则成败与共，义也。故君子不轻与人之谋，苟有谋焉。必誓以死亡，则竭忠致慎而不敢为侥幸之计也。

右第六十六章。

公叔文子升于瑕丘，蘧伯玉从。文子曰："乐哉斯丘也，死则我欲葬焉。"蘧伯玉曰："吾子乐之，则瑗请前。" 从，才用反。乐，卢各反。

公叔文子，卫大夫，献公之孙，名拔。"乐"者，欣赏其林泉。"前"，谓先死而葬之也。瑕丘非文子之都邑，伯玉以为苟不顾己有而夺之，则人皆可夺，而己将先夺之矣，以刺文子而止其邪心也。

右第六十七章。

弁人有其母死而孺子泣者。孔子曰："哀则哀矣，而难为继也。夫礼为可传也，为可继也，故哭踊有节。" 夫，防无反。

弁，鲁下邑。"孺子泣"，声无节也。"继"，谓可终始。"传"，人可取法也。夫子之意非以讥弁人芝过，盖以明先王制礼哭踊有节之故，欲其可传而可继，则人得与于礼而行之久也。若夫至性之士，当创深痛巨之时，岂暇谋其继而虑其不可传哉？

右第六十八章。

叔孙武叔之母死，既小敛，举者出尸出户， 六字句 **袒，且投其冠，括发。子游曰："知礼！"**

"出尸出户"，谓举尸而出也。《礼》：既小敛，主人袒，括发于房，士乃举尸出。俟于堂，主人奉之。武叔不先变服待尸出户，不亲奉尸而自有事于袒、括，又袒、括不于隐处而对众投冠，其骄慢鄙野莫甚焉。故子游反言以嗤之。

右第六十九章。

扶君，卜人师扶右，射人师扶左。君薨，以是举。 卜，本"仆"字之误。

"扶"，谓疾革时。"仆人"于《周礼》为大仆，谓之"仆人"者，诸侯之仆也。"师"，官之长也。"举"，谓小敛迁于堂，大敛迁于棺。仆人、射人，皆以礼赞正君之服位者，故令扶且举，以正其终也。

右第七十章。

从母之夫、舅之妻，二夫人相为服，君子未之言也。或曰：同爨缌。 从，才用反。"夫人"之"夫"，防无反。为，于伪反。

"从母"，母之姊妹。"舅"，母舅。"二夫人"者，言此二等人，谓之"夫人"者，言服绝而犹夫人也。"相为"，报也。异姓之服，一推而止。由母而推及从母与舅，恩所可及也；由从母而推及其夫，由舅而推及其妻，则远矣。故礼不为服，而彼亦不相为报，礼文所无，君子不以为阙。"或曰同爨缌"者，流俗之言耳。若同爨，则视"朋友皆在他邦为之袒免"，其可与？

右第七十一章。

丧事欲其纵纵尔，吉事欲其折折尔。

"事"，执事也，谓诏相助奠。"纵纵"，敏疾貌。"折折"，详缓貌。哀斯迫，敬斯和，哀敬生于心则貌必肖之。

故丧事虽遽，不陵节；吉事虽止，不怠。

"陵节"，冗沓失序也。"止"，谓止已乃复及后事。"怠"，濡迟废事也。无哀敬之实，则欲纵纵而陵节，欲折折而怠矣。

故骚骚尔则野，鼎鼎尔则小人。君子盖犹犹尔。

"骚骚"，扰动貌。"鼎鼎"，滞重不行貌。"小人"，谓如怀奸慝也。"犹犹"，舒疾中度而不自失之意。

右第七十二章。

丧具，君子耻具。一日二日而可为也者，君子弗为也。

"丧具"，送死之具。"具"，备也。"一日二可为也"者，绞给之属，具则无欲生其亲之心也。"耻"者，耻失其本心。

右第七十三章。

丧服，兄弟之子犹子也，盖引而进之也；嫂叔之无服也，盖推而远之也；姑姊妹之薄也，盖有受我而厚之者也。 推，此囵反。远，于怨反。

"犹子"，犹为众子，期也。"薄"，谓已嫁而降服大功。"受"，承也。"厚之"者，其夫为之期也。引而进之以笃恩，推而远之以别嫌，有受我厚者则薄之，以正三从之义也。

右第七十四章

食于有丧者之侧，未尝饱也。

旧说章首脱"孔子"二字，义见《论语》。

右第七十五章。

曾子与客立于门侧，其徒趋而出。曾子曰："尔将何之？"曰："吾父死，将出哭于巷。"曰："反，_句哭于尔次。"曾子北面而吊焉。

"其徒"，从学于曾子之家者。"父死"，死于异国，凶问适至也。"次"，所馆之室也，授人馆则使其人专之。"北面"者，宾位，示不自主其室也。

右第七十六章。

孔子曰："之死而致死之，不仁而不可为也；之死而致生之，不知而不可为也。知，占义反。**

"之"，往也；谓亲已往即于死也。"致"，成也；言成乎其死与生也。事死不如事生，则无不忍死其亲之心，以生事加于死者，则昧死生之理，故酌乎二者之间而明器制焉。

"是故竹不成用，瓦不成味，木不成斫，琴瑟张而不平，竽笙备而不和，有钟磬而无簨虡。其曰明器，神明之也。"味，与"沫"同，亡曷反。簨，与"筍"同。

"竹"，箮也。"不成用"，无滕缘也。"瓦"，谓盘匜浴器。"味"，醲也。"不成味"者，有璺隙而不可醲浣也。"木"，豆也。"不成斫"者，虽斫而疏简不光洁也。"张"，加弦也。"平"，亦和也。谓和之而中宫商也。"备"，谓备其簧管之数。"不和"，吹之不成声也。皮钟磬之架，横者曰"簨"，植者曰"虡"。"无簨虡"，不县也。"神"，气之灵也。"明"，理之丽也。理气之伸则生，而人屈则死而鬼。死者之神明不异于人，故以生者之器送之，而非赘。然神明返于漠而无形用，故器不适用而非缺。所以事神明之道当如此也。

右第七十七章。

有子问于曾子曰："问丧于夫子乎？"曰："闻之矣，丧欲速贫，死欲

速朽。"丧，息浪反，下同。

"丧"，仕失位也。"问"者，问处丧之道。"闻之"者，虽未尝问，尝闻论及之也。时夫子已没，二三子追讨究之。

有子曰："是非君子之言也。"曾子曰："参也闻诸夫子也。"有子又曰："是非君子之言也。"曾子曰："参也与子游闻之。"有子曰："然。然则夫子有为言之也。"曾子以斯言告于子游。子游曰："甚哉！有子之言似夫子也。昔者夫子居于宋，见桓司马自为石椁，三年而不成。夫子曰：'若是其靡也，死不如速朽之愈也。'死之欲速朽，为桓司马言之也。"参，如字，俗读如"葆"者误。司，相吏反。"有为""为桓"之"为"，俱于伪反，下同。

桓司马，向魋。"三年未成"，砻琢极工巧也。

"南宫敬叔反，必载宝而朝。夫子曰：'若是其货也。丧不如速贫之愈也。'丧之欲速贫，为敬叔言之也。"丧，息浪反。朝，直遥反。

敬叔，鲁大夫孟孙阅，尝失位出奔，后得反鲁，载其宝以谒君，因行赂也。"货"，谓以货贿干求禄位。

曾子以子游之言告于有子。有子曰："然。吾固曰非夫子之言也。"

谓非夫子论定之旨。

曾子曰："子何以知之？"有子曰："夫子制于中都，四寸之棺，五寸之椁，以斯知不欲速朽也。昔者夫子失鲁司寇，将之荆，盖先之以子夏，又申之以冉有，以斯知不欲速贫也。"

中都，鲁下邑，今汶上县。孔子为其邑宰。"制"，立法示民也。君子于贫富死生之际，安土顺命而无所容心，其曰"丧欲速贫，死欲速朽"，固嫌于有心而失之激；而有子非之，以为"丧不欲贫，死不欲朽"，则役意于不欲而外物得以动其心，愈为失矣。若中都棺椁之制，圣人定典礼以尽为人子者之心，初非使人之自谋其死事；而子夏之先，冉有之申，以择所主而慎进退之礼，为行道计，尤非忧馆谷而预图之，则皆不足以证圣人之不欲贫朽。有子之言，务为通广足，以便人情而侈，识量，然已不免下合于流俗，则又不如曾子之虽矫而能守之以约也。夫子没，二三子分门立论而圣道岐。子游过誉有子，而孟子记其欲以师事之，曾子独以为不可。则言论虽诎，而心得之浅深自有不容掩者。学圣人者，以曾子为法，而勿躐等以希通，则虽未至于圣人之广大，亦可以寡过而无下陷流俗之忧矣。

右第七十八章。

陈庄子死，赴于鲁。鲁人欲勿哭。

陈庄子，齐大夫，名伯，陈恒之孙。君无哭邻国大夫之礼，大夫死，亦不敢赴于邻国。陈氏擅齐，僭行赴告。鲁秉周礼，故不欲受其胁。

缪公召县子而问焉。缪，莫卜反。县，胡涓反。

县子，鲁大夫，时以为知礼，故缪公使质正之。

县子曰：“古之大夫，束脩之问不出竟，虽欲哭之，安得而哭之？今之大夫，交政于中国，虽欲勿哭，焉得而弗哭？且臣闻之，哭有二道：有爱而哭之，有畏而哭之。”竟，居影反。焉，于虔反。

“古”，谓鲁成、宣以前。“束”，束帛。“脩”，脯。“问”，使也。“政”，谓盟会征伐之事。“爱而哭之”，情之正也；“畏而哭之”，则以势夺其情而民彝亡矣。人君以礼立身，奚强御之足畏？县子挟强臣以恐喝其君，而以畏为哭之一道，其无忌惮甚矣。

公曰：“然。然则如之何而可？”县子曰：“请哭诸异姓之庙。”于是与哭诸县氏。

鲁人之欲勿哭，正也。缪公怵于势而有疑，县子倡邪说以取必其君，而典礼遂乱。古者因其人而交，则哭于其家。观缪公之哭于县氏，则县子为陈氏之私交，而下比干君、市恩固党之情，具可见矣。

右第七十九章。

仲宪言于曾子曰：“夏后氏用明器，示民无知也。殷人用祭器，示民有知也。周人兼用之，示民疑也。”

仲宪，原思也。“言”者，自述其见之辞。“无知”，谓死者神合于漠，不与生同知觉。“有知”，谓形萎而神不亡，知觉同于生也。谓死者无知而无所用，故“用明器”。谓死者为有知而可以生人之用事之，故“用祭器”。“疑”者，疑其若有若无也。按士之礼，无祭器，而此言“周人兼用”者，或大夫以上之礼。

曾子曰：“其不然乎！其不然乎！夫明器，鬼器也。祭器，人器也。夫古之人胡为而死其亲乎？”夫，防无反。为，于伪反。

"鬼器"，谓为死者特设之也。"人器"，孝子以己所用者奉其亲也。二者皆以尽孝子无已之心耳。若死者之不复能用生人之器，则其理甚明，必不容疑其为有知矣。古之人岂忍致其亲于死乎？亲诚已死，欲致之生而固不可得也。如仲宪之说，则殷人以死者为有知，将同于近世释氏之旨；而谓周人疑之，则周之先王亦未晓然于生死屈伸之义矣。故曾子重非之。

右第八十章。

公叔木有同母异父之昆弟死，问于子游。子游曰："其大功乎？"

公叔木，卫公叔文子之子。郑氏谓"木"当为"朱"，《春秋》作"戍"。"同母异父之昆弟"，父死而母改嫁所生者。子游疑其当服大功，盖降于兄弟一等，视为人后者为其昆弟及女子适人为其昆弟之服，亦非礼之正也。

狄仪有同母异父之昆弟死，问于子夏。子夏曰："我未之前闻也。鲁人则为之齐衰。" 为，于伪反。齐，子斯反。衰，七雷反。下同。

礼无其文，子夏自言"未之闻"，则意在无服矣。言"鲁人之齐衰"者，著流俗之失尔。

狄仪行齐衰。今之齐衰，狄仪之问也。

"今"，记者时。狄仪不审于子夏之微辞，徇鲁俗之失，则非子夏答之之弊，而狄仪之不善于承教也。同母异父之昆弟，《丧服》既所未有，以义例推之，其疑以为当有服者，因母而一推之也。乃初未同居之继父与出母之父母兄弟皆不为之服，是嫁出之母不能推及其夫与父母兄弟，而况其子乎？且为人后者，不为其出母服。公叔木为文子后，则母已嫁而不得为之服，又何有于其子邪？是大功之说已非，而狄仪竟以昆弟之服服之，徇私恩，贼一本，均人道于禽兽而大伦泯矣。二贤不正辞以诏之，而启不肖者之滥觞，亦未为无过也。

右第八十一章。

子思之母死于卫。

伯鱼卒，妻嫁于卫，至是死，子思往赴之。

柳若谓子思曰："子，圣人之后也。四方于子乎观礼，子盖慎诸！"

子之于父母，哀至而丧礼，称之，苟尽其极，天下自取则焉，非以为四方观瞻故而加慎也。柳若以子思之母既嫁则视出母，而丧礼之厚薄必殊，故欲其加慎。然人子不幸而处此，则亦循理顺命，以止乎义之所得为而无所容心。以故为之表异，则柳若之言亦过矣。

子思曰："吾何慎哉？吾闻之：有其礼，无其财，君子弗行也，有其礼，有其财，无其时，君子弗行也。吾何慎哉？"

决言其无所慎者，以己不适为丧主也。"礼"，谓尊卑之制。"时"，己所值之时地也。《礼》：嫁母之丧，赠襚不逾主人。虽礼所得为，财所可给，而非己可致之时矣。孔氏自子思始不丧出母，嫁犹出也；而母之出者，父尝以礼遣之，是有父命矣。则私恩犹可以伸，而《礼》有服朞之文。若父死而嫁，则因父之不能制命，而母以己私意背其夫家，其自绝于夫也尤甚。故《丧服》惟言"父卒继母嫁，从为之服"，盖恤其夫死无所从而加之厚。若生己之母，既已有子，可从而再嫁，则情无可恤，其或服或否，一听人子之自裁，而先王不为之制服，其义深矣。子思言"无其时"而非己所当慎意者，不为之服与。

右第八十二章。

县子琐曰："吾闻之，古者不降，上下各以其亲。 县，胡消反。

子琐，县子字，盖鲁人。"古"，殷以上也。《周礼》：自期以下，诸侯绝，大夫降。自世父以上曰"上"，自昆弟以下曰"下"，各如其服服之。

"滕伯文为孟虎齐衰，其叔父也。为孟皮齐衰，其叔父也。" 为，于伪反。齐，子斯反。衰，七雷反。

滕伯，殷诸侯，至周而亡，乃以其地封叔绣。文，滕伯名。殷无谥，故以名传。上"其"，其孟虎。下"其"，其滕伯也。孟虎，滕伯之叔父；孟皮，滕伯之从子，皆如其亲而服期不降。此殷礼之仅传，而县子因举以为证也。周道尊尊而立宗以统族，故自大夫得祭其祖而别为宗，于是而有宗子；诸侯则臣诸父昆弟，故有降服。后世爵不世传而宗法不立，则贵不掩亲，一用殷礼可也。

右第八十三章。

后木曰：“丧，吾闻诸县子曰：‘夫丧不可不深长思也，买棺外内易。’我死则亦然。”县，胡涓反。夫，防无反。易，以鼓反。

后木，鲁公族，惠伯巩之后。《春秋传》作“郈”。“易”，治也；谓鬃漆密缁。县子本言人子送死当详虑其变，治棺未密，或有渗漏，非人子所忍言而不可不虑及之。后木恐其子之不知，故预为戒令。送死乃人子之大事，固不可使子迷陷于大悔；而自言之，则又嫌于自奉而不达于死生之故。所以古人易子而教之，为此类也。

右第八十四章。

曾子曰：“尸未设饰，故帷堂。小敛而彻帷。”仲梁子曰：“夫妇方乱，故帷堂。小敛而彻帷。”

尸未设饰，孝子不欲人见，故既复而帷堂。小敛，尸饰矣，而后彻帷。仲梁子之言非也。未小敛以前，主人坐于床东，西面，主妇侠床，东面，众妇人位于户外，众兄弟位于堂下，何乱之有？帷固不为生人设也。

右第八十五章。

小敛之奠，子游曰：“于东方。”曾子曰：“于西方，敛斯席矣。”

已小敛，自室而迁于阼，故奠于东方。已大敛，自阼而殡于西阶，乃奠于西方。小敛依于尸，不别为位而设席。大敛尸已藏，必别为神位，乃设席。子游之言是也。曾子谓敛则设席，席必在西，而疑奠之亦必于西，是沿一失而成再误也。

小敛之奠在西方，鲁礼之末失也。

“末”，末世也。明曾子沿鲁末世之失而误也。

右第八十六章。

县子曰：“绤衰缌裳，非古也。”县，胡涓反。衰，七雷反。

“绤”，葛之粗者。“缌”，治缕如小功而成布四升半。“裳”，“衰”之“裳”也。或言“衰”或言“裳”者，互文。“古”，谓殷以上。周制以葛为大功之受服，于是而有“绤衰”；诸侯之大夫为天子缌衰，于是而有“缌裳”。殷以上质，皆所无也。然则殷人大功之受服用小功之麻，诸侯之大夫为天子服大功与？

右第八十七章。

子蒲卒，哭者呼灭。子皋曰："若是野哉！"哭者改之。

子蒲，姓未详；灭，其名也。哭者或其尊行，然周人死则讳之，不得以尊斥卑矣？故子皋责之。子皋，旧说以为高柴。

右第八十八章。

杜桥之母之丧，宫中无相，以为沽也。相，息亮反。沽，公户反。

"相"者，以孝子哀乱，恐迷失礼节，故遣人诏赞之。宫中之相，则内御以相妇人者也。"沽"，与"楛"同，粗略也。《士丧礼》无立相之文，大夫以上或乃有之。杜桥，名位不显，无相其宜也，而时人讥其粗略，则士僭大夫之礼，习为固然，久矣。

右第八十九章。

夫子曰："始死，羔裘玄冠者，易之而已。"

"羔裘玄冠"，朝服也。礼，养疾者服朝服。始死，易以深衣素弁。《士丧礼》略其文，夫子特补出之。

羔裘玄冠，夫子不以吊。

吊者且易之，则主人可知。故记者引以证之。

右第九十章。

子游问丧具。夫子曰："称家之有亡。"称，尺证反。

人子送死之情自无所不至，然不可枉道失节，干求非分以辱亲也。

子游曰："有亡恶乎齐？"夫子曰："有，毋过礼。苟亡矣，敛首足形，还葬，县棺而封，人岂有非之者哉。"恶，温都反。还，疾缘反。县，胡涓反。封，与"窆"同，彼验反。

"齐"，谓合于礼之恒制，无赢缩也。"敛手足形"，服不备也。按《士丧礼》：袭衣三称，明衣不在算，小敛十九称，大敛三十称。不及此者，敛手足形而已。"还葬"者，不能备礼器也。"县棺"，谓不设碑繂，无羡道也。"窆"，下棺也。丧具不备，人子之心虽不得恔，而可谅于人，则无愧于理，亦可以安之若命，而较妄取以辱其父母者为愈矣。

右第九十一章。

司士贲告于子游曰："请袭于床。"子游曰："诺。"县子闻之曰："汰哉叔氏！专以礼许人。" 县，胡涓反。

"袭"，浴尸已，初衣尸也。《周礼》，司士"大丧作士掌士"，则惟君之丧为司士所掌，此盖治鲁侯之丧也。"袭于床"者，士礼。诸侯必别有廞次，今其礼亡，无所考尔。贲欲以士礼加之诸侯，而子游许之，故县子讥焉。"汰"，过也。按言子游与县子不同时，此子游盖鲁君之叔，与言子游同字者也。旧说"叔氏"言偃字，非。偃字子游，不应更字叔也。

右第九十二章。

宋襄公葬其夫人，醯醢百甕。曾子曰："既曰明器矣，而又实之！"

宋襄公，名兹父，曾子盖闻而追论之。夏后氏用明器，虚其半。殷人用祭器，亦实其半。周人兼用二器，实人器而虚鬼器。宋用殷礼，非明器也，然尽实之而又有百甕之多，则亦失矣。顾曾子"明器"之讥，亦未为得也。

右第九十三章。

孟献子之丧，司徒旅归四布。夫子曰："可也。" 司，相吏反。

"司徒"，家司徒。按《周礼》，家有宗人、司马、士，而无司徒。孟氏之有司徒，僭也。"旅"，如天子旅见诸侯之礼。"四布"，四方所赗之布泉。"归"者，敛而致之主人也。丧礼："书赗于方"，既各以其名物告，则旅敛之可矣；"知生者赗"，则是交于生人之道，礼容简略，可不同于含襚。然"可"者，仅可之辞。按《士丧礼》，宾赗必各致之。

右第九十四章。

读赗，曾子曰："非古也。是再告也。"

"读赗"者，汇书赗物于方，柩车将行，史读之柩前，以荣其多也。宾致赗已告矣，又读之，是再告而渎也。"古"，谓殷时，言周制之非也。

右第九十五章。

成子高寝疾。庆遗入请，曰："子之病革矣。如至乎大病，则如之何？" 遗，于季反。革，纪力反。

成子高，齐大夫国成，字子高。庆遗，庆封之族人也。"大病"，谓死也，讳之之辞。"如之何"者，问其后事。

子高曰："吾闻之也，生有益于人，死不害于人。吾纵生无益于人，吾可以死害于人乎哉？我死，则择不食之地而葬我焉。"

"食"，谓龟食墨也。《书》曰："惟洛食。"食，则其兆吉也。不吉之地，人所弃者，择而葬己，则凡葬具之薄可知已。庆氏擅齐，将为乱，子高自伤不能救止，故欲贬己薄葬，令之速朽，因以讽刺庆氏焉。

右第九十六章。

子夏问诸夫子曰："居君之母与妻之丧，居处言语饮食衎尔。"

"问诸"，谓因问而闻之也。"衎尔"，自得貌。君之母妻，尊而不亲，哀所不至，居食言语弗变，所废者冠昏燕乐而已。妇人为夫之君服期，亦应然。

右第九十七章。

宾客至，无所馆。夫子曰："生于我乎馆，死于我乎殡。"

苟授之馆则死生不可易节。故当其无所馆之时，自非志义之合，不可轻馆之也。孟子曰："观近臣，以其所为主。"

右第九十八章。

国子高曰："葬也者，藏也，藏也者，欲人之弗得见也。是故衣足以饰身，棺周于衣，椁周于棺，土周于椁。反壤树之哉。"

"周"者，足以藏之而止也。"壤"，茔兆也。古之葬者，不封不树，以骨肉归于土，因其自然而不为虚设。后世始为茔兆而封树。孝子之情无已而不忍忘，先王亦因之矣。若夫欲人之弗知而隐没以秘之，则自非得罪幸免而敛怨于人者，亦奚必以此为虑乎？齐求崔杼之墓而戮其尸，惟其为崔杼也。子高矫之，而以私意窥古人之用心，不亦诬乎！嬴政锢三泉，曹操为疑冢，皆此等启之也。

右第九十九章。

孔子之丧，有自燕来观者，舍于子夏氏。子夏曰："圣人之葬人与，人之葬圣人也，子何观焉？

"舍"，馆。"氏"，家也。孔子卒，时伯鱼已没，子思幼，弟子治其事。故子夏答以谦辞，言不足为法也。

"昔者夫子言之曰：'吾见封之若堂者矣，见若坊者矣，见若覆夏屋者矣，见若斧者矣。从若斧者焉。'覆，孚救反。夏，户雅反。

"堂"，屋基。"若堂"者，方广而卑也。"坊"，堤也。"若坊"者，纵长而横狭。屋两出檐曰"夏屋"。"若夏屋"，广而中起脊，前后垂也。"若斧"者，直长而上锐也。惟若斧者，事易功约而与棺圹之形相当，故夫子谓当从之。

"马鬣封之谓也。

子夏以俗名释之。古者马必剪鬣，簇起向上，故若斧者。时俗谓之"马鬣封"。

"今一日而三斩板，而已封，尚行夫子之志乎哉！"

"斩板"，谓升板更筑，则斩其约板之绳。"三斩板"，凡筑三板也。一日而封已成，功约易竟也。"尚"，庶几也。

右第一百章。

妇人不葛带。

此言斩衰、齐衰之受服也。男子重首，妇人重腰。卒哭，则男子变牡麻带而易以葛，首绖不变，妇人则易首绖以葛，而不变麻带；不变重者。大功以下，则妇人亦变葛带，轻也。

右第百一章。

有荐新，如朔奠。

在殡，朔日必有特奠，具宰牲，设黍稷。荐新，则亦如其礼。

右第百二章。

既葬，各以其服除。

或葬在三月之外，则缌虽除，小功虽变，必以其服会葬。既葬，则自变除之，不视主人也。

右第百三章。

池视重霤。 重，直龙反。

"池"，柳车帷檐竹笭，"重霤"，承檐水下注者，今之枧也。天子檐四注，皆有重霤；诸侯三，缺其后；大夫二，惟前后设之；士，惟前一。丧车之池悬于帷者亦如之。

右第百四章。

君即位而为椑，岁一漆之，藏焉。 椑，蒲历反。藏，才浪反。

"君"，国君也；言国君则天子可知。"椑"，亲身之杝棺也。"岁一漆"，示若未成且益固也。"藏"者，置物其中不虚也。大夫以下力虽有余，不预治棺者。诸侯有守国，大夫无守家，不怀土而即安也。

右第百五章。

复、楔齿、缀足、饭、设饰、帷堂，并作。 复，芳服反。饭，扶晚反。

"楔齿"，以角柶置齿间，不使急闭，不受含也。"缀足"，以几跗拘足，使勿辟戾，可受履也。"饭"，含也。"设饰"，撤尸故衣，加新衣也。"并作"者，一时次第作之，中间无哭踊，见宾之事也。此殷礼也。周则设饰饭在浴尸之后，中间有见宾、接君命之事矣。

父兄命赴者。

"父"，诸父。"兄"，从兄。亦谓于上六者并作之时，父兄命之，不待主人。按《士丧礼》，赴者主人自命之。此亦殷礼，而记者取之。盖"丧事欲其纵纵"之意。

右第百六章。

君复于小寝、大寝、小祖、大祖、库门、四郊。

"君"，统天子、诸侯而言。"小寝"，内寝，《春秋》"公薨于小寝"，是已。"大寝",路寝。"小祖",群庙。"大祖",天子始祖、诸侯太祖庙也。"库门",天子则皋门也。国外三十里曰"郊",有郊关。复于寝、祖、门,以服;郊,建乘车,以其绥。尊者则求之备,凡生所有事之处,皆意其精爽凭之也。

右第百七章。

丧不剥奠也与? 祭肉也与? 与,以诸反。

"不",犹言不有也。"剥",露也;谓不巾覆也。丧之朝夕奠脯醢醴酒,覆俎以功布。盖奠以栖神,非若祭之欲其歆飨,而朝奠至莫乃彻,夕奠至旦乃彻,必幂覆之以远尘垢。其但用脯醢而不以牲杀者,哀则废食之象,意死者之不安味,不以备物为诚也。惟朔月之奠,则用特豚盛其礼,于是而不用巾覆。故言:"丧不有剥奠者与? 其惟朔奠之祭肉者与? 见常奠之不尔也。"

右第百八章。

既殡,旬而布材与明器。

"布",置也。"材",椁材。自天子至士,葬有缓急,而材器繁简亦异,皆旬而布之,比葬而具也。

右第百九章。

朝奠日出,夕奠逮日。

"逮日"者,及日未没。必见日者,礼不行于暗也。

右第百一十章。

父母之丧,哭无时。

朝夕哭者,为宾及众有服者设尔。人子哀至则哭,何时之有!

使必知其反也。

义未详。盖上有阙文,或为虞祭言之。

右第百一十一章。

练：练衣，黄里、縓缘。缘，悦涓反。

"练"，小祥以后之服也。"练"，麻加练治者。"练衣"，中衣也。"縓"，浅绛色。中衣，所以承衰者，其上服仍衰。

葛要经，绳屦无绚；

男子重首，易其轻，故首经仍麻而要用葛。妇人则葛首经而要仍麻。"绳屦"，以麻为之。"绚"，屦头鼻也，去之不为饰。

角瑱；

"瑱"，充耳，吉则用玉。用角者，不备饰也。

鹿裘衡长袪。衡，与"横"同。

吉时麛裘，丧则鹿裘。"衡"，横广也。"长"，纵长也。"袪"，缘袖口也。未练以前，鹿裘狭短，袖不缘。练，可稍致饰矣。

袪，裼之可也。

有袪缘则可备饰，加裼衣可矣。"裼"，盖以素衣。裼衣承中衣，中衣承衰，变吉者必以其渐，盖人情之次第，即天理自然之节文也。不然，一旦去凶而即吉，当有非心之所安者。此先王制礼之精意也。

右第百一十二章。

有殡，闻远兄弟之丧，虽缌必往；非兄弟，虽邻不往。

"有殡"，谓父母在殡。"远兄弟"，再从以外兄弟，一本之推，哀理同也。非兄弟，则往来之礼而已。大丧废礼，五服以内诸父从子，皆与兄弟同。

右第百一十三章。

所识，其兄弟不同居者皆吊。

"所识"，尝以礼相见者。"兄弟"，其亲兄弟也。虽不同居，不以彼之疏之故而谓非其亲，以劝厚也。

右第百一十四章。

天子之棺四重。重，直龙反。

"四重"，言亲身之棺上加四也，凡五矣。诸公三重，侯二重，大夫一重，士不重。

水兕革棺被之，其厚三寸。

"兕"，野牛，有水产者，陆产者。用水兕者，取其耐湿也。"被"，蒙也。中以木为质而表里皆以革蒙之。"厚三寸"者，其木质也。此重次亲身之棺，下三重以次向外。

杝棺一，梓棺二，四者皆周。

"杝"，椵木。"杝棺"，所谓椑也。"梓棺二"，内曰属，外曰大棺。"周"，上下四围皆匝也。言"周"者，别于椁之形，如井阑，有四围，无上下。

棺束，缩二，衡三。衽，每束一。衡，与"横"同。

"束"，以革条约棺，古不用钉铰也。"缩"，直也。每重皆五束之。"衽"，以木为小腰形，钳合底盖，每当束际，加一衽焉。

柏椁以端，长六尺。长，直亮反。

"端"，头也。谓以柏木近根者为椁。"长"，谓余出棺外，每头三尺，合之凡长六尺也。

右第百一十五章。

天子之哭诸侯也，爵弁，绖，纰衣。纰，与"缁"同。

闻讣而遥哭之也。"爵弁""缁衣"，士之祭服。变而居约也。郑氏曰："天子至尊，不见尸柩不吊，服，麻不加于采。此言'绖'衍文。"

或曰：使有司哭之。

哀乐非人所能代，后王失礼，或遂传以为常。

为之不以乐食。为，于伪反。

是日哭则不乐。

右第百一十六章。

天子之殡也，菆涂龙辁以椁，加斧于椁上，毕涂屋。菆，才官反。

"菆"，犹攒也，谓椁外以木四攒之也。"涂"，以垩堇涂菆之隙，令密固也。"辁"，库轮车。"龙辁"，画辕为龙也。以辁车载棺者，防有卒虞，即可发引也。"以椁"者，加椁菆木之外，上敛下广，四注如屋也。"斧"，黼也，刺绣绡幕为黼文，加于菆椁之上。而菆椁则毕涂之，为火备也。

天子之礼也。

申言天子之礼，明诸侯所不得用，以正时君之僭也。

右第百一十七章。

惟天子之丧有别姓而哭。_{别，彼列反。}

"别"，辨也。同姓异姓各相从而为位，不相继也。诸侯以下，众兄弟继主人，外兄弟继众兄弟，宾继外兄弟，皆西面不异。

右第百一十八章。

鲁哀公诔孔丘曰："天不遗耆老，莫相予位焉。呜呼哀哉，尼父！"_{相，息亮反。父，扶与反。}

诔斯谥矣。夫子之位不及于谥，而称字以诔之，变而合于礼也。"相"，助也。"位"，犹职也。此与《春秋传》所载异，未知孰是。

右第百一十九章。

国亡大县邑，公卿、大夫、士皆厌冠哭于大庙。三日君不举。_{厌，于涉反。"大庙"之"大"，他盖反。}

悼失世守也。"公"，即君也。"厌冠"，屈向武下外缝之丧冠也。"举"，如《周礼》"王日一举"之举，杀牲盛馔也。诸侯盖用特牲。

或曰：君举而哭于后土。

"举"，犹率也，谓率卿、大夫、士也。"后土"，社也。所恶于失邑者，丧先祖之世守，哭于庙，礼也。后世互相吞并，所失者非其世守，故不哭于庙而于社。因据以为礼，非也。

右第百二十章。

孔子恶野哭者。_{恶，乌路反。}

"野哭"，谓不为位。

右第百二十一章。

未仕者不敢税人。如税人，则以父兄之命。

"税"，赙也。无田禄则不祭，不敢以货殖所获干大礼。"父兄"，谓已仕者。

右第百二十二章。

士备入而后朝夕踊。

此言国君之丧也。合一国以致其哀，所以尊其亲。

右第百二十三章。

祥而缟。

"祥"，大祥。"缟"，缟冠素纰。

是月禫，徙月乐。

三年之丧，二十五月而祥。既祥，祭则"禫"，中更一月，二十七月而除，除斯用"乐"。为母齐衰期者，十三月而禫，十五月而乐。

右第二十四章。

君于士有赐帟。

"帟"，帐在上承尘者，以缯为之。大夫以上，则幕人供之，张于殡上。士则君赐而后得用之。言"有"者，为殊宠，非恒有也。

右第百二十五章。

《礼记章句》卷三终

礼记章句卷四

檀弓下

凡七十一章。

君之適长殇，车三乘；公之庶长殇，车一乘；大夫之適长殇，车一乘。適，丁历反。长，丁丈反。乘，绳证反。

"公"，亦君也；五等诸侯之通称。年十六至十九为"长殇"。"车"，遣车，形制如车而小，载奠牲肉以送死者，置于椁内。诸侯之子成人而未立为世子，则车五乘。自此以下，降杀以两。凡言"庶"者，自适长子而外皆是，不问其母之贵贱矣。中、下殇无遣车，不成丧也。无车者包其奠肉。

右第一章。

公之丧，诸达官之长杖。长，丁丈反。

"达官"，谓以其职事自达于君，别于大夫之陪臣也。"长"，官正也。陪臣从大夫，达官之属从其长，不得与君相接，则恩礼不敢逾。《丧服》曰："众臣为其君，布带绳屦。"厌于天子，惟贵臣得伸耳。惟天子，则臣皆斩衰而杖。

右第二章。

君于大夫，将葬，吊于宫。及出，命引之，三步则止。如是者三，君退。
"者三"之"三"，息暂反。

"宫"，殡宫也。"出"，柩出就行也。"命引之"者，使人引柩车行也。人子不忍去其亲，君以义夺其情也。"三步止"者，孝子攀援，终不忍行也。君三命之，柩车乃行。君吊事毕，不送矣。

朝亦如之，哀次亦如之。朝，直遥反。

"朝"，柩朝庙也。"哀次"，在大门外，死者平生待宾客之处。柩将行，于此少驻，孝子举哀焉。君或不及吊于宫，而于此二处吊之，亦必待其行而命之引，乃退。

右第三章。

五十无车者，不越疆而吊人。

"疆"，国境也。渐老则不以筋力为礼矣。送死者，人道之大，不吊，则不徒行以营他务可知。非然者，是老而不知止也。

右第四章。

季武子寝疾，蟜固不说齐衰而入见，曰："斯道也，将亡矣。士惟公门说齐衰。"说，他活反。齐，子斯反。衰，七雷反。

蟜固，鲁士也。"入见"，问其疾也。时以君之礼尊大夫，上僭下谄，蟜固矫其失而正言之，以警季孙。

武子曰："不亦善乎！君子表微。"

"表"，明也；谓别嫌明微也。武子诎于正论而姑善之。

及其丧也，曾点倚其门而歌。

"其门"，点家之门。时鲁人以君礼事季孙，丧则为之遏密。曾皙歌于门，示不为之废乐。是也。蟜固有齐衰之服，虽丧不吊，则可以弗问疾矣。违礼以往，则欲矫人之失而先自失也。

右第五章。

大夫吊，当事而至，则辞焉。

"事"，谓浴、袭、敛、殡之事。士于大夫必为之出，又不可辄事而起，辞令少待于次。君则辍事出迎，士则不出。

右第六章。

吊于人，是日不乐。

君子无故不废弦歌，吊则已之。

妇人不越疆而吊人。

惟奔父母之丧，则越疆。

行吊之日，不饮酒食肉焉。

"行吊"，谓吊于他国而在途也。虽未至于丧所，必先居约以自尽。

吊于葬者，必执引。若从柩及圹，皆执绋。

"引"，柩车索。"绋"，挽棺下圹索。"从柩"，谓引者人数已足，主人辞之，不得执引也，则更代执引者而执绋。丧不为宾，必有事也。

右第七章。

丧，公吊之，必有拜者，虽朋友，州里、舍人可也。

"拜"，往拜于公门也。虽无主、后，必谢君之辱。"舍人"，客所馆主。

吊曰"寡君承事"，主人曰"临"。

此谓宾死于馆而君吊之。"主人"，其介也。曰"临"者，拜谢之辞。

君遇柩于路，必使人吊之。

庶人之丧，君所弗吊，遇则使人吊，重哀死也。丧专道而行，不避君。

右第八章。

大夫之丧，庶子不受吊。

谓适子有故不在丧次，宾入哭，庶子不敢当"如何不淑"之辞。大夫世禄，嗣子定位于丧矣。

右第九章。

妻之昆弟为父后者死，哭之适室。适，丁历反。

"适室"，正寝。在远闻丧不得往，则为位而哭之。若往者，位继其外兄弟。

子为主。

甥为舅缌。有服者主位东阶下，受吊拜宾。

袒免哭踊。免，亡运反。

子袒免倡踊，已拾踊。

夫入门右。

称"夫"者，子虽为主而妻服重，故从妻为主而称也。妇人于为父后者不降，"入门右"者，宾礼，其哭之位，近南北乡。

使人立于门外告来者。

外丧，人或不知，告之使勿惊，且辞不见。

狎则入哭。

"狎"，谓相习昵者。闻哭斯入吊，吊则哭。

父在，哭于妻之室。

"妻之室"，下室也。父子虽异室，子犹不敢自有其适室，以避尊者。

非为父后者，哭诸异室。

"异室"，燕闲之所，其余礼则同。

右第十章。

有殡。

谓父母之丧在殡。

闻远兄弟之丧，哭于侧室。

"远兄弟"，再从以降者。"侧室"，即异室。正室为殡宫，各伸其哀，不相渎乱。

无侧室，哭于门内之右。

位南而北面，不当阼，以别己丧。

同国，则往哭之。

"往哭"，不税衰，不与于奠。

右第十一章。

子张死，曾子有母之丧，齐衰而往哭之。或曰："齐衰不以吊。"曾子曰："我吊也与哉！"齐，子斯反。衰，七雷反。与，以诸反。

哭死者而不吊生者，非以为礼，故曾子疑其可，其实非也。罔极之哀，不可以他间之也。夫子尝曰："参也鲁。"鲁者，朴诚有于而节文不足。曾子之学得其大者，而细微有所未尽，使能并此而无之，则曲能有诚而从容中道矣。故《论语》以文学称游、夏，而曾子不与。游、夏不能为曾子，而曾子之不逮游、夏者，亦无伤乎其为曾子。说者必欲曲辨为记者之诬辞，亦未为知曾子也。

右第十二章。

有若之丧，悼公吊焉。

悼公，鲁君，哀公子，名宁。

子游摈由左。

"由左"，君在右矣。吉事尚左，摈者右；凶事尚右，摈者左。时人相习失礼，而子游正之也。

右第十三章。

齐谷王姬之丧，鲁庄公为之大功。或曰由鲁嫁，故为之服姊妹之服。或曰外祖母也，故为之服。谷，本"告"字之误，工毒反。为，于伪反。

"谷"，讣告也。王姬，桓王女，齐襄公夫人，其卒在鲁庄公三年。"由"，自也。天子嫁女于诸侯，使同姓诸侯为之主。王姬适齐襄公，周命鲁主婚，自鲁往嫁，卒而讣焉。主婚者，摄主尔，《礼》无为服之文。其曰"外祖母"者尤谬。襄公之妻，于鲁庄为舅之妻，亦无服。庄公忘亲事仇，屈于逆母之命，越礼厚结于齐。鲁人两为之饰说，皆遁辞之穷也。

右第十四章。

晋献公之丧，秦穆公使人吊公子重耳。重，直龙反。

重耳时出亡在狄，穆公将欲奉之反国，使吊以探其意。

且曰："寡人闻之，亡国恒于斯，得国恒于斯。虽吾子俨然在忧服之中，丧亦不可久也。时亦不可失也。孺子其图之！"丧，息浪反，下同。

"且曰"，吊已复言也。"亡国"，谓终失其国。"斯"，此时也，嗣子定位于初丧。"俨然"，专事而无旁及之意。"服"，事也。"丧"，谓出亡在外。"图"，谋反国也。

以告舅犯。

狐偃，字子犯，重耳母舅。重耳以告，谋所以对之。

舅犯曰："孺子其辞焉！丧人无宝，仁亲以为宝。父死之谓何，又因以为利，而天下其孰能说之？孺子其辞焉！"

"辞"，不受命也。"丧人"，去国失位之称。"宝"，谓善道可守者。"仁"，爱也。"说"，谓解说之，言其无罪也。

公子重耳对客曰："君惠吊亡臣重耳。身丧父死，不得与于哭泣之哀，以为君忧。父死之谓何，或敢有他志以辱君义？" 与，羊洳反。

"与于哭泣之哀"，谓就丧主之位也。不言不得有国者，以亲为重之辞也。"义"，睦邻定乱之道也。

稽颡而不拜，哭而起，起而不私。

"不拜"，以庶子自居，不敢受吊。"不私"，不更与使人私相接也。

子显以致命于穆公。穆公曰："仁夫，公子重耳！夫稽颡而不拜，则未为后也，故不成拜。哭而起，则爱父也。起而不私，则远利也。" 显，卢氏谓当作鞍，呼遍反。夫，防无反。

子显，秦大夫公子絷，所使吊者也。"仁"，敦爱而无私之谓。晋文公畀天下之无可解说，而不乘父死为争国之图，惮名教也。先王因人心自然之义而立之名教，以止天下之邪心而使自勉于君子，此其效矣。名教之于人，大矣哉！

右第十五章。

帷殡，非古也，自敬姜之哭穆伯始也。

穆伯，鲁大夫季悼子之子公甫靖。敬姜，其妻也。礼：朝夕哭，褰帷见殡。敬姜早寡，欲自远嫌，不以见殡为哀，故帷堂而不褰。鲁人仍之，则于孝子恋慕之心有所未尽。徇贤者之过，则窒矣。

右第十六章。

丧礼，哀戚之至也。节哀，顺变也。

哀戚至，故礼以饰哀，所以至其至也。哭踊有数，麻葛有时，则以因天时人情之变，不使文过而实不及也。此二句，一章之大旨。

君子念始之者也。复，尽爱之道也，有祷祠之心焉；望反诸幽，求诸鬼神之道也；北面求诸幽之义也。复，芳服反。

人之始生，因二气之良能，絪缊而化醇，其来也以是，则其往也以是。死虽无复生之理，而往来不舍，于造化非无可求也。故尽爱于亲者，念所自始而知所自终，因以求之，事虽无益而理不谬焉。病亟则祷之五祀而不得生，祷祠之道穷矣。心不容已而推其义于复，一犹夫祷祠之心，知其无济而为之也。"幽"者，非无而不可见之谓，鬼神之所藏也。"求诸幽"者，于鬼神而求之也。复者北面，因其类而尽其义也。

拜稽颡，哀戚之至隐也。稽颡，隐之甚也。

"稽颡"，举头触地而无容。主人于宾吊，既拜以答宾，而情不自禁，复稽颡焉。哀戚之至，不能自宣，故悲濑仓遽而无容。主人成拜，而庶子不成拜但稽颡者，情以分抑，哀戚无所抒，隐痛之尤者也。

饭用米贝，弗忍虚也。不以食句，**道用美焉尔。**饭，扶晚反。食，祥吏反。

"饭"，含也。生则致养，死则虚口，人子所不忍。然"不以食"者，之死不能致生之食，久则败恶，米贝可以待三日之殡而不败，弗见恶也。

铭，明旌也。以死者为不可别已，故以其旗识之。爱之斯录之矣，敬之斯尽其道焉耳。识，申志反。

"明"，昭也。"旌"，表也。"不可别"，谓尊卑无别也。"旗"者，生时所建于乘车者。孤卿以旜，大夫以物，士无旗，则以缁，长半幅，赪末，长终幅，广三寸，揭而铭之曰："某官某之枢。""录"，谓记录之，示弗忘。"尽其道"者，事亡如存之道。

重，主道也。殷主缀重焉。周主重彻焉。重，直龙反。

"重"，植木凿孔，加簪悬鬲，煮饭余米实鬲中。既殡之后，尸不可见，神无所凭，故为重，置于中庭以栖神。既葬，反虞而后作虞主，练而后作练主，其义皆以为神所凭依，使孝子有所仿佛以致其爱慕。故曰"主道"也。"缀重"者，虞虽作主而悬于重上置诸庙，待毁虞作练主而后并埋之。"重彻"者，作虞主则埋其重，神不两依，重与主相为授受，周制是也。

奠以素器，以生者有哀素之心也。惟祭祀之礼，主人自尽焉尔，岂知神之所飨？亦以主人有齐敬之心也。齐，侧皆反。

"素"，不雕饰也。志哀居约，故无文。"哀"者，生者之情尔，死者顺屈伸之常，奚哀之有？则宜不以哀素奉之。然而丧奠素器，惟顺生人之心，犹祭祀之必尽其文，所以极致主人齐敬之心，而不必问其飨否也。奠则有祭道矣。故与祭同义。敬则文，哀则素，其自尽一也。

辟踊，哀之至也；有算，为之节文也。辟，婢亦反。

拊心曰"辟"，跳跃为"踊"。哀之至者，所不容已而然也。"算"，有度数也。三者三而成一踊。孝子哀迷不知节，礼为之算，使勿毁性而可继。勿毁性，节也；可继，文也。

袒，括发，变也。愠，哀之变也。去饰句，**去美也。袒，括发，去饰之甚也。有所袒，有所袭，哀之节也。**去，羌吕反。

"袒"，肉袒。"括发"，去笄纚而露紒，以麻括之。"变"，改也；改常度也。"愠"，郁恚不自聊之意。凡人喜则矜容，愠哀藏于中，则变其常度而无心于美饰。至于亲丧，愠若无所容其身，哀若无所容其心，而去饰亦甚矣。投冠褫衣，不自容也。"袭"，复衣也。敛奠冯尸则袒，事毕反位则袭，变之甚者有节，不为不可继也。

弁绖葛而葬，与神交之道也，有敬心焉。周人弁而葬。殷人冔而葬。

此天子、诸侯之礼也。"弁"，素弁。"绖"，为环绖加弁上。"葛"，以葛为要绖，其哀侈袂，葬而祭告于山川，其服则然。盖接山川之神，节哀崇敬，故服不纯凶也。殷之冔，周之弁，一也。皆象祭服之冠，特用素耳。

歠主人、主妇、室老，为其病也，君命食之也。为，于伪反。食，祥吏反。

此大夫之礼也。"歠"者，以粥饮之。"主妇"，死者之妻。"室老"，家臣之长。皆服斩衰，三日不食。君命歠之，以尊者之命强之也。士则邻里为糜粥以饮之。

反哭升堂，反诸其所作也。主妇入于室，反诸其所养也。养；余亮反。

"反哭"，送葬归而哭也。凡哭，男子于堂下，妇人于堂上。今主人升堂、妇人入室以哭者，以堂为死者生所有事之处，室为馈养其生之所，求其神于此而不可得，哀乃甚也。

反哭之吊也，哀之至也。反而亡焉，失之矣，于是为甚。

方葬而吊，至反哭而又吊焉，疑于渎矣。故发明其义，见不可不吊也。

"亡"，谓并柩而无也。"失之"，不可复得也。人子于此，哀痛尤切矣。

殷既封而吊，周反哭而吊。孔子曰："殷已悫，吾从周。"封，与"窆"同，彼验反。

殷人以亲骨肉入土为哀之甚，周人以反求不得为哀之甚，故各于其时吊之。然入土而哀之，令人子难以为心，其礼愿朴而无文，不如吊于反哭之得当也。故夫子许之。

葬于北方，北首，三代之达礼也。之幽之故也。首，式救反。

"北方"，国北郊。"北首"，趾向南。"之"，往也。南明北幽，死之于幽，故顺其所往。

既封，主人赠而祝宿虞尸，既反哭，主人与有司视虞牲，有司以几筵舍奠于墓左。反，日中而虞，葬日虞，弗忍一日离也。是日也，以虞易奠。封，与"窆"同，彼验反。舍，与"释"同，施双反。离，力知反。

"赠"，用玄纁纳墓中，如赠行也。"宿"，肃进之也。主人方赠，祝即以其时先归，往迎虞祭之尸，次于门外以俟。主人留视藏器，加椁，实土三，遂反哭而虞。"虞"之为言安也。形体已反于土，魂无所依，故祭而安之也。"视牲""舍奠"，各有有司。"视牲"者，同主人归相视牲；"舍奠"者，留墓次待筑墓成，设几筵奠脯醢于墓左，以安死者之形也；亦两求诸阴阳之义也。迎精而虞，其事重，故主人速反而视牲；送形而奠，其事轻，故有司奠而不必主人。神道以精为贵也。"舍"，置也。置奠者，一献而无尸。"反"者，待舍奠之有司反也。礼并举则渎，故须有司反，知奠事毕而后虞也。古者墓地在近郊内，旦而葬，日中而虞，祭祀不可接于昏也。"奠"，殡宫朝夕奠。言"易奠"者，见由是而止奠，苟非速虞，则与神离，孝子之所弗忍也。

卒哭，曰成事。是日也，以吉祭易丧祭。明日祔于祖父。其变而之吉祭也。比至于祔，必于是日也接，不忍一日末有所归也。比，必二反。

天子九虞，诸侯七虞，大夫五虞，士三虞，终虞而卒哭。终虞用刚日，间一日复得刚日而卒哭。卒哭之祭，祝曰："哀荐成事。""成事"，谓成祭事也。"吉祭"者，有堕祭、旅酬，设大羹涪菹，从献，一如馈食礼矣。"明日"，卒哭之明日也。"祔于祖父"者，告祔于祖父之庙而祔于祖也。"祖父"，死者之祖父，于主人为曾祖父也。凡祔之礼，告祭已毕，仍厝虞主于寝，三年丧毕，吉祭而后入庙。既易吉祭，则虞主虽不入庙而必以其明日祔者，吉祭则神，神必依神为类，故必令其有所归也。"接"，谓两日相接也。"末"，无也。

殷练而祔，周卒哭而祔。孔子善殷。善，时战反。

"练"，小祥祭。殷人不忍，即以神事其亲，故夫子善之。然则殷人期年之内一用丧祭乎？

君临臣丧，以巫祝、桃茢、执戈，恶之也，所以异于生也。丧有死之道焉，先王之所难言也。恶，乌路反。

"祝"，丧祝。"桃"，桃枝。"茢"，郑氏曰"萑苕"，杜预曰"黍穰"，盖随地所产以为帚也。"执戈"者，旅贲氏。"有死之道"，谓鬼气或侵人致人死也。君之于臣，恩礼所笃，死而恶之，疑于寡恩，乃先王知恶死者人之常情，恶而心怵，则将有因而废临丧之礼者，欲诏以齐死生以厚丧纪之说，而其理深远，固难与恒人言之，故顺其情而制为被除不祥之礼，使不肖者可企而及也。

丧之朝也，顺死者之孝心也。其哀，离其室也，故至于祖考之庙而后行。殷朝而殡于祖，周朝而遂葬。朝，直遥反。离，力知反。

出必告行，孝子之心也，故殡将行而朝于祖，为死者之有是心，顺成之也。且柩之行也，骤离于室，即向于野，孝子之所尤哀而弗忍。故朝于祖庙，使次第渐行以缓孝子之哀，此生死两慰之道也。"朝而殡"者，先葬旬日而朝，犹权殡之，主于死者，使久依其亲。"遂葬"者，前日朝，诘旦即行，主于生者，不使其亲早离其室。二代之礼，各有所取。

孔子谓为明器者知丧道矣，备物而不可用也。哀哉，死者而用生者之器也，不殆于用殉乎哉？其曰明器，神明之也。涂车刍灵，自古有之，明器之道。孔子谓为刍灵者善，谓为俑者不仁，不殆于用人乎哉？

"为"始制之也。"生者之器"，可用者也。"殆"，近也，"涂车"，以泥"为车"。"刍灵"，束草为人。"俑"，刻木备人形也。形色备则天性寓矣。有自天成者，有自人成者。人成者生于人心之巧，亦生生之道也。用之而不恤，毁已成之形而息生理以徇其私爱，用人以殉者，自此始矣。故夫子以为可哀而斥其不仁。

右第十七章。此章备论丧礼，发明其义，以见哀之必至，变之必顺，皆率于人心之不容已，初非先王以其意而强天下以必从，与《问丧》《三年问》诸篇互相表里。读者以是求之，则天理之灿然流行为喜怒哀乐之节者，可得而见矣。彼以礼为后起者，不亦愚乎！

穆公问于子思曰："为旧君反服，古与？"子思曰："古之君子，进人以礼，退人以礼，故有旧君反服之礼也。今之君子，进人若将加诸膝，退人若将队诸渊，毋为戎首，不亦善乎？又何反服之礼之有？" 为，于伪反。与，以诸反。队，直类反。

穆公，鲁君，名衍。"反服"，谓反奔其丧，为制齐衰三月之服。"戎"，寇仇也。士大夫之于诸侯，不适为君臣，得则合，失则离。故子思此论，与孟子对齐宣王之旨略同，与四海而共戴一人义，初不相通。故善求古人之说者，必论其世。

右第十八章。

悼公之丧，季昭子问于孟敬子曰："为君何食？" 为，于伪反。

昭子，康子曾孙，名强。敬子，武伯之子，名捷。昭子不能以礼事君，而犹若知名教之可畏，故不安而问。

敬子曰："食粥，天下之达礼也。吾三臣者之不能居公室也，四方莫不闻矣。勉而为瘠，则吾能，毋乃使人疑夫不以情居瘠者乎哉？我则食食。" 夫，防无反。"食食"，下"食"祥吏反。

"居"，处也；谓以事君之礼处君也。"毋"，与"无"通。"食"，饭也。敬子怙其不忠，无所忌惮，而自谓称情不饰，人理亡矣。

右第十九章。

卫司徒敬子死，子夏吊焉。未小敛，绖而往。子游吊焉。主人既小敛，子游出绖，反哭。子夏曰："闻之也与？"曰："闻诸夫子，主人未改服则不绖。" 与，以诸反。

司徒，以官为氏；敬子，名未闻，公子许之后也。"绖"，环绖。"出绖"者，改服必于次，在大门外。"反哭"，反位而哭。小敛则主人袭绖，宾从主人。

右第二十章。

曾子曰："晏子可谓知礼也已，恭敬之有焉。"

"恭"，故自处以约；"敬"，故让物而不盈。曾子节取晏子之俭，以为达于礼意。

有若曰："晏子一狐裘三十年，遣车一乘，及墓而反。国君七个，遣车七乘；大夫五个，遣车五乘，晏子焉知礼？"遣，轻甸反。乘，绳证反。焉，于虔反。

"遣车"，载奠牲之车。"个"，包也。国君祖奠大牢，大夫少牢，士特牲。每牲折取臂臑胳三段为一"个"。天子二十七段，为九个；诸侯二十一段，为七个；大夫十五段，为五个；士九段，为三个。每个以一车载之，纳窆中。"遣车一乘"者，殇礼也。葬礼，主人三实土而后反虞，宾客留襄事焉。"及墓而反"，不留宾治墓也。晏子薄于其亲，有子讥之，允矣。

曾子曰："国无道，君子耻盈礼焉。国奢则示之以俭，国俭则示之以礼。"

"盈"，备也。曾子之言过矣。礼者，大中至正之矩，君子以自尽，而非以矫时矜异者也。有矫焉，则在己先失，而奚以正物哉？且约其身以矫俗，犹之可也。君子不以天下故而俭其亲，惩国之奢而薄于其父母，则天下重而亲轻，斫其本以徇末矣。晏子所以陷溺于墨而不知反也。

右第二十一章。

国昭子之母死，问于子张曰："葬及墓，男子妇人安位？"子张曰："司徒敬子之丧，夫子相，男子西乡，妇人东乡。"相，息亮反。乡，许亮反。

国昭子，齐大夫。哀乱之际，尤以远嫌为重，而宾主在所可略。

曰："噫！毋。"噫，于爱反。

拒谏辞。

曰："我丧也斯沾、尔专之，宾为宾焉，主为主焉。"沾，古"添"字，他兼反。

"沾"，益也；谓损益之也。"专"，主也。时子张相，令专任之，宾皆东乡，主西乡。

妇人从男子，皆西乡。

谓主人也。子张不为固争而从其私意，则将焉用彼相为哉！

右第二十二章。

穆伯之丧，敬姜昼哭。文伯之丧，昼夜哭。孔子曰："知礼矣！"

穆伯，敬姜之夫；文伯，其子。妇人不夜哭其夫，远嫌也。

右第二十三章。

文伯之丧，敬姜据其床而不哭。

上章言"昼夜哭"者，初死时。此言"不哭"者，既葬反哭时。"床"，坐床。"据"，犹踞也。踞坐于床，怒而怠也。

曰："昔者吾有斯子也，吾以将为贤人也，吾未尝以就公室。今及其死也，朋友诸臣未有出涕者，而内人皆行哭失声。斯子也，必多旷于礼矣夫！" 夫，防无反。

文伯，季氏之族，于鲁为宗卿，故敬姜可偕其子会见于公室，则观其政事而知其贤否。信其贤是以不往观也。"行哭"，谓送葬而行且哭。尊贤远色，礼之大经。"旷"，废也。父母之于子，生而教之正也；至于死而无可责矣。哭死斩乎哀而止矣，过而隐之，天性之直道也。敬姜追咎其子而薄其恩，烈则烈矣，抑亦妇人之节，君子所弗尚也。

右第二十四章。

季康子之母死，陈褻衣。

"陈"，谓与小敛之服而俱陈也。"褻衣"，《仪礼》所谓"中带"，郑氏曰："今之裤襂。"虽设而不陈，抗衾衣尸，乃取而用之。

敬姜曰："妇人不饰不敢见舅姑，将有四方之宾来，褻衣何为陈于斯？"命彻之。 为，于伪反。

敬姜，季康子之从祖母，于死者为从姑。"饰"，礼服也。不敢以见舅姑，则不可以对宾客矣。

右第二十五章。

有子与子游立，见孺子慕者。

"见"，偶见之。孺子与母相失，慕泣而踊。

有子谓子游曰："予壹不知夫丧之踊也，予欲去之久矣。情在于斯，其是也夫。" 夫，防无反。去，邱吕反。

"壹"，一向也，哀者不有必欲踊者矣，故有子疑其赘，"其是"，犹言以此。

子游曰："礼有微情者，有以故兴物者。

"微"，犹约也；情有甚而约之使勿过也。"故"者，已然之谓。"兴"，起；"物"事也；谓人之所固有而已然者，兴起其事以著之也。踊生于哀之固有，以故兴之也；踊而有节，则以微其情也。

"有直情而径行者，戎狄之道也。礼道则不然。

"直"，率也。"径行"，行不由道；不兴不微，任情作辍，是径行也。因哀者有不必欲踊者，遂任人之或踊或不踊，而不制以一成之节，任质灭文，"戎狄之道"矣。

"人喜则斯陶，陶斯咏，咏斯犹，犹斯舞。 犹，盖"摇"字之误，余招反。

"陶"，温和在中之意。"咏"，歌吟也。"犹"，体动摇，与歌吟相应也。"舞"者，动摇之极致。喜必至于舞。故先王制之乐以宣其乐，哀乐之动变必形于外，其理一也。

"舞斯愠，愠斯戚，戚斯叹，叹斯辟，辟斯踊矣。 舞，当作"哀"，传写之误。辟，婢亦反。

"愠"者，哀不能宣而内结于心也。"戚"，气伤心病也。"叹"，舒其气也。"辟"，气迫于中，叹不足舒，躁而自艾也。躁而不宁，愤不可止，则"踊"矣。此以明情之发者皆其固然，而事因之以兴也。

"品节斯，斯之谓礼。

"品"，汇也；汇而著之，物以兴矣。节以度数，所以微其情也。故哀必踊而踊有数。

"人死，斯恶之矣；无能也，斯倍之矣。 恶，乌路反，下同。倍，与"背"通。

"无能"，谓死则不能以喜怒加人也。"倍"，弃也。先王制礼，极不肖之情而为之防，以引之使企及焉。

"是故制绞衾，设蒌翣，为使人勿恶也。始死，脯醢之奠；将行，遣

而行之；既葬，而食之。未有见其殡之者也。自上世以来未之有舍也，为使人勿倍也。篓，与"柳"通，力九反。为，于伪反。遣，轻甸反。食，祥吏反。舍，书也反。

"绞"，裂布为条以敛者。"衾"，夷衾。"篓"之为言聚也，聚饰枢车也。"绞衾"以饰尸，"篓翣"以饰棺，使勿见恶也。"行"，就葬也。"遣"，包奠牲，载以遣车。"行之"，赠其行也。"食"，虞，祔之祭，立尸献酢，如馈食之礼也。"舍"，废也。不肖者或有恶倍之心，先王必使之勿恶而勿倍，礼之所以别人道于戎狄也类如此。故哀未至者或不足以踊，而必使之踊，踊虽或不足以过甚，而犹若虑其过甚而为之节，兴物微情，甚义备矣。

"故子之所刺于礼者，亦非礼之訾也。"訾，即移反。

"刺"，谓向欲去之。"訾"，病也。在人或情不及文而见为訾，礼则因人所宜有之情而为之文，何訾之有？见孺子慕而得其踊之所自起，知兴物之故矣；而微情之精意尚未之达，则刺礼而非礼之訾者，称礼而亦未尽礼之善也。

右第二十六章。

吴侵陈，斩祀，杀厉。

事在鲁哀公六年。"祀"，方社，有封树。"斩"，伐其树也。"厉"，疫也。时陈有疫疾，疫者不能避兵，皆见杀。

师还出竟，陈大宰嚭使于师。还，似宣反。竟，居影反。大，他盖反，下同。使，色吏反。

陈，三恪之后，容建六官，有大宰。然嚭者，吴大宰名，不应一时两国大宰皆名嚭，而行人乃奉使之官，疑陈使为行人仪，而吴使大宰嚭问之也。

夫差谓行人仪曰："是夫也多言，盍尝问焉。师必有名，人之称斯师也者，则谓之何？"夫，防无反。差，初佳反。

"是夫"，犹言此人。"多言"，谓善辩口给。"尝"，试也。夫差以己报先君之怨于陈，自矜有名，谓可以屈陈人之辩。

大宰嚭曰："古之侵伐者，不斩祀，不杀厉，不获二毛。今斯师也。

杀厉与？其不谓之杀厉之师与？"与，以诸反。

"获"，俘也。"二毛"，颁白者。威不足以服人而徒为不仁，故古之用兵者耻之。

曰："反尔地，归尔子，则谓之何？"曰："君王讨敝邑之罪，又矜而赦之，师与！有无名乎？"与，以诸反。有，与"又"通。

"子"，谓所俘子女。"师与"，言此师而称叹之辞。义足服人，虽强暴者不难折也。

右第二十七章。《檀弓》二篇率记丧礼，而此章与焉者。古者国破师败，以丧礼处之，故以类而附见也。

颜丁善居丧，始死，皇皇焉如有求而弗得；及殡，望望焉如有从而弗及；既葬，慨焉如不及；其反而息。

颜丁，鲁人。冀其生而不能，故如"求而弗得"。"从"，随也。敛于棺而己不能偕，故如"从而弗及"。"不及"，亦谓追随之不及。"反而息"，憾其不可及，无可奈何而神夺气惫也。诚于中斯形于外，故观者得由其貌以知其心。然非仁孝之有诸己者，则亦觌面而不知其然，则称颜丁而记之者，其为有德之言亦见矣。

右第二十八章。

子张问曰："《书》云高宗'三年不言，言乃谨'，有诸？"

《书》，《周书·无逸》篇。"言"，谓出政令也。"谨"，《书》作"雍"，谓天下悦顺之也。亮阴之礼，时废不行，子张疑其且废万几，故以为问。

仲尼曰："胡为其不然也。古者天子崩，王世子听于冢宰三年。"为，于伪反。

"听"，任也。政今任之冢宰，则嗣君何所为而不自尽其子道乎？

右第二十九章。

知悼子卒，未葬。平公饮酒，师旷、李调侍，鼓钟。知，珍义反。卒，子律反。

知悼子，晋大夫荀盈。平公，晋侯彪也。"鼓"，击也。"鼓钟"者，金奏《九夏》之乐。悼、平之世，荀氏强横，盈死，平公欲因而废之，故利其死而乐之。

杜蒉自外来，闻钟声，曰："安在？"曰："在寝。"

杜蒉，宰夫，《春秋传》作屠蒯。问诸守门之人而答之也。"寝"，路寝。

杜蒉入寝，历阶而升。酌，曰："旷饮斯。"又酌曰："调饮斯。"又酌，堂上北面坐饮之，降趋而出。

足涉二等曰"历阶"。"酌"，挹酒于尊也。行罚爵而不言其故，以谲谏也。

平公呼而进之曰："蒉，曩者尔心或开予，是以不与尔言。"

"开"，启也。待其言，故不问，趋出而后诘之。

"尔饮旷，何也？"曰："子卯不乐。知悼子在堂，斯其为子卯也大矣。旷也，大师也，不以诏，是以饮之也。""大师"之"大"，他盖反。

纣以甲子亡，桀以乙卯亡。礼：于此二辰，君不举乐，以哀亡国而自戒。国丧大臣，哀变之大者，尤宜彻乐审矣。"在堂"，殡在堂也。在殡而称谥，记者之误。

"尔饮调，何也？"

平公再问。

曰："调也，君之亵臣也。为一饮一食忘君之疾，是以饮之也。"为，于伪反。

"疾"，忌也。

"尔饮，何也？"

"饮"，谓自饮。亦平公问。

曰："蒉也，宰夫也，非刀匕是共，又敢与知防，是以饮之也。"共，九容反。与，羊洳反。

"防"，谓以礼防，救君过失。

平公曰："寡人亦有过焉，酌而饮寡人。"杜蒉洗而扬觯。

"觯"，罚爵，容四升。"扬"，举送也。

公谓侍者曰："如我死，则毋废斯爵也。"至于今，既毕献，斯扬觯，谓之杜举。

平公欲旌直臣，故令后人修行之以为典礼。"今"，记者时也。既毕献而举觯于君，晋国相习行之，名之曰"杜举"，以彰平公之听谏。记者录此，以明卿卒不乐之礼。然以当日情事言之，杜蒉之谏，其辞虽正，而施施然气盈志横，无所忌惮，以将其捭阖之说，盖与汉杜钦、谷永直攻成帝者情事略同。卒之平公见屈，盈庭气荼，苟氏不除，而成乎六卿之祸，亦已烈矣。乃平公忌强臣之骄横，生不能折，幸其死而乐之，先自处于非礼以授奸人之辞，卒之赧沮自咎而立为举觯之礼，为强臣之标榜。故晏子曰："惟礼可以已乱。未有躬不由礼而能拨乱反正者也。故礼者，修己治人之大网，而治乱之准也。"

右第三十章。

公叔文子卒。卒，子律反。

文子，名拔，献公孙；公叔，其氏也。谥三而单举"文"者，大夫而累三谥，非礼，故后人莫称焉。

其子戍请谥于君，曰："日月有时，将葬矣，请所以易其名者。"

"时"，期也。

君曰："昔者卫国凶饥，夫子为粥与国之饿者，是不亦惠乎？昔者卫国有难，夫子以其死卫寡人，不亦贞乎？夫子听卫国之政，修其班制以与四邻交，卫国之社稷不辱，不亦文乎？故谓夫子贞惠文子。"难，乃旦反。

"君"，灵公。"难"，谓盗杀卫侯之兄絷，公如死鸟也。"班"者，尊卑先后之序。"制"者，往来享赠之数也。文子执卫国之政，不能足民止乱，而仅以小惠小贞结其君民，其交于邻国者，亦惟奉行故事，而不克以礼自立，救国之侵弱。故孔子独称其家臣同升之事，亦以此三者之俱，不足以当今名也。

右第三十一章。

石骀仲卒，无适子，有庶子六人，卜所以为后者。卒，即律反。适，丁历反。

骀仲，卫大夫。无适立长，而卜之者。骀仲不能制命，其父兄家老各欲私有所奉也，故卜之。

曰："沐浴佩玉则兆。"

卜人之妄辞。谓卜吉事当以吉礼临之。"兆"，龟兆，从也。

五人者皆沐浴佩玉。石祁子曰："孰有执亲之丧而沐浴佩玉者乎？"不沐浴佩玉。石祁子兆，卫人以龟为有知也。

"知"，灵也。礼本易知易行，特私欲横行则邪说得以中之耳。祁子所为亦非高明殊绝之事，而人神皆协，道岂远乎哉！

右第三十二章。

陈子车死于卫，其妻与其家大夫谋以殉葬。

子车，齐大夫，使于卫而客死。"家大夫"，家老也；大夫之家老，士也。而称"大夫"者，陈氏僭君，其陪臣亦僭也。"以"，用也。

定句，而后陈子亢至句。以告句，曰："夫子疾，莫养于下，请以殉葬。" 亢，古郎反。养，余亮反。

"定"，谋以决也。子亢，子车弟。旧说以为即子禽，未知是否。"至"，自外来奔丧也。"莫养于下"，谓子车客死，未及尽下养上之道。

子亢曰："以殉葬，非礼也。虽然，则彼疾当养食者孰若妻与宰？得已则吾欲已，不得已则吾欲以二子者之为之也。"于是弗果用。

"虽然"，谓虽妻与宰之意以为然也。"已"，止也。子亢正言殉葬之非礼，足以拒邪说矣，而又为之谬辞以恐之。论者以为善于用权。权者，善恶之审、轻重之准也。以妻与宰殉之言出于己之口，则恶先在己而己轻矣。君子大居正，正己而物之从违顺命以俟之，故言满天下无口过，行满天下无咎恶，随所往而恒不自失，所谓"可与权"者，此尔。程子谓，自汉以下不识"权"字，皆此等乱之也。谲正之分，王霸之辨，释氏善巧方便之邪说，皆于此决焉。学者不察而乐称之，道之所以丧于世也。

右第三十三章。

子路曰："伤哉贫也！生无以为养，死无以为礼也。" 养，余亮反。

子路未仕，亲早丧，追思而自悼也。

孔子曰："啜菽饮水，尽其欢，斯谓之孝。敛首足形，还葬而无椁，称其财，斯之谓礼。" 还，似宣反。称，尺证反。

"啜菽"，餐豆糜也。"敛首足形"，衣不备也。士小敛十九称，大敛三十称。"还葬"，不待逾月成礼也。"称其财"，无所留余也。尽欢、称财，非纯乎孝者不能。无希冀外物之心，则其求之身心者益严矣。

右第三十四章。

卫献公出奔，反于卫。及郊，将班邑于从者而后入。从，才用反。

献公，名衎，为孙、宁所逐，奔齐，十二年而后复国，国人立公孙剽而拒之，故公赏从行者，以示怨于国人。"班"，与"颁"通。

柳庄曰："如皆守社稷，则孰执羁靮而从？如皆从，则孰守社稷？君反其国而有私也，毋乃不可乎？"从，才用反。

柳庄，亦从行者。"羁"，马络头。"靮"，靷也。献公出奔，避内逼也，故守者以社稷为重，而为国御外侮之见乘，以免于亡。此义惟可行于国君之内难出奔者尔。后世天下一王，而寇贼逼篡，从逆之臣借之以为口实，其谁欺！

弗果班。

此以记柳庄之以义匡君而镇辑其国家。为下文"社稷之臣"张本。

卫有大史曰柳庄寝疾。大，他盖反。

记者杂引旧闻成文，"卫有大史曰"五字忘删去。

公曰："若疾革，虽当祭，必告。"革，纪力反。

时献公方卜祭有成期，故预戒其家，使必讣也。礼：祭自致齐以始，不与吊死问疾之事。

公再拜稽首请于尸，曰："有臣柳庄也者，非寡人之臣，社稷之臣也。闻之死，请往。"

庄果以祭日卒，赴者以闻，遂请往。称"寡人"者，事尸之道杂人神之礼。

不释服而往，遂以襚之。与之邑裘氏与县潘氏，书而纳诸棺，曰："世世万子孙毋变也。"县，胡涓反。

"服"，祭服。诸侯之祭服，毳冕。裘氏、县潘氏，二邑名。卿卒不绎尔，诸侯之大史，士也。

辍祭不终事，以诸侯之服而襚士，与之邑而纳书棺中，皆非礼也。献公卜急无序，喜怒自用，大率类此。卫人为柳庄荣而传之，记者以著礼之变也。

右第三十五章。

陈乾昔寝疾，属其兄弟而命其子尊己，曰："如我死，则必大为我棺，使吾二婢子夹我。"陈乾昔死，其子曰："以殉葬，非礼也。况又同棺乎？"弗果杀。属，之玉反。

尊己，乾昔子名。亲之大恶勿从，孝也。尸子曰："夫已多乎道。"
右第三十六章。

仲遂卒于垂，壬午，犹绎，万入，去籥。去，起吕反。

仲遂，鲁公子遂。垂，鲁地。时遂如齐而道卒，卒之日辛巳，鲁宣公方时祭。"壬午"，其明日也。"犹"者，可以已之辞。"绎"之为言寻也，诸侯宾尸之祭名。"万"，千舞也。"籥"，舞者所吹。《春秋传》曰："去其有声者，废其无声者，知其不可而为之也。"

仲尼曰："非礼也。卿卒不绎。"

"绎"，非正祭，可以全君臣之恩也。
右第三十七章。

季康子之母死，公输若方小。

公输若，古公输子之后，世为匠师。"小"，少也。若以稚弱世其官，未能任匠事。

敛，般请以机封，将从之。般，布还反。封，与"窆"同，彼验反。

"敛"，下棺于椁也。般，公输若之族人，以若小，般代任其事。"机"，不用碑绰而别为机巧，激棺而下也。康子喜其轻便而欲从之。

公肩假曰："不可。夫鲁有初，公室视丰碑，三家视桓楹。"

公肩假，季氏之族父兄也。"初"，故事也。"丰"，大也。"丰碑"者以石为柱，树于圹之四角，穿中为辘轳，以绋系棺而引之于辘轳之中，使人背负绋而徐下之也。"桓"，木午交者。"楹"，柱也。"桓楹"者，植木若楹，夹圹两旁，上施横出之木，纵横各一，四出之如邮亭表木，以绋系棺，交互约于双桓之上，使人执绋端而徐下之也。天子四碑交绰；诸侯二楹二绰；大夫二楹无桓，二绰。鲁君臣皆僭，其来旧矣。在礼虽僭，而所以重丧礼，安尸枢，则一也。

般，尔以人之母尝巧，则岂不得以？其毋以尝巧者乎？则病者乎？噫！弗果从。噫，于界反。

"尝"，试也。"不得以"之"以"，与"已"通。"毋"，与"无"通。有巧欲试，而以人之母试，是岂不得已乎？其有巧欲试，不得所试，遂愤懑而以为患乎？所以穷小人技痒之情而折之也。"噫"，叹恨之声。

右第三十八章。

战于郎。

鲁及齐战也。事在哀公十一年。齐人来伐，及清涉泗。"郎"，当依《春秋传》作"郊"，传写之误也。

公叔禺人遇负杖入保者息。禺，亡附反。

禺人，昭公子。"杖"，兵仗。"入保"，征民兵入守城也。"息"，行迫惫极而憩也。

曰："使之虽病也，任之虽重也，君子不能为谋也，士弗能死也，不可。

矜民之惫而讥执政也。使之虽病不敢辞，任之虽重不敢弛，民之困久矣。一旦寇至，大臣无谋，小臣不能以死卫社稷，复重困民以入保，义所弗忍也。

"我则既言矣。"

禺人虽见废，无社稷之责，而既知其义，则当践其言，为民死战。

与其邻重汪踦往，皆死焉。重，盖"童"字之误。踦，《春秋传》作"锜"，鱼绮反。

"童"，未冠者。"往"，驰师也。战败俱死。

鲁人欲勿殇重汪踦，问于仲尼。仲尼曰："能执干戈以卫社稷，虽欲勿殇也，不亦可乎！"

踦年十九以下，当以殇礼葬祭之。鲁人以其死国事，官为治丧，欲以成人之丧礼奖之，而孔子以为可，所谓礼以义起也。

右第三十九章。

子路去鲁。

子路为费宰，不终用而去。

谓颜渊曰："何以赠我？"

仁者赠人以言。

曰："吾闻之也，去国则哭于墓而后行，反其国不哭，展墓而入。"

"闻之"者，闻于夫子。"展"，周巡省视之。久离墓，疑于当哭；不哭者，以安亲也。君子重去故国，惟坟墓之为重尔。仕宦、田里，得失非所念也。

谓子路曰："何以处我？"

"处"，谓居者安身无咎之道。

子路曰："吾闻之也，过墓则式，过祀则下。"

"墓"，他人墓兆。"祀"，里社坛墠之类。恒一于敬，不间于幽明，心安而身泰矣。

右第四十章。

工尹商阳与陈弃疾追吴师，及之。

"工尹"，楚官。商阳，名。陈弃疾，商阳之车右也。兵车之制，将执弓，右执矛。

陈弃疾谓工尹商阳曰："王事也，子手弓而可。"手弓。"子射诸。"射之，毙一人，韔弓。又及，谓之，又毙二人。每毙一人，掩其目。

"王事"，犹言君事，楚人之僭辞也。"手弓"，出弓于韔而执之也。"谓之"，又告之如前也。"掩其目"，非所欲杀，若不忍也。商阳偄塞，临敌韔弓，弃疾促之，遂毙三人，非无勇，不欲用尔。

止其御，曰："朝不坐，燕不与，杀三人亦足以反命矣。" 朝，直遥反。与，羊洳反。

"止其御"，不复追也。"朝"，燕朝，大夫坐，士立。"燕不与"者，士无席，不与堂上之献尊也。按《春秋传》有工尹路、工尹赤，皆楚之达官，为工官之长，职视司空，非贱士。而商阳自言卑贱者，盖当追吴时尚未为工尹，记者要其终而称之也。

孔子曰："杀人之中又有礼焉？"

"又有"云者，赘辞也。"焉"，疑辞。临戎则以果毅杀敌为礼，岂更以帐弓不发、止御不追为礼乎？商阳以不得大用，怼其君父，逍遥纵寇，不知者称之为礼，故夫子诘而讥之。楚之末世，保奸弃贤，以至人心离玩，卒为吴破，于此征矣。夷狄之兴，恒以驵庅横行天下。及其数传，乃更假窃礼文，为从容巽愞之习，尽失其长，而终不能肖中国礼义之实，遂至瓦解鱼烂，一旦暴亡，金、元之灭，若出一辙。《易》曰："小人而乘君子之器，盗思夺之。"信夫！

右第四十一章。此章亦记军礼之附见者。

诸侯伐秦，曹桓公卒于会。诸侯请含，使之袭。桓，盖"宣"字之误，须缘反。卒，子律反。含，户暗反。

诸侯伐秦，在鲁成公十一年。宣公，曹伯庐。"含"，以珠玉米贝实尸口也。诸侯相吊，当含则亲含，礼也。"袭"，商祝贱者之事。曹人使诸侯亲之，施以礼而报以慢，诸侯义当辞之。

襄公朝于荆，康王卒，荆人曰："必请袭。"鲁人曰："非礼也。"荆人强之。巫先拂柩，荆人悔之。朝，直遥反。卒，子律反。强，其两反。

襄公，鲁君，名午。康王楚子昭也。"拂"，祓也。"柩"，尸也。以桃茢祓除不祥，君临臣丧之礼也。礼不失人，斯不失己矣。曹人之使诸侯袭，其不召荆人之悔者幸耳。虽幸免于人之辱，而失礼则先自辱。故自亢者未有不悔者也。

右第四二十章。

滕成公之丧，使子叔敬叔吊，进书，子服惠伯为介。

滕成公，滕子原也，卒于鲁昭公三年。子叔敬叔，鲁大夫叔弓。"进书"，进禭赗书，使者亲致柩前。子服惠伯，名椒。

及郊，为懿伯之忌不入。惠伯曰："政也，不可以叔父之私不将公事。"遂入。为，于伪反。

"郊"，滕郊。懿伯，叔弓之父叔老也。《春秋传解》谓谥齐子。按"齐"谥他不经见，此记是也。"忌"，没日也。"政"，公事也。称"叔父"者，叔弓于椒为族叔父也。忌者，人子终身之丧，然在国则可以请于君而免从国政，在外则无所请命，不可以私意而羁公事矣。故惠伯勉之，使抑情而伸义也。

右第四十三章。

哀公使人吊蒉尚，遇诸道。辟于路，画宫而受吊焉。<small>辟，毗义反。画，如字，胡麦反，络音胡化反者，非。</small>

蒉尚，鲁士。"吊"者，吊其亲之丧也。"遇"，遇其柩也。"道"，中道。"路"，夹道两旁路。经涂九轨，中轨为道，雨旁各四轨，惟丧车专道而行，余皆分由左右路。"画宫"，画地为殡宫，象门庭阶堂。柩在路右，象西阶上，君命由东，象东阶；主人退北面，象中庭。君吊士葬，赗于祖，待柩之就道而使人吊，是以遇庶人之丧而吊之礼吊士，无受可也。画宫而荣之，过矣。

曾子曰："蒉尚不如杞梁之妻之知礼也。"

礼不失己，虽君命无所屈。

齐庄公袭莒于夺，杞梁死焉。其妻迎其柩于路而哭之哀，庄公使人吊之。对曰："君之臣不免于罪，则将肆诸市朝而妻妾执。君之臣免于罪，则有先人之敝庐在。君无所辱命。"<small>夺，盖"隧"字之误，徒外反。朝，直遥反。</small>

记者记杞梁妻之事，以实曾子之言也。齐庄公，名光。轻行而掩之曰"袭"。莒，弋姓国，在今山东莒州。"隧"，城下通水道。杞梁，《春秋传》作杞殖，齐勇士，名殖，字梁。"死"者，莒人觉而杀之。"肆"，发棺陈尸。"妻妾执"者，所谓"不用命而孥戮"也。

右第四十四章。

孺子䵾之丧，哀公欲设拨。

"孺子"，妇官名，《春秋传》有南孺子，䵾，其名也。"拨"，绋也。以绋维柩而殡，以备缓急，可急引以行也。哀公以妾为妻，故欲备礼以隆之。

问于有若。有若曰："其可也。君之三臣犹设之。"

有若不欲公室之替于三桓，意在张公室而不得其正。

颜柳曰："天子龙辂而椁帱，诸侯辂而设帱，为榆沈，故设拨。<small>沈，昌枕反。</small>

"辂"，殡车。"龙辂"者，画辕为龙以致饰也。"椁"，攒木题凑，象椁，上四注。"帱"，帷也。帱冒椁上，椁载辁上。诸侯辁不画，攒不椁，其他则如天子。天子七月而葬，诸侯五月而葬，为期既久，虑有灾变，棺各数重，重大难于猝移，故以辁车载之，使仓猝可行，又不欲枢行而无饰，故椁帱设焉。"榆"，滑木。"沈"，汁也。"为"，造也。捋榆木皮，渍浿贮之殡侧，急则播于地，以速辁车之行也。凡此数者，与拨相因而并设也。

"三臣者废辁而设拨，窃礼之不中者也。而君何学焉？"

"废"，无也。"中"，当也。大夫负墙，三面攒之而无辁车。盖棺惟一重，轻简易动，三月而葬，为期又近，不必车绋之预设。三家不敢用辁，而徒僭设拨，于事理无所当也。

妾贱不与君敌体，秩视大夫，既不得殡以辁，无辁设拨，抑又不中于礼，效三家之愚妄，抑何为乎？君子自正而后可以正人，互相竞妄同昏而增其乱，是倒授逆臣以柄而自戕也。

右第四十五章。

悼公之母死，哀公为之齐衰。为，于伪反。齐，子斯反。衰，七雷反。下同。

悼公之母，哀公之妾，疑即孺子鼗也。士、大夫之妾有子则缌，天子、诸侯无服。

有若曰："为妾齐衰，礼与？"公曰："吾得已乎哉？鲁人以妻我。"与，以诸反。

导谀之臣逢君私意，倡为邪说，而君遂据之以为公论，所谓"同昏之廷"也。

右第四十六章。

季子皋葬其妻，犯人之禾。申祥以告，曰："请庚之。"

季姓，子皋字，与申祥同时，盖鲁穆公时人也。子皋方为成宰，妻死而葬于成。"犯"，柳车凌轹之也。"庚"，偿其粟也。

子皋曰："孟氏不以是罪予，朋友不以是弃予，以吾为邑长于斯也。买道而葬，后难继也。"长，丁丈反。

成，孟氏邑。"难继"，谓邑宰买道，则凡民之丧无不然者，贫者不可继也。古者墓地皆颁于君，有恒地，道路有恒轨，故无犯禾之事，而不立偿禾之法。子皋官成，远其先人之垄，就近卜葬，道非恒轾，疑礼法之所未有，而不恤民之本计，盖亦未知通也。

右第四十七章。

仕而未有禄者，君有馈焉曰献，使焉曰寡君。违而君薨，弗为服也。 使，色吏反。

"禄"，谓受田禄也。仕不受禄，所谓客卿也。不纯乎臣，故君馈之不言"赐"而言"献"，使者将命称君曰"寡君"，皆宾主辞也。君臣之礼未定，则去之他国不行旧君之服，君子不轻臣人，不轻臣于人也。

右第四十八章。

虞而立尸，有几筵，卒哭而讳，生事毕而鬼事始已。 卒，子律反。

形者生之主，未葬以前有形可事，则弗忍致死之而事之如生，故丧奠无尸，不设几筵而不讳。葬而卒哭，形藏于土，迎精而事之，精之疑有于虚漠者，鬼也。故不能致生之，而以鬼事之。

既卒哭，宰夫执木铎以命于宫，曰："舍故而讳新。"自寝门至于库门。 舍，书也反。

"宰夫"，天官之属，典大丧之戒令者。"命"，号也。"故"，谓当祧之庙，庙祧则不复讳礼，礼有终也。"新"，新死者。"库门"，第二门，庙在其内。木铎所戒止于朝庙之所，不出皋门者，礼不下于庶人，庶人不为君讳也。此天子、诸侯之礼。大夫以下亦讳于其宫尔。

二名不偏讳。夫子之母名征在，言"在"不称"征"，言"征"不称"在"。

"称"，连举之。不但临文，虽庙中亦然。此二节承上文"卒哭而讳"而备记其礼。

右第四十九章。

军有忧，则素服哭于库门之外，赴车不载橐韔。

"忧"，败也。"素服"，缟冠。"哭"，君率群臣哭之。"于库门外"者，外朝之位，与民同戚也。"赴车"，告败者。"橐"，甲囊。"帐"，弓囊。"不载"者，祖甲露弓，示速报也。

有焚其先人之室，则三日哭。故曰："新宫火，亦三日哭。"

先人之室，庙寝在焉，神无所栖，哀莫甚焉。"故曰"者，《春秋》文然。新宫，鲁成公之，祢庙，宣公初祀于此也。凶灾之大，以丧礼处之，重民命，慎世守也。

右第五十章。

孔子过泰山侧，有妇人哭于墓者而哀，夫子式而听之。

"式"者，矜之。"听"，以察其情。

使子路问之，曰："子之哭也，壹似重有忧者？"而曰："然。昔者吾舅死于虎，吾夫又死焉，今吾子又死焉。"重，直龙反。

"壹"，甚也。"重"，复也。"今"，指所哭之墓。山侧多虎，故三世见噬。

夫子曰："何为不去也！"

使子路再问之。

曰："无苛政。"

"苛"，繁急也。"政"，力役也。泰山之侧接齐壤，去国远，故政不繁苛。鲁他处征役皆严重。

夫子曰："小子识之，苛政猛于虎也。"识，申志反。

民不适有其生，无宁死也。戒弟子者，欲其当官则恤民。

右第五十一章。

鲁人有周丰也者，哀公执挚请见之。而曰："不可。"公曰："我其已夫。"夫，防无反。

"也者"云者，丰固隐逃名，不为时人所知，或轻之之辞也。"挚"，与"贽"通。诸侯之贽玉，非以见贤士，公欲执弟子礼，执脯修也。"已"，言终无与为治也。

使人问焉，曰："有虞氏未施信于民而民信之，夏后氏未施敬于民而民敬之。何施而得斯于民也？"施，以豉反，下同。

"施"，示也，谓教之以敬信也。

对曰："墟墓之间，未施哀于民而民哀，社稷宗庙之中，未施敬于民而民敬。

"墟"，亡国废墟也。哀敬之情，民所固有，诚有其可敬可信者，则民自触发其不容已之心矣。顾问上之所以感之者何如尔，不在教也。

"殷人作誓而民始畔，周人作会而民始疑。苟无礼义忠信诚悫之心以莅之，虽固结之，民其不解乎？" 畔，与"叛"同。解，胡买反。

"誓"者，告以举事之故，而戒之以赏罚。"会"者，先为期约之事而申之以要质。汤伐桀，乃有《汤誓》，武王伐纣，乃有孟津之会，后王因之。顾言之感人也浅，而要而合者，非其心之固合，畔疑之所自始也。"礼"，敬让也。"义"，方直也。尽己曰"忠"，以实曰"信"，不妄曰"诚"，不贰曰"悫"。"礼义"者，忠信诚悫之实；忠信诚悫者，礼义之本也。以忠信诚悫之心行乎礼义，则笃实光辉，自能感民固有之天良，不待誓会以固结之矣。"解"，散也。周丰坚于避世而菲薄殷、周，盖亦老、庄之流也。然其知敬信为人心之所固有，而以礼义为固结人心之本，则非老庄之所可及。夫子谓"吾党之小子狂简"，殆其流与？然与圣人生同时地，而不得在七十子之列，受时雨之化抑又何邪？

右第五十二章。

丧不虑居，毁不危身。

"虑"，谋也；卖居室以谋丧事也。"危"，殆于死也。

丧不虑居，为无庙也；毁不危身，为无后也。 为，于伪反。

"后"，谓己为祭主，承先人祀也。执亲之丧，内尽其哀，外殚其财，无所不致。惟此二者，则以父母故而不得不自裁尔。

右第五十三章。

延陵季子适齐。于其反也，其长子死，葬于嬴、博之间。

季子，吴公子札、延陵，吴邑名，在今常州府，季子之封邑也。适齐而以子行，或时去国也。嬴、博二邑名，在今山东泰安州。

孔子曰："延陵季子，吴之习于礼者也。往而观其葬焉。"

使人观之。

其坎深不至于泉，其敛以时服。既葬而封，广轮掩坎，其高可隐也。 深，式鸠反。广，古旷反。

"以时服"者，不以朝服，时其子未爵也。"封"，为冢也。"广"，阔。"轮"，长也。"掩坎"，适如其坎，覆四隅也。"隐"，凭也。人立其旁，可伸臂凭之也。

既封，左袒，右还其封且号者三。曰："骨肉归复于土，命也。若魂气则无不之也，无不之也！"而遂行。 还，似宣反。号，胡刀反。复，芳服反。

"左袒"，肉袒必左。"右还"，从右行绕冢，凶尚右也。"三"者，三还且号也。"命"者，天之令也。再言"无不之"者，深哀其不返。

孔子曰："延陵季子之于礼也，其合矣乎！"

孔子闻而称之也。《礼》，丧长子斩衰，其亦重矣。然君子以魄、形之离也，魂为性之丽，形为养之具，君子贵性而轻养，故于葬也，实土三而主人反哭，急于迎精以反，而不恋恋于归土之形，则所致哀于死者，固必有其道矣。季子哀其子之客死，虞祔不行，魂无所依，而封筑号还，及节而止，故夫子称其合礼。

右第五十四章。

邾娄考公之丧，徐君使容居来吊含。 娄，龙珠反。含，胡暗反。

考公，郑氏曰"考或为定"，邾子獳且也。徐，嬴姓国，僭称王。称"君"者，不从其伪号也。

曰："寡君使容居坐含，进侯玉，其使容居以含。" 含，户暗反。

"坐"，跪也。"侯玉"，诸侯所用之玉。徐以天子自居，故斥言侯玉以自尊。君自吊则亲含，大夫归含耳。徐欲以其大夫与诸侯敌体，亦僭天子也。凡既殡而亲含者，自致璧于殡上。

有司曰："诸侯之来辱敝邑者，易则易，于则于。易于杂者，未之有也。" 易，以豉反。

"易"，简也。"于"，迂也；谓繁曲也。臣为君使，则其礼简略；君自来，则其礼繁曲。惟诸侯亲吊则亲含。今容居臣也，不言归含而以敌体之礼行之，是君臣无别也。

容居对曰："容居闻之，事君不敢忘其君，亦不敢遗其祖。昔我先君驹王西讨，济于河，无所不用斯言也。容居鲁人也，不敢忘其祖。"

"遗"，亦忘也。驹王，徐始僭王者，夷狄无谥，以号称。周定王以前，河北流，徐在河东南，故西犯中国必济河而北。"斯言"，谓辞命一如天子。"鲁"，钝也；言非己口给为夸词。称"祖"者，容居，徐之公族。徐人习于僭伪，不以义自服，邾人不能终折而拒之，亦不足以有为矣。

右第五十五章。

子思之母死于卫，赴于子思。子思哭于庙。门人至，曰："庶氏之母死，何为哭于孔氏之庙乎？"子思曰："吾过矣！吾过矣！"遂哭于他室。为，于伪反。

"庶氏"，犹言他家。"他室"，侧室也。嫁母之不得如母而服齐衰，于此征矣。

右第五十六章。

天子崩三日，祝先服；五日，官长服；七日，国中男女服；三月，天下服。长，丁丈反。

祝佐含敛，故先服，然则嗣子亦以三日成服矣。"官长"，犹言百官。"国中男女"，畿内庶人也。庶人之服，齐衰三月。"天下"，诸侯及其大夫也，士以下无服。诸侯斩衰，其大夫缌衰，既葬而除，远近不一，闻讣乃哭而成服，至于三月而毕服也。

虞人致百祀之木可以为棺椁者，斩之。

"虞人"，山虞。"祀"，年也。木久则大而坚，可以为棺。"椁"，衍文。"斩"，伐也。

不至者，废其祀，刎其人。

"不至"，谓诸侯之不奔丧会葬者也。"废祀"者，灭其国。"刎"，刭也。"人"，诸侯，以其为不臣之大，故服上刑。

右第五十七章。

齐大饥，黔敖为食于路，以待饿者而食之。有饿者蒙袂辑屦贸贸然来。

食，祥吏反。

谷不熟曰"饥"。黔敖，齐大夫。"蒙"，蔽也。"蒙袂"者，手垂而不能举，袂覆蔽手也。"辑"，敛也。敛屦，挟之不能屦也。"贸贸"，昏瞀貌。

黔敖左奉食，右执饮，曰："嗟！来食！"扬其目而视之，曰："予惟不食嗟来之食以至于斯也！"从而谢焉。终不食而死。奉，芳勇反。"奉食""之食"之"食"，皆祥吏反。余，如字。

"扬目"，强视貌。"从"，就也。"谢"，谢过也。

曾子闻之，曰："微与！其嗟也可去，其谢也可食。"与，以诸反。

"微"，细也。嗟也，去之而已，不必自矜己节以拒人也。谢则食之，不以穷为讳也。忿戾加人，一发而不可反，小丈夫之操也。君子矜而不争，从容于死生之际，而人莫敢不敬，其道大矣。非细人之所知也。

右第五十八章。

邾娄定公之时，有弑其父者，有司以告。公瞿然失席，曰："是寡人之罪也。"瞿，九遇反。

"瞿然"，惊视貌。"失席"，谓方坐而徙倚于地也。礼教不行，民罹大恶，人君所当引咎。

曰："寡人尝学断斯狱矣。臣弑君，凡在官者杀无赦。子弑父，凡在宫者杀无赦。杀其人，坏其室，污其宫而猪焉。"盖君逾月而后举爵。断，丁乱反。"在宫"之"宫"，一本作"官"者，误。坏，古拜反。

再言"曰"者，告有司之词。"官"，公宫内。"宫"，父所处门以内也。凡当弑时其余臣子在君父之侧者，不能执贼，又不能死，使得成弑，则不必问其知情故纵与否，而必与之同坐，弗能为之曲赦也。其可赦者，惟年十五以下及有废疾者与？"室"，屋也。"污"，掘地为洿池也。"宫"，环堵以内也。"猪"，畜水也。大逆之处，不欲令人更居之。"举爵"，行燕礼也。逾月不燕，引咎以自罚也。

右第五十九章。

晋献文子成室，晋大夫发焉。

"献"字，衍文。文子，赵武也。"发"，启也，始也；谓初启门入室而为陈词以庆其始，若今俗上梁文然。赵氏以弑君伏诛，其室已毁，后韩厥援赵武而立之，反其田，乃更造室。

张老曰：“美哉轮焉！美哉奂焉！歌于斯，哭于斯，聚国族于斯！”

张姓，老名，亦晋大夫。此发之之辞也，以其善，故特录之。“轮”，轮囷高大也。“奂”，众多也。“国”，国人，宾也。“族”，同姓也。歌哭有事，同异姓皆聚也。盖欲其远恶以保家。

文子曰：“武也得歌于斯，哭于斯，聚国族于斯，是全要领以从先大夫于九京也。”北面再拜稽首。京，盖“原”字之误。愚袁反。

九原，晋大夫墓地。武初复位，犹有惧心，故服膺张老之言。

君子谓之善颂善祷。

张老颂不忘戒，赵武祷不逾分。

右第六十章。

仲尼之畜狗死，使子贡埋之，曰：“吾闻之也，敝帷不弃，为埋马也。敝盖不弃，为埋狗也。丘也贫，无盖，于其封也，亦予之席，毋使其首陷焉。”为，于伪反。封，与“窆”同，彼验反。

“畜狗”，守犬也。古者犬有三品：有田犬，有守犬，有食犬。“封”，下骸于坎也。“陷”，为土所没也。生怜之，死无弃之，所以全仁。

路马死，埋之以帷。

因孔子之言而记埋路马之礼。“帷”，缝布为若帷，不用敝者。

右第六十一章。

季孙之母死，哀公吊焉。曾子与子贡吊焉。阍人为君在弗内也。为，于伪反。内，奴答反。

季孙，盖康子肥。君在无辟宾之礼，或方行礼，令少逡巡待之。

曾子与子贡入于其厩而修容焉。

“修容”，易吊服也。二子从容自若，易服而入。

子贡先入。阍人曰：“乡者已告矣。”乡，许亮反。

饰前失对也。

曾子后入，阍人辟之。辟，必亦反。

"辟"，为驱除也。横逆之至，弥缓则弥消。

涉内霤，卿大夫皆辟位，公降一等而揖之。辟，毗义反。

"内霤"，寝门后檐际也。卿大夫位在门内北面。"辟"者，逡巡向之。君位在阼阶上，"降等揖"者，升之使就吊位于西阶，与成礼也。

君子言之，曰："尽饰之道，斯其行者远矣。"

记者引所闻君子之言，以证二子之事也。君子造次不违于礼，有诸中者必形诸外，若以物之敬慢而始自饰，则其饰也伪矣，非二子之所屑为也。

右第六十二章。

阳门之介夫死，司城子罕入而哭之哀。晋人之觇宋者反报于晋侯，曰："阳门之介夫死，而子罕哭之哀，而民说，殆不可伐也。"说，弋雷反。

阳门，宋城门。"介夫"，甲士，居阳门。"司城"，宋官。子罕，乐喜也。"入"，闻丧而入吊之。"觇"，探视也。时晋欲伐宋，遣人密探其国事而以此报也。得众则民乐为之死，故不可伐。

孔子闻之，曰："善哉觇国乎！《诗》云：'凡民有丧，扶服救之。'虽微晋而已，天下其孰能当之？"扶，薄胡反。服，薄默反。

"扶服"，《诗》作"匍匐"。"救"，助也。"微"之为言"非惟"也。人之大情，哀乐而已，而哀为甚。哀民之哀者，民亦哀其哀，而无敌于天下矣。

右第六十三章。

鲁庄公之丧，既葬，而绖不入库门；士大夫既卒哭，麻不入。

"绖"，宾客吊服所加绖也。"库门"，鲁公宫第一门。"麻"，绖带也。庄公薨，子般弑，庆父作乱，十一月而后葬，卒哭在期年之外，宾客送葬者反，而不以绖入吊，群臣卒哭，去麻而即吉，宰我谓"三年之丧期已久"，滕人曰"鲁先君莫之行者"是也。然他君五月而葬，则卒哭而犹未除，庄公缓葬，尤为骇异，故特记之。

右第六十四章。

孔子之故人曰原壤。其母死，夫子助之沐椁。原壤登木，曰："久矣，予之不托于音也。"歌曰："狸首之斑然，执女手之卷然。"卷，巨缘反。

"沐"，治也。"登木"，倚树也。"讬"，寓意也。"狸首"，古诗，其解未闻。原壤，老庄之流，一死生，齐哀乐，欲以其术易夫子。

夫子为弗闻也者而过之。从者曰："子未可以已乎？子曰："丘闻之，亲者毋失其为亲也，故者毋失其为故也。" 从，才用反。

圣人自尽其道，正大以莅之而不屑与之争，则异端之逞私知于其前者，如雨雪之见晛而自消矣。

右第六十五章。

赵文子与叔誉观乎九原。文子曰："死者如可作也，吾谁与归？"

叔誉，旧说以为叔向也。姓羊舌，名胗。"观"，游也。九原，晋大夫墓地。"作"，起也，生也。"归"，从也。

叔誉曰："其阳处父乎？"文子曰："行并植于晋国，不没其身，其知不足称也。" 知，珍义反。

阳处父，晋襄公太傅。"并"，兼也。"植"，谓树立法纪以利国也。处父改立军帅以强晋，为狐射姑所杀，《春秋传》讥其侵官，所谓"并"也。叔向以其忘身谋国，故称之，而文子谓其知不足以全身。

曰："其舅犯乎？"文子曰："见利不顾其君，其仁不足称也。

舅犯，狐偃，晋文公母舅。"见利不顾君"，事今无考，文子或必有所传闻也。叔向以文子志在全身，故称舅犯，而文子讥其不能两全也。

"我则随武子乎！利其君，不忘其身；谋其身，不遗其友。"

随武子，士会，事晋景公，如文子所称，大抵依违利害，假公济私，窃仁知之似而巧用之，殆孔子所谓"乡原"尔。文子以其术弥缝上下而窃晋国之政，六卿皆屈焉。

晋人谓文子知人。

好乡人之所好，故乡人称之。

文子，其中退然如不胜衣，其言呐呐然如不出诸其口，所举于晋国管库之士七十有余家，生不交利，死不属其子焉。 胜，书征反。有，与"又"通，于救反。属，之玉反。

记者记文子之所行，以见其志之所拟而行如之也。"管"，钥也。"库"，藏财贿者。"管库之士"，府史之属也。"属"，讬也。文子柔巽深隐，收人心而不亟用之，以弭怨忌而要恩誉，卒以其宗强于晋国。子鞅承之，遂以倾荀、范而擅晋政，其所由来者渐矣。

右第六十六章。

叔仲皮学子柳。叔仲皮死，其妻鲁人也。衣衰而缪绖。衣，于既反。衰，七雷反。缪，盖"摎"字之误，居黝反。

叔仲皮，鲁叔仲彭生之后。子柳，鲁贤人泄柳也。孟子云："子柳、子思为臣。""学"，从之学也。"其妻"，皮之妻也。"鲁"，钝也。"衣衰"者，衣斩衰也。斩衰为衰之首，故独言《衰》。"缪绖"，苴麻绖，大本在下，两股摎结之。叔仲皮从学于君子，故知礼而化其家。其妻虽鲁，能以礼丧其夫。

叔仲衍以告，请缌衰而环绖。衰，七雷反，下同。

衍，皮之弟也。"缌衰"者，治其缕如小功布之缕而成布以四升半，诸侯之大夫为天子之服也。"环绖"，吊服之绖，以牡麻为之，单股如环，而不垂其余。周衰礼失，妇人不以斩衰丧其夫，苟尚轻细而已。衍徇俗而昧礼，告于其嫂，使从时制。

曰："昔者吾丧姑姊妹亦如斯，末吾禁也。"

皮妻言此以拒衍也。妇人为其姑姊妹服大功，大功之衰且非缌衰，况为夫斩衰乎？大功之绖用牡麻，且摎而非环，况为夫苴麻绖乎！"末"，莫也。言当皮存时，听其为私亲服重而不已禁，以明衍之不能禁已也。

退使其妻缌衰而环绖。

叔仲衍退也。"其妻"，衍之妻也。妇人于夫之兄无服，惟为宗子齐衰三月，皮其叔仲氏之宗子与？其服亦疏衰摎绖，衍怙过徇俗，终使其妻服轻细者。夫妇人伦之本，妇人无二斩，既嫁从夫而薄其服，则夫妇之道苦矣。叔仲皮学焉而化其妻，虽鲁而贤于衍。故学者，人伦之所自明，修身齐家之本，不可以不务也。

右第六十七章。

成人有其兄死而不为衰者，闻子皋将为成宰，遂为衰。"为衰"之"为"，于伪反。衰，七雷反。下同。

成，鲁下邑。衰，齐衰。子皋，季子皋。贤者为宰，闻风而畏之。

成人曰："蚕则绩而蟹有匡，范则冠而蝉有緌，兄则死而子皋为之衰。"

成人众人歌以嘲之也。"匡"，与"筐"通，所以贮丝者。"范"，蜂也。"緌"，所以结冠者。蝉有双喙在腹下如緌然。蚕缫丝如积无匡而蟹壳如匡，范首如冠无緌而蝉喙如緌，言其相代而不相涉也。兄死不衰，而子皋感之使衰，则亦子皋之贤而已矣。若彼无礼，不弟之恶自若也。

右第六十八章。

乐正子春之母死，五日而不食。

父母死，三日不食。子春至性笃而逾礼。

曰："吾悔之。自吾母而不得吾情，吾恶乎用其情？" 恶，哀都反。

子春服毕追论及之也。"悔"者，以其逾礼而有灭性之忧也。"自"，于也。"得"，施也。情极于亲丧，虽过而可原，所以自解而勉人也。

右第六十九章。

岁旱，穆公召县子而问然。曰："天久不雨，吾欲暴尪而奚若？"曰："天则不雨而暴人之疾子，虐，毋乃不可与！"然则吾欲暴巫而奚若？"曰："天则不雨而望之愚妇人，于以求之，毋乃已疏乎！" 县，胡消反。暴，薄木反。与，以诸反。

"然"，犹焉也。"尪"，羸病者。"巫"，女巫。《周礼》："旱叹则女巫舞雩，崇阴也。""望"，责也。暴尪，巫以求雨，当时有此恶俗。

"徙市而奚若？"曰："天子崩，巷市七日。诸侯薨，巷市三日。为之徙市，不亦可乎！"

"巷市"，谓废市，而民间朝夕之计有必需者，市之于曲巷也。徙市亦非致雨之道，特其以丧礼居之，则庶几罪己祈天之意。君民一体而食为民天，视民之灾若己之死，能以此意推之，则勤民之情切矣。

右第七十章。

孔子曰："卫人之祔也离之。鲁人之祔也合之，善夫。" 离，力知反。合，古沓反。夫，防无反。

"祔"，合葬也。"离"，各为一冢也。既合矣，而又各为一冢，无当也。故夫子善鲁。盖古者葬以昭穆，兄弟齿列，若为各冢，则伯叔嫂妇相乱，不如合冢之犹为远别也。

右第七十一章。

《礼记章句》卷四终

礼记章句卷五

王制

卢氏植曰："汉孝文皇帝令博士诸生作此《王制》之书。"今按篇内"狱成告于正"，"正"者，汉官也；又云"今以周尺六尺四寸为步"，"今"者，汉制也，则卢氏之言信矣。当汉之初，秦禁初弛，《六籍》未出，《尚书》《周礼》《孟子》之书，学者或仅有闻者而不能尽举其全。文帝悯古王者经世之典湮没无考，故令博士诸生以所忆习辑而成篇，其于虞、夏、商、周宰制天下之大法，亦略具矣。其间参差不齐、异同互出，盖不纯乎一代之制，又不专乎一家之言，则时有出入，亦其所不免也。自今观之，有若驳而未纯，而当文献不足之时，节取以记四代之良法，传先圣之精意，功亦伟焉。至其孰为周制，孰为夏、殷之礼，固有难于缕析者，读者达其意而阙之，不亦可乎！程子曰："其事固有不可一一追复。"盖至论也。凡三十五章。

王者之制爵禄。

"王者"，通三王而言。"制"，裁定而立为式也。"禄"之为言录也，录其功而赋之田与粟也。酒器容一升曰"爵"。先王祀于大庙，因行酬爵而授之命，故谓之"爵"。先言"禄"后言"爵"者，在其位则食其禄，年必五十而后赐爵也。

公、侯、伯、子、男，凡五等。诸侯之上大夫卿、下大夫、上士、中士、下士，凡五等。

此言王者之制爵也。先言爵而后言禄，此以禄视爵者言之也。诸侯之上大夫即卿也。无中大夫者，诸侯之上大夫视天子之中大夫也。不言天子之卿、大夫、士者，于后见之。

天子之田方千里，公、侯田方百里，伯七十里，子、男五十里。不能五十里者不合于天子，附于诸侯，曰附庸。

此下四节皆言王者之制禄也。"田"，兼公田、私田而言。公田上所入，私田以养公田，故皆系之君之禄田为。"方"，开方也；其积实之数见后章。"不能"，不足也。"合"，会也；谓与朝贡之事也。"附于诸侯"者，以其贡赋稗益附近之大国而佐之受事也。"庸"，功也；谓效职贡之功也。

天子之三公之田视公、侯。天子之卿视伯。天子之大夫视子、男。天子之元士视附庸。

此言"田"者，皆专以公田言之，食其禄而不有其土也。若"视公、侯"者，公、侯提封万井，公田百万亩，则其禄亦百万亩也。余放此。"元士"，上士。"附庸"，大小无恒，此之田"视附庸"者，以降杀差之，其方三十里与；中大夫、下大夫、中士、下士，禄必有差，而此不言者，略文。此节言天子卿、大夫、士之禄制，而制爵之等亦见矣。

制：农田百亩。百亩之分，上农夫食九人，其次食八人，其次食七人，其次食六人，下农夫食五人。庶人在官者，其禄以是为差也。 分，扶运反。食，祥吏反。差，又宜反。

"制"，谓授田之制。"农田"，一夫之田。"百亩"，除一易再易而计其岁所实入也。"分"，所收粟之等也。一人之食，以中岁为率，月食三䤅，岁三十六䤅，䤅六斗四升，凡二百三十斗四升。古之量器，所容者约，大约抵今官斛八十斗有奇。"食九人"者，三百二十四䤅；余放此算之。"庶人在官者"，府、史、胥、徒、工、贾、奄、系之属，其署有尊卑，局有闲冗，因以制其差也。凡此皆公田所入，公家敛之，以岁月颁之，而不分以田也。

诸侯之下士视上农夫，禄足以代其耕也。中士倍下士，上士倍中士，下大夫倍上士。卿四大夫禄，君十卿禄。次国之卿三大夫禄，君十卿禄。

小国之卿倍大夫禄，君十卿禄。

诸侯之下士亦受禄而不分田，故孟子曰"惟士无田"，谓下士也。此惟诸侯之下士则然，若天子之下士，其禄厚，皆有禄田矣。其诸侯之庶人在官者，则同于天子，中士以上则分田以为禄，"倍下士"则授公田二百亩，为养公田者十六家也。余放此。"卿"，即上大夫。"四大夫"者，四下大夫也。大夫以下禄不以国小而减者，所入少，不可再减也。

右第一章。

次国之上卿位当大国之中，中当其下，下当其上大夫。小国之上卿位当大国之下卿，中当其上大夫，下当其下大夫。当，丁浪反。

此承上章制爵而言诸侯之卿、大夫衣服丧祭之制，及见于天子使于邻国而待之礼。"当"，犹如也，言其序立之处，劳燕赐赠之节相如也。前章言"诸侯之上大夫卿者，"谓诸侯之卿即上大夫；又言"下大夫"者，言诸侯之大夫皆下大夫，自受命于王而言也。此章复于卿分上中下之等，而大夫又有上下之异，就其国之分职而言也。凡此类皆杂引成文，不相为通，读者不必泥也。

其有中士下士者，数各居其上之三分。

"有"，谓备介数也。"数"，礼数。"上"，上士。"三分"，三分之一也；谓相去二等。惟上士为受命，则待之有恒礼。中士、下士不命，或使备末介，则各减于其上士之数，凡三分而得一也。中士、下士均为不命之微者，虽制禄分职有中、下之异而待之同，惟上士为殊耳。

右第二章。

凡四海之内九州，州方千里。

中国三面接海，而云"四海"者，据居延为西海，斥大之辞也。"九州"，扬、荆、豫、青、兖、雍、幽、冀、并也。八州以为侯国，王畿当其一。"方"者，以方田之实言之，四方各千里，为方百里者百，为方一里者百万也。每一州不必皆齐截如数，但得提封百万井，即名为方千里矣。

州建百里之国三十，七十里之国六十，五十里之国百有二十，凡

二百一十国。名山大泽不以封，其余以为附庸，间田。八州，州二百一十国。 有，于教反。间，户难反。下并同。

此言畿外八州侯封之制也。百里之国提封万井，三十国去田三十万井。七十里之国提封四千九百井，六十国去田二十九万四千井，五十里之国提封二千五百井，百二十国去田三十万井。合计二百一十国，去田八十九万四千井。余一十万六千井，所谓"其余"也。名山大泽不入田数，下与民共之，上以时人其财用于天子之玉府。"间田"，空间之以待庆赐也。州二百一十国，八州合得千六百八十国。

天子之县内，方百里之国九，七十里之国二十有一，五十里之国六十有三，凡九十三国。名山大泽不以朌，其余以禄士，以为间田。 朌，布还反。

"方百里之国"，三公视侯者也。"七十里"，卿视伯者也。"五十里"，大夫视子、男者也。方百里之国九，去田九万井。方七十里之国二十一，去田一十万二千九百井。五十里之国六十三，去田十五万七千五百井。共去田三十五万四百井。余田六十四万九千六百井。下云"天子三公、九卿、二十七大夫"，而此公之国九，卿之国二十一，大夫之国六十三者，皆为有致仕者及其子之世禄也。以此推世禄之法，渐即于减，不然，则又不但于此而已。变"封"言"朌"者，内诸侯食侯国之禄而不嗣其社稷也。"禄士"之法视附庸，自五十里以下多少不等，大约八十一而三倍之，恒有二百四十三士之禄田也。"间田"，所以待王子弟之封者。县内提封百万井，去其中之百里万井以共官，余九十九万井皆朌禄之地，恒留有余以节宣之。又其余，则所谓"以为御"者是已。

凡九州，千七百七十三国。天子之元士、诸侯之附庸，不与。 与，羊洳反。

"千七百七十三国"，据周初千八百国而言之。然所谓千八百国者，封域大小固难书一，记者据拟为一定之制，恐当时固不能然。朱子所谓"建国必因山川形势，无截然可方之理"是已。

天子百里之内以共官，千里之内以为御。 共，九容反。

"官"，诸侯百官之储偫文书。"御"，天子冠昏丧祭、燕好服食之属也。百里之内不以朌，租税所入以待诸侯治官府。千里之内，内诸侯之职贡及间田之人，以供宗庙及上所用也。

右第三章。此章承第一章制禄而言王者分土建国之制。

千里之外设方伯。五国以为属，属有长。十国以为连，连有帅。三十国以为卒，卒有正。二百一十国以为州，州有伯。八州八伯，五十六正，百六十八帅，三百三十六长。八伯各以其属属于天子之老二人，分天下以为左右，曰二伯。长，丁丈反。帅，所类反。

"方伯"，即"八伯"也。东西南北四隅，各以方立州，故曰"方伯"。"卒"，犹卒伍之卒，谓相聚而为伍也。"各以其属"者，率其"卒""连""属"之侯邦也。"老"，上公。"分天下为左右"，据周公、召公分陕而言，其后沿革不定。记者亦主料大略言之尔。

千里之内曰甸。千里之外曰采、曰流。

"甸"者，畿内地，为王出田税、供车乘者也。"采"，三千里之内诸侯之国。采，事也；谓服王事也。"流"，在采外，四裔之地，流蔡之域也。此与《尚书》及《周礼》《职方》事不合。记者传闻之异，约略记之尔。

右第四章。此章推广制爵之义，而记王者建伯以统诸侯之制。

天子三公，九卿，二十七大夫，八十一元士。

"三公"，太师、太保、太傅，与王坐而论道者也。"九卿"，少师、少保、少傅，与六官之长也。"元士"，上士。方氏据《周礼》太宰之属推之，中士倍元士，下士倍中士，则中士当百六十二，下士当三百二十四，其说近是。然自公卿以下，因事立职，因材命官，固无执一之礼。记者亦言其大略尔。又按《周礼》司徒之属："乡老，二乡则公一人。乡大夫，每乡卿一人。"是别有三公六卿，然皆以致仕之公卿为之，专司德教，不与政事，不在此建官之数也。

大国三卿皆命于天子，下大夫五人，上士二十七人。次国三卿，二卿命于天子，一卿命于其君；下大夫五人，上士二十七人。小国二卿，皆命于其君。下大夫五人，上士二十七人。

"三卿"者，兼六官之职。"命于天子"者，三命赐位，位必制于天子也。"命于其君"者，再命、一命，未得赐位，诸侯自授之以职而赐之以服。不言中士、下士者，中、下士不命，不得为爵也。

天子使其大夫为三监，监于方伯之国，国三人。监，上格暂反，下古衔反。

"监"，督察之也。其制若今抚按官，巡察司道，去留更代，不恒任也。"监于方伯之国"者，居方伯国中，督察一州诸侯。"国三人"，方伯国八，凡二十四人也。上言天子之大夫二十七人，此为监者已二十四人，前后不合。凡此类皆杂而不纯者也。

右第五章。此章承制爵而备记王国、侯邦班爵之制。

天子之县内诸侯，禄也；外诸侯，嗣也。

"禄"者，生则食其地而不就其邑以建国君民，没则禄其子以元士之禄也。"嗣"，继世也。"内诸侯"选贤与能以共天职，"外诸侯"则以先世之元德显功及王之懿亲，推尊亲之义，世君其国以定民志，所谓仁义并行而不悖也。

右第六章。此章承制禄而言内外建侯之异。

制：三公一命卷。若有加．则赐也，不过九命。卷，与"衮"同，古本反。

"一命"，谓加一命也。三公八命，加一命则九命而服衮矣；衮之服九章，冕十有二旒，与天子之上服同；所不及天子者，无大裘冕而已。"若有加则赐"者，即指上而言其非常也。命极于九，三公与王者之后皆止于此。

次国之君不过七命。小国之君不过五命，大国之卿不过三命。下卿再命。小国之卿与下大夫一命。

"次国"，侯、伯。"小国"，子、男。"大国"，谓公国也。不言次国之卿者，略文。次国之卿再命，视大国之下卿也。下大夫对卿而言，卿即上大夫也。凡命之多寡，宫室、衣服、车器、礼仪各如其数。言"不过"者，命皆以次而受，虽为诸侯，终丧入见，以士服见，不毕命之；待其岁时来朝，功德可录，而后加之命，要其终竟不逾九、七、五之数也。盖有公而不九命，侯、伯而不七命，子、男而不五命，卿而不三命者矣。所为驭爵以劝天下之贤也。"再命"，不言"不过"，命之为卿，则已再命也。

右第七章。此章承制爵而言授命之制。此上七章皆记王者班爵授禄之制，盖此为宰制天下之大端，而下章以下所记选贤能，驭刑赏，行典礼之制，皆本此以缘饰之。三代之大法所异于后世者莫如封建，封建既定而文质经纬壹皆与之相准而立。故记者首述之于篇端，而余皆次焉，则古今之同异可考而得失之原可悉推矣。

凡官，民材必先论之，论辨然后使之，任事然后爵之，位定然后禄之。

"官"，制其禄爵也。"民"，人也。"论"者，考其德行道艺也。详见第二十三章。"辨"，分别其贤否也。"使"者，授之官职。"任事"，谓克任其事。"位"，即爵也。禄因爵制，故"位定然后禄"。

爵人于朝，与士共之。刑人于市，与众弃之。朝，直遥反。

"士"，谓在廷之士。"市"者，众所聚也。善者君子所同好，恶者小人所同恶，必于其所聚，示无私也。

是故公家不畜刑人，大夫弗养，士遇之途弗与言也；屏之四方，惟其所之，不及以政，示弗故生也。畜，敕六反。屏，必郢反。政，诸盈反。

"畜"者，畜为臣仆，"养"者，养为厮役。"政"与"征"同，授之役也。"弗故"，犹言无故。人之生也，必有效于君长而受征役，以尽分义。今既不数之于凡民之列，则虽生而亦无谓矣。此承上文刑人于市而言，既与众共弃，则一弃而不复收。盖刑人虽不必致之死，而实不比数之生人之列，是以王者必公慎行法而不敢以私断也。旧说此为夏、殷之制，周则有门、关、内、圉、积之守，未知是否。然引而进之，则有宦寺窃逆之祸；推而远之，不问其所之，则又有累于好生之仁，而群亡赖之无归，抑将聚匿山谷以为寇窃。两者之患，正相为均。此肉刑之弊，圣人固有待于后王之改革，汉文帝除肉刑而易之以笞杖，韪矣。或欲复之，不亦愚乎！

右第八章。此章承上制禄爵而言王者所以善其刑赏之用，惟公与慎而已矣。上七章之制，体也；此章所言，用也。体立而后用行，亦惟用之行而体非虚立也。自第九章以下，备记王者驭诸侯、齐万民之大用，皆封建之所以可行而久安长治之本也。

诸侯之于天子也，比年一小聘，三年一大聘，五年一朝。比，必二反。朝，直遥反。

"比年"，每年也。"小聘"，使大夫；"大聘"，使卿；其贡享子之重轻与王者劳赐之礼亦差焉。"朝"，述职也。

天子五年一巡守。守，舒救反，下同。

"巡"，周行省视也。"守"者，诸侯之所守。

岁二月，东巡守，至于岱宗。柴而望祀山川，觐诸侯。问百年者，就

见之。**命大师陈诗以觇民风，命市纳贾以观民之所好恶，志淫好辟，命典礼考时月，定日；同、律、礼、乐、制、度、衣服，正之。**大，他盖反。贾，居讶反。好，呼报反。恶，乌路反。辟，匹亦反。

"岁"，当巡守之岁也。"二月"，夏正建卯之月。岱宗，泰山，在今山东泰安州；谓之"宗"者，五岳之长者。"柴"，燔柴祭天以告至。"望祀山川"者，望其方之名山大川遥祭之也。"觇"，见也。"诸侯"，其方之诸侯。"百年"，百岁者。"就见"，就其居而见之也。"陈"，采而观之也。"市"，司市。"纳贾"，以物价之贵贱告也。民所好者则贵，所恶者则贱，质朴则贵用物，邪侈则贵靡物，故于贾而知民之好恶也。诗言志，贾从好，志淫好辟于诗与贾见之，王者省知，当有以易之也。"典礼"，诸侯之宗伯。"时"者，十二中之序。"月"者，朔望之准。考时之中、月之朔，日可得而定矣。"同"，阴律。"律"，阳律。"制"者，宫室、车器华朴之式。"度"，其大小、长短、高卑之则也，"衣服"，上下吉凶之别。"正"者，革七者之差忒而一如先王之法也。此一节记巡守而修典礼、饬政教之事。

山川神祇有不举者为不敬，不敬者君削以地。宗庙有不顺者为不孝，不孝者君绌以爵。变礼易乐者为不从，不从者君流。革制度衣服者为畔，畔者君讨。有功德于民者加地进律。

"神"，天神。"祇"，地祇。诸侯所祀之天神，则风雨、寒暑、星辰之属也。"不举"，废其祀也。不能敬神则不能君国，故削。"不顺"，谓不能孝顺以修祀事，本德既亏，故绌爵。"变礼易乐"，自贤智以干王度，故废其君而流之。"改革制度衣服"，则是僭行王事以疑民叛天子，故罪尤重而讨戮之。"功"，谓为民捍灾；"德"，施仁惠也。"律"，法也，谓命数、车服、仪章之差等也。此一节记巡守而勑刑赏、正诸侯之事。

五月南巡守，至于南岳，如东巡守之礼。八月西巡守，至于西岳，如南巡守之礼。十有一月北巡守，至于北岳，如西巡守之礼。归假于祖祢，用特。假，古伯反。

"五月""八月""十有一月"，皆以夏正言。南岳，衡山，在今湖广衡山县。西岳，华山，在今陕西华州。或曰周以巩昌之吴岳为西岳，未知是否。北岳，恒山，在北直隶曲阳县。"如其礼"者，自柴望至赏罚诸侯，事皆同也。"祖"，太祖以及群庙。"假"，告至也。"特"，特牛。不具羊豕者，非正祭也。每庙一牛，七庙凡七牛矣。

右第九章。此章记述职巡守之制，大率以《尚书》为本，而与《周礼》不同。然一岁四巡，三时而遍天下，古者吉行五十里，乃四岳相去或三千里而遥，行程不给，况可得而行典礼、修政教乎？凡此类，通其义不必泥其文可也。

天子将出，类乎上帝，宜乎社，造乎祢。诸侯将出，宜乎社，造乎祢。

"将出"者，有吉行之事也。"类""宜""造"，皆祭名。"类"者，以事类告也。"宜"者，奠安之之意。"造"，行也；谓告行也。诸侯不得祭上帝。"社"，即地祇也。出必祭告于所尊亲者，示不敢专，且或逾时乃返，祭为之废，必先告以避不祀之愆。

天子无事与诸侯相见曰朝；考礼、正刑、一德，以尊于天子。朝，直遥反。

"无事"者，非述职之常期。"相见"者，来朝而天子见之也。"一"，齐也。"德"，教也。"尊"，遵也。礼、刑、德、教，虽有常典，而或时需变通，诸侯不敢自擅损益，则朝焉而请正于天子，受命而遵行之。盖诸侯禀法一王而天子谋周四海，上下合同而治道隆矣。

右第十章。此上二章记巡守述职之制。

天子赐诸侯乐，则以柷将之；赐伯、子、男乐，则以鼗将之。

此谓始封而赐也。"诸侯"，侯也。"将"者，使者执以致命而国君亲拜受之也。其余器有司奉而陈列之。"柷"，状如漆桶，中有椎，乐将作，先戛之，以节一曲之始，其用大。"鼗"，小鼓，长柄有耳，摇之，耳还自击，以节一唱之终，其用小。故因以为将命尊卑之差。记此者，以明诸侯之乐必赐自天子也。

诸侯赐弓矢然后征，赐鈇钺然后杀，赐圭瓒然后为鬯，未赐圭瓒则资鬯于天子。

"弓矢"，彤弓、玈矢。"鈇"，铁砧。"钺"，大斧。古者戮人，承以砧而以斧斩之。"杀"，谓得杀其大夫以下。"圭瓒"，大圭有瓒，其柄为圭，上出瓒盘，大容五升，口径八寸，以盛郁鬯而祼者也。"为"，造也，谓酿秬黍酒以郁和之也。未赐圭瓒，则用璋瓒。"资"，求而给也。祭则天子给之以邸，自不敢造也。弓矢、铁钺有功则赐，圭瓒有德则赐，非恒赐也。及所赐之君而止，子孙不敢袭用。

天子命之教，然后为学。小学在公宫南之左，大学在郊。

此亦谓始封而赐，其后承之也。诸侯之世子以下八岁而入小学，故学在公宫东南以息幼也。十五而入大学，则学在郊，以游其志也。未赐之教者，欲学则就天子之学。"郊"，因国之小大为近远。百里之国，二十里为郊；七十里之国，九里内为郊；五十里之国，三里内为郊。

右第十一章。此章记天子赐诸侯之制，所谓"礼乐征伐自天子出"也。

天子曰辟雍，诸侯曰頖宫。 辟，必益反。

辟雍、頖宫，周天子及鲁侯班政教之宫，引水环之，即所谓"泽宫"者是也。飨射设乐及戎祀莅誓则于是。"辟"，璧也。"頖"，本作"泮"。雍、泮皆水名。辟雍，雍引水环宫，圆如璧也。頖官者，泮水环宫也。惟周与鲁之泽宫为有是名。夏、殷及周之列国各有泽官，而名不同，今无考尔。记者概以天子、诸侯言之，汉人传闻之误也。泽宫为莅誓之所，师出、凯旋，始终于是。记此者以为下文受成献馘张本。旧本与上章连合者误。

天子将出征，类乎上帝，宜乎社，造乎祢，祃于所征之地，受命于祖，受成于学。出征，执有罪；反，释奠 句，**于学以讯馘告。**

"类""宜""造"，皆与吉行同，特所告者异尔。"祃"，祭始为军法者。"所征之地"，向其所往征之方而祭也。"受命于祖"，载祧主以行而每事必告也。"受成"，即莅誓之谓。"成"，克也，戒以必克也。"释奠"，以牲币祭告于社及祖祢。"学"，即辟雍。其言"学"者，汉人因《明堂位》之文而误也。生获曰"讯"，谓囚执而讯鞫之。杀而馘其耳以为功曰"馘"。"告"，献也。诸侯出师之礼盖略与此同，特不类于上帝耳。

右第十二章。

天子、诸侯无事则岁三田：一为干豆，二为宾客，三为充君之庖。 干，古寒反。

"事"，谓丧疾兵凶。"三田"者，因三事而田，或曰夏不田，亦通。"干豆"，为蒨醢以供祭祀之豆实，用上杀，中心死速者也。"宾客"之豆用中杀，射中髀骼死差迟者也。"君庖"之豆用下杀，中肠污泡死最迟者也。

无事而不田曰不敬，田不以礼曰暴天物。

戎祀国之大事，"不田"则废其事，为"不敬"矣。"礼"者，常时常所；非其时地，蹂稼穑，尽胎殻为虐而已。"天物"者，凡物之生皆天也。

天子不合围，诸侯不掩群。

"不合围"者，虚其一面。"不掩群"者，不袭取其聚而合扑之也。天子之田徒众盛，可以合围；诸侯之徒众可以掩群；故戒之。大夫以下，不必戒也。

天子杀则下大绥，诸侯杀则下小绥，大夫杀则止佐车，佐车止则百姓田猎。 绥，当作"绣"，而追反。

"杀"谓杀已竟也。"下"，仆也。"绥"，旗也。天子方发则抗大绥，诸侯发则抗小绥，而车徒合围；杀竟则仆其绥而车徒解，惟驱逆之车待大夫耳。此言"诸侯"者，谓县内诸侯及来朝之君佐天子田者也。天子杀已，诸侯乃发；诸侯杀已，大夫乃发；大夫杀已，则庶人皆猎。于时佐车止，听庶人之逐获，无为驱之者矣。"庶人"，大司徒所致之众庶，所谓"惟田竭作"者也。

獭祭鱼，然后虞人入泽梁。豺祭兽，然后田猎。鸠化为鹰，然后设罻罗。草木零落，然后入山林。昆虫未蛰，不以火田。

"獭"，捕鱼兽，似狸。"祭"，噬杀陈列之如祭也。按《月令》及《孝经纬》，獭祭鱼凡二，一在孟春，一在孟冬，此以孟冬言也。"虞人"，泽虞。"泽梁"者，就泽为梁楯，以邀鱼而取之。"豺"，似狗，高而癯。"豺祭兽"，当夏正九月末。"田猎"，听庶人之田猎也。"鸠"，爽鸠；自其杀则谓之鹰，自其不杀则谓之鸠，其实一也。"鸠化鹰"，当夏正八月。"罻"，取鸟网，"罗"，有柄罟也。"零落"，零星凋坠也。"入山林"，为伐木也。"昆虫"，裸虫，蚯蚓之属。"火田"，纵火焚莱以治田也。上天生杀之机，物无心而效其化，故王者于此候之，以肖天心而顺物理，因以禁民而为之制也。

不麛，不卵，不杀胎，不殀夭，不覆巢。 夭，鸟老反。覆，如字，芳服反。

兽子曰"麛"。"不麛不卵"者，不取之也。古者秋而食卵，虽畜禽必待秋不堪乳而始食之，况野禽乎？"杀胎"，谓杀有胎之兽。"殀"断杀之。

"夭"，鸟雏也，"覆"，倾败之也。凡此皆以禁庶民之暴殄者，然非徒禁之而已矣。王者仁孚四海，百姓皆兴于慈爱，则不待禁而自不忍，特为申明之而已。鲁恭之化且及童子，而况王者之德乎。若其不然，虽力为之禁，只以扰民而不从。知此，则知王制之行皆必本以三王之德，非袭取文具者之所可学也。

右第十三章。此上二章记天子、诸侯师田之制。前三章，宾礼也。此二章，军礼也。

冢宰制国用，必于岁之杪，五谷皆入，然后制国用。用地小大，视年之丰耗。以三十年之通制国用，量入以为出。

"冢宰"，太宰。"制国用"者，谓立国之始制为经费，《周礼》所谓"以九式均节财用"是已。"岁杪"，周正十二月，为夏正孟冬，五谷毕敛矣。"入"，纳赋租于公也。"用地小大"者，五等侯国，地有三等，皆天子冢宰颁之以式，使世用之也。"视年之丰耗"者，酌丰与耗而折中之也。"三十年之通"者，三十年则有十年之积，岁闰则用浮，以一年加之，实为九年之积。因其积补其耗，财有恒而用可定，斯为"量入以为出"也。

祭用数之仂。丧三年不祭，惟祭天地社稷为越绋而行事。丧用三年之仂。

"祭"，谓宗庙之祭。"仂"，十之一也。"数"者，国用之数，用之式九通宾客、羞服而下用其八用其九，而祭用其一也。"绋"，殡车之缚，天子、诸侯之所设也。"越绋行事"，谓既殡则祭行，摄主代丧也。"丧"之"不祭"，以死者于先祖为一体，存没同哀而废吉。天地社稷尊而不亲，不废吉也。宗庙之祭不行，则每岁而余一仂，即以此为丧费。不祭在后而丧费在前，预用其三年之仂者，亦因有余之积移用之，不祭则因以补之也。丧费即用不祭之财而不制为经费者，以事非常，不宜预也。

丧祭用不足曰暴，有余曰浩。祭，丰年不奢，凶年不俭。

"暴"，忍也，粗也。"浩"，汰也。祭不以丰凶为奢俭，丧用其三年之资，亦可知已。国或大凶，他用当从搏节，而丧祭不可增损。人君以一国奉其亲，不得视士庶之称有无也。

国无九年之蓄曰不足，无六年之蓄曰急，无三年之蓄曰国非其国也。

"急"，迫也。"非其国"，谓将亡也。此以国之积言。立国三十年，府库仓廪当恒余九年之用，凶岁移用而丰年随补之，以有余待不足也。

三年耕必有一年之食，九年耕必有三年之食，以三十年之通，虽有凶旱水溢，民无菜色。

此言民之积也。王者制民之用，禁其淫侈而又为补助之。故百亩之入，三年而恒余其一以待水旱。

然后天子食，日举以乐。

"举"者，天子朝食陈十二鼎九俎，馔之盛者也。"乐"，所以侑也。民乐而君乃得其乐矣。

右第十四章。此章记财用之制。

天子七日而殡，七月而葬。诸侯五日而殡，五月而葬。大夫、士、庶人三日而殡，三月而葬。

尊者尊亲之情隆而得伸，其物必备，赴会者远，故其朝舒。卑者情不得伸而物简，赴会者近，故其期促。殡之能待七日、五日者，古之立国多在北方，地气高寒且用冰也。士、庶人得与大夫同者，期已迫，不容再降；达人子之情也。大夫除死日月，士则连死日月而数之。庶人无恒期，有财则可以三月而葬，若殡，则必三日也。县，古涓反。封，与"窆"同，彼验反。为，于伪反。"不封"之"封"，如字。

三年之丧自天子达。

谓父母之丧也。"达"者，达于庶人。

庶人县封，葬不为雨止，不封，不树。

"县窆"者，不为羡道，当穴上以绳悬而下之也。"不为雨止"者，士以上皆有避雨之次，《春秋》："雨不克葬"，"日中乃克葬"，庶人无次，虽雨，葬也。"封"，兆域也。"树"，天子松，诸侯柏，大夫栗，士槐，庶人无之。

丧不贰事，自天子达于庶人。

"贰"，间也；谓以他事间之也。天子、诸侯各听于冢宰；大夫、士公事致于君，私事废；庶人不从征役，冠昏不行。《丧大记》云"大夫既葬，公政入于家"者，谓食采有家，国有政役，令其家宰应之也。

丧从死者，祭从生者。

死者为大夫，子虽士，得用大夫丧礼。大夫之父为士而死，犹用士礼。殡、葬、服、虞皆然，所以正死者之终也。祭则以伸人子之情，故从生者耳。

支子不祭。

义见《曲礼》。

右第十五章。

天子七庙，三昭三穆与大祖之庙而七。诸侯五庙，二昭二穆与大祖之庙而五。大夫三庙，一昭一穆与大祖之庙而三。士一庙，庶人祭于寝。大，他盖反。

"七庙"，以刘歆、王肃之说为正，自祢而上，凡祭六世。其周文、武世室，殷之三宗，鲁之鲁公、武公，不在七五庙之数，非常制也。"三昭三穆"，以渐而迁，昭常为昭，穆常为穆，朱子所谓"昭者祔，穆者不迁，穆者祔，昭者不动"是已。天子"大祖"，始受命之君，于周则后稷也。诸侯之"大祖"，始封之君也。惟三恪之后则以始有天下者为"大祖"，始封之君亦从昭穆而迁也。"大夫"，兼天子诸侯卿大夫之称。大夫之有"大祖"，周之季世，大夫世官，僭立其始为大夫者，如鲁季友、仲遂之类，非古制也。《祭法》："大夫三庙，曰考庙，曰王考庙，曰皇考庙。"于礼为正。"士"，旧说为诸侯之上士、中士，亦据《祭法》"适士二庙"而言。然下士无禄田不祭，则《祭法》所谓"官师"者，亦中士，非下士也。庶人荐而不祭。言"祭"者，记者之误。"寝"，适寝也。

右第十六章。此章记宗庙之制，所谓"德厚者流光，德薄者流卑"也。

天子、诸侯宗庙之祭，春曰礿，夏曰禘，秋曰尝，冬曰烝。

四者所谓时享也。"礿"，薄也；春物未成，祭品薄也。"禘"，第也；物次第成而以祭也。"尝"，试新也。"烝，"众也；物备而众多也。按禘在周为殷祭，而《周礼》言"春祠""夏礿"，《郊特牲》又言"春禘"，所传不一，当以《周礼》为正。天子、诸侯时享之名虽同，而鼎俎灌献，礼各有别，要以异于大夫以下之馈食，故并举之。

天子祭天地，诸侯祭社稷，大夫祭五祀。

"祭天"，郊也。"祭地"，社也。变"社"言"地"者，因天而显言之耳。尊者统下，卑者不得逾上，天子兼祭社稷、五祀，诸侯兼祭五祀，举其重者以殊之也。"五祀"：户、灶、中霤、门、行。《祭法》"大夫祭三祀"，又有"七祀""五祀"，与此篇及《月令》异，似当以此为正。"天地"，天下之祀也。"社稷"，一国之祀也。"五祀"，一家之祀也。为之主者斯祀之。

天子祭天下名山大川，五岳视三公，四渎视诸侯。诸侯祭名山大川之在其地者。

"名山"，岳也。"大川"，渎也。"五岳"，前章四岳及登封县之嵩山也。四渎，江、淮、河、济。"渎"之为言独也，谓不因余水而自达于海也。周定王以前，河水北流纳漳以入海，故济、淮为渎。今则河北合济而南合淮，四海之内，惟江、河二渎而已。"视"者，牢鼎灌献犹飨公侯之礼。"视诸侯"者，视执信圭之侯也。"在"，谓发源及经过之地封内也。

天子、诸侯祭因国之在其地而无主后者。

"因国"者，因其国之故墟以为都也，若鲁因炎帝之墟，齐因爽鸠氏之墟之类。"地"，谓畿封之内。

天子犆礿，祫禘，祫尝，祫烝。 犆，与"特"同，徒得反。

"犆"者，就各庙而祭也。"祫"，升群庙之主合食于大祖之庙也。祫有二：有殷祭之祫，毁庙之主亦与焉；此则时享之祫，不及毁庙也。"礿"之礼薄故"犆"，夏秋冬物备则"祫"也。

诸侯礿则不禘，禘则不尝，尝则不烝，烝则不礿。

此谓诸侯之助祭于天子也。县内之侯与诸侯之来觐而留王都者，不使更历二祭。盖王臣众而庙中之执事有限，且入助祭则或自废其祭，欲令恩礼劳逸之均也。

诸侯礿犆，禘一犆一祫尝祫烝祫。

"一犆一祫"，谓间岁而一祫，杀于天子。其三时之祭则同天子。

天子社稷皆大牢，诸侯社稷皆少牢。 大，他盖反。少，诗照反。

"皆"者，谓天子之王社大社，诸侯之侯社国社一也。四社皆合祀稷。

大夫、士宗庙之祭，有田则祭，无田则荐，庶人春荐韭，夏荐麦，秋

荐黍，冬荐稻。韭以卵，麦以鱼，黍以豚，稻以雁。

"祭"，大夫少牢，士特牲。"无田"，谓失位而夺禄田也。"荐"者，奠而一献，无尸宾，不杀，不告利成，与庶人同也。自天子以下皆祭，荐兼举，大夫、士无田则废祭，荐不废也。"卵"，鸡卵。"豚"，豕类之小者。三时之荐皆以谷为主，春独以菜者，新谷无登者，已荐之余，虽设之而非荐之所尚也。

祭天地之牛角茧栗，宗庙之牛角握，宾客之牛角尺。

凡祭祀之牛皆用牷牛，今黄牛也。"茧栗"，角初出如小茧，或如栗也。"握"者，盈四指中一握也。"宾客"，牢饩之牛也。小者驯美，大者丰肥，其用异。

右第十七章。此章记祭祀之制，与他篇互有同异。周衰礼废，学者各有所传，不相会通，惟精义以察之，则得失可考，不在区区辨难之间也。

诸侯无故不杀牛，大夫无故不杀羊，士无故不杀犬豕，庶人无故不食珍。

"故"，谓宾祭。"珍"，美食也；谓燔炙饵糍之类。"不食"者，不具备以供食。

庶羞不逾牲，燕衣不逾祭服，寝不逾庙。

"庶羞"，以供宾食者。"牲"，祭牲。若牲少牢则无牛羞，牲特牲则羊豕之羞不兼也。"燕衣"，燕居之服。"不逾祭服"，谓丝枲升数之等。"寝"，适寝。"不逾庙"者，高广华美不过之也。尽敬竭力以奉其先，则不期于俭而自不敢侈，而惟俭于自奉，则可专力以尽其仁孝而志无所分。两者交相成之道。故曰："俭，德之共也。"

右第十八章。此章记食用之制以足上章之意，而惟俭则可以取民有制，又以引起下章之义。王者之制，所为一致而尽善也。

古者公田藉而不税，市廛而不税，关讥而不征，林麓川泽以时入而不禁。夫圭田无征，用民之力，岁不过三日。

"古"者，周以前之制。"藉"，助也。"廛而不税"者，赋其区肆而不税其货。"麓"，山足。"泽"，陂薮。"以时入"者，禁民暴取，令得长养。

"不禁"，不擅之于公家也。"夫"，余夫。"圭田"，大夫士之祭田。"无征"，无力役之征也。"不过三日"，歉岁减于三日矣。

田里不粥，墓地不请。粥，余六反。请，七政反。

田各授于公，不得私粥。墓地皆公家所颁，墓大夫掌之，以合族序昭穆而葬，不外请乞。皆所以抑兼并，遏迁徙也。

司空执度度地居民。山川沮泽，时四时，量地远近，兴事任力。"度地"之"度"，大洛反。沮，将虑反。量，品张反。

"执"，犹以也。"度"，丈、尺、弓步也。"度地居民"，谓度其民居之地也。水草所聚曰"沮"。大水所潴曰"泽"。"时"者，记其晷刻之长短、寒暑之节候也。"量地远近"，度所兴作之处与役民所居相去之程也。此承上文用民力而言。民既有恒居，死徙不出其乡，而役以均矣。及乎将欲兴建力役之事，而任民使尽其力，必丈记道里，定民居之远近，山川沮泽、跋、险阻之有无，因其日晷之长短，暑雨就道之难易，以定趋事赴功之程期，为调发之早迟，则民无愆期之惧，而从容预事，抑因近就役而不迂回徒劳。其体民周悉而重用之如此，则民不待督迫而自劝矣。

凡使民，任老者之事，食壮者之食。"之食"之"食"，祥吏反。

"食"，谓在役而官给以粮也。课程从轻，授粮从厚，所谓"劳而不怨"也。

右第十九章。此章记赋役之制。

凡居民材，必因天地寒暖燥湿。广谷大川异制，民生其间者异俗，刚柔、轻重、迟速异齐，五味异和，器械异制，衣服异宜。修其教，不易其俗；齐其政，不易其宜。暖，况袁反，俗音乃管反者，误。湿，本"泾"字之误，今本皆相承用，姑从之。"异齐"之"齐"，才细反。和，胡卧反。

"居"，处置也。"材"者，情才之所堪用以遵道而从教者也。"寒暖"，天气之殊。"燥湿"，地气之异。两山之间曰"谷"。"制"，形模也。"俗"，习所成也。性相近，习相远，因以成乎俗之异也。"齐"，调和也。"异齐"者，谓所以调和其刚柔、轻重、迟速，必从其偏而正之，道不同也。"器"，釜、甑、箪、豆之类。"械"，农器、戎器。"衣服之制异宜"者，裘葛各从其便也。"教"，伦纪。"政"，禁令也。民因所生之异地，浸渐成俗，不可卒革，而俗宜之中，原有可因以复性之理，即此而政教固已行焉。则调其不齐而齐之，要使彝伦典礼无所窒而不行，而刚柔、轻重、迟速，无非可与遵道之材矣。

中国戎夷，五方之民皆有性也。不可推移。东方曰夷，被发文身，有不火食者矣。南方曰蛮，雕题交趾，有不火食者矣。西方曰戎，被发衣皮，有不粒食者矣。北方曰狄，衣羽毛穴居，有不粒食者矣。中国、夷、蛮、戎、狄，皆有安居和味、宜服、利用、备器。推，吐雷反。被，如字，皮义反。衣，于既反。

"性"，谓形气之化质也。《书》曰："习与性成。""被发"，辫下垂覆背，若被带也。"文身"，刺肌为文。"雕"，刻涅之。"题"，额也。"交趾"，谓生不蹑屦，足趾侈张，立则两趾相交也。"不火食"者，啖生果蓏。"不粒食"者，五谷不生，猎兽而食也。承上文民俗之异而广言之，同为人类而其殊异有如此者。随其所居，即自谓安；随其所食，即自谓和；随其所服，即自谓宜。畋渔耕采，各利其用；剡木铸金，各备其器；固不可强而同之。而王者用夏变夷之微权，不急革之，而抑不终弃之，则亦有道也。

五方之民言语不通，嗜欲不同。达其志，通其欲。东方曰寄，南方曰象，西方曰狄鞮，北方曰译。

"寄"，寓也；谓寓意而通也。"象"，因所指之形象而知其语也。"狄鞮"，知也。"译"，释也。四者，翻译夷语之官，王者设之以通四夷之语者也。言语不通而可通者志，嗜欲不同而可通者欲，译其言，达其志，而欲可知矣。先王于四夷之习，虽不能强同而达其志欲，则所以引其慕义而惩其不恪者，皆可渐次诱之以安土而向化矣。此德教之所以施及蛮貊也。

右第二十章。此章言人性习相成，材质不齐，而教不易施之理，以起下十章王者敷文教，易风俗之意。盖王者之治天下，不外乎政教之二端。语其本末，则教本也，政末也；语其先后，则政立而后教可施焉。故自第十九章以上言政之事，而此章以下至第三十章言教之事，王政本末先后之敷施亦可见矣。

凡居民，量地以制邑，度地以居民，地邑、民居必参相得也。量，吕张反。度，大洛反。

"居民"，谓制其宅地。"邑"，都邑。"民居"，田野之居也。"量"者，酌田赋之多寡、道里之远近以立都邑。"度"者，相山川原隰之便与阡陌远近之则以立村落也。地足以供邑，邑足以治地，民居足以服田，聚散多寡，三者相称，则各得矣。盖习俗之淳浇至于不可推移，皆始于所居之异。故王者必于是而谨之。

无旷土，无游民，食节视时，民咸安其居，乐事劝功，尊君亲上，然后兴学。乐，卢各反。

"事"，力征之事。"功"，农功。"上"，官长。"兴"，立也。地与居相得，则无旷土矣；邑与地相得，则无游民矣；而又制其食用之节，不夺其农之时，使得厚其生，则民安土无求，守先畴而生其忠爱，然后农恳士秀，风俗美而学校可兴也。

右第二十一章。此承上章而记王者分地居民之制，以明政教相因之理，起下章教民选士之意。

司徒修六礼以节民性，明七教以兴民德，齐八政以防淫，一道德以同俗，养耆老以致孝，恤孤独以逮不足，上贤以崇德，简不肖以绌恶。司，相吏反，篇内并同。

"节"，检制也。"性"，以气质习俗之所成者言之，与前章"皆有性也"之"性"同。"德"者，爱敬之实，得之于天而喻于心之谓。"兴"，动其固有之良也。"淫"，意欲之妄动者也。"一道德"者，正大经以遏异端也。"俗"，习也。"上"，尊用之。"简"，择取而斥之也。"六礼""七教""八政"，皆道德之所显，此立教之目也。"养老""恤孤"，上所躬行，以化民于仁厚而为立教之本也。"上贤""简不肖"，则以赏罚辅教而行者也。大司徒修明之，而乡师、乐正举行之，三代之德教备矣。自此以下至第三十章，皆以申明此章之意，而此其纲也。

右第二十二章。此章目言教民之制，为下八章之纲领。

命乡简不帅教者以告。耆老皆朝于庠，元日习射上功、习乡上齿，大司徒帅国之俊士与执事焉。帅，所律反，下同。朝，直遥反。与，羊洳反。

"乡"，乡大夫。"耆老"，乡中致仕者。"朝"，会也。"庠"，乡学。"元日"，吉日。"射"，乡射。"功"，能也；谓内正外直，比礼比乐之能也。"乡"，乡饮酒也。司徒之教颁于乡及郊，遂皆设学以教其子弟而施其黜陟，以乡为其大者，故举乡以该郊、遂也。"帅教"者；拔其尤以为秀士，其次则更使之学；惟尤不肖者，则以名闻于司徒，然犹未遽斥徙，而当饮射之日，进俊士以与执事，司徒亲莅其事以崇重之，所以风示诱劝而冀其改也。

不变，命国之右乡简不帅教者移之左，命国之左乡简不帅教者移之右，如初礼。不变，移之郊，如初礼。不变，移之遂，如初礼。

王畿之内近都城之地置六乡，以都城居中而言，分三乡为"左"，三乡为"右"，皆有庠。其外为远"郊"，自远郊达于界为"遂"，皆有序。"移之"者，远其淫朋，新其教习，以冀其变也。移之郊、遂，则渐远之，示将斥徙，警令愧惧矣。"如初礼"，升俊士于饮射以风示之也。

不变，屏之远方，终身不齿。屏，必郢反，下同。

"屏"者，斥逐之于学外。"远方"，边徼之地。"不齿"，编为民，不得与士齿也。此上三节记简不肖以绌恶之制。

命乡论秀士，升之司徒，曰选士。司徒论选士之秀者而升之学，曰俊士。升于司徒者不征于乡，升于学者不征于司徒，曰造士。论，卢昆反。选，须绢反。造，在到反。下并同。

"论"，品列之也。"俊"，大也。"选"，择也。"学"，大学。乡之"征"者，力役之政。司徒之"征"，师田之赋也。"造"，成就之也。

乐正崇四术，立四教，顺先王《诗》《书》《礼》《乐》以造士。春秋教以《礼》《乐》，冬夏教以《诗》《书》。

此大学之以教其秀士者也。"乐正"，大司乐也。"术"，道也。"四术"，即《诗》《书》《礼》《乐》。"四教"，经各有师，肄各有地也。"顺"，因也；因先王之道，无所增损附会也。礼乐须执其事而习演之，极寒盛暑，易生厌倦，故须春秋中和之候。诵《诗》读《书》则不避寒暑。

王大子、王子、群后之大子、卿大夫元士之适子、国之俊选，皆造焉。凡入学以齿。大，他盖反。适，丁历反。

"王子"，王之庶子。"群后"，三公及县内诸侯。凡诸胄子皆不由乡论，凤入大学，而司徒所升之秀士因升学而得与同列，执经观礼之际，不计贵贱而皆以齿序，所以崇之者至矣。群后以下庶子不与者，其亦待司徒之论升而与俊选同与？此上三节记上贤崇德之制。

将出学，小胥、大胥、小乐正简不帅教者以告于大乐正，大乐正以告于王，王命三公、九卿、大夫、元士皆入学。不变，王亲视学。不变，王三日不举，屏之远方。西方曰棘，东方曰寄，终身不齿。胥，私吕反。棘，薄墨反。

"出学"者，教以九年为大成，士则升于司马，王公之子则适者誓而庶者升也。"小胥"，掌学士之征令觵挞。"大胥"，掌学士之版。"小乐正"，乐师也；掌国学之政。皆分教士而大司乐总其成者也。公卿入学，王视学，皆行饮射之礼，以尊者莅之，弥使之知敬畏也。变则留学以俟后九年而升之，不变者则屏斥之。"棘"与"僰"同，西方夷名。"寄"，东夷也。乡学之不帅教者，屏之境外而未投之四裔；国学之不帅教者，则流放之，而不与同中国，其立法为尤严者。盖其人能免于乡学之屏而徼司徒之升，则非其材不足与为善，而饰非行伪以诡售选举，至于大学谨严之地然后奸穷而慝见，则其恶尤甚而惩之也不得不严矣。此节终记简不肖以绌恶之制。

大乐正论造士之秀者以告于王而升诸司马，曰进士。司马辩论官材，论进士之贤者以告于王而定其论。论定然后官之，任官然后爵之，位定然后禄之。"其论""论定"之"论"，卢困反。

"辩论官材"，辨其材与官之各称也。古者论官之法，掌于司马而不领于冢宰；盖以冢宰统五官之治，而司马之职，进贤任功以作邦国，为其专守。后世冢宰之权轻而分选举以属之，所由与古异矣。三代之制，虽世胄之子，凤入大学而不由乡举，然入学以后，与乡举之士论贤杂进，所谓亲亲尊贤，仁义并行而不悖也。其后学校不兴，一惟世禄之子是任，是使教之不素，辨之不审，官邪政移，为天下蠹。极重而反，激为游士立谈取位之习，而邪说诐行，家异户殊，乃知学校之法，一道德以同俗，其义深矣。此一节终记上贤以崇德之制。

大夫废其事，终身不仕，死以士礼葬之。

"不仕"，锢令不仕也。论之已审，当官而尤严之，所以劝善而沮恶者至矣。此节备记简不肖之制。

右第二十三章。自此以下八章皆以申明上章之旨，而此章备记上贤简不肖之制，以是为立教之大用，而王者所藉以转移天下者，必此为先焉。或曰：贤者之好修，非以邀荣而避罪也，待赏罚以劝沮，将无菲薄天下之士而导之于功名之途与？有志之士脱屣而去之矣。曰：非也。贤者之不以宠辱为心，谓不枉其道也。若夫贵贱之殊，天之所秩也。故职曰天职，禄曰天禄，而《易》称之曰："圣人之大宝曰位。"当有道之世而贫且贱焉，亦君子之耻矣。后世道之不明，严光、周党、魏野、林逋之流，生值盛世而视爵禄如草芥，人君顾尊奖之以示天下，不已悖与！故科举之法虽不合于古，而生当其时，遵一王之制以就君臣之义，亦道之宜也。或欲薄之而不就，其亦过矣。

有发，则命大司徒教士以车甲。

"发"，谓征发师徒以即戎。"士"，勇士；若车右之类。"教以车甲"者，习其射御击刺之方。

凡执技论力，适四方，赢股肱，决射御。

"执"，习也。"技"，谓射御。"论力"，以力之强弱为高下也。"适四方"者，谓致远涉险，御之事也。"赢股肱"者，著决拾及行縢射之事也。"决"者，角其胜负。此大司徒所教之事，皆其不足贵者也。

凡执技以事上者，祝、史、射、御、医、卜及百工。

因射御而推言之，见数者艺成而下以供役使者。

凡执技以事上者，不贰事，不移官。

专精其术而终于其官，不使因缘进用以淆流品。

出乡不与士齿。

"士"，谓选士以上，在乡或为族党姻亚，容与之齿，出乡则士有恒贵而技贱矣。

仕于家者出乡不与士齿。

以其亦非乡庠国学所升教之士也。王者用人，随才器使，苟有一曲之长，无所弃焉，而必别其流品，使清浊贵贱，出而朝廷，入而乡党，皆无所淆杂。盖崇德所以上贤，而专于上贤，斯德之所以崇也。

右第二十四章。此章记王者抑技勇，杜私门以重庠学之士，盖以申明上贤以崇德之意。

司寇正刑明辟以听狱讼，必三刺。辟，婢亦反。

"正刑"者，审定五刑之律例。"明辟"者，辨明当坐之法也。公犯曰"狱"。两造曰"讼"。"刺"者，深入之义，谓刺得其情而后加以法也。"三刺"者，一曰讯群臣，辨其理也；二曰讯群吏，审其法也；三曰讯万民，广证佐以察其情也。

有旨无简，不听。

"旨"，辞旨。"简"，简牍；谓律例所有著于简牍者也。讼者之辞虽意可动人，而考之刑书无可当坐，则不听也。

附从轻，赦从重。

"附"，比附也；谓定人罪名，一轻一重，两俱可附，而既有轻之可附则不从其重也。"赦从重"者，谓当以赦而减等；乃其人之所犯轻重两可比附，则附之于重而减之；若从其轻，则几于免矣。

凡制五刑，必即天论。邮罚丽于事。

"制"，断也。"即"，安也。"天"者，情理之极则也。"邮"，与"尤"通，过也。"罚"，锾赎也。"丽"，当也。立刑之施，死者不可复生，刑者不可复赎，不但以适于事之利害，而必推诸天理人心之同然，审论至极而后刑焉，则刑之而不怨矣。若因过失而罚，则以事之利害为准，苟其有害，虽情理可矜而不之贳。盖罚以锾赎，无生死折伤之惨，而法因事建，以立事为期。若过矜其情，则人愈偷而事愈窳矣。

凡听五刑之讼，必原父子之亲、立君臣之义以权之，意论轻重之序、慎测浅深之量以别之，悉其聪明、致其忠爱以尽之。论，卢昆反。别，必列反。

"原父子之亲，立君臣之义"者，谓刑名所加必顺名义。名义所当回避者，虽法当其罪，不得以直行；名义所必正者，虽或可矜全，勿容宽假也。"意论"者，以己意体验犯者之意而知其致罪之由也。"轻重之序"，谓首从加减之等。"浅深之量"，谓均有犯而究其恶之所成，害之所贻，或大或小，以分别定罪，若同为称兵作乱，而或轻狂妄动，立取覆败，则不必以谋反之律坐之之类也。"悉其聪明"，以观色察声。"致其忠爱"，所谓求所以生之而不可得，然后杀之也。"尽"者，尽其情也。五刑之法，死伤所系，不容不慎。故先王之制，断刑者必以是为行法之本也。

疑狱，泛与众共之；众疑，赦之。泛，孚剑反。

"泛"者，溢及非所与之辞。此与三刺之讯群臣群吏异者。刺讯之法，讯其官联、事故相干与知闻之官吏，此则博及廷臣，若今下科道九卿官会议奏闻也。

必察小大之比以成之。比，必二反。

"比"，合也。"大"者，律法之大纲。"小"者，问刑之条目比例也。察其大则无游移之弊，察其小则审细微之别，两者兼合乃定其罪案也。

成狱辞，史以狱成告于正，正听之。正以狱成告于大司寇，大司寇听之棘木之下。大司寇以狱之成告于王，王命三公参听之。三公以狱之成告于王，王三又，然后制刑。

"成狱辞"者，谓如前法慎听，情理得而定其爰书也。"史"，掌刑名之吏也。辞成于吏者，盖秦制，秦人以吏为师，故重也。"正"者，秦狱官名；在周则士师，今则大理评事之属也。"棘木"，在王之外朝，库门之外，皋门之内，植九棘焉。"三公参听"者，会正与司寇同听之；若今制朝审是也。其有枉纵者则驳正之，无所驳正则狱成而将即刑矣。"又"，本"宥"字之误。"三宥"者，一曰不识，二曰过失，三曰遗忘。王更令群臣察犯者之莫有此三者否，无可宥而后刑杀之也。"制"，决也。

凡作刑罚，轻无赦。

"作"者，以意作之；谓五刑五罚之外，别制刑具及增减罚锾也。虽所作者轻，犹必诛而无赦，其酷重殃民者愈可知已。盖刑以惩恶，先王不得已制为定法，固有不必尽用者，苟惟一时之嗔怒，为机巧苛暴而莫之禁，则人操杀人之权而害有不可胜言者。后世笞杖之外，别有夹拶、竹篦、木棒，以为有司饰怒之具，更立罚谷、罚木之法，恣墨吏之囊橐，诬上行私，毒遍天下，其亦可哀也夫。

刑者，侀也。侀者，成也。一成而不可变，故君子尽心焉。

"侀"者，冶人之模也。设其侀模，而器之大小方圆，一因之以成而不变矣。狱辞一定，则生死伤全，于斯而决，是以审法，原情，准理，必交尽而后敢成，惧其不可改也。

右第二十五章。此章记刑法之制，亦简不肖以绌恶之意。刑之与礼，相为出入，而不肖之尤，非刑罚无以惩之。惟一以仁恕公慎行之，则绌恶即以崇德，而交相为用矣。

析言破律，乱名改作，执左道以乱政，杀。

"析言"者，横执先圣之法言、据一字一句而倡为教宗也。"律"，法也。"破律"者，坏先王立教之常法，荡闲越检以诱人易从也。析言则名爽于实，破律则恣作不忌，生于言而成于政，异端之所以为天下贼也。凡右顺左逆，"左道"，逆道也。

作淫声、异服、奇技、奇器以疑众，杀。

"淫声"者，轻损律吕，过为清哀之音也。"异服"，制度诡异以自标致也。"奇技"，机巧非常之术。"奇器"，形模纤怪之器。"疑众"，谓使人惊羡，反疑先王之制为不善也。

行伪而坚，言伪而辨，学非而博，顺非而泽，以疑众，杀。

"伪"者，本以窃名觊利为心而假托于道也。"坚"而"辨"，则人不易测矣。"非"者，邪说诐行。"博"，以济其辨。"泽"，美润意以饰其坚也。"疑众"者，令众人疑之为君子。此乡愿之实而行异端之教者也。

假于鬼神、时日、卜筮以疑众，杀。

"假"，谓心为奸利而托术以行也。"疑众"者，使众无定志，见义不为，枉道避祸。

此四诛者，不以听。

"以"，用也。"听"，谓许其申诉。凡此四者，智力足以文奸，从而听之则邪说得逞，小则幸免，大则反为所惑矣。异端邪说之兴，揆其所自，皆缘名利之私，而及乎人之已后，则迷妄狂逞，不复自知其陋，而雄长乎侪伍之中，非圣惑民，生心害政，无所不至矣。朱季友、李贽之所以允即天刑，而莫之恤也。抑时日、卜筮，先王之所不废，且其说浅鄙，宜若无大害者，而必置之上刑，将无过与？乃先王之为此者，习有世业，官有恒守，用之有时，决之以义，而后世术家之言，多设拘忌，不顾事理之缓急；尤其大者，莫如择葬地、葬日之法，繁立死亡破败之名、以怖庸愚，卒至露其亲之髋髂，为虫兽野烧之所残灼；抑或已葬而迁，刲裂白骨，爇为灰烬，则其罪恶之大，直不容于死，然后知先王制法以遏乱原，刑虽重而非过也。后世天子颁历，不以农事功役之兴辍为重，而登术士建、除、德、贵、刑、厌、宜、不宜之猥说，率天下以从觊幸规避之邪恶。教之衰也，有自来矣。

凡执禁以齐众，不赦过。

"凡"，谓上四诛之禁也。四者之禁，本以齐民，不但为之首者杀无赦，虽愚民无知而误习之，疑在过失之科，可从末减，而无从之者，则首者之邪不成，故不以过误而矜宥之也。

右第二十六章。此章记一道德以同俗之制。邪说息，则正道自明，而风俗美矣。

有圭、璧、金璋不粥于市，命服、命车不粥于市，宗庙之器不粥于市，牺牲不粥于市，戎器不粥于市。粥，余六反，下同。

"金璋"，以金饰璋为裸器也。圭、璧、金璋言"有"者，先世受赐有之，子孙贫贱而粥之也。"宗庙之器"，祭器。凡圭璋、车服、祭器，或贫者须粥，则入于玉府、泉府，官为售之也。"牺牲不粥"，谓皆须自豢养，不买之以充也。重器、利器，威福所凭，粥于市则亵之矣。

用器不中度，不粥于市。兵车不中度，不粥于市。布帛精粗不中数，幅广狭不中量，不粥于市。奸色乱正色，不粥于市。中，如字。量，吕张反。

"用器"，谓农工之器及盘盂筐筥之属。"中"，当也；谓恰合也。"兵车"，兵及车也。上言"戎器不粥"，而此得粥兵者，戎器，甲胄，戎车，此则民间所用弓矢剑矛以佩以猎者也。"车"，大车。"数"，升缕之多寡也。凡八十缕为升，升之多寡，寡不过衰，多不过朝服也。"幅"，广二尺二寸。"量"，亦度也。"奸色"，间色。"乱正色"，染令似正色也。凡此皆以一制度而利民之用也。

锦文珠玉成器，不粥于市。衣服饮食，不粥于市。

"成器"，谓裂锦文为帷帘，剥珠玉饰器玩也。不粥者，以纳民于俭。"饮食"，人当自炊烹之，不粥者，训勤也。

五谷不时，果实未孰，不粥于市。木不中伐，不粥于市。禽兽鱼鳖不中杀，不粥于市。中，如字。

"五谷不时"，谓新谷郁养强熟者。"孰"与"熟"通。凡此皆欲使长养成用而惩其暴殄也。

关执禁以讥，禁异服，识异言。识，申志反。

"关"，司关，亦或谓之关尹，处界上关门。"讥"，诘也。本国之人衣服既使有章，自远来者或服非法之服，则令改服而人，恐其导民于奇衣也。"异言"者，声音称谓之不同，自远来者，各如其方言，虽不能令改易，必辨其所自来而记之，则知其为何方之人，有犯则便摄按之也。

右第二十七章。此章记齐八政以防淫之制。略举其大端，而其他可以类推也。

大史典礼，执简记，奉讳恶；天子齐戒受谏。大，他盖反。恶，乌路反。齐，侧皆反。

"典"，司也。"礼"者，立国之大经大法。"简记"，以简牍记人君之言动也。"讳"者，日月星辰之眚异，国所秘忌。"恶"者，水旱凶札之菑害，可骇恶者也。"奉"，谓有则进闻之君，令修德以弥灾也。皆岁终汇闻之，而王齐戒以受之。盖人主之职，守礼法，慎言动，谨天戒，犹冢宰三司百官之有岁成也。一以百官受质之礼受之，立敬自上，而下莫敢不敬也。

司会以岁之成质于天子，冢宰齐戒受质。会，古外反。

"司会"，冢宰之属，掌六典以贰冢宰。"成"者，所举行之绩，如今磨勘刷卷之法也。冢宰之所以治百官者，一岁之所行，司会皆勾稽其事效之举废，籍之告于王，听殿最焉。冢宰不自质而司会质者，既所以尊冢宰，抑以旁稽而便于纠按也。"受质"者，王受其成而质正之，因以报下而行其殿最，冢宰受而承之也。一岁之功过，王命之予夺，皆于此焉。故齐戒而受，示省过奉法之意。

大乐正、大司寇、市，三官以其成从质于天子，大司徒、大司马、大司空齐戒受质。

大乐正司教，故从大司徒。大司寇司刑，兵刑用合，故从大司马。市司财用，故从大司空。"从"者，司徒、司马、司空各以其成质于天子，而三官各因以其成附之而质也。三司既各有其质而又遥领三官，若今钦天监、行人司遥属礼部之类。言"从"，则三司之自以其成质于天子可知。言三司"齐戒受质"，则三官之亦齐戒而受亦可以互见矣。

百官各以其成质于三官，大司徒、大司马、大司空以百官之成质于天子，百官齐戒受质。

百官之所司，分职不一，而其大纲则教也、刑也、用也而已。故其成质于乐正、司寇、市，三官各为稽勘，乃以升于三司而质于天子。百官之务繁，故以次质正而后天子听之也。此章所记与《周礼》多不合，惟司会一官则与《周礼》无异。若此类，皆汉之博士酌三代之制而参互成之，为一王之法，不必辨其孰为夏，孰为殷、周也。

然后休老劳农，成岁事，制国用。劳，力报反。

"休"，养也。"劳农"者，蜡而饮烝也。"成"，颁成式也。"岁事"，来岁之事。"国用"，来岁之用也。凡质成之典，于岁终举行；今岁之政已登，来岁之事未致，故以其暇行养老劳农之事，与民休息，而预定来岁之政令，以待施行也。

右第二十八章。此章记岁终质成之制，盖亦一道德、齐八政之意。而章末言休老劳农，则以起下章养老恤孤之旨。盖百官之治，岁有恒考，而天子躬敬于上以使莫不敬，则治统一而道统亦一。一岁之成，又莫非八政之绩，一质于王，则守法趋事，政不乱而俗不淫矣。

凡养老，有虞氏以燕礼，夏后氏以飨礼，殷人以食礼，周人修而兼用之。食，祥吏反。

养老之礼，记传不一，要即以下文证之，则国老、庶老之养是已。"燕"者，一献之礼，献酬毕，坐而饮酒无算爵，其义主于爱。"飨"者，体荐而不食，爵盈而不饮，立而不坐，其义主于敬。"食"者，以食为主，酳而不酢，侑以币，为义主于惠。兼而用之者，合三者而损益之，始以飨礼接之，次以食礼养之，终以燕礼乐之也。

五十养于乡，六十养于国，七十养于学，达于诸侯。

"乡"，乡学。"国"，小学，在国中。"学"，大学也。五十则可养于乡矣，六十则可养于小学矣，七十则可养于大学矣。乡之养，乡大夫主之；小学之养，大司徒主之；大学则天子之所亲养也。必于学者，立教之本从孝悌始也。"达于诸侯"者，诸侯养老之礼上均于天子，孝为德本，无贵贱一也。

八十拜君命，一坐再至，瞽亦如之。九十使人受。

养老之礼虽致敬爱而献酬繁，至八十则年弥高而不当复烦其筋力，故天子使人具飨食之牢鼎羞币，致于其家以养之。"拜君命"者，必再拜稽首而重烦老者之兴伏，故一跪而首再至地，示有再拜而已，抑不稽首也。瞽难备礼，其拜君命亦然，皆所以优之也。九十则使其子弟拜受，不亲拜矣。

五十异粻，六十宿肉，七十贰膳，八十常珍。九十饮食不离寝，膳饮从于游可也。

"粻"，粮也。"异粻"者，精疏异也。"宿"，预具也；每日皆预具之，不使绝肉也。"贰"，副也；食辄有副，以待少顷之复进也。"珍"，八珍，详见《内则》。"常"者，恒具之也。"游"，偶有游观也。膳饮从游，君子所耻，惟至九十斯可矣。自此以下六节皆言老者需养于其家之事。惟王者躬行于上，而修明其礼以敬国人，抑必家给人足，俾足以尽其仰事之实。孟子所谓"制其田里，教之树畜，导其妻子，使养其老"，正此之谓。不然，徒修庠序养老之文而冻馁积于下，亦何以为王政哉！

六十岁制，七十时制，八十月制，九十日修。惟绞纻衾冒，死而后制。

谓送终之具也。"制"者，子孙为制之。岁、时、月，各有所制，先其重且难者，后其轻且易者，到于八十而备矣。"日修"者，频展视之，缮治其未致者也。"绞"，用幅布，裂其末以收束敛衣，使坚实。"纻"，罩被，在绞内，大敛用之。"衾"，敛衾，敛毕以覆尸者。"冒"，所以韬尸者，在绞外，制如直囊，上曰质，下曰杀，以杀韬尸而上，次以质韬之而下。四者所谓一日二日而可为，故不忍预制之也。送终之具，必于预制，盖不特致慎以勿悔，而触目惊心，深动其爱日之诚以尽其孝养者，自有不容苟焉者矣。

五十始衰，六十非肉不饱，七十非帛不暖，八十非人不暖，九十虽得人不暖矣。暖，况远反。

言其需养之日甚也。

五十杖于家，六十杖于乡，七十杖于国，八十杖于朝。九十者，天子欲有问焉，则就其室，以珍从。七十不俟朝，八十月告存，九十日有秩。 朝，直遥反。

“杖于乡”者，饮射则杖也。“杖于国”，见士、大夫而杖。“杖于朝”者，对君而杖；《祭义》云“七十杖于朝”，与此异者。彼谓致仕者，此则致仕不听而尚立于朝者也。“珍”，美膳也。天子就问，则诸侯可知已。“不俟朝”者，时或朝君，不待朝礼毕而先退也。“告存”者，以君命往存问而致膳饩也。“秩”，常也；谓日致膳羞以为常也。

五十不从力政，六十不与服戎，七十不与宾客之事，八十齐丧之事弗及也。 政，诸盈反。与，羊洳反。齐，侧皆反。

“力政”，力役之征。“服戎”，任戎事。先停力政后免服戎者，力征劳久，戎事劳暂，而兵戎为国之大故也。“宾客之事”，谓为使介若摈。“齐丧弗及”者，老而传，则不为丧祭之主，君有丧祭亦不执事也。

五十而爵，六十不亲学，七十致政，惟衰麻为丧。

“爵”，始命为大夫。“亲学”，谓入学肄习。“惟衰麻为丧”，饮酒食肉处于内也。

有虞式养国老于上庠，养庶老于下庠。夏后氏养国老于东序，养庶老于西序。殷人养国老于右学，养庶老于左学。周人养国老于东胶，养庶老于虞庠，虞庠在国之西郊。

“国老”，七十以上；“庶老”，六十以上；皆齿德并优者。“养”，上文所谓“燕”“飨”“食”也。“上庠”“东序”“右学”“东胶”，皆大学。“下庠”“西序”“左学”“虞庠”，皆小学。“右”，西也。“左”，东也。“郊”，近郊，在王城二十五里之内。四代大小学之异，或东或西．或国中或郊外，因时王之制，其实一也。

有虞氏皇而祭，深衣而养老。夏后氏收而祭，燕衣而养老。殷人冔而祭，缟衣而养老。周人冕而祭，玄衣而养老。

“皇”“收”“冔”“冕”，皆冠名。祭言冠以统衣，养老言衣以统冠，互文也。“深衣”“缟衣”，大略相同，皆白布为之，裳不殊色。“燕衣”，君与群臣燕之服，与“玄衣”皆缁衣素裳，其冠则皆玄冠也。四代文质之异，虽所尚不同，而祭则尽饰以崇其先，养老则虽天子而服士服，不以贵临之，其义一也。

凡三王养老皆引年。八十者，一子不从政。九十者，其家不从政。政，与"征"同，诸盈反，下同。

"引年"，谓称引比户而算其长老之年齿也。既行养老之礼，则因遍考国中老者年之递增，以复除其征役，使得自养其老也。"其家"，谓其众子若孙籍夫家之征者。七十以下则书其年，以待及期而复除。

废疾非人不养者，一人不从政。父母之丧，三年不从政。齐衰、大功之丧，三月不从政。将徙于诸侯，三月不从政。自诸侯来徙家，期不从政。养，余亮反。齐，子斯反。衰，七雷反。期，居之反。

此承上引年复除而推言凡所复除之政，以明恤孤独逮不足之制，与养老同者也。"一人"，谓若无子孙则其亲属收养之者。"诸侯"，以王畿言，在侯国则邻邦也。"将徙"者，有故而迁，先告于乡，遂，因除其三月之征，悯其将去之劳也。"自诸侯来徙"而言"家"者，必其定志立家于此，而后复除之也。"期不从政"，以使得治其生计也。

少而无父者谓之孤，老而无子者谓之独，老而无妻者谓之矜，老而无夫者谓之寡。此四者，天民之穷而无告者也，皆有常饩。矜，与"鳏"同，古顽反。少，诗照反。

"天民"，天下之民也。"饩"，以廪粟。

喑、聋、跛、躃、断者、侏儒句，**百工各以其器食之。**断，都管反。食，祥吏反。

一足废曰"跛"。两足痹曰"躃"。"断"，折也；谓脊折而伛者。"侏儒"，短小不成形者。"器"，能也。"食"，稍食。矜不成人者，不忍绝之于人理，皆使执事于百工之肆，随能致功而受稍食。《国语》所谓"侏儒扶庐，矇瞍修声，聋聩司火"是已。此二节所谓恤孤独以逮不足也。

道路，男子由右，妇人由左，车从中央。

道有三途，车辙两旁，徒行之路也。"男子由右"者，地道尚右也。"左""右"皆以路门为准，东为左，西为右。记此者，以志道路之有常，起下文让行分任之意。

父之齿随行，兄之齿雁行，朋友不相逾。轻任并，重任分，斑白者不提挈。

"雁行"，迤而相次也。"不相逾"，并行也。"任"，所负荷也。"并"，谓己先负任，又取长者所任合而负之也。"分"者，亦己先负任，不能复并，为长者减半代负之也。此谓遇于道而代之。"斑白不提挈"，则子弟必代之，不使提挈于道也。此言人君养老以至孝，则民皆感发兴起而老老长长之教达矣。

右第二十九章。此章记养老恤孤之制，盖立教之本而六礼七教之所自惇也。

君子耆老不徒行。庶人耆老不徒食。

"君子"，有爵者。"徒行"，无车。"徒食"，无肉。老者以安饱为宜，不特为之子孙者当致孝以奉之，而苟所得为过于俭吝，以自劳困，亦非所以崇天年而自安其土也。

大夫祭器不假。祭器未成，不造燕器。

"祭器不假"者，天子之大夫及诸侯之大夫有采地者也。诸侯之大夫无采地者，则以渐成之，"未成"，假之可也。不先造燕器，以专力于祭器，期必成尔。"燕器"，宾客之器；"不造"，则己所服用可知已。先王为天下制用，酌奢俭之中，使各修其应得，所以顺人情，行典礼，纳诸无过不及之地而为荡平之矩也。

右第三十章。此章承上章养老致孝而推言之，以记王者为下制用之礼；盖亦修礼明教齐政之事。文虽略举，而因此准之，则王制之施于下者可类通矣。

方一里者为田九百亩。方十里者为方一里者百，为田九万亩。方百里者为方十里者百，为田九十亿亩。方千里者为方百里者百，为田九万亿亩。

"里"，皆以田言之，九百亩为一里。地形龃龉，各截补如数也。凡此诸数，皆以开方法准之可知。九十亿者，十万为亿，九百万也。九万亿者，巨万为亿，九万万也。凡数有小有巨，十千为万，十万为亿，谓之小数。十千为万，万万为亿，谓之巨数。万亿者，别于小亿之名，犹言巨亿，以小亿计之，为九千亿，非谓万其亿也。记此以为建国受禄之张本。

自恒山至于南河，千里而近。自南河至于江，千里而近。自江至于衡

山，千里而遥。自东河至于东海，千里而遥。自东河至于西河，千里而近。自西河至于流沙，千里而遥。西不尽流沙，南不尽衡山，东不尽东海，北不尽恒山，凡四海之内，断长补短，方三千里，为田八十万亿一万亿亩。断，都管反。

恒山，在今山西浑源州。南河，河在南，在今卫辉、怀庆之间。江者，滨江为界，在今湖广荆、岳间。衡山，在今湖广衡山县。东河，河在东，在今河南归、睢间。东海，海在东，在今山东沂州、直隶、安东间。西河，河在西，在今山西河曲县境。流沙，在今甘州卫西。"近"，不足；"遥"，有余也。"不尽"者，谓中国之地，北有幽、蓟、忻、代，南有零、桂，东有登、莱，西有酒泉，不尽于上所记，而以此为率也。"八十万亿一万亿"，谓八十一万万也。再言"万亿"者，记巨数之法不以十统万亿，故别言之也。

方百里者为田九十亿亩，山陵、林麓、川泽、沟泽、城郭、宫室、途巷，三分去一，其余六十亿亩。去，起吕反。

"方百里"，谓侯国也。"沟泽"，田间水道。"涂"，经涂。"巷"，曲巷。"去"，除也。此据建国之异说而言之也。封建以田制国，方百里之国授以提封万井，而山林、泽沟、城巷、官室不在算中。若以地界为率，则山泽所占广狭之殊相去倍蓰，或不逮三分之一，或倍过之，何以为准？且建国必因山川之形势，而非可蓦山跨水以求其必方。记者因世儒拘方之传说有如此者，聊为记之，实不然也。

古者以周尺八尺为步，今以周尺六尺四寸为步。古者百亩当今东田百四十六亩三十步。古者百里当今百二十一里六十步四尺二寸二分。当，丁浪反。

"今"，谓汉文武帝时；汉承六国亡秦之敝，苛取于民，短狭其步亩以厚敛之。文帝之世，群臣请改其制而谦让未遑，惟蠲除以为惠而已。至孝武之时，乃反古步法而加二百四十步为亩，施及于今矣。司马温公云周尺当今尺五寸五分弱，则八尺者宋尺四尺四寸弱，适当中人之一步矣。"东田"，犹言南亩，汉人名田之辞也。"百亩"，以开方积实算之。"百里"，以一方广径算之。然此所记，以其法算之而加减焉，皆不合，未知其解，或传写之讹也。今以开方算百亩，则古田百亩当汉初田百五十六亩二十五步。以一方广径之积算百里，则古百里当汉初一百二十五里。若以开方计百里之田，则古百里之田九十亿亩当汉初田一百四十亿六万二千五百亩，以里法约之，得一万五千六百二十五井也。

方千里者为方百里者百，封方百里者三十国，其余方百里者七十。又封方七十里者六十，为方百里者二十九，方十里者四十，其余方百里者四十，方十里者六十。又封方五十里者百二十，为方百里者三十，其余方百里者十，方十里者六十。

此言八州州方千里封国之制，以开方积实法除之可知。大国三十，每国去田九百万亩，共去田二万七千万亩。次国六十，每国去田四百四十一万亩，共去田二万六千四百六十万亩。小国百二十，每国去田二百二十五万亩，共去田二万七千万亩。凡二百一十国，共去田八万零四百六十万亩，余田九千五百四十万亩。以里计地者，实以田计封，皆取足于九万亿亩之中者也。

名山大泽不以封，其余以为附庸、间田。诸侯之有功者，取于闲田以禄之；其有削地者，归之间田。

"名山大泽不以封"，则方百里为田六十亿万之说不立矣。以间田禄有功之侯，所谓加地进律也。"削地"者，不敬之罚。间田之赋税，当其未赐则天子收之。

天子之县内，方千里者为方百里者百。封方百里者九，其余方百里者九十一。又封方七十里者二十一，为方百里者十，方十里者二十九，其余方百里者八十，方十里者七十一。又封方五十里者六十三，为方百里者十五，方十里者七十五，其余方百里者六十四，方十里者九十六。

公地九，去田八千一百万亩。卿地二十一，去田九千二百六十一万亩。大夫地六十三，去田一万四千一百七十五万亩。共去田三万一千五百三十六万亩。余田五万八千四百六十四万亩，则以共官御及禄士。

右第三十一章。此章释第三章分地建国之制而以算法详之者也。自第三十章以上皆《王制》之正文，此章以下至末，则因前文名例之未悉者而为释之。古之著书者具有此体，前为经而后为传也。

诸侯之下士禄食九人，中士食十八人，上士食三十六人，下大夫食

七十二人，卿食二百八十八人，君食二千八百八十八人，次国之卿食
二百一十六人，君食二千一百六十人。小国之卿食百四十四人，君食
千四百四十人。食，祥吏反。

"诸侯"，侯国也。每食一人，给粟三十六鬴。其授田者，每食九人，
而当公田百亩，则授以一井之地，以其公田为禄入也。

次国之卿，命于其君者，如小国之卿。

食百四十四人。

右第三十二章。释第一章侯国授禄之制。

**天子之大夫为三监，监于诸侯之国者，其禄视诸侯之卿，其爵视次国
之君，其禄取之于方伯之地。方伯为朝天子，皆有汤沐之邑天子之县内，
视元士。** 下"监"字，古衔反。为，于伪反。朝，直遥反。

三监之禄，薄于内大夫者，重内而抑外也。其爵尊于内大夫者，重王
命也。"汤沐"，谓为次舍，治仪容也。"视元士"者，如附庸，方三十里，
为田八十一万亩。

右第三十三章。释第三章第四章之制，而详其禄赐之等。

诸侯世子世国，大夫不世爵。使以德，爵以功。

"世子"，元子之誓于天子者。"大夫"，谓天子之大夫也。"使"者，
授以职而为士。"爵"，乃进为大夫。"德"者，立身制行之善。"功"者，
当官任职之绩。此通大夫、士之子而公选之。

未赐爵，视天子之元士，以君其国。

谓诸侯之嗣子初即位者。"赐爵"者，朝于天子而后命之。"视元士"，
谓车服礼秩之等。"君其国"者，主祭祀，临臣民也。

诸侯之大夫不世爵禄。

内诸侯禄也。诸侯之大夫不得视之。

右第三十四章。释第六章内外嗣禄之异制，而推广言之。

六礼：冠，婚、丧、祭、乡，相见。 冠，古乱反。

"乡"有饮有射而通为一者，射亦必燕也。"六"者，天子达于士庶之

礼，故司徒设之，以教士而节民性也。

七教：父子、兄弟、夫妇、君臣、长幼、朋友、宾客。长，丁丈反。

七者性所具知具能而以为教者，盖修率性之道而即教也。

八政：饮食、衣服、事为、异别、度、量、数、制。

"饮食"有节，"衣服"有章。"事为"者，四民之业。"异别"者，男女之防。"度"以知长短。"量"以计多少。"数"以记分合。"制"者，宫室、车器、质文、尊卑之则也。八者皆有画一之制，所谓"齐之以防淫"也。

右第三十五章。此章因第二十二章有其目而未详，故列言以释之。此篇之义以前七章为立教之统宗，第二十二章为立教之纲领，故记者详为释之以附其后，而此篇之旨趣要归亦可因是而见矣。

《礼记章句》卷五终

礼记章句卷六

月令

《月令》一篇，旧云吕不韦所作。今《吕氏春秋》十二纪之首具有此文，而《管子》《淮南子》亦皆有之，特其文小异，惟《吕氏春秋》与此异者不过数字，是以知其所传自吕氏出也。先王奉天出治，敬授民时，盖亦有斯义焉，而《夏小正》及《素问》所记时物，亦参差略同。不韦本以贾人由嬖幸为秦相，非能自造一家言者，且其驵侩奸诡，亦不能依附正道，而此篇所纪亦略仿佛先王之政教，盖战国之时教散说殊，八家之儒与杂流之士，依傍先王之礼法，杂纂而附会之，作为此书，而不韦以权力袭取，掩为己有。戴氏知其所自来，非吕氏之独造，而往往与礼相近，故采之于《记》，以备三代遗法焉。至不韦之杂以权谋者，则概从删斥，可谓辨矣。顾其谓明堂十二室、王者随月居之以出政，立说舛异，与《五经》不合。而后公玉带之流创为歆侧零星非法之屋，谓之明堂，蔡邕祖而为之说，施及拓跋宏、武曌，缘饰猥嫙，盖自此始，其为战国游士设立虚名以惊听睹，既无足疑。若夫先王敬授之义，止以为民农桑开敛之计，未尝屑屑然师天之寒暑阴阳，袭取以为道法。此篇所论刑赏政教，拘牵时数，抑不足以宪天而宜民。且灾祥之至谓为人感者，要以和则致详，乖则致戾为其大较，至祥沴之至，或此或彼，天造无心，亦奚必以此感者即以此应，拘于其墟而不相移易哉！君子恐惧修省，敬天灾而恤民患，亦尽道于己而天即不违，执一成之应以逆亿天心，徒为妄而已矣。《易》曰："天地设位，圣人成能。"设位者天，成能者人，仰其其位而自替其能，固已殊异乎君子之道，而后世变复之邪说，流为谶纬以惑世诬民，皆自此兴焉。自汉以来，未能绌此篇于《五经》之外，今姑因其说之可通者而诠释之，其事理之不足信从者，则亦略之而已。凡十三章。

孟春之月，日在营室，昏参中，旦尾中。

"孟春"，夏正岁首，建寅，日月会于娵訾之月也。建寅者，斗柄第一星指寅方也。地有十二方，天有十二次。十二方者，东南西北围绕周遭，正北始于子，北西合于亥。十二次者，上下东西围绕周遭，天中为午，地中为子，东正为卯，西正为酉，而二十八宿日移一度左旋环之，起女二度，入玄枵之次，至女一度，终娵訾之次也。北斗随时自运斗柄，一星居常不动，余六星圆转周回，斗柄因之而易所指，日迁月移，以大概言之，则十二月指地之十二方也。月有朔，岁有十二中气；此言"月"者，中气必在其月之内，实则自立春讫惊蛰前一刻，三十日有奇之内皆孟春也。余放此。太阳东行，日移一度，岁而周天，以常计之，每一中气行三十度有奇，为一次。古今岁差所积，率六十七年而差一度。此据周、秦之际日在斗二十三度为冬至，则立春日在危十二度，雨水日在室十一度。然此篇十二月所记，或先或后，不能尽合，则记者之未审也。若以《大统历》法算之，冬至日在箕五度初，则雨水日在危六度，而日月会于玄枵之次矣。"中"星者，二十八宿三百六十五度万分度之二千四百二十五分，一日左旋一度，当晨星欲隐昏星始显之际于南方正中午位测之，以纪天行也。此云"昏参中，旦尾中"者，亦周、秦之际之大较也。十二月所记，以日躔相去较之，亦多不合，皆记者之疏尔。岁差所积，至于今历，则雨水昏中毕十三度，旦中房三度末矣。记日躔，审中星，皆以记天及太阳所行之舍，为太阴、五星周合之本，盖治历之事也。

其日甲乙，其帝大皞，其神句芒，其虫鳞，其音角，律中大簇，其数八，其味酸，其臭膻，其祀户，祭先脾。 大，他盖反。句，古侯反。中，丁仲反。后"律中"之"中"皆同。簇，七豆反。

曰"其日"者，以为择日之用也。春王在木，"甲乙"者木幹，故凡春以甲乙之日为王而吉也。余放此。"帝"，古之有天下者。大皞，伏羲氏。周末邹衍之流，推五德迭王之说，谓大皞以木德王。余四帝放此。"神"者，造化之精爽。句芒，春时草木句屈芒萌而生，故谓其神曰句芒，迎春则祀之。动物之属皆曰"虫"。"鳞"者，鱼类，至春而盛，以纪取之之候也。余四虫放此。"音"者，律之祖；"律"者，音之辨也。纪音律者，所以著其损益生合之数，与天为合。或曰，以其管吹灰，候中气之至。古有此法，要其验否未可知也。"角"者，三分羽益一以生，其数六十四，浊清之中也。"大簇"，林钟上生之律，长八寸，蔡氏曰："积十五万七千四百六十四分。""其数"者，所以决卜筮之用也。"八"，木之成数，于《河图》位在东，故应乎春。凡四时之数皆用成而不用生者，以卜筮用七、八、九、六，而不用一、二、三、四，象必成而后效也。"酸"者，木之味。"膻"者，木之臭。纪"味"与"臭"者，辨其原本于五行之化，使服食者得因其运气与府藏之虚实而损益之为补泻也。祀，谓五"祀"，自大夫以上达于天子之所祀。"户"，室户，自内向外出者之所先，兴起有事，象春之生也。四时各有一祀而每月言之者，谓此三月之内随一月而可祀也。"祭"，祭始制饮食者于豆间。"先"者，谓食庶羞时品祭品尝而此先之也。"脾"，土藏。木克土，以所克者为养之重，妻养夫之义也。

东风解冻，蛰虫始振，鱼上冰，獭祭鱼，鸿雁来。解，佳买反。上，时掌反。

"冻"，凌也。"振"，动也。《淮南子》"振"下有苏字。"苏"者，更生之意。"上冰"者，冰面未释而下已解，鱼出，上近冰也。《淮南子》"冰"上有"负"字。《夏小正》"上"作"陟"，义尤通。"獭祭鱼"者，冰释鱼出而獭猎之也。"鸿"，雁之大者；《吕氏春秋》作"候"，言雁可以候时也。"来"者，王都在北，于时雁自江南而北也。凡诸气至物候之应必详之者，以审物理而前民用，使触物而知农桑佃渔土功之节，违寒避暑之度也。尽此一中气之中，诸候之应或前或后，非必有定。十二月之候，多少详略亦无定数。后世历家更为增损，限之以七十二，而每候五日，先后不移，则既泥而不通，而蔡氏用之演九畴之数，其亦固矣。

天子居青阳左个，乘鸾路，驾仓龙，载青旂。衣青衣，服仓玉，食麦与羊，其器疏以达。载，都代反。"衣青"之"衣"，于既反。篇内并同。

"青阳左个"，旧说以为明堂十二室，其东三室曰"青阳"；"左个"则其北偏室也。"鸾"，铃也。"鸾路"，悬铃于路车之镳上。"仓"，与"苍"通，深青色。马八尺曰"龙"。"载"，建之车上也。"服"，谓冠饰及佩。"食麦与羊"，其说不可晓。按《素问》四时所食之谷畜错见不一，皆与此不同，要皆拘牵附会之言，非有理据也。"器"，食器。"疏以达"者，刻镂疏通而形制廓达也。凡此事理穿凿，法制诡异，考之三王之制，皆所不合。盖周末小道繁兴，以私意比拟而创立之，以成一家之言，谓可俟后王之施行。然不韦祖之以为立说之本，而卒不能用之于秦，况圣人之创制显庸以体天而宜民者乎！

是月也，以立春。先立春三日，大史谒之天子，曰："某日立春，盛德在木。"天子乃齐。立春之日，天子亲帅三公、九卿、诸侯、大夫，以迎春于东郊。还反，赏公卿、诸侯、大夫于朝，命相布德和令，行庆施惠，下及兆民。庆赐遂行，毋有不当。先，悉荐反。"大史"之"大"，他盖反，下同，齐，侧皆反。还，似宣反。朝，直遥反。相，息亮反。施，以豉反。当，丁浪反。

"以立春"者，言以立春为是月之始也，其或因闰而在前岁十二月者，亦即以其日为春始矣。余三时放此。"立"者，始基之辞。"谒"，告也。"盛德"，谓天德之成化者。"相"，战国官名，百官之长，视周之冢宰。"庆"，赏善也。"惠"，补不足也。"庆赐遂行"者，行之于侯国，"庆"以地，"赐"以车服。

乃命大史守典奉法，司天日月星辰之行，宿离不贷，毋失经纪，以初为常。司，相吏反。宿，息求反。离，郎计反。贷，与"忒"同，他得反。

"大史"兼掌天文历法，在周则冯相、保章氏属之。"典"者，一定之常式。"法"者，推步增减之活法。"司"，与"伺"通，候也，察也。日之躔，月之离，五星之迟疾进退伏见，皆以二十八宿之辰为之度分而考较之，所谓"经"也。"宿"者，日与辰行之次；"离"者，月与五星周合之分；所谓"纪"也。"贷"，差也。"初"，始也，谓历元也。"以初为常"者，推测勘验必与历元合以为常也。孟春一岁之首，故命大史守仪法以考验去岁所颁新历之得失也。

是月也，天子乃以元日祈谷于上帝。

十干谓之"日"，"元日"，上辛也。旧说以为此即郊也。按仲冬之月无郊祀之文，则记《月令》者或即以此当郊。然"祈"与"报"殊，《郊特牲》以郊为大报天，于义为允，而此专以"祈谷"为言，则亦非所以事天矣。

乃择元辰，天子亲载耒耜，措之于参保介之御间，帅三公、九卿、诸侯、大夫，躬耕帝籍。天子三推，三公五推，卿诸侯九推。反，执爵于大寝，三公、九卿、诸侯、大夫皆御，命曰劳酒。 帅，所律反。推，他回反。劳，力报反。

十二支谓之"辰"，"元辰"，上亥也。"耒"，覆土者；今谓之犁壁。"耜"，起土者；今谓之犁头。"参"，参乘。"保"，衣；"介"，甲；谓车右也。"御间"者，御居中，右居右，当二人所立之间也。措耒耜于此，稍远于天子，尊者虽躬亲有事，不敢以事期之也。"籍"之为言借也。借民力以终亩也。"帝籍"以共粢盛，奉郊庙而独言"帝"者，统于尊也。"推"，谓推动耒耜行一匝。下言"大夫御"，而此不言大夫推数者，略文。按《国语》，大夫二十七推，士当八十一推，庶人终千亩也。"执爵"，盖用燕礼。"大寝"，路寝。"御"，侍也。士旅酬堂下，不得献，故不在御列。"劳"，息其劳也。三代耕籍之礼他亡，所考仅见《国语》及此篇尔。

是月也，天气下降，地气上腾，天地和同，草木萌动。王命布农事，命田舍东郊，皆修封疆，审端径术，善相丘陵阪险原隰土地所宜，五谷所殖，以教道民，必躬亲之。田事既饬，先定准直，农乃不惑。 术，与"遂"通，徐醉反。相，息亮反。道，徒到反。

"天气"者，太虚清刚之气。"地气"者，水土蒸升之气也。清刚之气降，则水土之气以抑聚而屯合，愤盈逸出于清霄黄垆之间，遇罅而充，则草木资之振动而萌芽，物有生理，而时雨亦将降矣，故农事于此兴焉。"布农事"者，发令以修农政也。"田"，田畯。"舍"，次舍也。四郊皆田，独言"东郊"者，田畯之行自东始也。"封疆"，井牧之经界，阡陌之塍埒也。"审"者，察水土高下之势。"端"者，勿使迂曲碍耒耜也。"径术"者，《周礼·遂人》所谓"夫间有遂，遂上有径。""遂"，广二尺深二尺之小沟。"径"，广二尺，徒行之小路也。言"径遂"，则沟畛涂以上之皆审端可知，举小以概大也。"善相"，审视之也。小山曰"丘"，冈足曰"陵"。"阪"，坡也。"险"，碕岸也。高平曰"原"，下平曰"隰"。六者燥湿肥瘠各有宜种之谷，虽农人所喻，而或贪多得，或幸早成，种非其种，以陷水旱，必须田畯岁省而教导之。"躬亲"者，虽穷乡僻壤，田畯必履亩而视之也。凡此皆田之大政，岁申饬之，而又为之定其高下之准，纵横之直，使行水以防旱涝者各有定则焉。盖农人见近而昧远，必田畯通为相察，乃能不惑而利于耕矣。此三代田官劝农之政，亦他亡所考而仅见于此。凡此类，则《月令》之不可废者也。

是月也，命乐正入学习舞。

"乐正"，大司乐。"习"，教也。国子之教：乐舞、乐德、乐语，此独言"舞"者，略文。春秋教羽籥，此其始也。

乃修祭典，命祀山林川泽，牺牲毋用牝。

"修"者，申饬一岁所当举之祀事也。牺牲用牝为不敬，山林川泽且不用，郊社宗庙可知已。

禁止伐木。毋覆巢，毋杀孩虫、胎、夭、飞鸟，毋麛，毋卵。 覆，如字，芳服反。夭，乌老反。

"禁"，禁其欲伐者。"止"，止其方伐者。"覆"，摘落之也。"孩"，小虫。"杀胎"，未生而伤其母也。"杀夭"，已生而戕其子也。"飞鸟"，求食哺子者。"麛"，兽子。"卵"，禽卵。皆禁民取之，所以息生理也。

毋聚大众，毋置城郭。

"聚大众"，谓治兵讲武。"置"，立也。农事方始，早禁之也。

掩骼埋胔。

"骼"，枯骨。"胔"，腐肉。兼人兽而言，谓古墓崩露及殣死之残余也。

是月也，不可以称兵，称兵必天殃。兵戎不起，不可从我始。

"称"，举也。"不可从我始"，敌加于己，不得已而应之可也。郑氏曰："为客不利，主人则可。"其义是矣。

毋变天之道，毋绝地之理，毋乱人之纪。

此节统论十二月之令皆当顺时而行，以起下行令违时则三才交舛之义。其系之正月者，发例于始也。

孟春行夏令，则雨水不时，草木早落，国时有恐；行秋令，则其民大疫，猋风暴雨总至，藜莠蓬蒿并兴；行冬令，则水潦为败，雪霜大挚，首种不入。 恐，欺用反。种，之勇反。

"恐"，以讹言相恐吓。"猋风"，回旋飘疾之风。"总至"，风挟雨至。"藜"，蒺藜。"莠"，似稷无实，俗谓之狗尾草。"蓬"，似蒿，尾端有絮。

"蒿"，邪蒿。四者皆恶草。"兴"，田间盛生，难为芸也。"水潦为败"，堤决败田也。"挚"，甚也。"首种"，稷也。"不入"，谓水涝不能种也。凡行令不时，灾害之应，《记》文既穿凿无征，注疏又杂以术家之言，相附会为纤怪，今皆不取，学者勿惑焉。

右第一章。

仲春之月，日在奎，昏弧中，旦建星中。

"仲春"，日月会于降娄而斗建卯之月也。"弧"星，当井十六度。"建星"，当斗十度。斗井二宿度分广远，故以其宿内小星志之也。今以《大统历》法算之，春分日在壁三度，昏井十六度中，旦箕四度中。

其日甲乙，其帝大皞，其神句芒，其虫鳞，其音角，律中夹钟，其数八，其味酸，其臭膻，其祀户，祭先脾。音同"孟春"。

"夹钟"，夷则上生之律。蔡氏曰："全七寸四分三厘七毫三丝，半三寸六分六厘三毫六丝，积十四万七千四百五十六分。"

始雨水，桃始华，仓庚鸣，鹰化为鸠。雨，于付反。华，呼瓜反。

"雨水"者，谓始不全雨雪也。"仓庚"，黄鹂。"鸠"，爽鸠，自其杀则谓之"鹰"，自其不杀则谓之"鸠"。按此记孟春"蛰虫始振"，仲春"始雨水"，盖古历以惊蛰为正月中，雨水为二月节，至后汉刘歆作《三统历》，始两易之。

天子居青阳大庙，乘鸾路，驾仓龙，载青旂、衣青衣、服仓玉、食麦与羊、其器疏以达。大，他盖反，余音同"孟春"，后篇内并同。

"青阳大庙"，谓是东向正中之室。

是月也，安萌牙，养幼少，存诸孤。少，许照反。

"牙"，与"芽"同。木蘖旁生谓之"萌"，草苗上出谓之"芽"。"安"者，禁勿折之。"养幼少"者，妇人乳子则复除其征也。"存"，问而恤之也。"诸孤"，幼而无父者。

择元日，命民社。

"元日"，旧说以为甲日。按《召诰》，社用戊，今春秋社用立春与立秋后第五戊，沿《召诰》也。"民社"，所谓二十五家之置社也。"命"者，使民祭之。

命有司省囹圄，去桎梏，毋肆掠，止狱讼。去，起吕反。掠，力让反。

"有司"，司寇府、史之属。"省"者，审辨其轻者而释之。"囹圄"，秦狱名。足械曰"桎"，手械曰"梏"。"肆"，《淮南子》作"笞"。"掠"，捶击也。"止狱讼"者，禁民告讦，若已告讦则立案不为摄治。

是月也，玄鸟至。至之日，以大牢祠于高禖，天子亲往，后妃帅九嫔御。乃礼天子所御，带以弓韣，授以弓矢，于高禖之前。大，他盖反。帅，所律反。

"玄鸟"，燕也。燕之乳子于人家室，故以为生子之祥。"祠"，祭也。"高禖"，古之始为媒者。"妃"，三夫人。不言世妇、御妻者，略文。"御"，陪祀也。"礼"，祝酌福酒饮之。"所御"，幸而有娠者。"带"，佩也。"弓韣"，弓衣。"弓矢"，男子之所有事，故以此祝令宜男也。

是月也，日夜分，雷乃发声，始电，蛰虫咸动，启户始出。先雷三日，奋木铎以令兆民，曰："雷将发声，有不戒其容止者，生子不备，必有凶灾。"先，悉荐反。

"日"，日出。"夜"，日没。"分"，长短刻同，谓春分也。雷无恒期而以春分为断，"先雷三日"者，先春分三日也。阳气在地中，当春奋出则为雷，顾其发有大小，出有缓急，发之小以缓，则不足以有声；发之大以急，于是成乎雷而有声，故谓之"雷乃发声"。"电"者，雷之光也。其或电而不雷者，阳出不迅而稍散，能为光而不能有声也。"户"，蛰虫穴窍。"启"，去其坏也。虫乘雷而出，记之以纪雷候也。"木铎"，遒人所掌以警戒众者。"容止"，谓夫妇之事。"不备"，形体不全。"凶"，子夭折。"灾"，母有蓐难。

日夜分，则同度量，钧衡石，角斗甬，正权概。量，吕张反。甬，余陇反。

"同"，齐一之也。"度量"，谓度以量物长短、尺丈、寻仞也。"钧"，平也。"衡"，今之天平。"石"，若今盐砠。"角"，较也。"甬"，斛也。"正"，审定之也。"权"，称也。"概"，所以平斗甬者，正之勿使凸凹。

是月也，耕者少舍，乃修阖扇，寝庙毕备。

"舍"，止也。"少舍"者，发土已，未播种间也。"阖扇"，门扉也。"寝"，居室。自天子至于士皆有"庙"。所修者但门扉之类，功易竟也。

毋作大事以妨农之事。

"大事"，大工役难竟者。

是月也，毋竭川泽，毋漉陂池，毋焚山林。

"川泽"，谓潴堰大水以溉田者。"漉"，亦竭也。蓄雨水曰"陂"，引水而蓄之曰"池"。农事方始，不当以鱼鳖故失水利。山林长养材木，方春焚之，则不复生。三者皆禁民为之。

天子乃鲜羔开冰，先荐寝庙。鲜，本"献"字之误，许建反。

"献羔"，祭司寒也。藏冰以供宾食丧祭之用，仲春阳气内动，地中已暖，恐致消释，故开发其窬藏以出之。"先荐寝庙"者，重其事，荐而后颁之也。凡荐之事皆于寝，言"寝庙"者，见为庙之寝也。

上丁，命乐正习舞、释菜，天子乃帅三公、九卿、诸侯、大夫亲往视之。仲丁，又命乐正入学习舞。师，所律反。

入学"习舞"者，孟春教习国子，至此考其小成，更令演习以待天子之视也。"释"，奠也。"菜"，芹藻之属，奠之以祭先师。祭有脯醢，特不杀而专言"菜"者，尚鲜也。天子帅公、侯、卿、大夫视学，义见《王制》。"仲丁又命习"者，以天子视学以后，贤者举之，不肖者绌之，余且暂令休沐，于此更令之学也。春夏习舞，秋冬习吹，以舞阳吹阴，故偏举言之，实则皆互习之也。《诗》《书》《礼》皆教而专言"乐"者，学以乐为成，以是而考其成也。

是月也，祀不用牺牲，用圭璧，更皮币。更，古衡反。

"更"，易也，用圭璧皮币更牺牲，互文见意。此节所言于礼不合。若此类，盖《月令》迂谬之尤者，不可从。

仲春行秋令，则其国大水，寒气总至，寇戎来征；行冬令，则阳气不胜，麦乃不熟，民多相掠；行夏令，则国乃大旱，暖气早来，虫螟为害。暖，况远反。

"寇戎"，寇兵也。"征"，伐也。"掠"，侵夺。虫食苗心曰"螟"。
右第二章。

季春之月，日在胃，昏七星中，旦牵牛中。

"季春"，日月会于大梁而斗建辰之月也。以《大统历》法算之，谷雨日在娄五度，昏星九度中，旦牛二度中。

其日甲乙，其帝大皞，其神句芒，其虫鳞，其音角，律中姑洗，其数八，其味酸，其臭膻，其祀户，祭先脾。洗，苏典反，余音同"孟春"。

"姑洗"，南昌上生之律。蔡氏曰："长七寸一分，积十三万九千九百六十八分。"

桐始华，田鼠化为鴽，虹始见，萍始生。

"桐"，冈桐，其实可榨油者；今南人候其花发乃渍稻种。"田鼠"，田间之鼠。"鴽"，鹌子。"萍始生"者，柳絮始飞，坠水中而为萍也。

天子居青阳右个，乘鸾路，驾仓龙，载青旂，衣青衣，服仓玉，食麦与羊，其器疏以达。音同"孟春"。

"青阳右个"，谓是东乡南偏之室。

是月也，天子乃荐鞠衣于先帝。鞠，与"麴"同，邱菊反。

"鞠衣"，麴上黄尘如衣者。时造麴成，将用酿酒，故荐之。

命舟牧覆舟，五覆五反，乃告舟备具于天子焉。天子始乘舟。覆，如字，芳服反。反，孚表反。

"舟牧"，典舟之官。"五覆五反"，审视内外，加之灰钉也。春深水将至，治舟以备天子之乘。云"始乘舟"者，言五覆五反之后，审其坚固，而后天子可以乘之也。

荐鲔于寝庙。

"鲔"，鲤之大者。水生鱼上，初得大鲤，渔人献而荐之。

乃为麦祈实。为，于伪反。

祈之于群祀。

是月也，生气方盛，阳气发泄，句者毕出，萌者尽达，不可以内。句，古侯反。内，奴答反。

"生气"，物之气也。"阳气"，天之气也。"句萌"，草木之芽苗。"内"，谓收藏谷实。句萌方出，旧谷见风日则坏，故窃藏者必先藏之，勿待此时。若此月所登之物，则不可藏，故戒民勿藏也。

天子布德行惠，命有司发仓廪，赐贫穷，振乏绝。振，之挺反。

藏米曰"廪"，藏谷曰"仓"。"贫"，无财。"穷"，无依。"乏"，暂无。"绝"，不继也。"振"，与"赈"同。于时旧粟将尽，新麦未登，故振赐之。

开府库，出币帛，周天下，勉诸侯，聘名士，礼贤者。

“府库”，币帛之所藏。“勉”，劝劳之也。王者于诸侯有时聘以结好，间问以谕志，皆以劳之。“名士”，贤之著者。“聘”，征用之。其或不欲仕者，则以币赐而礼之。

是月也，命司空曰：“时雨将降，下水上腾，循行国邑，周视原野，修利堤防，道达沟渎，开通道路，毋有障塞。”上，时掌反。“道达”之“道”，徒到反。

“国”，王城内。“邑”，采邑。“原野”，郊外。“修”者，整其颓圮。“利”者，顺其地势。“道达”，疏浚之也。沟渎之上为道路，沟渎浚则道路通矣。

田猎、罝罘、罗网、毕翳、馁兽之药，毋出九门。

“田猎”者，田猎之具，弓矢矛戟之属。“罝”，杙上网。“罘”，两辕网，皆兽网。“罗网”，张树间者。“毕”，有柄小网。“翳”，以茅结之，用自翳蔽，纵媒致雉而射者。“馁兽之药”，毒矢药也。“九门”，王城之门凡九也。禁之于国门者，以国中非田猎毕弋之地，禁令勿往郊外也。

是月也，命野虞无伐桑柘。鸣鸠拂其羽，戴胜降于桑，具曲植籧筐，后妃齐戒亲东乡躬桑。禁妇女毋观，省妇使以劝蚕事。蚕事既登，分茧称丝，效功以共郊庙之服，毋有敢惰。籧，居吕反。齐，侧皆反。共，九容反。

“无伐”者，令野虞禁民伐也。并言“柘”者，桑不足则以柘继之。“躬桑”不言柘者，公桑自足，无待柘也。“鸣鸠”，搏谷鸟。“拂其羽”者，振迅以飞而且鸣也。“戴胜”，鸤鸠；今俗谓之拔哥，头上有茸毛簇起，如妇人之戴花胜然。“降”者，飞而下集，以方省桑，因见其降。二者皆以记蚕候也。“具”者，缮具之于北郊蚕宫。“曲”，薄也，如簟，所以藉蚕者。“植”，薄架也。“籧”，与筥同。方曰“筐”，圆曰“筥”，皆盛桑食蚕器。“东向”者，后不留终蚕事，一采以劝桑者，惟就树西面生气为礼也。有夫曰“妇”，在室曰“女”。“观”，盛治容饰。此通禁国中妇女，令急蚕功也。“省”，裁损也。“妇使”，酒浆、脯醢、缝组之事。此省宫中之事以急公蚕也。“分茧称丝”者，分授而使之缫纺湅治，成则称其多少以课勤惰也。“郊庙之服”，祭服。此节惟禁伐桑柘及禁饰容观为劝民蚕之政，余皆言公蚕之事。然王后躬亲于上如此之勤慎，则民自不待督而自勤矣。此古之蚕政也，无所考而仅见于此，亦《月令》之不可废者也。

是月也，命工师令百工审五库之量，金铁、皮革筋、角齿羽、箭干、脂胶丹漆，毋或不良，百工咸理。监工曰号，毋悖于时，毋或作为淫巧以荡上心。量，吕张反。监，古衔反。作，侧个反。

"工师"，冬官之属，百工之长也。"五库"：金铁一，皮革筋二，角齿羽三，箭干四，脂胶丹漆五。"量"者，计其多少而用之。"金"，铜也。生曰"皮"，熟曰"革"。"箭"，为矢之竹蒲。"干"，材木为车器者。"脂"，以轫木为轮。"丹"，朱砂，《考工记》所谓"以朱湛诸丹秫"者也。"咸理"，咸治其事。"号"，令之也。"时"者，燥湿寒暑之宜，如木宜燥，漆宜湿之类。"淫巧"，过于巧也。"荡"者，摇动而歆于侈。

是月之末，择吉日，大合乐，天子乃帅三公、九卿、诸侯、大夫亲往视之。

"大合"者，学者始各分习之，今合并而奏其成也。"视之"，所以养君德。

是月也，乃合累牛腾马，游牝于牧，牺牲驹犊举书其数。

"累"，相重累。"腾"，跃也；皆牡兽求牝之状。"游牝"，纵牝与游，使之合也。"牺牲"则禁其合，"驹犊"则游之。"书其数"者，除牺牲而课其孳生也。

命国难，九门磔攘以毕春气。难，诺何反。攘，汝羊反。

"难"，与"傩"通。"国难"者，惟天子、诸侯行之。时民农务方兴，勿使游荡而代为之傩也。"磔"，裂牲以祭，盖用羊。"攘"，与"禳"通，祭以除灾也。"毕"，踔也；驱除之也。春时温气杂寒而至，多以夏初而成疫，故示驱逐之。此亦先王因俗之不可尽拂而无大害于义者，聊仍之以安民心，而制之自上，限之以礼，使无私为淫祀也。

季春行冬令，则寒气时发，草木皆肃，国有大恐；行夏令，则民多疾疫，时雨不降，山陵不收；行秋令，则天多沉阴，淫雨早降，兵革并起。恐，欺用反。沉，直深反。

"肃"，枯劲。"大恐"，讹言大起。"山陵不收"，谓高田旱而失种也。雨三日以上不止曰"淫"。

右第三章。

孟夏之月，日在毕，昏翼中，旦婺女中。

孟夏，日月会于实沉而斗建巳之月也。以今《大统历》法算之，小满日在昴七度，昏翼六度中，旦尾六度中。

其日丙丁，其帝炎帝，其神祝融，其虫羽，其音徵，律中中吕，其数七，其味苦，其臭焦，其祀灶，祭先肺。徵，张里反。"律中"之"中"，陟仲反。"中吕"之"中"，直从反。

夏王在火，"丙丁"火干，故日以丙丁为吉。炎帝，神农氏，以火德王。祝融，火神之号，"祝"，火；"融"，光也。"羽虫"，禽鸟之属，夏而成也。"徵"，三分宫去一下生之音，其数五十四。"中吕"，无射上生之律。蔡氏曰："全六寸五分八厘三毫四丝六忽余二算，半三寸二分八厘六毫二丝二忽，积十三万一千七十二分。""七"者，火之成数，于《河图》位在南。"苦"者，火之味。"焦"者，火之臭也。"灶"，司火以养人，故夏祭之。"肺"，金藏；火克金，故为养道之重。

蝼蝈鸣，蚯蚓出，王瓜生，苦菜秀。

"蝼蝈"，蝼蛄、蝈、蛄声相近，俗谓之土狗。"王瓜"，栝楼也。"秀"者，荣而不实。

天子居明堂左个，乘朱路，驾赤骝，载赤旂、衣朱衣、服赤玉，食菽与鸡，其器高以麤。"载""衣"，音同"孟春"，余月同。麤，俗本作"粗"者误。

"明堂左个"，南乡东偏之室。"骝"，赤马黑尾。浅绛曰"赤"，深赤曰"朱"。"麤"，大也。

是月也，以立夏。先立夏三日，大史谒之天子，曰："某日立夏，盛德在火。"天子乃齐。立夏之日，天子亲帅三公、九卿、大夫以迎夏于南郊。还反，行赏，封诸侯。庆赐遂行，无不欣说。说，戈雪反，余音同"孟者"。

"封诸侯"，谓命诸侯之继世受封者。"庆"，以地赏有功者。"赐"，以车服授有德者。

乃命乐师习合礼乐。

"乐师"，大乐正。"习"，教也。"合"，备作串合其大成。

命大尉赞桀俊，遂贤良，举长大，行爵出禄必当其位。当，丁浪反。

"大尉"，秦官；在周为大司马。"赞"，进也。"桀"，与"傑"通。谓有才者。"遂"，达也，成也，达之在上位，使其有成绩也。"贤良"，有德者。"长大"，《淮南子》作"孝悌"，于义为通。"行"，序也。"出"，颁也。"当其位"者，以分职授位，有成绩而后加之爵禄也。

是月也，继长增高，毋有坏堕，毋起土功，毋发大众，毋伐大树。长，丁丈反。坏，古外反。堕，许规反。

"继长增高"，谓土气发越，草木丰起，相继而日盛也，"毋有坏堕"者，即下文劚土伐木之事。"发大众"者，即以任土功也。

是月也，天子始绤。

"绤"，细葛。天子服之，下乃服也。

命野虞出行田原，为天子劳农劝民，毋或失时。命司徒巡行县鄙，命农勉作，毋休于都。行，下孟反。为，于伪反。劳，力报反。作，侧个反。

"行"，遍至而省之也。"县"，二千五百家；"鄙"，五百家，六遂之属。六乡，天子命虞至田间劝农；六遂，则司徒行县鄙，令县鄙之吏自行田原也。"休"，息也；谓或有事至都，趣令速返，毋留都邑旷农务也。

是月也，驱兽毋害五谷，毋大田猎。

所谓"夏苗"也。

农乃登麦，天子乃以彘尝麦，先荐寝庙。

"登"，成而收之也。"彘"，豕之大者，味与麦相宜。

是月也，聚畜百药。畜，丑六反。

"聚"，采拾捃聚之。"畜"，藏也。"百"者，举大概而总言之。于时草木方盛，茎丰美，根荄气未大泄，服食倍有力也。

靡草死，麦秋至。断薄刑，决小罪，出轻系。

"靡草"，弱草；荠菜、夏枯草之属。"麦秋"者，方麦熟时有风雨凉爽之气如秋也。"薄刑"，墨扑之刑，得小罪者服薄刑，故断定而的决之，其可宥者，则因释其囚系。

蚕事毕，后妃献茧。乃收茧税，以桑为均，贵贱长幼如一，以给郊庙之服。长，丁丈反。

"后妃献茧"者，受九嫔之献也。"乃收茧税"者，公蚕既登，则知民蚕之毕，于时而税其丝也。"以桑为均"者，因其田庐而制其树桑之数，为税丝之等，勤者有余不多取，惰者不足不为减也。"贵贱长幼如一"者，以妇人无他事，虽贵不免其征，与士、大夫之禄田不税于公者异。女子笄而即任妇功，不得如男子余夫之制也。《周礼》：以九职任万民，一曰嫔妇，任治丝枲。任者，任其责也。如是则丝之入亦多矣。宫中及颁赐之用皆取给焉，独言"给郊庙之服"者，总承上"献茧"而言，举重以统轻也。

是月也，天子饮酎，用礼乐。

"酎"者，重酿之酒，春造而夏始成也。按"饮酎"之文，他无所见，汉人重之，以献宗庙，盖亦秦礼尔。合群臣，重之以礼乐。后世大酺之举，其迹此而为之与？

孟夏行秋令，则苦雨数来，五谷不滋，四鄙入保；行冬令，则草木早枯，后乃大水，败其城郭；行春令，则蝗虫为灾，暴风来格，秀草不实。 数，所角反。

"苦雨"，寒雨。"滋"，苗稼丰美。"鄙"，边邑。"入保"者，入城邑而避兵，盖有寇来侵也。"蝗"，螽也。"格"，至也。"秀草"，麦也。"不实"者，风败之。

右第四章。

仲夏之月，日在东井，昏亢中，旦危中。 亢，古郎反。

"仲夏"，日月会于鹑首而斗建午之月也。以《大统历》法算之，夏至日在参九度，昏轸十六度中，旦壁一度中。

其日丙丁，其帝炎帝，其神祝融，其虫羽，其音徵，律中蕤宾，其数七，其味苦，其臭焦，其祀灶，祭先肺。 音同"孟夏"。

"蕤宾"，应钟上生之律。蔡氏曰："全六寸二分八厘，半三寸一分四厘，积十二万四千四百一十六分。"

小暑至，螳螂生，鵙始鸣，反舌无声。 鵙，古阒反。

"鵙"，百劳。"反舌"，百舌鸟。"无声"，不能为宛转之声也。

天子居明堂大庙，乘朱路，驾赤骝，载赤旂，衣朱衣，服赤玉，食菽与鸡，其器高以粗。 大，他盖反。

"明堂大庙"，谓是南乡正中之室。

养壮佼。

"佼"，长好貌。谓草木于时壮盛长好，当长养之，禁摧折也。

是月也，命乐师修鞀、鞞、鼓，均琴、瑟、管、箫，执干、戚、戈、羽，调竽、笙、篪、簧，饬钟、磬、柷、敔。 鞀，与"鼗"同，徒刀反。鞞，与

"蘁"同，频迷反。筂，与"篪"同，直离反。

"乐师"者，凡乐器各有师专司之，如磬师、钟师之类；习其器者，即令修之也。"鼗"，如鼓而小，有柄有耳，摇则自鼓。"鼓"，雷鼓、灵鼓、路鼓、晋鼓。"鞞"，小鼓，在大鼓旁，与鼓相应。"均"者，适琴瑟之徽弦，次管箫之比竹也。古"琴"长三尺六寸六分，五弦。"瑟"，长八尺一寸，二十七弦。"管"，并两竹而吹之。"箫"，编二十二管，长尺四寸。"执"，谓执持而试其便舞与否也。"干"，盾；"戚"，斧；"戈"、钩，子，戟；三者武舞。"羽"，文舞也。"竽"三十六簧，"笙"十三簧，大者十九簧，皆列管匏中。"筂"，独竹管，长尺四寸，八孔，一孔上出寸三分，横吹之。"簧"，即谓竽笙之簧。"钟、磬"，有笙铺二类，编列于簴。"柷"，如漆桶，方二尺四寸，深一尺八寸，中有椎柄连底，撞之令左右击。"敔"，刻木如虎，背上有二十七龃龉，以木长尺拔之。

命有司为民祈祀山川百源。大雩帝，用盛乐。乃命百县雩祀百辟卿士有益于民者，以祈谷实。为，于伪反。辟，必亦反。

"百源"，小水之源。"雩"，吁嗟求雨之祭。山川百源，则用牲币，其于上帝，惟用盛乐，以感阳气之和也。"百县"，秦制；周则六遂，惟三十六县也。"百辟"，古之诸侯。"卿士"，自卿至士，古之名臣。"益"，功德也。天子祈祀亦兼百辟卿士，百县亦雩县内山川泉源，不言者，互文见之。仲夏之雩，勿论有雨与否而皆祈之，则用盛乐以致和气；若因旱而雩，惟奠瘗禁祀，呼叹以祈，无用盛乐之礼，悯雨而忧，不及乐也。

农乃登黍。是月也，天子以雏尝黍，羞以含桃，先荐寝庙。"农乃登黍"四字当在"是月也"之下，盖错简。

晚黍孟秋乃登，此所登者，蔡邕所谓"蝉鸣黍"也，以其早熟，故尝而荐之。"雏"，鸡雏。"含桃"，樱桃，多为鸟所含去，故名"含桃"。"羞"，为笾实也。含桃虽佳果而物微，故因荐黍荐之。

令民毋艾蓝以染，毋烧灰，毋暴布。艾，鱼既反。暴，蒲木反。

"艾"，与"刈"通，获也。是月非刈蓝之月而言"毋艾"者，通计艾、削、沤、酿而言，谓不可以蓝染也。"烧灰"，所以涑布，涑已则暴之，于时为梅雨之候，易至黦黴，故禁。

门闾毋闭，关市毋索。索，所白反。

"门"，国门；"闾"，里门；闭不常启，以待谁何。"索"，讥察过严也。此与冬至闭关之说相对而设，大要谓通商旅耳。

挺重囚，益其食。食，祥吏反。

"挺"者，舒弛之意，宽其桎梏也。"食"，囚粮；以日长多给之。

游牝别群，则絷腾驹。

"游牝"，季春以来求牡之牝，既受胎则别群矣。"絷"，别系之，毋令腾踏伤胎也。不言"累牛"者，略文。

班马政。

"班"者，序而颁之。"马政"，牧养拣择之法，班之于廋校之官。

是月也，日长至，阴阳争，死生分，君子齐戒，处必掩身，毋躁。止声色，毋或进，薄滋味，毋致和。节耆欲，定心气。百官静，事毋刑，以定晏阴之所成。齐，侧皆反。和，胡卧反。耆，时利反。刑，当作"径"，吉定反。

"长至"，暑极长而日北至也。"阴阳争"者，一阴起于下而与阳争也。"死"，杀气阴生；长养之气，阳也。阴气进则阳气退，死生之分，肇此于也。养生家谓阳不尽不死，阴不尽不长生，说盖本此。"君子"，修身凝命之称。"齐戒"者，即下止声色、澹滋味之事，若齐戒也。"掩身"者，时已暑，不可袒裸，防阴气袭之也。"毋躁"者，静以胜热，躁则饮水受风，阴得乘之矣。"止色"而兼言"声"者，君子辞也。"致"，尽也。"和"，调和碱酸也。味以养阴故须薄之，勿助阴气也。滋味曰"耆"，声色曰"欲"，止色薄味则耆欲节矣，耆欲节则阳不耗，阴不盛、心气下交于肾而不荡矣。"百官"，谓百骸之官窍。"刑"，《吕氏春秋》《淮南子》俱作"径"，于义为通。安定百骸，毋使过劳，凡所营为皆审顾和缓，毋得率意径行，则阳气不暴越而阴不能干之也。"定"者，处置得所之谓。"晏"，定也。阳生阴杀，德刑所分，而天时物理不能有阳而无阴，惟阳不越而阴不纵，则虽阴之浸长不可遏抑，而循其柔静之性晏安以处，不与阳争，则虽成而不害矣。此节所言与养生家之说有相近者，君子以修身俟命节取之可也。然亦止此而已矣，过此以往，则为魏伯阳、张平叔之邪说矣。

鹿角解，蝉始鸣，半夏生，木堇荣。解，胡美反。

"解"者，新茸生则旧角脱也。"堇"字今作"槿"。"荣"，花也。

是月也，毋用火南方。

“用火”者，焚爇枯薉之类。时南风大至，恐其延烧宅树。

可以居高明，可以远眺望，可以升山陵，可以处台榭。

“可以”者，偶然之辞。“高明”，楼观也。“远眺望”，谓游历旷览也，累土曰“台”。台上有堂序而无室曰“榭”。是月湿蒸郁温，故于四者宜也。

仲夏行冬令，则雹冻伤谷，道路不通，暴兵来至；行春令，则五谷晚熟，百螣时起，其国乃饥；行秋令，则草木零落，果实早成，民殃于疫。

“雹冻”，雹如冻也。“道路不通”，盗贼劫夺也。“晚熟”，后熟，当熟不熟。“螣”，食苗叶虫，其种类不一也。

右第五章。

季夏之月，日在柳，昏火中，旦奎中。

“季夏”，日月会于鹑首而斗建未之月也。房、心、尾皆为大火；此言“火”者，谓心尔。以《大统历》法算之，大暑日在井二十九度，昏氐七度中，旦娄五度中。

其日丙丁，其帝炎帝，其神祝融，其虫羽，其音徵，律中林钟，其数七，其味苦，其臭焦，其祀灶，祭先肺。音同“孟夏”。

“林钟”，黄钟下生之律。蔡氏曰：“全六寸，积十一万八千九十八分。”

温风始至，蟋蟀居壁，鹰乃学习，腐草为萤。

“蟋蟀”，促织；先已生草间，至此月乃依人壁下，阴气动之征也。“学习”者，谓雏鹰初学盘旋，数飞为搏击也。仲春鹰化鸠，至仲秋乃复化鹰，而此言鹰者，益以知鹰鸠之化非果变其形质矣。“萤”，雌雄相逐，盖亦卵生，或此月蒸溽，间有腐草化之者尔。

天子居明堂右个，乘朱路，驾赤骝，载赤旂，衣朱衣，服赤玉，食菽与鸡，其器高以粗。

“明堂右个”，谓是南乡西偏室。

命渔师伐蛟，取鼍，登龟，取鼋。

“渔师”，掌渔之官。用众力攻曰“伐”。“蛟”，如龙无角，似蛇有足。“取”，术致之也。“鼍”，豕首龙身而短。“登”，进。龟以卜，故尊之曰“登”。“鼋”，似鳖而大，头有痦累。蛟、鼋、鼍，皆能穿堤没舟，故伐取除害而收甲肉之用焉。郑氏曰：“《周礼》曰：‘凡取龟用秋时，夏之秋也。'作《月令》者以为此秋，据周之时也，因书于此，似误也。"其说是已。

命泽人纳材、苇。

"泽人"，泽虞。"材"，蒲柳可为矢者。"苇"，蒲苇；条可织器。时方坚韧，故令采而纳之。

是月也，命四监大合百县之秩刍，以养牺牲。令民无不咸出其力，以共皇天、上帝、名山、大川、四方之神，以祠宗庙社稷之灵，以为民祈福。令，力征反。其，九客反。为，于伪反。

"四监"，高诱谓是四郡大夫。秦置郡，有守，有尉，有监。作《月令》时，秦未并天下，惟立百县，以四郡统之。"秩"，许慎曰"积也"，谓稸粟。"咸出其力"者，供秩刍也。"四方"，方望之祀。率天下以奉郊社宗庙，求尽其报本反始之诚而已，专以"祈福"言之，《月令》之所以不醇也。

是月也，命妇官染采。黼黻文章必以法故，无或差贷；黑黄仓赤莫不质良，毋敢诈伪；以给郊庙祭祀之服，以为旗章，以别贵贱等给之度。贷，他得反。别，必列反。

"妇官"，典妇功。"染采"，染人也。妇官主纮绣黼黻文章之事，染采主染黑黄仓赤之色。凡绣，白与黑谓之"黼"，黑与青谓之"黻"，青与赤谓之"文"，赤与白谓之"章"。"法故"，谓旧制。"贷"，与"忒"通。"无或差贷"，谓配合不乱也。"仓"与苍通，深青色。"质"，正也，谓各如其色之正。"良"，明好也。"旗"，《周礼·司常》之九旗。"章"，旗上征识。"等给"之"给"，盖"级"字之讹，秦人以功级授爵，谓爵位之高下也。

是月也，树木方盛。乃命虞人入山行木，毋有斩伐。

"虞人"，山虞。"行"，巡视。

不可以兴土功，不可以合诸侯，不可以起兵动众。毋举大事以摇养气，毋发令而待，以妨神农之事也。水潦盛昌，神农将持功，举大事则有天殃。

"兴土功""合诸侯""起兵"，皆大事也。"摇"者，恇扰不宁之意。"养气"，长养之气。"令"，即三者之令，不特不于时举事，且不预为期戒，示以农隙有事，令众不安于农务。"持"，操也。大雨时行而水潦暴集，高者潴之，下者泻之，以为旱涝之防、功方操急，不可妨也。"神农"，农之神也。言"神农"者，神明其事，以示警戒。

是月也，土润溽暑，大雨时行。烧薙行水，利以杀草，如以热汤，可以粪田畴，可以美土疆。_{疆，其两反。}

"土润溽"者，温气上腾，湿气蒸变也。"暑"者，蒸气迫起，郁热充塞也。"时行"者，以时而不爽也。立秋之前，恒有三日大雨，大小早暮，递相增减，如次序然。"薙"，刈也。"烧薙"者，烧其所薙之草也。"行水"，潴水于烧薙之地，而引注之于田也。"利以杀草"者，此带灰之水至田疆间，则草为之死，雨止日出，水方温而行之，则如热汤灌沃，草无不死者也。"田畴"，熟田。"土疆"，强礐之土，莱田也。"粪"者，滋益其见在之禾。"美"者，肥美其地，令来岁可耕也。此盖农官趣民为之也。

季夏行春令，则谷实鲜落，国多风欬，民乃迁徙；行秋令，则丘隰水潦，禾稼不熟，乃多女灾；行冬令，则风寒不时，鹰隼早鸷，四鄙入保。

"鲜落"，不待黄熟，风撼落也。"风欬"，感风而欬。"女灾"，堕孕也。"隼"，鹞也。"鸷"，搏击也。

右第六章。

中央土。

作记者以四时分配四行，而土无所措，乃取历家每季十八日二十六分二十五秒为土王之说，又以四季亦无定属，复用火土金相生之次及夏火秋金不相见之说，割据立秋以前十八日有奇为土王，而不能以月日名之，遂用在地五方之号，冠以"中央"焉。"央"，犹尽也，谓四方尽以此为中也。盖尝论之，天有五行与四时，互成其用，并行不悖，而非有一成之模，限众理以必出于一辙，此天之所以圆妙不测而非私智之所可度者也。今乃损其固有而益以本无，其不足以与于天之广大，明矣。气者，资生之气也；故土周乎木火金水而皆资焉，无能离也。德者，成用之德也；故信行乎仁礼义知而皆成焉，无能离也。割土于木火金水之外，则土滞而木火金水之化亦浮矣。四时无时而离乎土，四方无往而不可以为中。舍东西南北之外而据一以为中央，则东者见之谓之西，南者见之谓之北，中央之名且不足以立，而况拘土于其墟哉！且此篇之制，一岁十二月，时应乎气，斗柄应乎辰，律应乎数，因时行令，有若画一而不可以或违，乃每月之令皆三十日有奇，而季夏之月所正用者割去十八日有奇，惟十二弱而已，其亦自相刺谬矣。以律言之，林钟之应亦止十有二日，而其云"黄钟之宫"者，岂孤行一律而商角徵羽之不备，亦将何施？其云"天子居大庙大室"，传注以为"中央之室"则四方十二室周回列墉，而此室者亦从何门而入？矧云"上圆下方"，则此室当屋脊之中，何所置牖而异于幽窨邪？是其迂诞拘牵而不成义，审矣。《淮南子》知十有八日土王之非，而统以季夏一月为土德，差为可通，然于四时之化，夏之火王，独诎其三之一，亦矫强而无实。其曰"律中林钟"，似也；而又曰"其音宫"，则音律亦相乖背矣。要之以私意役天曲成一定之制，则固无一之可者也。惟中溜之祀举以是月，于礼为得，余皆小道曲技之琐言耳。

其日戊已，其帝黄帝，其神后土，其虫倮，其音宫，律中黄钟之宫，其数五，其味甘，其臭香，其祀中霤，祭先心。天子居大庙大室，乘大路，驾黄骝，载黄旂，衣黄衣，服黄玉，食稷与牛，其器圆以闳。"大庙""大室"之"大"，并他盖反。余音同"孟春"。

黄帝，轩辕氏，以土德王。后土，土神。"后"，君也；土为四行君也。"倮"，无毛者龟蟥之属。"五"者，土之生数，于《河图》为中宫。不用成数者，卜筮之用数止于九也。筮法无五而用五者，初揲之五，阳之应也。卜或用五，无所考尔。"宫"，五音之长，其数八十一。"黄钟之宫"者，凡用律皆备五音，还相为宫。黄钟为宫，则林钟为徵，大簇为商，南吕为羽，始洗为角。此或独以宫应而不备四音之谓，说见上节。"甘"者，土爱稼穑，其味甘。"香"，亦五谷之气。"中霤"之祀，于室中西南隅牖下，古者穴居方中开霤，取牖为霤之象而祀焉。"大庙大室"，旧说以为中央之室，说见上节。"大路"，殷路。鸾路、大路，亦皆按时饰色；朱路、玄路皆大路，有鸣鸾，互文见之；然设色琐强，亦不必详也。"黄"言"骝"者，赤马带黄色。"闳"，口狭而腹宽也。

右第七章。

孟秋之月，日在翼，昏建星中，旦毕中。

"孟秋"，日月会于鹑尾而斗建申之月也。"建星"，当斗十六度。以《大统历》法算之，处暑日在张七度，昏尾九度中，旦昴六度中。

其日庚辛，其帝少暤，其神蓐收，其虫毛，其音商，律中夷则，其数九，其味辛，其臭腥，其祀门，祭先肝。少，时照反。中，陟仲反。

秋王在金"庚辛"金幹，故吉。少暤，金天氏，以金德王。蓐收，金神，摧蓐万物而收藏之也，迎秋祀之。走兽曰"毛"。"商"，徵三分益一上生之音，其数七十二，浊之次也。"夷则"，大吕下生之律。蔡氏曰："全五寸五分五厘一毫，半二寸七分二厘五毫，积十一万五百九十二分。""九"者，金之成数，于《河图》位在西。"辛""腥"者，金之味、臭。臭甚微，察之则审。要言味臭者，皆自化之所自成言之，不可以迹求也。"门"者，大门；自外入向内先由乎门，德主于纳，故秋祀之。"肝"，木藏，金克木，故为养道之重者。

凉风至，白露降，寒蝉鸣，鹰乃祭鸟，用始行戮。

白露之降在仲秋而记于是月也，时或有降而记其始也。"降"者，升已而下之谓。"寒蝉"，蜇也。鹰之"祭鸟"，或杀之而不食有如祭也。"行戮"者，自搏杀而食之。"用始"云者，祭已乃戮也。

天子居总章左个，乘戎路，驾白骆，载白旂，衣白衣，服白玉，食麻与犬，其器廉以深。

"总章左个"，谓是西向南偏室。"戎路"，革路。白马黑鬣曰"骆"。"麻"，蕡，麻实，《本草》谓之火麻仁。"廉"，方而有觚稜也。

是月也，以立秋。先立秋三日，大史谒之天子，曰："某日立秋，盛德在金。"天子乃齐。立秋之日，天子亲帅三公、九卿、诸侯、大夫，以迎秋于西郊。还反，赏军帅、武人于朝。"军帅"之"帅"，所反类，下同。朝，直遥反。余音同"孟春"。

"军帅"，六军之长。"武人"，车右，环人之类。

天子乃命将帅选士厉兵，简练桀俊，专任有功，以征不义，诘诛暴慢，以明好恶，顺彼远方。将，子亮反。好，呼报反。恶，乌路反。

"厉"，磨治也。"兵"，矛戟之属。"简"，挑选。"练"，训习。"桀俊"，勇力之士。"有功"，曾著战功者，以其娴习军政，威名动物，故"专任"之；而桀俊者为其用也。"诘诛"，声罪致讨。"暴"，虐民；"慢"，慢上；皆所云"不义"也。诘诛之，则天下诸侯知天子建侯欲其尊王爱民，而不然则恶而必讨，远方之国无不顺服矣。

是月也，命有司修法制，缮囹圄，具桎梏，禁止奸，慎罪邪，务搏执。

"法制"，律令之科条也。"修"者，稽考而举行之。"缮"，治也；谓厚其茨棘，谨其关键。"具"，造也。"奸"，乱法。"邪"，行恶。"慎罪"者，谨定其罪也。手执曰"搏"，械击曰"执"。"务搏执"者，如今访挚然。

命理瞻伤，察创，视折，审断，决狱讼，必端平。创，初良反。断，丁乱反。下同。

"理"，旧说谓夏后氏刑官名，于经传无确据，盖亦秦官尔，在周为士师。非常曰"瞻"。手足捶击曰"伤"。"察"，详阅也。刀刃所伤曰"创"，扑断筋骸曰"折"，皆验之以坐抵偿也。"端"，求得其端而详之。"平"，中也。

戮有罪，严断刑。

"戮有罪"者，大罪速即于刑，若今不待冬决者也。"严"，详确也。"断刑"者，定五刑之属以待决也。

天地始肃，不可以赢。

"赢"者，饶益之意，谓施惠行赏也。

是月也，农乃登谷，天子尝新，先荐寝庙。

"谷"，黍、稷、稻、粱之总称；其早熟者，皆以是月登。"尝新"者，所尝非一，随登而随尝之。

命百官始收敛。

收敛其禄田之人，于此月始也。

完堤防，谨雍塞，以备水潦。

"堤"，护岸。"防"，障水冲。"雍"，以土。"塞"，以木石。"水潦"，秋霖涨。

修宫室，坏墙垣，补城郭。

"坏"，培也。"墙"，宫墙。"垣"，园圃墙。"修""坏""补"，皆因仍而葺治之。早稼已登，晚稼未熟，农功小讫，薄用之以防秋霖。

是月也，毋以封诸侯，立大官；毋以割地，行大使，出大币。

"立"，犹爱立之立。"大官"，公卿也。"割地"，以嘉赏诸侯也。"大使"，公卿出聘。"大币"，大聘用币丰厚。

孟秋行冬令，则阴气大胜，介虫败谷，戎兵乃来；行春令，则其国乃旱，阳气复还，五谷无实；行夏令，则国多火灾，寒热不节，民多疟疾。 大，他盖反。复，如字，扶又反。还，似宣反。

"阴气大胜"，谓暴寒杀草。"介虫"，蟹也；"谷"，稻。"来"，来侵伐也。"阳气复还"者，蒸暑而雨，物生蘦萼。"不节"，时寒时热。

右第八章。

仲秋之月，日在角，昏牵牛中，且觜觿中。 觜，子斯反。俗音即委反者，误。

"仲秋"，日月会于寿星而斗建酉之月也。以《大统历》法算之，秋分日在翼十九度，昏斗十二度中，且参九度中。

其日庚辛，其帝少皞，其神蓐收，其虫毛，其音商，律中南吕，其数九，其味辛，其臭腥，其祀门，祭先肝。 音同"孟秋"。

"南吕"，大簇下生之律。蔡氏曰："全五寸三分，积十万四千九百七十六分。"

盲风至，鸿雁来，玄鸟归，群鸟养羞。

"盲风"，猛疾之风，秦人语也。"来"者，初自塞北南飞，暂止中土也。"归"者，往于其所自来之称。"群鸟"，莺雀之类群飞者。"养"，蓄也。所食者曰"羞"，谓蓄聚草木之实于巢穴以备雨雪。

天子居总章大庙，乘戎路，驾白骆，载白旂，衣白衣，服白玉，食麻与犬，其器廉以深。 大，他盖反。

"总章大庙"，谓是西向正中室。

是月也，养衰老，授几杖，行糜粥饮食。

五十始"衰"，七十而"老"。"授几杖"者，满杖乡，杖国，杖朝之岁，则令之杖；而坐则设几也。此为有爵者而言。"行糜粥饮食"，则遍赐国中之老者，以粟肉为养之之具也。

乃命司服具饬衣裳，文绣有恒，制有小大，度有长短；衣服有量，必循其故；冠带有常。

九月授衣之候，故预于此具备而饬其法。"文"，画也；衣之章以画缋，裳之章以缋绣。"有恒"者，十二章降杀之等。"制"者，形也；式幅之多寡，裾袂之侈约也。"长短"，以人身为节而必称也，深衣齐踝，冕服覆跗。"量"，称之多少也。自天子及后而下，岁所成衣服必有称数，循其故额，不得增损也。冠带亦有制度及量，如常式具之。"常"，亦故也。

乃命有司申严百刑，斩杀必当，毋或枉桡；枉桡不当，反受其殃。当，丁浪反。桡，女教反。

"严"者，钩考详审而定其罪也。"百刑"，五刑之条目，以百概之也。"斩"，断也；谓宫、刖、劓；"杀"则大辟也。"枉"，屈也。"桡"，坏法也。"反受其殃"者，谓故入人罪，即以其罪反坐之。

是月也，乃命宰祝循行牺牲，视全具，案刍豢，瞻肥瘠，察物色，必比类，量大小，视长短，皆中度。五者备当，上帝其飨。行，下孟反。量，吕张反。中，陟仲反。当，丁浪反。

"宰"，大宰。"祝"，大祝。"牺牲"，郊祀之牲。郊以仲冬，于此案视之，三月在涤，阅省如法即养之于涤也。"全具"，谓无疾癯伤折。"案"，临而考之也。草曰"刍"，谷曰"豢"，案考使之丰洁也。"察物色"者，拣其毛之纯者。"比"，合也。"比类"，牛羊若豕色齐一也。"大小"，以形体言；"长短"，以角言。"五者"，全具一，肥二，物色三，大小四，长短五。"其"者，庶几之辞。

天子乃难，以达秋气。难，诺何反。

称"天子"者，明诸侯以下所不得用。"达"，畅涤其阴之郁滞。

以犬尝麻，先荐寝庙。

麻始登也。

是月也，可以筑城郭，建都邑，穿窦窖，修囷仓。

"可以"者，或可之辞。农或早收，功或不容待，则为之也。"筑城郭"，所以建立都邑。有先君之庙曰"都"，无曰"邑"。"窦"所以行水、"窖"所以藏粟。圆曰"囷"，方曰"仓"。

乃命有司趣民收敛，务畜菜，多积聚。趣，七玉反。畜，丑六反。

"有司"，田官。"收敛"，获也。"畜菜"者，北土寒，多无青蔬，秋则瓜瓠之属，干之以御冬也。"积聚"，谓刍蒿薪蒸。

乃劝种麦，毋或失时；其有失时，行罪无疑。

麦以接五谷之穷，恐以方敛而急，故急趣而以刑纠之。"疑"，矜宥也。

是月也，日夜分，雷始收声，蛰虫坏户，杀气浸盛，阳气日衰，水始涸。

"收声"者，阳气或出，微弱散缓不能成声，如敛聚退缩也。"坏"，益而小之也。"水"，潦水。

日夜分，则同度量，平权衡，正钧石，角斗甬。

春分较正之，所以谨出；秋分较正之，所以谨入。

是月也，易关市，来商旅，纳货贿，以便民事。四方来集，远乡皆至，则财不匮，上无乏用，百事乃遂。易，以豉反。来，落盖反。

"易"，治也；谓修除其道路邸舍也。"来"，招徕之也。"货贿"，泉布器用之属。有来卖者则得其器用，有来买者则得其泉布，皆便民也。"四方"，侯国。"远乡"，六乡相去二百里者。"百事"，国所营造。"遂"，成也。

凡举大事，毋逆大数，必顺其时，慎因其类。

"大事"，兵戎力役之事。"大数"，时与类也。"类"者，事之宜，物之便也。自此月讫冬皆可次举大事，故于其始戒之。

仲秋行春令，则秋雨不降，草木生荣，国乃有恐；行夏令，则其国乃旱，蛰虫不藏，五谷复生；行冬令，则风灾数起，收雷先行，草木早死。恐，欺用反。复，如字，扶又反。数，所角反。

"复生"者，不黄熟而更苗叶也。"风灾"，大风偃禾。"收雷先行"，不待秋分，雷先收声也。

右第九章。

季秋之月，日在房，昏虚中，旦柳中。

"季秋"，日月会于大火而斗建戌之月也。以《大统历》法算之，霜降日在角十二度，昏虚三度中，旦井二十九度中。

其日庚辛，共帝少皞，其神蓐收。其虫毛，其音商，律中无射，其数九，其味辛，其臭腥，其祀门，祭先肝。射，羊盖反。余音同"孟秋"。

"无射"，夹钟下生之律。蔡氏曰："全四寸八分八厘四毫八丝，半二寸四分四厘二毫四丝，积九万八千三百四分。"

鸿雁来宾。爵入大水为蛤。鞠有黄华，豺乃祭兽戮禽。华，呼瓜反。

"来宾"者，渐寒雁急南征，甫至中土即往江表，如宾之不久留也。"爵"，黄雀。"大水"，海也。《国语》云："爵入于海为蛤。""为"者，偶有之。"鞠"与菊通。兽之小者，或谓之"禽"。

天子居总章右个，乘戎路，驾白骆，载白旂，衣白衣，服白玉，食麻与犬，其器廉以深。

"总章右个"，谓是西乡北偏室。

是月也，申严号令，命百官贵贱无不务内，以会天地之藏，无有宣出。 内，奴答反。

"贵贱"，兼农人而言。"内"，敛也。"会"，合也。"天地之藏者"，秋高物皆坚燥，天地之所以利民藏者也。"宣"，露也。"出"，在外之称，谓委于露地不收也。

乃命冢宰，农事备收，举五谷之要。 要，如字，于尧反。

"举"，定而颁之。"要"，计会之册籍，以核公田之人，定贡赋之则者也。

藏帝籍之收于神仓，只敬必饬。 只，章移反。

"神仓"，粢盛所藏。"只"，专谨也。"饬"，谓谨其簸扬暴晾，慎其苫盖，洁其困庚。

是月也，霜始降，则百工休。乃命有司，曰："寒气总至，民力不堪，其皆入室。"

"工"，务也；谓农人之百务。"休"，息也。"有司"，都鄙长民之吏。"入室"，今得安居省役。

上丁，命乐正入学习吹。

"吹"，笙奏及舞者之龠。

是月也，大飨帝，尝句**。牺牲告备于天子。**

"大飨帝"，郊也。"尝"，秋祭，于四时之祭为大。"牺牲"，郊与尝之牺牲。"告备"者，前月已使宰祝行视，养之于涤，至此益充肥，故告也。

合诸侯句**，制百县，为来岁受朔日，与诸侯所税于民轻重之法，贡职之数，以远近土地所宜为度，以给宗庙之事，无有所私。**

"合"，总会而颁之法也。"制"，命也。秦谓天子诏令为"制"，其名始此。"朔日"，十二月之历及所行之时令也。"税民轻重之法"，虽有恒制，而犹必每岁颁之，使诸侯不得辄为增损，若今时岁给易知由单是也。

"贡职"者，贡于天子之常职。"远近"，以制轻赍本色之异；"土地所宜"，以制出产有无之则；亦必岁颁之者，防所司诈矫上旨非法征求也。"无有所私"，言不得以奇衺之物贡献取悦。此皆岁终颁行来岁之事，而于季秋行之者。自秦文公获黑龙，自谓德应水瑞，改建亥之月为岁首，记者因之。

是月也，天子乃教于田猎以习五戎，班马政。命仆及七驺咸驾，载旌旐，授车以级，整设于屏外。司徒搢扑，北面誓之。天子乃厉饰执弓挟矢以猎，命主祠祭禽于四方。载，都代反。

"教于田猎"者，寓兵政之教于猎也。"五戎"，五种兵器：弓矢一，殳二，矛三，戈四，戟五。"班"，定也。"马政"，齐马之高卑强弱，配服骖也。"仆"、戎车"仆"。"驺"，主驾税之官。"七驺"，义未详。按《逸书》言天子有七萃；萃，副车也。则七驺其分驾副车者与？"咸驾"，备法驾也。"载"，建也。析羽为"旌"，继帛为"旐"。旗不一而但言"旌旐"者，略文。"授车"，谓授军帅以下车，使其御自驾也。"以级"者，自军帅至七十二人之长，驾有先后，车有部分，各视其级之尊卑也。"整"者，齐也；皆驾而整齐、列为陈以听誓也。"屏外"者，揭缠旐以为门，外暂立屏翳，象天子外屏而车止其外也。"扑"，以楚木为之，长三尺。"搢"，插之革带间，示用刑也。"北面誓"者，陈南乡也。"厉饰"，戎服；谓韦弁服也。"主祠"，典田祭之官。"禽"，所获之兽也。"四方"，《周礼》所谓"以祀祊"也。此教猎之制，与《周礼》仲冬之狩以大阅者多同；而以为季秋之令者，亦秦以建亥为岁首，故是月为岁终而以毕冬政也。

是月也，草木黄落，乃伐薪为炭。

不戕生气，且坚实耐爇也。

蛰虫咸俯在内，皆墐其户。

"墐"，途塞也，以不复出知其俯而塞户也。

乃趣狱刑，毋留有罪。趣，七玉反。

速断而决遣之，勿使营脱及淹累干连者。

收禄秩之不当，供养之不宜者。当，丁浪反。

"收"，削夺之也。"禄"，官所食粟。"秩"，车服。"供养"，国所周给者，耆老、孤子之类。"不宜"，谓若年未及养而增年冒养及虽老而败德不堪养者，与祖、父非果死事而诈冒求恤之类。

是月也，天子乃以犬尝稻，先荐寝庙。

稻始熟也。

季秋行夏令，则其国大水，冬藏殃败，民多鼽嚏；行冬令，则国多盗贼，边竟不宁，土地分裂；行春令，则暖气来至，民气解惰，师兴不居。 藏，组浪反。竟，居影反。煖，许远反。解，居隘反。

"冬藏"，御冬之谷菜。"殃败"，郁腐也。"鼽"，鼻室；"嚏"，欶气；皆风寒之病。"土地分裂"，叛者割据也。"解惰"，慵弱无力。"师兴不居"，疲于奔命也。

右第十章。

孟冬之月，日在尾，昏危中，旦七星中。

"孟冬"，日月会于析木之津而斗柄建亥之月也。以《大统历》法算之，小雪日在房三度，昏室七度中，旦张六度中。

其日壬癸，其帝颛顼，其神玄冥，其虫介，其音羽，律中应钟，其数六，其味咸，其臭朽，其祀行，祭先肾。 音同"孟春"。

冬王在水，"壬癸"水干，故吉。颛顼，高阳氏，以水德王。玄冥，水神，水之德幽玄而冥暗也。"介虫"，龟、鳖、蟹、蛤之属。"羽"，商三分去一所生之音，其数四十八，音之最清者也。"应钟"，姑洗下生之律。蔡氏曰："全四寸六分六厘，积九万三千三百一十二分。""六"者，水之成数，位在《河图》正北。"咸"，水味。"朽"者，水沤渍之臭也。"行"者，行道之神，位在庙门外之西，为轵壤厚二尺广五尺，轮四尺，有远行则驱车犯之而去。祀之者，以菩刍棘柏为主于轵上，奠俎于其主南。以东冬祀之者，取象于水之流行弗阻也。"肾"，水藏。"祭先"之义未详。

水始冰，地始冻，雉入大水为蜃，虹藏不见。 见，贤遍反。

"地冻"者，地中上升之水气冻而地为结坏也。"大水"，淮水。"蜃"，大蛤。《国语》云："雉人于淮为蜃。"淮，四渎之大者，故与海俱谓之"大水"。"虹藏不见"者，以为人所不得而见，有如藏也。虹之见，由疏薄之雨反映日光而成彩色；其轮圆者，效日轮尔；半出地上者，其见必以斜日侧倚于地也。今以水向日而喷，从外视之，为圆晕，有五色，可以类验。旧说阴阳不正之气所感，其说未是。孟冬之后，日渐向南，去人益远；虽有虹而人不正当其外，无由见之。且于时阴雨必浓，无有霏微夹晴之雨，则亦无由成也。仲春，日去南与人近，雨晴相杂，故复见焉。

天子居玄堂左个，乘玄路，驾铁骊，载玄旂，衣黑衣，服玄玉，食黍与彘，其器闳以奄。

"玄堂左个"，北乡西偏室。"玄路"，以黝漆饰路。"铁"，黑色。马深黑色曰"骊"。"奄"者，器口狭也。

是月也，以立冬。先立冬三日，大史谒之天子，曰："某日立冬，盛德在水。"天子乃齐。立冬之日，天子亲帅三公、九卿、大夫，以迎冬于北郊。还反，赏死事，恤孤寡。音同"孟春"。

冬夏不言诸侯，文偶略尔。"赏"，谓诔谥葬祭之。"孤寡"，死事者之妻子。

是月也，命大史衅龟筴，占兆审，卦吉凶。大，他盖反。

血祭曰"衅"。"筴"，蓍茎也。既衅龟及筴，因卜筮一年之事。"占"，详视。"兆"，龟象。"审"，详论。"卦"，筮数。"吉凶"，兼兆、卦而言。周以建寅之月，祭龟蓍而卜筮一年内之休咎；秦以建亥之月为岁首，尽废三正，故于此月行之。

是察阿党，则罪无有掩蔽。

"是"，审也。"察"，纠察。阿私党护，施之重刑，以摘发群臣，使相攻讦，此盖秦之虐政。

是月也，天子始裘。

朝祭亦服之于裼衣之内。天子裘，群臣乃敢服。

命有司曰："天气上腾；地气下降，天地不通，闭塞而成冬。"命百官谨盖藏，命有司循行积聚，无有不敛，坏城郭，戒门闾，修键闭，慎管龠，固封疆，备边境，完要塞，谨关梁，塞蹊径。上，时掌反。藏，组浪反。行，下孟反。积，子赐反。竟，居影反。"要塞"上，于笑反，下先代反。"塞径"，上苏则反，下胡难反。

"天气上腾"者，生物之气高引而清刚也。"地气下降"者，发生之气含于地中而不蒸起于地上也。如此，则阴阳不交而化机塞矣。"冬"之为言终也。"谨盖藏"以下，皆法天地闭藏之政。"命有司"，分命之。居室曰"盖"，仓囷曰"藏"。"谨"，缮修严密也。"无有不敛"，不使露积也。"坏",与"培"同。"戒",严讥出入也。"键",户闩牡。"闭",闩牝也。"管",锁。"龠",开锁者。"封疆",边境之沟堑。"固"者,修治之。"备"者,严其防守也。"要塞",扼要之塞、敌所出入之险隘也。"梁",桥也。"蹊",与"蹊"通,山间私路。"径",田间小道也。凡此既以法冬气之闭塞,而农事已毕,兵戎盗贼恒于此而起,沟洫涸、田野平,可恣驱驰,而民皆入室,侦探候望之尤难,故必于此谨之焉。

饬丧纪,辨衣裳,审棺椁之厚薄,茔、丘垄之大小高卑。厚薄之度,贵贱之等级。

"衣裳",五服之衰,"棺椁之厚薄",谓四重、三重、二重、一重、不重也。"茔",兆域。"丘垄",冢也。"厚薄之度",言厚葬薄葬之度,成人与殇之异也。"贵贱之等级",天子至庶人之差也。此二句通丧礼而言。

是月也,命工师效功。陈祭器,按度程,毋或作为淫巧以荡上心。必功致为上,物勒工名以考其诚。功有不当,必行其罪以穷其情。 当,丁浪反。

"效",呈也。"功"者,所作已成之器。"陈",阅验之。"祭器",器之重者,举之以概用器。"度",大小之制。"程",重轻之量。淫巧之禁,方作时已日戒之,至此验之,审其遵否;此指用器而言。"功",精好。"致",密致也。"物勒"者,每物刻识之,验其耐用之久近,以征其果否功致也。"行其罪以穷其情"者,不以过误贷之,则冒破冗食及故为淫巧而妨实用之情者,无所逃也。

是月也,大饮烝。

"烝",众也。不言天子者,合上下而饮,以农功毕与众乐之也。其礼亡考,盖亦后世大酺之类尔。

天子乃祈来年于天宗,大割牲于公社,及门闾。腊先祖五祀。 先,悉荐反。

"宗",尊也,又荣也。"天宗"者,六宗之统名,日、月、四时、寒暑、星辰、水旱,皆天之神,故曰"天宗"。"大割",大牢。王所为民立社为"公社",对自立社为私而言也。"社",少牢之祀而用大牢者,为祈年故重之。"及"者,被及之辞。"门闾",磔禳之事,亦割祭也。"腊"者,于周为"蜡",秦、汉谓之"腊",谓大猎得禽而祭也。"先祖"者,既腊而后祭宗庙。蔡邕《独断》曰:"青帝以未腊卯祖,赤帝以戌腊午祖,白帝以丑腊酉祖,黑帝、黄帝以辰腊子祖。"盖先祭祖庙之八日而腊也。

"五祀"，四时各一祀，而此合祭之者，岁终大报之也。"祈年""腊"，皆岁终之事，而行之此月者，用周正也。大抵《月令》一篇杂三代及秦礼而错记之，非一王之典。读者勿泥焉。

劳农以休息之。劳，力报反。

既蜡之后，党正属民饮酒。

天子乃命将帅讲武，习射御，角力。将，子匠反。帅，所类反。

"讲武"，演军陈。"习"者，教练士卒。"角力"，投石抵扑。

是月也，乃命水虞、渔师收水泉池泽之赋，毋或敢侵削众庶兆民以为天子取怨于下，其有若此者，行罪无赦。为，于伪反。

"水泉"，流水。"池泽"，止水。其"赋"，渔蜃苇材。水泽之利，赢缩无恒，不能制为定额，故吏或任意多取，是以必严禁之。

孟冬行春令，则冻闭不密，地气上泄，民多流亡；行夏令，则国多暴风，方冬不寒，蛰虫复出；行秋令，则雪霜不时，小兵时起，土地侵削。复，如字，扶又反。

"地气上泄"，草木或有生者。"不时"，不以时降。"方冬"，竟冬也。

右第十一章。

仲冬之月，日在斗，昏东壁中，旦轸中。壁，与"壁"同，必亦反。

"仲冬"，日月会于星纪而斗建子之月也。按历经岁差之法，以《尧典》中星考之，冬至日在女、虚之交。及汉元和，冬至日在斗二十一度。洛下闳所测星度，斗凡二十六度四分度之一，则元和冬至之日初入斗六度，大雪日在箕三度。以岁差之法逆推已往，当周之初，千岁而遥，相去几二十度，冬至日当在女、牛之间。今云"日在斗"，亦明此记为周末秦初之书无疑已。然既定仲冬为"日在斗"，以岁差从元和上算，周末当亦在斗初，去孟春六十一日，凡行六十二度，自斗至室七十五度有奇，而孟春章云"日在营室"，则记者之不审甚矣。要之，一月日躔历三十度强，则泛举一月日在之处，不可指一宿而言，必以中气为止，则前后可推。而记法粗疏，或以月初，或以月终，必至参差而不可以为法，非历家之所得而据也。今以《大统历》法算之，冬至日在箕五度，昏奎十度中，旦翼十九度中。

其日壬癸，其帝颛顼，其神玄冥，其虫介，其音羽，律中黄钟，其数六，其味咸，其臭朽，其祀行，祭先肾。音同"孟冬"。

"黄钟"，十二律之君，长九寸，蔡氏曰："积十七万七千一百四十七分。"律之最洪长而浊者也。

冰益壮，地始坼，鹖旦不鸣，虎始交。

"壮"，坚也。"坼"，冻极而裂也。"鹖旦"，状如小鸡；四足有肉翅，《本草》谓之寒号虫，穴处，冬则毛落，夜寒叫呼如求旦然。是月地中微暖，夜不复鸣。

天子居玄堂大庙，乘玄路，驾铁骊，载玄旂，衣黑衣，服玄玉，食黍与彘，其器闳以奄。大，他盖反。

"玄堂大庙"，谓是北向正中室。

饬死事。

"死事"，送死之事。"饬"者，修具之。国君之椑岁一漆，大夫、士五十以上岁时月制之。

命有司曰："土事毋作，慎毋发盖，毋发室屋及起大众，以固而闭。"地气沮泄，是谓发天地之房，诸蛰则死，民必疾疫，又随以丧，命之曰畅月。沮，将虑反。丧，息浪反。

"土事"，土功。"盖"，茨瓦。"室屋"，墙壁也。"起大众"，亦谓土功。"而"，犹其也。"而闭"，谓天地之藏气也。"沮"者，溃败之意。起土发屋，蛰虫露而寒死，微阳泄露，人得之疾疫至死丧也。"命"，名也。"畅"，充也。命之曰"畅月"者，谓当顾名思义，养阳气于地中，使充畅也。

是月也，命奄尹申宫令，审门闾，谨房室，必重闭；省妇事，毋得淫；虽有贵戚近习，毋有不禁。重，直龙反。

"奄尹"于周为内宰，主领奄官，亦士人为之，非奄也。"审"者，讥其出入。"谨"者，修其帷薄。堂后户内曰"室"，东西夹室曰"房"。"省"，察也。"妇事"，女功纮绣之事。"淫"，艳巧也。"贵戚"，王之内外宗。"近习"，王所宠幸者。

乃命大酋：秫稻必齐，曲糵必时，湛炽必洁，水泉必香，陶器必良，火齐必得。兼用六物，大酋监之，毋有差贷。湛，子廉反。"火齐"之"齐"，才细反。监，古衔反。贷，他得反。

"大酋"，主酿之官，于《周礼》为酒人。"酋"之为言久也，谓酒以久酿为美也。"秫"，稷之黏者。"齐"，谓春治之一色熟也。"蘖"，麦芽，以酿醴者。"时"，谓造之久熟也；凡麹蘖以久者为良。"湛"，渍米。"炽"，《淮南子》作"馆"，蒸米将熟，投汤中沦过而再蒸之也。"必洁"者，湛则淘洗净尽，馆则沦滤必清也。"陶器"，酒甊。"良"者，无罂罅败酒。"火齐"，蒸之候也。"必得"，恰熟也。"物"，事也。"监之"者，临视女酒造之。"差贷"，谓违常法。

天子命有司祈祀四海，大川，名源，渊泽，井泉。

"大川"，江、淮、河、济。"名源"，有名之水源。"渊"，深潭。"泽"，湖陂。平地出泉曰"井"，山下有水曰"泉"。祈祀之者，为来岁雨泽。

是月也，农有不收藏积聚者，马牛畜兽有放佚者，取之不诘。积，子赐反。

"积聚"，谓瓜果薪刍。"畜兽"，羊豕。"诘"，问也。设此令以警惰民。

山林薮泽有能取蔬食，田猎禽兽者，野虞教道之；其有相侵夺者，罪之不赦。道，徒到反。

"蔬食"，榛芧凫茈之属。"教道"，告以有处。"侵夺"，谓暂置径侧又往寻求，后至者辄掩为己有，野虞执其禁诘而罪之。

是月也，日短至，阴阳争，诸生荡。君子齐戒，处必掩身；身欲宁，去声色，禁耆欲，安形性；事欲静，以待阴阳之所定。齐，侧皆反。去，起吕反。耆，时利反。

"阴阳争"者，积阴在上，不舍中位，以锢微阳之生，阳起而争之也。"诸五"，谓凡诸生气。"荡"，内动也。"掩身"者，重裘衾以养温气。"身欲宁"，以形体言。"性"，生理也。"事欲静"，以营为言。"阴阳之所定"者，自此以后，阳渐壮则定于进，阴渐衰则定于退也。冬至养生之事与夏至略同，盖微阴初生而慎"坚冰"之戒，微阳初起而戒"潜龙"之用，理虽异而功用同也。

芸始生，荔挺出，蚯蚓结，麋角解，水泉动。

"芸"，薇也，类豌豆，苗丛生，叶香，俗谓之七里香。"荔"，一名马兰，一名旱蒲，叶似蘸，根可为刷，花紫碧色，其子《本草》谓之蠡实。"挺出"，出土劲锐貌。"蚯蚓结"者，出穴屈首下乡也。"麋"，似鹿而大，情淫而游泽。四者皆一阳初起之征。

日短至，则伐木，取竹箭。

"箭"，小竹坚实可为矢者，一名箬。凡竹木冬取则不蠹。

是月也，可以罢官之无事，去器之无用者。

谓权所建作者不复除造。

涂阙廷门间，筑囹圄。此以助天地之闭藏也。

"涂"，丹垩之。"阙"，雉门外两观。"廷"，内朝。"筑囹圄"者，筑其围垣。城郭官室前月已缮，此则饬其小者。

仲冬，行夏令，则其国乃旱，氛雾冥冥，雷乃发声；行秋令，则天时雨汁，瓜瓠不成，国有大兵；行春令，则蝗虫为败，水泉咸竭，民多疥疠。 雨，王遇反。

"旱"无雪，麦不生。"雨汁"，水霰杂下。"瓜瓠不成"，种坏也。"蝗虫为败"，生蟓子。"疠"，癞也。

右第十二章。

季冬之月，日在婺女，昏娄中，旦氐中。 婺，落侯反。氐，都离反，俗读"都礼反"者误。

"季冬"，日月会于玄枵而斗建丑之月也。以《大统历》法算之，日在牛二度，昏胃九度中，旦角十一度中。

其日壬癸，其帝颛顼，其神玄冥，其虫介，其音羽，律中大吕，其数六，其味咸，其臭朽，其祀行，祭先肾。 大，他盖反。余音同"孟冬"。

"大吕"，蕤宾上生之律。蔡氏曰："全八寸三分七厘六毫，半四寸一分八厘三毫，积十六万五千八百八十八分。"

雁北乡，鹊始巢，雉雊，鸡乳。 乡，许亮反。乳，而遇反。

"北乡"，旋飞渐向北也。"巢"，架巢，将以伏子。"雊"，雄雉求雌之声。"乳"，伏子也。

天子居玄堂右个，乘玄路，驾铁骊，载玄旂，衣黑衣，服玄玉，食黍与彘，其器闳以奄。

"玄堂右个"，谓是北乡近东室。

命有司大难，旁磔，出土牛以送寒气。 难，诺何反。出，尺类反。

"有司"，方相氏。"大难"，自国中达乡、遂皆傩也。"旁"，犹方也。

四郊皆磔，不但门也。"出"，遣也。"土牛"，范土为牛。是月建丑，丑土而属牛，于是酷寒、遣土牛于野，若送此月之速往以冀春暄，此亦古礼之近于戏者，先王以其无大害，顺人情而为之尔。今制，迎春作土牛而鞭之，盖本于此。其以为督春耕之像者，则流俗之讹也。

征鸟厉疾。此句当在"鸡乳"之下，简错在此。

"征鸟"，题肩鹰也。"厉疾"，搏击而飞迅速也。

乃毕山川之祀，及帝之大臣，天之神祇。

"毕"者，或岁所未遍，补毕之也。"帝"，古帝。"大臣"，有功德于民者。"天神"，星辰之精。"祇"，衍文。

是月也，命渔师始渔。天子亲往，乃尝鱼，先荐寝庙。

"渔"，取鱼于潜也。《诗》云："潜有多鱼。"《春秋》：鲁隐公观鱼，臧孙谏其非礼。则天子往观，盖秦之敝政。记者习为故常而记之。

冰方盛，水泽腹坚，命取冰，冰以入。

"腹坚"，表里冻结也。"取"者，取之山泽。"入"者，纳于凌室。

令告民出五种。命农计耦耕事，修耒耜，具田器。

"令告"，令田官告也。"五种"，五谷之种，出之视其燥湿，量其多少。"计耦耕之事"者，古者二人合耦，二牛合耒，使入土深而起土速也。一井八家，凡为四耦，而人必两情相浃，牛必两力相得，故须预计定之，使勿游移。"田器"，钼、锸、畚、莜之属。

命乐师大合吹而罢。

"大合吹"，以考仲秋以来学子之成艺。"罢"者，岁终令休沐也。

乃命四监收秩薪柴，以供郊庙及百祀之薪燎。

"秩"，积也。大而析者曰"薪"，小而束者曰"柴"；薪用炊，柴用燎。

是月也，日穷于次，月穷于纪，星回于天，数将几终，岁且更始。更，古衡反。

此言夏数之得天也。"穷于次"者，十二次玄枵为子，而子之半，一阳初生，于卦为复，十二辰之首也。大寒日始躔于玄枵，越十五日正值子之半，岁终之际，日躔子之前半，是十二次之穷也。"穷于纪"者，纪月之法，二十七日半大弱而周天，二十九日半稍弱而与日会，一月之朔过于周天者二日有奇，凡十二朔而其赢者二十七日，月又一周，盖一年十二会而十三周；周与会既相符合，故来岁正月之朔，月复离于玄枵之中，而岁终之晦，月在玄枵之前半，纪亦穷也。"星"，谓北斗。"回"者，周回运乡也。地之四方，以东为首，季冬之终，斗指艮方，将回寅位；又起于东也，以此为今岁之终而来岁之始。所谓"终始万物者，莫盛于艮"也。

专而农民，毋有所使。

"专"，静也。"而"，汝也。以农民为君之农民，亲辞也。静养其力，毋役使之，以待其始播百谷也。

天子乃与公、卿、大夫共饬国典，论时令，以待来岁之宜。

"饬"，修明之。"国典"，《周官》之六典。"论"，讲求。"时令"，十二月之令。"宜"，谓典令虽有故式，而因时增损以通权宜，必修饬而讲论之；孟春则以示百官，《小宰》所谓"正岁观法象"也。

乃命大史次诸侯之列，赋之牺牲，以共皇天、上帝、社稷之飨。乃命同姓之邦，共寝庙之刍豢。命宰历卿大夫至于庶民土田之数而赋牺牲，以共山林、名川之祀。凡在天下九州之民者、无不咸献其力，以共皇天、上帝、社稷、寝庙、山林、名川之祀。 "大史"之"大"，他盖反。共，九容反。

"次"，比次而差等之。"列"，谓同异庶姓之属籍、爵之尊卑、国之大小也。大史之职定世系，故命次之。"赋"，为来岁赋也。"皇天上帝"之祀，郊也。"刍豢"，亦牺牲，变文者，以人道按宗庙也。"宰"，大宰。"历"，序其亲疏也。合同异姓诸侯以共郊社，尊之之理一也。率同姓以共宗庙，亲之之分殊也。赋畿内臣民以共群小祀，明天子之守也。合而言之，九州臣民无不献力以致于天子之所尊亲，率天下以知所敬爱而王道浃矣。

季冬，行秋令，则白露早降，介虫为妖，四鄙入保；行春令，则胎夭多伤，国多固疾，命之曰逆；行夏令，则水潦败国，时雪不降，冰冻消释。 夭，乌老反。

"早"，晨也。"介虫"，鼋鼍。"为妖"，穿堤覆舟。"胎夭多伤"，犊雏不育也。"固疾"，沉固之疾。"命"，名也；谓病证之名也。"逆"，气厥上逆，为蛊膈喘呃之类。"国"，谓城郭。

右第十三章。

《礼记章句》卷六终

礼记章句卷七

曾子问

　　此篇所记，皆礼经之所未备，圣贤补为发明精义，以会通于事物之变而为之定体也。其间文辞之驳类，如鲁昭公早孤、卫灵公吊季桓子及称子游门人之类，盖后儒口授之讹；抑或间有增益而非尽孔、曾之本语。要其立义之精，非圣人不能至焉。学者不可以是而疑之也。凡二十五章。

　　曾子问："君薨而世子生，如之何？"

　　"君"，兼天子、诸侯而言。"薨"，亡也；自诸侯上达之辞。"世子"，天子、诸候嗣子之通称。

　　孔子曰："卿、大夫、士，从摄主北面于西阶南。大祝裨冕，执束帛，升自西阶，尽等，不升堂，命毋哭。祝声三，告曰：'某之子生敢告。' 大，他盖反。

　　"摄主"者，君薨子在孕，丧无主，则命次当立者摄之；若所生者非子，则即立为君也。群臣从摄主皆位西阶南者，以殡在西阶上，故就告之，异哭位也。"阶南"，不升阶也。"裨"，副也；上服之次者也，盖玄冕服。天子大祝，下大夫，祭则服玄冕，大祝"冕"者，以吉礼礼神，摄主以下衰如故。束帛十端，凡告之礼必以币。言"命毋哭"，则即位西阶南时皆哭可知，以先君不见子生为哀之甚也。"声"，噫嘻以警神也。"某"

者，其母之姓氏。

"升，奠币于殡东几上，哭降。众主人、卿、大夫、士、房中皆哭，不踊，尽一哀，反位，遂朝奠。小宰升，举币。尽，子忍反。小，与"少"通，诗照反。

殡东有几者，为告故设几筵也，无事则设于下室。"众主人"，自摄主而下及兄弟子姓。前不言众主人者，尊摄主；此不殊言摄主者，摄主自是将与众主人均矣。"房中"，谓妇人。"不踊"者，以吉告，不极哀也。"反位"，反其哭位。"朝奠"，据暮生晨告而言，若晨生晡告则遂夕奠也。"小宰举币"者，像平生宰受币玉。"举"，旧说以为埋之阶间。

"三日，众主人、卿、大夫、士如初位，北面。大宰、大宗、大祝皆裨冕。少师奉子以衰，祝先，子从，宰、宗人从，入门，哭者止。大，他盖反，下同。少，诗照反。奉，芳勇反。衰，七雷反。从，才用反，下并同。

"如初位"者，如告生西阶南也。大宰有总己之任。"大宗"，大宗伯，掌诏赞，故不随众主人，群臣即位而与祝从子。"裨冕"者，大宰、大宗鷩冕，祝玄冕。"奉子以衰"者，少师服衰，并以衰藉子也。"入门"者，入殡宫门。子由内出自闱门，更从大门入，正其始也。入门而哭止，不待命，事弥吉也。

"子升自西阶，殡前北面，祝立于殡东南隅，祝声三，曰：'某之子某从执事，敢见。'子拜稽颡哭。

"曰某之子某"者，大宗先已为之名也。子生三月，父乃名之，今三日而名者，以嗣大位，亟正其名，为神人主。"子拜稽颡哭"者，少师负之而拜哭也。

"祝、宰、宗人、众主人、卿、大夫、士，哭踊三者三。
于此而踊者，以自此以下为子成服之事，故从子而踊。
"降东，反位，皆袒。子踊，房中亦踊三者三，袭衰，杖，奠出。

"降东"者，自西阶降而即东方之位也，于是而子当阼阶下，正丧主矣。"皆袒"，则子亦袒衰露裼。"子踊"，负者踊也。"袭衰"，子袭，众皆袭也。"杖"，负者执之，于是为子行三日成服之礼，服成而位定矣。"奠"，朝奠。"出"者，出殡宫门，众皆就次，子反于养子之宫。

"大宰命祝史以名遍告于五祀山川。"

不言宗庙社稷者，于下文互见之。

曾子问曰："如已葬而世子生，则如之何？"孔子曰："大宰、大宗从大祝而告于祢。

"祢"，祔主也，告之之礼与未葬同。无摄主者，丧礼至祔而毕。闻子之生，则摄主即从众人，大宰总己任国事。

"三月，乃名于祢，以名遍告及社稷、宗庙、山川。"

"三月乃名"者，丧礼已毕，其事缓，众志定，可循常理也。"名于祢"，名而以见于祢也。不言袭衰杖者，时已服受服。"及"，犹于也。

右第一章。

孔子曰："诸侯适天子，必告于祖，奠于祢，冕而出视朝，命祝史告于社稷、宗庙、山川，乃命国家五官而后行。道而出，告者五日而遍；过是，非礼也。朝，直遥反。下同。

告则必奠，奠所以告，祖言"告"祢言"奠"者，互文。"祖"，太祖。诸侯服冕以见天子，于告庙后即服之，预敬也。于此而冕，则在道有事皆冕矣。"视朝"，即以命告祭及戒五官也。"宗庙"，群庙。"五官"者，诸侯有五大夫，各有所职。或即《曲礼》之"五官"，周之诸侯降于天子，而从殷制也。"命国家"者，命留守之事于五官也。"道"，祖道之祭，释酒脯之奠于軷壤，为行始也。"五日而遍"，以《王制》言之，侯国方百里，境内山川日涉一方，五日之内可以周遍；"过是"，则祝史弃君命以慢神，非礼矣。

"凡告用牲币，反亦如之。

"凡告"者，通君所亲告与祝史所告而言。"反亦如之"，谓亦君告祖祢，祝史告群庙也。"牲"，特牛或特羊豕。《书》曰："归，格于艺祖，用特。"《聘礼》：大夫使返荐脯醢。

"诸侯相见，必告于祢，朝服而出视朝，命祝史告于五庙，所过山川，亦命国家五官。道而出，反，必亲告于祖祢，乃命祝史告至于前所告者，而后听朝而入。"

"相见"，谓自相朝及会盟也。"朝服"，皮弁服，两君相见之服也。"五庙"，当作"四庙"，祢庙亲告，太祖及余三庙，则祝史告也。"所过山川”，亦其境内者，非所经过不告，亦略也。“亲告于祖祢”，“祖”字衍文。“听朝”，省察留守者之治状。“入”，退适燕寝也。出必告行，反必告至，事亡如事存，敦孝敬也。预服其相见之服，一于所事也。命五官者，重民社之守也。惟适天子则亲告受命之祖，遍告山川，而往邻国则降者，诸侯之见天子，肉袒请事，黜陟予夺，莫敢自必；故震叠不宁，而重有事于世守之祧祀，则合天下以戴一人之义亦著矣。

右第二章。此章无问辞，盖夫子因纵言及礼而以语门人者也。第四章及第二十四章放此。

曾子曰：“并有丧，如之何？何先何后？”

“并有丧”，谓先丧在殡而复有丧也。“先”“后”，问奠葬之礼。

孔子曰：“葬先轻而后重，其奠也先重而后轻，礼也。

“奠”，谓朝夕及殷奠。葬以夺情，故先轻者。奠以致养，故先重者。重轻谓若父母并丧，则父重母轻；祖父母、父母并丧，则奠以祖父母为重；葬以父母为重；妻、嫡长子并丧，则奠以妻为重，葬以妻为轻也。

“自启及葬不奠。

“启”，启殡也。先葬轻者之时，辍重未葬之奠，送死事为大，一于所事以独致其哀也。

“行葬不哀次。

“行”，谓随柩行送葬。“不哀次”者，不为在殡者留居倚庐。

“反葬，奠而后辞于殡。殡，本“宾”字之误，必郑反。

“反葬”，葬毕反也。“奠”，奠在殡者，以旷奠故不待夕也。“宾”，送葬之宾。葬毕反哭，宾皆吊之，今此反急于奠，不行反哭之事，已奠又不可补行，既不反哭，故辞宾而不受吊，须后葬毕而后反哭遂虞，盖既葬则又以在殡之奠为重也。

“遂修葬事。

“葬事”，后葬之事，盖厥明而即启殡矣。因此见丧无先后。后葬者必待先葬者三月之恒期，故先葬既行，后葬者已逾时，厥明遂启，不可更留。若轻丧在前，则亦待后丧，三月葬期而后先葬，以后丧在三月之内，不可久旷哭奠也。

"其虞也，先重而后轻，礼也"。

"虞"，若奠也，始虞先重者，其后接行之，若祖父母、父母之并丧，则虞以祖父母为重。

右第三章。

孔子曰："宗子虽七十，无无主妇；非宗子，虽无主妇可也。"

"宗子"，兼大宗、小宗而言。"主妇"，当祭之称。七十而子幼，未传，犹主祭，故必有主妇。大夫以下，容再娶也。非宗子而称主妇者，或为大夫祭五祀可无主妇，长妾及家宗人摄之。

右第四章。

曾子问曰："将冠子，冠者至，揖让而入，闻齐衰、大功之丧，如之何？" 冠，古乱反。齐，子斯反。衰，七雷反。下并同。

"冠者"，宾也。"闻"者，自外来讣之辞。"齐衰"，世叔父以降之服。若同宫，则与于养疾，先事而废矣。

孔子曰："内丧则废。外丧则冠而不醴，彻馔而扫，即位而哭；如冠者未至，则废。

"内丧"，同姓之丧。"外丧"，异姓之丧。外丧有齐衰者，为君之父母、妻、长子；有大功者，姑姊妹、女子子之适人者也。

"如将冠子而未及期日，而有齐衰、大功、小功之丧，则因丧服而冠。"

兼言"小功"者，补问者所未及。丧成服即成人之饰矣。此谓子与父同有服者，如为君之父母、妻、长子。子本无服不得用丧冠，则待父变除可吉而后使族人摄主行之。不言缌者，父所服缌，子或无服，亦不得用丧而冠，摄主行事，虽冠可也。

"除丧不改冠乎？"

曾子问也。"改冠"，谓易吉更行冠礼。

孔子曰："天子赐诸侯、大夫冕弁服于大庙，归设奠，服赐服，于斯乎有冠醮，无冠醴。 大，他盖他。

"冕弁"，或冕或弁也。"赐"者，丧毕入见，年未及冠而天子强冠之也。"于大庙"者，古者赐爵必于庙，赐爵则赐服矣。"归设奠"者，告至之奠。醮用酒，醴用醴，祝于奠时因酌福酒而醮之，不重设醴也。引此以见已冠则虽荣赐而不更行冠礼，况丧礼乎？

"父没而冠，则已冠扫地而祭于祢，已祭而见伯父、叔父，而后飨冠者。"

祭奠而告也，盖亦用脯醢。"见"，迎致庙中见之。"飨"，礼宾以一献之礼。

右第五章。

曾子问曰："祭如之何则不行旅酬之事矣？"

"如之何"者，谓小祥、大祥之祭，何者为不旅酬也。

孔子曰："闻之，小祥者，主人练祭而不旅，奠酬于宾，宾弗举，礼也。

"旅"，行也；"不旅"，谓不行。"酬"，爵也。"奠酬"者，主人洗觯于西阶上北面酬宾，宾受而奠之，主人既献兄弟已，乃更使一人致觯于宾，宾受而奠之，宾乃取先奠之觯酬长兄弟，以次行酬。练祭哀犹深重，不以劝酬为礼，则虽奠酬而无致爵者，则所奠之酬爵不行也。

"昔者鲁昭公练而举酬行旅，非礼也；孝公大祥奠酬弗举，亦非礼也。"

昭公，襄公子，名稠。孝公，惠公父，名称，昭公之九世祖也。大祥哀节益杀，可以行酬，用周神惠，惟旅酬之后不行无算爵而已。孝分过于居约，虽视昭公为厚，揆诸礼节，亦未有中也。

右第六章。

曾子问曰："大功之丧，可以与于馈奠之事乎？" 与，羊洳反，下同。

"与"，助执事也。"馈奠"，在殡之奠。

孔子曰："岂大功耳，自斩衰以下皆可，礼也。" 衰，七雷反，下同。

"耳"，犹言"而已"。"礼也"，谓礼文有之。

曾子曰："不以轻报而重相为乎？" 以，与"已"通。为，于伪反。

曾子疑为非所服者之奠，故问。

孔子曰："非此之谓也。

言非如曾子所疑，若非所服者之奠，则不可与。

"天子、诸侯之丧，斩衰者奠。大夫，齐衰者奠。士则朋友奠，不足则取于大功以下者，不足则反之。" 齐，子斯反，下同。

"奠"，执事陈设也。"齐衰"，谓大夫之臣为大夫布带绳屦，与齐衰同也。"大功以下"，除大功而言，谓小功缌也。"反"者，往反迭取之。凡丧奠，同姓有服者皆从主人，不得执事。天子、诸侯、大夫使其臣共之，皆斩衰之服也。士尽臣，故使朋友；不足，则异姓之服小功缌，若外孙及婿可也；又不足，则更互往返，人摄数事，而必不使同姓有服者。然则亲者虽奠于其所服犹且不可，况非其所服者乎？盖哀与敬不容相干，以致一而专也。

曾子问曰："小功可以与于祭乎？"

"祭"，丧祭；谓虞、祔、练、祥。

孔子曰："何必小功耳，自斩衰以下与祭，礼也。"曾子曰："不以轻丧而重祭乎？"孔子曰："天子、诸侯之丧祭也。不斩衰者不与祭。大夫，齐衰者与祭。士祭不足，则取于兄弟大功以下者。"

"不斩衰"者，谓诸侯之大夫为天子缌衰，既葬而除，庶人在官者为国君齐衰三月，皆贱不得与祭，其与者必斩衰者也。"士祭不足"，亦谓朋友不足也。"取于兄弟大功以下"者，虞则缌已除，练则大功已除，既除则同无服者，可与祭矣。兼取兄弟大功以下则自足，不须反之。

曾子问曰："相识有丧服，可以与于祭乎？"

谓己有丧而助祭于朋友。

孔子曰："缌不祭，又何助于人？"

"不祭"，谓废己之祭也。此章之旨，总言哀敬不两致，吉凶不相干。有服而助奠祭，惟臣于君，异姓于外亲服已除者，于练祥则可助于其所为服者，其他则皆不可。特其辞意婉缛，至章末乃决言之。

曾子曰："废丧服，可以与于馈奠之事乎？"

"废"，释也。谓大祥之后，禫月之中。

孔子曰："说衰与奠，非礼也，以摈相可也。" 说，他话反。相，思亮反。

"说衰"，谓甫说衰也。"非礼"者，忘哀太遽。摈相事逸，尚可衔恤为之。

右第七章。

曾子问曰：“婚礼既纳币，有吉日，女之父母死，则如之何？”

“纳币”，纳征。“有吉日”，已请期也。

孔子曰：“婿使人吊。如婿之父母死，则女之家亦使人吊。父丧称父，母丧称母，父母不在则称伯父世母。婿已葬，婿之伯致命女氏曰：‘某之子有父母之丧，不得嗣为兄弟，使某致命。’女氏许诺而弗敢嫁，礼也。婿免丧，女之父母使人请，婿弗取而后嫁之，礼也。女之父母死，婿亦如之。” 取，七句反。

“婿使人之吊”者，亦婿父母使之。“称”者，使者称命之辞。“世母”，伯母。言“伯父母”，举例之辞；无伯父母则称叔父母。“嗣”，成也。丧三年不婚嫁，而男女及年不可过期，故致命辞之。不敢嫁娶者，重前期他。“请”者，请终成之。

曾子问曰：“亲迎，女在涂，而婿之父母死，如之何？” 迎，鱼庆反，下同。

“在涂”，谓越国远嫁者。“父母死”，暴亡。

孔子曰：“女改服，布深衣，缟总以趋丧。

“改服”，去嫁时所摄盛服。“布深衣”，中衣也。女子之服，衣裳相连，如深衣之制。“缟”，白绢。“总”，束发者，长八寸；皆妇人未成服之服。既受命父母而行，即成妇矣；趋丧至家，一如子妇之礼，其服齐衰期。

“女在涂在而女之父母死，则女反。”

其礼如齐衰奔丧之礼，其服期。免服而后归于婿之家。

“如婿亲迎，女未至而有齐衰、大功之丧，则如之何？” 齐，子斯反。衰，七雷反。下同。

曾子问也。“女未至”者，不论在涂与未，惟父母之丧，女未行则已之；此则虽未行，迎之以即涂。齐衰、大功，婿所服者。

孔子曰：“男不入，改服于外次；女入，改服于内次；然后即位而哭。”

“入”，入寝门。“改服”，易初丧之服，布深衣，素冠，总也。此谓同宫者；若异门，则改服往哭之。小功、缌，则毕婚礼乃往哭。女有齐衰、大功之丧，讣随至，亦至婿家，已改服，为位而哭。

曾子问曰："除丧则不复婚礼乎？" _{复，如字，扶又反。}

"复"，更行也。"婚礼"，同牢及见舅姑馈飨之礼。

孔子曰："祭，过时不祭，礼也。又何反于初？"

吉礼莫重于祭，以丧废则不复补，况婚礼乎？此统论在涂闻丧者，斩衰以下皆然。

孔子曰："嫁女之家三夜不息烛，思相离也。娶妇之家三日不举乐，思嗣亲也。" _{离，方智反。取，七句反。下同。}

"思"，念也。"嗣亲"，则亲有代道矣。

"三月而庙见，称来妇也。择日而祭于祢，成妇之义也。"

"庙见"，谓舅已没而奠菜。"称"，犹告也。"择日而祭"者，谓时祭。若冢妇则为主妇而亚献，若庶妇则从于主妇而助祭。妇以共内职奉祭礼为义，故士虽四时之祭不尽举，然必于纳妇三月之后行之，速妇执事以成妇义。此二节记者杂引孔子之言以证下文"庙见乃成妇"之义，非答曾子时语也。

曾子问曰："女未庙见而死，则如之何？"

舅在，婚之明日见于舅，无三月奠菜之事，则以三月后助祭于祖为庙见。

孔子曰："不迁于祖，不祔于皇姑，婿不杖、不菲、不次，归葬于女氏之党，示未成妇也。" _{菲，扶畏反。}

"迁于祖"，朝庙也。生未见，故死亦不朝。"皇"，大也。"皇姑"，祖姑。"菲"，草屦。"不菲"，盖麻屦。"次"，止于哀次，在殡宫门外。婿虽为之齐衰期而降，此三者义未至也。"党"，乡也，谓墓域。

曾子问曰："娶女有吉日而女死，如之何？"

"有吉日"，则既纳征矣。夫妇之礼，定于纳征。

孔子曰："婿齐衰而吊，既葬而除之。夫死亦如之。"

礼已定，故"齐衰"；恩未接，故"既葬而除"。"吊"，当作"哭"。女哭夫则斩衰。

右第八章。

曾子问曰："丧有二孤，庙有二主，礼与？" <small>与，以诸反。</small>

"孤"，丧主也。曾子怪时或有之，故问。

孔子曰："天无二日，士无二王，当禘郊社，尊无二上，未知其为礼也。

"士"，中国。"尊无二上"者，大祭祀六尊备用，室中堂上堂下各有奠，然皆面神，使神专之，明水玄酒皆统于神为"上"，由此而序宾序爵，虽东西南北异面，壹皆以统于神为上也。礼统于一，则"二孤""二主"非礼明矣。

"昔者齐桓公亟举兵，作伪主以行，及反，藏诸祖庙。庙有二主，自桓公始也。 <small>亟，起吏反。</small>

"亟"，数也。举兵以迁庙主行，示所受命，礼也。桓公同时数处用兵，迁庙之主俱出，故作伪主，归而无所置，藏之于庙，以待后用。

"丧之二孤，则昔者卫灵公适鲁，遭季桓子之丧。卫君请吊，哀公辞不得命。公为主，客入吊。康子立于门右，北面，公揖让升自东阶，西乡。客升自西阶，吊，公拜兴哭，康子拜稽颡于位，有司弗辩也。今之二孤，自季康子之过也。" <small>乡，许亮反。</small>

"位"，主人之位，在东阶下。"辩"，驳正之也。康子当中庭哭踊而不拜，成拜于位则当主矣。哀公揖让而升亦非礼。主人当俟于位，使摈者告曰："寡君某须矣。"按《春秋》：哀公二年夏，卫侯元卒，三年秋季孙斯卒，故郑氏疑其误，是也。然抑以为出公辄则又不审时，出公方据国以争，未尝适鲁，盖记者口授传讹，无容强为之说也。

曾子问曰："古者师行必以迁庙主行乎？"孔子曰："天子巡狩以迁庙主行，载于齐车，言必有尊也。今也取七庙之主以行，则失之矣。 <small>齐，侧皆反。</small>

"齐车"，金路。"七庙"，谓未迁之庙。于时天子不能巡狩，盖诸侯取五庙之主以行耳。言"七庙"者，承上天子而例言之也。

"当七庙五庙无虚主。虚主者，惟天子崩，诸侯薨，与去其国，与袷祭于祖，为无主耳。

"当"，谓正当庙制也。"虚主"，谓无主而庙虚。"祖"，太祖。

"吾闻诸老聃曰：天子崩，国君薨，则祝取群庙之主而藏诸祖庙，礼也。卒哭成事而后主各反其庙。

老聃，名耳，楚苦县人，为周柱下史，孔子盖问礼焉。藏群主于大庙者，以子孙之丧亦先祖所戚，使象生者聚居哀次，且示废祭也。卒哭之祭，曰"荐其成事"。"成事"，成祭事也。皇祖当返庙待祔，群主亦各反焉。

"君去其国，大宰取群庙之主以从，礼也。大，他盖反。

"去其国"，避敌，出奔也。必奉主以行者，惧见毁辱。

"'袷祭于祖，则祝迎四庙之主。主出庙、入庙，必跸。'

"四庙"，以诸侯言，天子则六庙。"入庙"，祭毕反庙也。"跸"，辟止行人；盖具车旗器仗威仪。

"老聃云。"

结上三节皆老聃之言，明有所授也。

曾子问曰："古者师行无迁主，则何主？"孔子曰："主命。"问曰："何谓也？"孔子曰："天子、诸侯将事，必以币帛皮圭告于祖祢，遂奉以出，载于齐车以行。每舍，奠焉而后就舍。反必告，设奠；卒，敛币玉藏诸两阶之间，乃出，盖贵命也。"齐，侧皆反。卒，子律反。

"无迁主"者，谓初建国未及七世、五世，无当迁之主也。祭告无用皮者，"皮"，衍文。奠用牲，祭而尸曰"奠"。"藏"，埋也。"出"，退也。"贵命"者，贵所受命。无迁主则主命，终不以当庙之主也。

右第九章。

子游问曰："丧慈母如母，礼与？"与，以诸反。

"慈母"者，妾子生而母死，父命无子之妾护养之。丧之"如母"者，如妾子为其所生之母。

孔子曰："非礼也。古者男子外有傅，内有慈母，君命所使教子也，何服之有？

傅教，慈母养，恩义一也。有命则恩义一出于君，非彼所得尸。傅无服，则慈母不当服，决矣。

"昔者鲁昭公少丧其母，有慈母良。及其死也，公弗忍也，欲丧之。有司以闻，曰：'古之礼，慈母无服；今也君为之服，是逆古之礼而乱国法也。若终行之，则有司将书之以遗后世，无乃不可乎？'公曰：'古者

天子练冠以燕居。'公弗忍也，遂练冠以丧慈母。丧慈母，自鲁昭公始也。"少，诗召反。为，于伪反。

鲁昭公十一年，母齐归乃薨，云"少丧母"，亦传者之讹也。"良"善也，谓善抚己。"练冠燕居"，庶子王为其母之服。按《仪礼·丧服》篇云"慈母如母"，而夫子决言其不然者，盖《仪礼》虽始于周公，而后世因事增附，非周初之旧文者多矣。如慈母如母，同居继父、继母已嫁者皆服齐衰，伸私恩，妨公义，盖东迁列国之失礼，所谓"有司书之以遗后世"者也。流及夫子之世，遂著于礼篇，流俗不察，守为故常，故子游疑而夫子正焉。乃说者曲护《仪礼》而为之说，谓惟天子、诸侯不服慈母，而士、大夫服之如母，不知士、大夫可以齐衰，则天子、诸侯可以练冠，诸侯练冠既为非礼，而士丧之如母，其可得乎？父母之恩，性之不可解者也。慈己之恩，情之私也；惟慈己而即为母，则其去禽兽不远矣。通此以读《仪礼》，知其非尽出于周公之旧典，而损益之以求天理之中，亦在乎其人而已。孟子曰："非礼之礼，大人弗为。"其斯之谓与。

右第十章。

曾子问曰："诸侯旅见天子，入门不得终礼，废者几？"几，居岂反，下同。

"旅见"，朝会而众见也。"门"，应门。"礼"，谓朝享之礼及飨食燕时。

孔子曰："四。""请问之。"曰："大庙火，日食，后之丧，雨沾服失容，则废。大，他盖反，下同。

"大庙"，该群庙、路寝而言，举其重者尔。日食，历官当先测之而易期，待入门而后知者，古历法多疏也。雨沾服失容，则易期。

"如诸侯皆在而日食，则从天子救日，各以其方色与其兵。大庙火，则从天子救火，不以方色与兵。"

"皆在"，在次也。"方色"，以旗言，东青、南赤、西白、北黑。"兵"，按《淮南子》：东矛、南戟、西戈、北铩。"从天子"，则即于此见天子，后不复挨见，贡享归于有司。"救火不以方色与兵"者，事愈遽也。

曾子问曰："诸侯相见，揖让入门，不得终礼，废者几？孔子曰："六。""请问之。"曰："天子崩，大庙火，日食，后、夫人之丧，雨沾服失容，则废。"

"天子崩""后之丧"，讣适至也。"大庙"，主国宗庙。"夫人之丧"，则主国夫人暴亡及宾国之讣适至。

曾子问曰："天子尝、禘、郊、社五祀之祭，簠簋既陈，天子崩，后之丧，如之何？"孔子曰："废。"

"尝"，统三时祭；"禘"，统袷；皆举其大者。"簠簋"，盛粢盛之器，簠方、簋圆、陈设于西堂，未存也。言"天子崩"者，天子先有疾，遣人设祭也。

曾子问曰："当祭而日食，大庙火，其祭也如之何？"孔子曰："接祭而已矣。如牲至未杀，则废。

大庙火而接祭，谓郊社五祀。郊社事重，五祀有司主祭，不防救日、救火。若宗庙之祭，虽非其庙，火势近亦不得祭也。"接"，速也，接祭不迎尸。

"天子崩未殡，五祀之祭不行。既殡而祭，其祭也，尸入三饭不侑，酳不酢而已矣。自启至于反哭，五祀之祭不行。已葬而祭，祝毕献而已。"
饭，扶晚反。

"侑"，劝也。天子之祭尸十五饭，五祀礼视大夫十一饭，三饭而告饱，祝劝乃毕饭。"不侑"，则三饭而酳也。"酳不酢"，尸不酢主人也。"祝毕献"者，初献尸，尸酢主人，主人受酢，遂献祝，于此遂止，不行亚献也。旧注以为郊社亦然，所谓"天地社稷越绋而行事"也。盖有君斯有祭主，不以私丧废所尊之祀与宗庙之祭。终丧乃行者，尊亲之义殊也。五祀之祭有司行事，郊社则大宰，宗伯摄焉，所以全嗣君之哀戚，而臣虽斩衰为义服，衰有不至，无妨于敬，但礼不及人，以示居约而已。此节承上天子崩废祭而广言之。

曾子问曰："诸侯之祭社稷，俎豆既陈，闻天子崩、后之丧、君薨，夫人之丧，如之何？"孔子曰："废。自薨比至于殡，自启至于反哭，奉帅天子。"比，毗义反。帅，所律反。

"社稷"统五祀，举其重者。天子言"簠簋"，诸侯言"俎豆"，互文。大夫则粢盛用敦，无簠簋。"君薨"，亦谓君先有疾，摄主祭也。"奉"，遵也。"帅"，效也。言一如天子之不行也。不言"亦如之"，而言"奉帅"者，君臣辞也。宗庙之祭；亦三年不行。

曾子问曰："大夫之祭，鼎俎既陈，笾豆既设，不得成礼，废者几？"

孔子曰："九。""请问之。"曰："天子崩，后之丧，君薨，夫人之丧，君之大庙火，日食，三年之丧，齐衰，大功，皆废。齐，子斯反。衰，七雷反。下同。

"三年之丧"，父，父没为母，嫡长子。齐衰、大功，虽异门必废。小功、缌，同宫乃废。

"外丧自齐衰以下行也。其齐衰之祭也，尸入三饭不侑，酳不酢而已矣。大功，酢而已矣。饭，扶晚反。

"外丧"，为君之母妻长子，姑姊妹女子子适人者，不废祭，不掩门内之恩也。礼不及人，急奔丧也。"酢而已"者，无献祝以下事。

"小功、缌，室中之事而已矣。

此兼内、外丧而言。小功、缌，恩益杀，内丧不异外也，惟同宫则废。"室中之事而已者"，献宾于堂，献主妇于房，酬于西阶，皆不行也。

"士之所以异者缌不祭。所祭于死者无服，则祭。"

"不祭"，亦谓闻丧当祭而废也。然则士所废祭者十一，与大夫同者九及小功、缌也。缌亦谓内丧。"于死者无服"，统齐衰以下言，亦内丧也。伯母、叔母虽齐衰期亦祭。若外丧，则虽若外祖父母于所祭者有服，亦不废祭，但室中之事而已。以此推之，则庶子为士，母非长妾，与夫新仕他国为君之母妻长子，二者虽皆齐衰，以父无服，皆可祭而行室中之事，不以己之私丧累先人也。

右第十一章。

曾子问曰："三年之丧吊乎？"孔子曰："三年之丧，练不群立，不旅行。君子礼以饰情，三年之丧而吊哭，不亦虚乎？"

"旅"，众也。"饰"，表见之也。言"练"，则未练以前益可知已。立不群、行不旅者，不以己之丧干人之吉也。"吊哭"，礼也。哀人之丧，情也。己有三年之丧，情自不暇及于人而徒为吊哭，是无情之可饰而礼为虚矣。不言为人哀而忘其亲者，先王制礼以饰君子之情，则固信其无忘亲之心，而特虞其不诚于人，为之制尔。若忘亲而急人，则固不足道也。

右第十二章。

曾子问曰："大夫、士有私丧可以除之矣，而有君服焉，其除之也如之何？"孔子曰："有君丧，服于身，不敢私服，又何除焉？于是乎有过时而弗除也。君之丧，服除而后殷祭，礼也。"

"不敢私服"者，谓君服已过变受之期，父母初丧服其受服，不得伸苴麻之重也。"殷"，大也，对丧祭而言，吉祭之礼繁重，故谓之"殷"。君服既除之后，练、祥之期已过，惟奉新主入庙行吉祭之礼耳。

曾子问曰："父母之丧，弗除可乎？"

除丧者，必行大祥之祭然后除之。今祥祭不复行而即殷祭，则是无除之礼而超从乎吉，故疑其不可。欲于君丧既除之后，补行祥祭也。

孔子曰："先王制礼，过时弗举，礼也。非勿能勿除也，患其过于制也。故君子过时不祭，礼也。"

哀敬之心各以时而发，当其时则诚，劝于中而礼行焉，过此则又有必劝之情、必行之礼矣。舍当前而追既往，虚而失实，故过时不复补行，礼也。若孝子之情以未祥祭，而超吉为憾，疑于不容已，然先王制服二十五月而祥，过此则为殷祭之期，过时而祥则殷祭愈缓矣。制不可过，情必相当，故君子一遵先王之成制，虽弗除而超吉，不以为憾也。

右第十三章。

曾子问曰："君薨既殡而臣有父母之丧，则如之何？"孔子曰："归居于家，有殷事则之君所，朝夕否。"

"居家"，终殡事。"殷事"，朔望及荐新之奠。"之"，往也，往助奠事。"朝夕"，谓哭奠。"否"，不往也。

曰："君既启而臣有父母之丧，则如之何？"孔子曰："归哭而反送君。"

"归哭"，则饭浴袭敛之事或有不能亲者矣。言"送君"者，及墓则归，不待反哭，归终敛殡。

曰："君未殡而臣有父母之丧，则如之何？"孔子曰："归殡，反于君所，有殷事则归，朝夕否。大夫，室老行事，士则子孙行事。

父母之殡送死之大者，君不能夺也。大夫、士殡日速，君殡日缓，殡而反犹可及君殡，终殡而后归。朝夕赴哭，殷事则不往，其居倚庐固于家也。大夫使室老不使子孙者，支子不敢当丧主也。君父之丧，均斩也。而君者所同，亲者所独，故惟以殡为重，余得伸其私恩。先王制礼顺人之情也如此。

"大夫内子有殷事亦之君所，朝夕否。"

"大夫内子"，内外宗女之嫁于大夫者及同姓之大夫妻也。有舅姑之丧则亦惟与殷奠，妇人从一，恩义重也。

右第十四章。

贱不诔贵，幼不诔长，礼也。 _{长，丁丈反。}

"诔"者，累述生平行业，为之哀辞，以作谥也。"长""幼"，以族属言。生命爵，死命谥，皆尊以宠卑，非卑者得加于尊也。

惟天子称天以诔之。

天子无上，臣子不得已而制谥于郊，若受之于天然。

诸侯相诔，非礼也。

敌尊不可以制命。诸侯薨，言诔于天子，天子使大史诔之。周衰礼坏，诸侯蔑王而自相诔，于是人习于妄，贱幼或诔其尊长，故辩正之。

右第十五章。此章无圣贤问答之文，或有阙文，或记者杂引礼文而非必夫子之言也。

曾子问曰："君出疆以三年之戒，以椑从。君薨，其入如之何？" _{椑，蒲历反。}

"戒"，备也；谓衣履器用。"椑"，亲身棺。诸侯之棺三重，其外可卒备，亲身者必致治坚密，故国君即位而为椑，行则以从也。会同征伐，必终其事，事未终，虽疾且死不苟归，薨于他国其恒也，故柩人之礼必预有定制。

孔子曰："共殡服。 _{共，九容反。}

"殡服"，自袭至于大敛之服也。椑则豫制，衣服不可豫设。国君之富，有司之备，一日二日而可为已。不共重棺者，盖归乃加之，轻则易载也。此下盖有阙文。

"则子麻弁绖，疏衰，菲，杖。

"麻"，苴麻。"弁绖"，布弁加绖，小敛后之首服也。"菲"，菲屦。疏衰菲屦，齐衰之服也。此谓嗣子在国闻丧。三日成服，以迎柩之服。不备服斩者，柩未至不忍遽成服也，惟杖则子三日而已病，且定丧主之位，故同于在国，三日而杖。

"入自阙，升自西阶。

此记柩之归也。"阙"者，毁门侧宫墙而入，变于生者，且令可容丧车行也。"升自西阶"，就殡次，嗣子定位践阼，故宾之也。此上皆言去国远五日卒，大敛入，椑棺轻车归殡者。

"如小敛，则子免而从柩。 免，亡运反。

去国近则小敛，载于路车以入，至寝乃大敛。小敛之服，布深衣，括发，以行道不可无饰，故加免焉。"从"，迎之，遂从归也。未大敛而称"柩"者，容以椑棺权载之。

"入自门，升自阼阶。

未殡，不忍殊之于生。

"君、大夫、士，一节也。"

大夫、士卒于外，远近先后之礼节皆同。

右第十六章。

曾子问曰："君之丧既引，闻父母之丧，如之何？"孔子曰："遂，既封而归，不俟子。" 封，与"窆"同，彼验反，下同。

"遂"，终事之辞。"封"，下棺也。"子"，嗣君未逾年之称。嗣子实土三，赠而后返，群臣皆俟。"不俟"者，急归哭也。归奔不改初丧之礼，所谓"不敢私服"也。凡送葬，免而衰。

曾子问曰："父母之丧既引，及涂，闻君薨，如之何？"孔子曰："遂，既封，改服而往。"

"改服"者，奔初丧之服，括发、徒跣、布深衣、扱上衽，不敢以私服奔君丧也。封而往，虞则室老行事。遂而封，乃送死之大事，故于君父不得不终之。过此，方能为新丧者致哀也。

右第十七章。

曾子问曰："宗子为士，庶子为大夫，其祭也如之何？"孔子曰："以上牲祭于宗子之家，祝曰：孝子某为介子某荐其常事。"_{为介"之"为"，于伪反。}

"上牲"，少牢。"宗子"小宗也。"家"者，庙在其大门以内也。"介"，贰也。与宗子同祢，则祖祢之庙皆在宗子家；与宗子同祖，则祭祖于宗子家，祭祢于冢，子家，即冢子为宗子矣。若庶子为大夫得立三庙，亦立曾祖庙于宗子之家，惟赐氏者乃得于家立庙，则不就祭于宗子之家矣。

"若宗子有罪居于他国，庶子为大夫，其祭也，祝曰："孝子某使介子某执其常事。

宗子有宗庙之守，虽不安其国，无去义。"居于他国"，必其有罪而君放之也。虽非使而言"使"者，示有所统也。言"执"不言"荐"，不敢当荐主也。庶子无分于长劝，为大夫则摄祭。

"摄主不厌祭，不旅，不假，不绥祭，不配。_{绥，与"堕"同，许规反。}

"摄主"，即庶子为大夫宗子出奔而代祭者也。"厌"之为言饫也，尸不在而奠祭，惟在于饫神而已。"不厌"，谓不阳厌。天子、诸侯明日乃绎，及下大夫不宾尸则有阳厌，若上大夫宾尸则固不阳厌。此言"不厌"者，以下大夫言之；若摄主为上大夫，则不宾尸，通于不厌也。"旅"，旅酬。"假"，与"嘏"通，福也。尸酢主人已，取黍稷命祝授主人，祝东面致嘏辞曰："皇尸命工祝承致多福无疆于女孝孙。""绥"者，堕减之意，谓尸食时，取菹醢黍稷肺羹减去之，置于直上，祭始制饮食者，祭之盛者也。"配"，谓祝辞告以妣某氏配。五者皆盛礼，摄主不敢当盛，不备礼也。

"布奠于宾，宾奠而不举。

此申言"不旅"之礼。"布"，设也。"布奠"者，主人酌酬酒以奉宾，奠于宾俎之北。"宾奠"者，取爵奠于俎南，不行酬也。

"不归肉。_{归，求位反。}

不归宾俎也。

"其辞于宾曰：宗兄宗弟宗子在他国，使某辞。"

"辞"，戒宾之辞，与宗子为兄弟则称兄弟，昭穆异者尊卑皆称宗子。"辞"，犹言"云云"，其辞如常辞。

曾子问曰："宗子去在他国，庶子无爵而居者，可以祭乎？"孔子曰："祭哉。"

"爵"，谓大夫。"庶子无爵"，则以次长者摄主。

"请问其祭如之何？"孔子曰："望墓而为坛，以时祭。

"望墓"，则于野矣。"时"，谓四时之祭期。无爵则不敢人宗子之庙，践宗子之位，惧辱其先也。此谓世禄之家被罪见逐者。《春秋传》曰："栾郤降为皂隶。"

"若宗子死，告于墓而后祭于家。宗子死，称名不言孝，身没而已。"

"宗子死"，死于他国也。宗子死，无复归之望，故庶子得以自祭于其家，若无田则荐于寝耳。"称名"，告神辞。"不言孝"，但称子某。宗子死，既有代为宗子之义，宗子虽有子留他国，亦且别为族姓而宗分，顾宗之相传必有所受，今未历宗子之代，不得先后有两宗子，故犹避之。身没而传其子，则即以己为祖而子为宗子矣。

子游之徒，有庶子祭者以此，若义也。今之祭者不首其义，故诬于祭也。

"徒"，门人。"庶子祭"者，以宗子出奔客死，庶子之子承祭主也。"若"，顺也，言顺于夫子所言之义也。"今"，谓记者时。其时有祭者，宗子虽死，己未易世，辄承祀也。"首"，原也。"诬"，妄也。此一节非夫子之言，记者引伸以讥时而证礼耳。大抵此篇为记者所附益多矣。即此推之可见。

右第十八章。

曾子问曰："祭必有尸乎？若厌祭亦可乎？"

谓或时无孙可为尸，则但行厌祭。亦可否？

孔子曰："祭成丧者必有尸，尸必以孙，孙幼则使人抱之，无孙则取于同姓可也。

"成丧"，谓免殇以后丧服不降者。"孙"谓在孙列者。"同姓"，谓若鲁姬姓则公室三桓、臧、展之属，又无则郑、卫、曹、滕之裔亦可。惟辨其昭穆不乱而已。

"祭殇必厌，盖弗成也。祭成丧而无尸，是殇之也。"

殇虽有在孙列者，以殇无父道，不可为之尸。

孔子曰："有阴厌，有阳厌。"

凡祭必有二厌。再称"孔子曰"者，更端以具言祭殇之礼也。祭之始，尸未入，为神席于奥，祝奠酌于铏南，告飨于神西南隅，当室暗处，谓之"阴厌"。尸既谡，改馔于西北隅，如馈之设布几筵西北隅，当室明处，谓之"阳厌"。正祭则二厌具，求神不一之义。殇祭则用其一，此言或阴厌或阳厌也。

曾子问曰："殇不祔祭，何谓阴厌阳厌。"祔，本"备"字之误，平秘反。

祭备而后二厌具，曾子疑祭殇不备礼则统一奠而已，何阴厌阳厌之分。

孔子曰："宗子为殇而死，庶子弗为后也。其吉祭特牲，祭殇不举，无肵俎，无玄酒，不告利成，是谓阴厌。""祭殇"之"殇"，盖"肺"字之误。

"宗子"，谓父已没，虽幼而已嗣为宗子也。"庶子"，其兄弟也。宗子成人而死，则求其兄弟或族属之亲者为之后以继宗，今殇无父道，则其庶兄弟自承宗后，不后宗子，不入世数，故祭无尸而不立庙，其祭阴厌而已。"吉祭"，卒哭祔庙之祭，封虞为凶祭而言。殇祭祔而止，后不祭矣。成牲曰"特牲"，未成牲曰"特豚"。凡殇祭特豚，成人吉祭少牢，此酌其中也。"不举"，无举肺也。"祭肺"刌举肺长终肺。"肵俎"，载心舌，为敬尸设者。"利"，养也。"成"，备也。祭毕祝告利成，送导尸谡，三者皆事尸之礼。"玄酒"，礼之盛者。言祭宗子之殇，其他馈设与正祭等，惟无此四者尔。以其既嗣宗子，本当尊位，故于奥奠之，如正祭、始祭之礼，故谓之"阴厌"，言与正祭之阴厌同也。

"凡殇与无后者祭于宗子之家，当室之白，尊于东房，是谓阳厌。"

"凡殇"，谓庶子之适殇，若庶子之庶殇则不祭。"无后"者，庶子虽成人而死，无子则不为之立后也。"祭于宗子之家"者，就其宗庙之昭穆而祔祭也。"室之白"，西北隅与牖光相射处也。"尊于东房"，异于正祭及宗子之殇，尊于户东也。此庶殇无后者不得席于奥而居尊位，又其陈设皆不得如正祭之始事，则一如尸谡以后之礼求之于西北隅，曲致其意而已。此二节释殇祭之奠而得名厌者，以其席位礼节之略同，而阴阳不兼举则其异也。上节言"祭肺不举"以下四事，阳厌亦无，不重言者，阴厌嫌于有，阳厌无嫌也。

右第十九章。

曾子问曰："葬引至于堩，日有食之，则有变乎？且不乎？"不，方九反。枢所行之道曰"堩"。"变"，谓异于常礼。"不"者，如常而无所变也。

孔子曰："昔者吾从老聃助葬于巷党，及堩日有食之，老聃曰：'丘，止枢就道右，止哭以听变。'既明反而后行，曰'礼也。'"从，才用反。

巷党，党名，盖周畿内六乡地。"就道右"，以欲久驻故不中道，避行人。凡凶事交相左。"听变"，俟日之变。既明反，日复明也。再言"曰"者，行而后告夫子。

"反葬而丘问之曰：'夫枢不可以反者也，日有食之，不知其已之迟数，则岂如行哉？'"夫，防无反。数，桑谷反。

"反葬"，送葬毕事而归也。"不可以反"，言必于是日葬，不可留止。"已"，谓食已复明。"数"，与"速"同，迟则恐不能毕葬事。

"老聃曰：'诸侯朝天子，见日而行，逮日而舍奠。大夫使，见日而行，逮日而舍。夫枢不早出，不莫宿。见星而行者，惟罪人与奔父母之丧者乎！日有食之，安知其不见星也？朝，直遥反。使，免吏反。"夫枢"之"夫"，防无反。莫，漠故反。

"逮日"，及日未没也。"奠"，释奠于行主。"舍"，止宿也。"早"，日未出。"莫"，日已落也；于时皆见星矣。"罪人"，谓逋逃者。死而形归于士，终始之大事，当与吉行，均不可同于国罹罪祸者。

"'且君子行礼，不以人之亲痁患。'"痁，余廉反。

"行礼"，谓以礼诏相人。"痁"，与"贴"同，近也。冒暗而行，且有罣侧之忧矣。

"吾闻诸老聃云。"

礼文所阙，征之于所授。

右第二十章。

曾子问曰："为君使而卒于舍，礼曰：公馆复，私馆不复。凡所使之国有司所授舍则公馆已，何谓私馆不复也。"使，色吏反。卒，子律反。复，芳服反。

"复"，招魂来复。"有司"，谓主国之君所使授馆者。

孔子曰："善乎问之也！"

详绎起疑而问，工于问也。

"自卿、大夫、士之家曰私馆。公馆与公所为曰公馆。公馆复，此之谓也。"

"自"，犹于也。卿馆于卿家，大夫馆于大夫，士为介馆于士，皆馆于其庙。"公馆"，诸侯所建立以待宾客，《春秋传》所谓"坏晋之馆垣"者是已，"公所为"者，公家之离宫、别馆，权以居客者。二者馆内更无主人，故凶礼得伸；若于他人之庙，则不可登屋履危，号呼彻扉，以至凶干神人矣。先王制礼，务达人情而后可行也，盖如此。且复者，极致生者不容已之情耳，辍之亦无大损，非犹夫哭殡为送死之大节而不可废，则私馆不复，亦讵不可哉？

右第二十一章。

曾子问曰："下殇土周葬于园，遂舆机而往，涂迩故也。今墓远，则其葬也如之何？"

"土周"壐周，烧土坯以周于棺而无椁。"园"，宅舍间隙地。"舆机"，为舆床设机挽之。园既近，不行垣道间，无事柳车之饰。《檀弓》记周人以夏后氏之壐周葬下殇，则周初之礼也。其后不葬于园而于墓，墓在郊，去国远，遂饰柳车以行于道中，曾子疑其非礼而问之。

孔子曰："吾闻诸老聃曰：昔者史佚有子而死，下殇也，墓远。召公曰：何以不棺敛于宫中？史佚曰：吾敢乎哉？召公言于周公，周公曰：岂，不可。史佚行之！ 召，上诏反。

史佚，成王时太史，以官氏，佚其名也。言"墓远"者，佚不忍其子，欲葬于墓而患其远也。"棺敛"，棺饰帷荒之属。"于宫中"，殡而遂以行也。"岂，不可"者，谓行远道则不可以无饰盖失而徒节其后，则成乎两失；周公微辞警之，欲使勿葬于墓则自不须饰也。行，谓用周公之言。

"下殇用棺衣棺，自史佚始也。" 衣，于既反。

"衣"，亦饰也。用棺可也，衣棺则过矣。周初制礼，史佚贤者早不能守，惟徇爱而不能裁之以义，欲使入墓域而遂不容已于过饰，是以君子行礼必慎其本，本乱而求末之治，不可得已。篇内四引老聃之言以为信从，圣人取善无私而不背其本，亦可见矣。老聃为周柱下史，故三代沿革之得失，习之熟而辨之明。夫子适周而学焉，以其有文、武之道也；聃亦委曲详告而无不尽。若其贱礼尚无之说，夫子既不屑问，而聃亦知其不可语于夫子之前而不及之，则聃之知人有耻，固非后世好为人师者争以喙鸣之所可及。而庄周、列御寇之徒，抑诋圣人以尊其师，诬夫子以犹龙之叹，亦多见其不知量也。

右第二十二章。

曾子问曰："卿大夫将尸于公，受宿矣而有齐衰内丧，则如之何？" 齐，子斯反。衰，七雷反。

"宿"，豫戒也。为吉祭之尸者，先夕或迎之"内丧"，尸之私丧。"齐衰"，统功、缌而言，举其重者。惟斩衰及为母齐衰，则辞于公而改尸。

孔子曰："出舍于公馆以待事，礼也。"

尸已筮于神而依之，则不得以私丧废矣。必"出舍"者，在宫中则必哭，不可以凶干吉。

右第二十三章。

孔子曰："尸弁冕而出，卿、大夫、士皆下之。 下，户嫁反。

"弁冕"者，或弁或冕，一如其所为尸者之服。公尸而弁者，其先祖或为大夫、士也。

"尸必式，必有前驱。"

"必式"，在车不忘敬，所以交于神也。"前驱"，前车清道者，君出则然；虽先祖为大夫、士不应有而必有之，以尊神也。

右第二十四章。此章引孔子平日之言明尸之尊，以申释上章不以私丧而废之义。

子夏问曰："三年之丧卒哭，金革之事无辟也者，礼与？初有司与？" 卒，子律反。辟，毗亦反。与，以诸反，下同。

"无辟"，谓任其事而不辞也。"初有司"者，谓有司失礼，因事创为而后遂因之。春秋之世，墨衰绖以即戎者，相沿为制，故子夏疑而问之。

孔子曰：**"夏后氏三年之丧，既殡而致事。殷人既葬而致事。《记》曰：君子不夺人之亲，亦不可夺亲也。此之谓乎。"**

"致事"，致其官守政役于君也。"既殡而致"者，殡前哀遽，念不及事，故殡乃致也。"既葬而致"者，以丧纪有需于家臣、胥史；采地、禄田之用，留君惠以事亲也。然虽未致，君亦不使。"夺人之亲"，谓君夺之。"夺亲"，谓以宠利为重而自夺也。谓之"夺亲"者，心不存乎亲则无亲矣。后世或谓之夺情，情可夺也。亲不可夺也。知非仅夺情而为夺亲，则史嵩之、杨嗣昌之流罪通于天矣。君子一言而立天理人心之极者，此类是已。

子夏曰：**"金革之事无辟也者，非与？"**

疑时礼文有之。

孔子曰：**"吾闻诸老聃曰，昔者鲁公伯禽有为为之也。今以三年之丧从其利者，吾弗知也。"** "为为"，上于伪反，下如字。

鲁公在丧，徐、戎并兴，东郊不开，故出师御之。事见《书·费誓·序》。"从"，逐也。逐战胜攻取之利，若晋败秦于殽之类是已。"弗知"者，谓不知其何以为心。门庭之寇御之则为不得已，往攻则为见利忘亲，此为诸侯之以保其宗庙社稷为孝者言之尔。若后世仕者，本无世守之责，天下之大，贤才之众，惟君所使，而怙保权势，贪功希赏。沿墨衰之制，逮其终也，无有不覆师而败国者。天理善恶之报，其不爽也。固如是夫。

右第二十五章。

《礼记章句》卷七终

礼记章句卷八

文王世子

唐、虞之有天下也，皆选贤而禅，历试而后授之，则既知其有天子之德，托以天下而亡所虑。夏后氏知其不可继，而将有大奸饰德，欺中智以猎大位者，于是而与子之法立焉。孟子曰："其子之贤不肖，天也。"圣人不能取必于天而相天之事起，故豫建世子而夙教之以孝友中和之道，以育其德。大戴氏及贾生皆推言三代有道之长莫不本此，旨哉其言之也。此篇之旨，亦以是为有天下国家者平治之本图，盖与大戴、贾生之所称述同其归趣，而以孝悌为立教之本，礼乐为成德之实，尤为宏深而切至。顾其为文，杂辑众论而非一致之言，未能裁正而著明之。若周公践阼之文，乱人窃之以成其逆行，梦与九龄之事，妄人资之以伸其诬说。是以学者或病之，而要诸记者立言之本旨，则固未有失也。善读者通其意而勿滞其辞，斯得之矣。凡十一章。

文王之为世子，朝于王季，日三，鸡初鸣而衣服，至于寝门外，问内竖之御者曰："今日安否，何如？"内竖曰："安。"文王乃喜，及日中又至，亦如之。及暮又至，亦如之。其有不安节，则内竖以告文王。文王色忧，行不能正履。王季复膳，然后亦复初。朝，直遥反。三，悉暂反。衣，于既反。莫，漠故反。复，苏服反。

"朝",见也。古者通谓见尊者曰"朝"。"内竖",奄人之少者。"御者",当日直侍者也。"节"字或衍文,旧说以为居处故事,亦略通。"履",蹈地也。此节记问安之礼。

食上,必在视寒暖之节。食下,问所膳。命膳宰曰:"末有原。"应曰:"诺。"然后退。上,时掌反。暖,况远反。下,户嫁反。

"上",进也。"在",察也。而有存意。"寒暖之节",食之温凉,以天时为"节"也。"下",彻也。"所膳",谓所食多少及所嗜厌。"末",勿也。"原",如"禁原蚕"之"原",再也。诸侯日食特牲,同杀异饪。"退",适其私寝也。此节记视膳之礼。文王之德至矣。而其日操存于心而不敢略者,惟此问安视膳之节。盖孝者万行之原,而仁敬慈信之率由此以生也。观其忧喜之形于色也,根心以发,初无所容心焉;盛德之至,生知而安行之,诚非可学焉而至者。然人能取法以自力于行,虽诚或未至,而敦行既久,不生厌倦,则仁孝之心将油然以生而渐几于自然,所谓"文王我师"而人"皆可以为尧、舜"者,夫岂远乎哉!

武王帅而行之,不敢有加焉。文王有疾,武王不说冠带而养。文王一饭亦一饭,文王再饭亦再饭,旬有二日乃间。帅,所律反。说,他话反。养,余亮反。饭,扶晚反。有,与"又"同。间,如字,俗读去声者,非。

"帅",循也。"不敢有加"者,孝子之情各有特至,固无成法之可拘;而武王以文王为人伦之规矩,恒以不及为忧,无欲过之心也。"冠带",养疾者必朝服也。"间",愈也。言"旬有二日,乃间"者,记武王服勤养疾浃旬不懈,逮其瘳而乃安,即上文"然后亦复初"之意。

右第一章。此章记世子之德以孝为本。文王躬行以为家法而武王承之,故周家仁孝之教施及后世、率以是为立教之本,而弟友之德,礼乐之实,原此而生。盖一篇之纲宗也。

文王谓武王曰:"女何梦矣?"武王对曰:"梦帝与我九龄。"文王曰:"女以为何也?"武王曰:"西方有九国焉,君王其终抚诸?"文王曰:"非也。古者谓年龄,齿亦龄也。我百、尔九十,吾与尔三焉。"文王九十七乃终,武王九十三而终。女,羊洳反。

"龄",齿也。"梦与九龄"者,梦生九齿,若天授者。"吾与尔三"

者，时文王已九十七，神气之间自知将终，谓书已不足百年，当以与武王也。然此所记，出于流传而未知其信否。且"君王"之称，始见于《春秋传》子革之对楚子，战国僭号者因之。文王终为西伯以服侍殷，必无此称，汉儒乃据之以为文王受命称王之证，其亦诬矣。古者六十闭房，谓武王九十三而终，而成王尚幼，亦古今之积疑，要皆周末游士之说，不足信也。若记者之录此，特以见文王父子之间慈孝乐恺，以终上章之意，其他无足取矣。

右第二章。

成王幼，不能莅阼。周公相。 相，息亮反。

"莅阼"，谓行天子之事。"相"，以冢宰听总己之治也。记此者，以见成王即位尚幼则武王存时固不能学世子之礼，而周公欲教之难也。既云"周公相"，则其非摄位亦不待辩而明矣。

践阼而治，抗世子法于伯禽，欲令成王之知父子君臣长幼之道也。 令，力呈反。长，丁丈反。

"践阼"者，践周公宫中之阼阶也。子幼与父同宫，升降皆自西阶。"阼"，父阶也。"治"，犹教也。"抗"，举也。"父子君臣长幼之道"，所谓"一物而三善备"者也。按经文言践阼而抗教伯禽，则"践阼"者，以对伯禽言之，既亡疑其为周公之家政。汉儒不审，乃谓周公践天子之阼，以授篡逼者之口实，则文义不通而流为祸始，可不慎乎！

成王有过则挞伯禽，所以示成王世子之道也。

过则必挞，大学之法也。入学以齿，无贵贱之足殊矣。

文王之为世子也。

上三章总题篇策之辞，戴氏忘删之。

右第三章。此上三章总记有周三世世子之礼，至于成王，时势已讪，而周公行礼以伸之，所以世载令德，开太平而为有道之长也。

凡学，世子及学士，必时。 学，与"敩"同，产教反。下并同。

"学"，教也。"士"，谓公卿、大夫、元士之适子与乡遂之俊选升于大学者也。当其可之谓"时"。

春夏学干戈，秋冬学羽龠，皆于东序。小乐，正学干大胥赞之。龠师学戈，龠师丞赞之。

"干戚"，武舞，"羽龠"，文舞，春夏阳而教武，秋冬阴而教文，所以节宣之也。"东序"，夏学名，周以为大学。序有堂无室，便于舞也。"乐正"，于《周礼》为乐师，有天下大夫四人，上士八人；大夫为大乐正，士则小乐正也。"学干"，干戚兼教之，不言戚，省文。"大胥"之职，春入学合舞。"赞"，协助也。学者众多，须分教相协助也。"龠师学戈"，"戈"当为"龠"字之误。《周礼》"龠师教国子舞羽吹龠"，无教戈戚之文。龠师中士四人，二为正，二为丞。此节记教乐舞之事。

胥鼓《南》，春诵夏弦，大师诏之瞽宗。秋学礼，执礼者诏之。冬读书，典书者诏之。礼在瞽宗。书在上庠。

"胥"，合也。"鼓"，鼓瑟；《南》，《二南》之诗。其"诵"则《关雎》《鹊巢》以下三章之音节。其"弦"则堂上之瑟与歌相和者，合次比弦，歌使相叶也。堂上之乐，瞽工所奏，而学子习者，以其为乐德之本。孔子所谓"不为《周南》《召南》，正墙面而立"也。"诏"，告也；谓口授其读也。"执"，习也。"礼"，五礼。"书"，四代之简册。"典"，犹知也。"执礼""典书"，盖保氏之分教者。"瞽宗"，殷学，周为国学。"上庠"，虞学，周为小学，二者皆有室，故于弦诵书礼便也。此节记教诵习之事，与教舞分四时互教之，盖诵习日课而舞间举，不相妨也。

凡祭与养老乞言，合语之礼，皆小乐正诏之于东序。

养老而乞其言，有请受之礼，"合语"者，旅酬时更相称述右语为奖戒，所谓"于旅也语"也。上节言"秋学礼"者，诵习礼文；而此诏礼，演习其容仪也。行礼者必于敞阔之地，故于序为便。

大乐正学舞干戚。语，说命，乞言，皆大乐正授数。

"大乐正"三字盖衍文。"语"，即合语。"说命"者，称说告命，即乞言之礼也。"授数"，授以所当习而分其段序，使以渐学也。此统上文三节而言，自教干戚至乞言之礼；小乐正以及典书者分科教授，而因其敏钝之差各授以数，次第课其成者，则大乐正总之也。大乐正，乐师之长。

大司成论说在东序。

"大司成"，大司乐也。"论说"者，自乐舞以至弦诵书礼礼容，其音容文句各有分教，而义趣之所以然者，为发明之，使达于礼乐之原。《周礼》所谓"以乐德乐语乐舞教国子"，盖即语舞之中而中和只庸孝友之德寓焉，大司成进其可与语上者而深论之也。集众论说，亦须敞阔，故于序为便。此上五节，皆以记教者分教合教之序与时地之宜，所谓"当其可之谓时"也。

凡侍坐于大司成者，远近间三席，可以问，终则负墙。列事未尽，不问。

间，如字，古闲反。

"间"，中间所容也。席长三尺三寸有奇。"三席"，所谓函丈也。"负墙"，屏退向后，待次问者。"列事未尽"，谓司成方陈列其事义以相告，辞未尽也。"不问"，不敢躁挽师说。自此以下至章末，记教者学者之礼仪与选贤士之制。前五节乃立教之体，而此节以下则鼓舞作兴之用也。

凡学句，春句，官释奠于其先师，秋冬亦如之。 学，如字，下并同。

"学"，入学也。"官"，谓官备其物而为之师者主其奠也。"释"，舍也，置也。"奠"，所陈设也；盖用脯醢及菜。荐馈酌酒于筵而无尸谓之"奠"。"先师"，谓传授道业者。不言夏，盖省文。四时异业，各一奠也。

凡始立学者，必释奠于先圣先师。及行事必以币。 及，盖"乃"字之误。

"立"，犹兴也，谓"始学"者，入学之初也。"先圣"，作《诗》《书》《礼》《乐》者。"乃行事"，谓奠已乃受业也。"以币"者，重始进，异于四时之常奠。

凡释奠者，必有合也，有国故则否。凡大合乐，必遂养老。

"释奠"，谓四时之奠。"合"，合乐。言"有合"者，别于大合也。学乐之始，人习一节，合则合众之所已熟者而使之成章；"大合乐"则合乐之大成也。四时释奠之后心合乐者，以考其小成也。"国故"，国丧也。大合乐，天子视学时。"遂"者，踵事之辞，大合乐之明日也。乐成而终，教之以孝养之事，所以劝之于乐德也。此上四节统教世子及学士而言，盖敬业尊师，无贵贱一也。

凡语于郊者，必取贤敛才焉。或以德进，或以事举，或以言扬曲艺，皆誓之以待又语。三而一有焉，乃进其等，以其序，谓之郊人，远之于成均，以及取爵于上尊也。

"郊"，谓郊外，乡州之庠序。"语于郊"者，郊学不备礼乐之教，无以考其成否，故于饮射之日、旅酬之际，试诸合语而观其义理之通塞、威仪之得失也。"取贤敛才"者，乡州之长，取敛之以贡也。"事"，能也。"言扬曲艺"者，记习六艺。虽不能皆通晓，而知其一艺，能以言语发明其义也。"誓"，戒也，期也；期以且升而戒之进修也。"又语"，后复饮射而语也。"三"，即德、事、言。"一有"，谓成其一也。"进其等"者，差等而进之，若今国子监积分法，渐升为上舍也。"以其序"者，乡岁有常贡，先进等者先贡之也。"远"，盖"达"字之误。其曰"郊人"者，升之司徒而后谓之"选士"，其初进等而待序以升者则谓之"郊人"，言郊学之俊民也。"成均"，大学也。"达于成均"者，由司徒而达。《王制》所谓"升于学者曰造士"也。"以及"者，渐进之辞。"取"，酌也。"取爵于上尊"者，《燕礼》尊两方壶于东楹之西以酌卿、大夫、士，尊两圆壶于门西以酌士旅食者，东楹之方壶对门西之尊为上尊，酌之于上尊，则升而为士矣。《王制》所谓"升诸司马曰进士，论定官之"也。此节记学士之所由升。出自寒素，而及其升学则与世子齿而受业，虽选之极慎，而入学以后教之之道则贱不殊贵。盖周遍平均而相奖以成也。

始立学者，既兴器用币，然后释菜，不舞不授器乃退，傧于东序，一献，无介，语可也。

"兴"，作也。"器"，谓《象》舞之干戚羽龠也。既学舞，乃兴作其器而授之。"用币"者，以币见于师也。"释菜"，即"释奠"，奠有菹菜。"不舞"，谓初入学，习弦诵书礼而未学舞也。未学舞不授器，则不用币矣；惟释菜于先圣先师，退行傧礼而已。"傧"，以酒若醴礼其师也。"无介""一献"者，其礼简，事师质，不备文也。"语"，以道古今、劝德行，于学为宜，故虽礼简，而可于一献之后旅酬以合语也。用币者必傧，傧者不用币。学始于弦诵书礼，其礼简；终于舞，其礼繁。学以舞为重，所谓"成于乐"也。此节记事师之礼，又兼世子、学士而言之。

教世子。

亦篇策之题辞。

右第四章。此章言大学教世子以礼乐之事，而下章则以申明此章之义。

凡三王教世子必以礼乐。

礼乐之教，前章备矣。前章但详周之教法，而此通言三代之道同也。教亦多术，而先王之所尚者惟礼乐，其以正情而饰性者密矣。不此之务，将有如秦之师吏，汉之杂用黄、老、申、韩，以及六代之竞巧于诗赋，导之于淫辞而长乱源者，况于托诸宦官宫妾之手，而仅以讲读为文具者乎。

乐所以修内也，礼所以修外也。

乐以调性情之戾而移之，礼以正威仪之失而闲之，内外交相养也。

礼乐交错于中，发形于外。

礼以修外，而威仪既饬，则入而感其庄敬之心，以安于节而志意欣畅，斯敬和一矣。乐以修内，而性情既顺，则出而形诸气体之间，无所强而从容中度，斯威仪定矣。内外交养，而肌肤筋骸与神明志气浑然一善，无有间也。

是故其成也怿，恭敬而温文。

"成"者，涵泳于教而德器成也。"怿"，和也。"恭敬"，礼之验；"温文"，乐之验。礼中乐和，各有其征，而和怿一也。故周子曰："中也者，和也。"以此为教而至于成德，则端庄恺易，沦浃充满，气质化而加于物者，自无不顺人情以达天理。元后之为民父母者，此也。

右第五章。

立大傅、少傅以养之，欲其知父子君臣之道也。大傅审父子君臣之道以示之，少傅奉世子以观大傅之德行而审喻之。大傅在前，少傅在后。大，他盖反。少，诗诏反。行，下孟反。

"大傅、少傅"，皆教世子之官也。上二章言世子入大学之事。此章所言师、保、傅之教，则自未入学之先，通乎学成之后与自学归沐之时，恒有教导之官以养其德。"养"者，从容涵育之谓。父子君臣之道，非犹夫大学之教可程功计效而责其成，惟日与居游，躬行倡导，察微知著，先事而旁喻之，使自得也。"审"者，慎于微而使验于心也。"观"，察也。大傅在世子之侧，无事亲之事，但其躬行敦厚，动必以礼，与忠孝之理同原一致，察其所以用心而道不远矣。"前"，谓倡率之。"后"，谓劝进之也。

入则有保，出则有师，是以教喻而德成也。师也者，教之以事而喻诸德者也。保也者，慎其身以辅翼之而归诸道者也。

"师""保"不别言大、少者。天子有三公三孤，世子不得齐于君，傅则二，而师、保各一也。"入"，退居燕寝。"出"，在外寝也。"教喻"，谓素知其理，则以入学而承司成之教，类通而易晓也。"事"，古事可为训戒也，察于善恶得失之微，则心能得其理矣。"慎其身"，谓节其嗜欲，谨其居处也。动无非礼，则皆合于当然之则矣。三公之序，首师、次保、次傅，而此以傅加于师保之上，大、少独备官者，以傅司君臣父子之教，而世子之德莫尚于孝，故尤重焉。率中材之资，皆可以为文王，惟此焉尔矣。

《记》曰："虞、夏、商、周，有师保，有疑丞，设四辅及三公，不必备，惟其人，语使能也。"

"疑丞"之义未详。朱子曰："疑者，有疑即问之意。丞，贰也。"大傅示以道，盖即"疑"；少傅贰于大傅，盖即"丞"也。师、保、疑、丞为"四辅"，世子之官；大师、大保、大傅为"三公"，天子之官也。二者皆惟德能任之者使为之，无其人则姑阙而摄之，引古《记》以明天子慎选官僚，均于三公之重也。

君子曰："德德成而教尊，教尊而官正，官正而国治，君之谓也。""曰德"之"德"，衍文。治，直吏反。

君德成于预教之日，则及其嗣居大位，知德之为贵而尊尚教理，以覃敷于下，造就贤材，斯官莫不正而国以治也。"君"，盖"此"字之误。

右第六章。此章言教世子之道以父子君臣为立教之本，与第一章之义相为贯通，四辅养之以素，而文王无不可师矣。

仲尼曰："昔者周公摄政，践阼而治，抗世子法于伯禽，所以善成王也。"

夫子之言止此，记者引之以证第三章之所言，且以更端起下意也。"摄政"，谓三年总己以听时。

闻之曰："为人臣者，杀其身有益于君，则为之，况于其身以善其君乎！周公优为之。"于，纡俱反。

"于"，与"迂"同；委曲而远于事情也。文、武之事亲，非王季、文王抗法而督责之。君子不教子，而事亲之礼尤非为人父者之所教责，周公抗法于伯禽，有不逮则挞之，是远于父子之常道而委曲为之也。优，无所勉强也。

是故知为人子，然后可以为人父；知为人臣，然后可以为人君；知事人，然后能使人。

仁敬孝慈，其根于恻怛忠恕之心则一也。此明世子事亲之道为君德之本，而不可不学之意。

成王幼不能莅阼，以为世子则无为也。是故抗世子法于伯禽，使之与成王居，欲令成王之知父子君臣长幼之义也。"无为"之"为"，于伪反。令，力呈反。长，丁丈反。

重言"成王幼不能践阼"者，以见正在须教之时也。"无为"，言无可效其孝养。兼言"长幼"者，谓弟子幼少所宜修之职也。

君子于世子也，亲则父也，尊则君也。有父子之亲，有君之尊，然后兼天下而有之。

"有"者，存而不忘之谓。至性之爱敬恒存于中，无所放逸，乃以怀万邦黎民，而迩不泄，远不忘，一以贯之矣。《书》曰："惟圣罔念作狂，惟狂克念作圣。"此之谓与！

是故养世子不可不慎也。

周公迁其身且惟恐成王之失养，况于为之君父者乎！

右第七章。此章申明第三章之意，以明孝为立教之本，而养世子者必以此为重也。其言"养"者，即上章师保疑丞之所审喻而辅翼之谓。

行一物而三善皆得者，惟世子而已，其齿于学之谓也。

"物"，事也。"齿于学"，谓入大学习干羽弦诵书礼之事，行立进退，与学士以齿序于先生之前。

故世子齿于学，国人观之曰："将君我而与我齿让，何也？"曰："有父在则礼然，然而众知父子之道矣。"其二曰："将君我而与我齿让，何也？"曰："有君在则礼然，然而众著于君臣之义也。"其三曰："将君我而与我齿让，何也？"曰："长长也，然而众知长幼之节矣。"故父在斯为子，君在斯谓之臣，居子与臣之节，所以尊君亲亲也。故学之为父子焉，学之为君臣焉，学之为长幼焉，父子君臣长幼之道得而国治。语曰："乐

正司业，父师司成，一有元良，万国以贞。"世子之谓也。长，丁丈反。治，直吏反。

臣言"谓之"者，世子无臣道，惟对君则"谓之臣"尔。"业"，羽籥弦诵之务。"成"，德之成也；谓乐正所司教者业耳。而尊师尚齿，成三善之德，则天子命之而师传喻之也。一有之"有"，当作"人"。"元"，大也。"良"，善也。行一事而三善备，其善大矣。"贞"，正也。父子君臣之伦正，而莫不正也。

周公践阼。

亦篇策之题辞。

右第八章。此章申言第四章入学之事。而第四章所记乃受业之方，此章则专就请齿让而明尊亲之义。盖此篇之旨，以孝悌为本，以礼乐为用。修之门内，诏之师傅者，孝悌之实；习之学宫者，礼乐之务。而此章则于学宫而见孝悌之理，盖孟子所谓"孝悌为礼乐之实"，无所往而不以此为亟也。孝悌者，生于人之心而不可以言喻者也。请求其理则迂阔而辞不能达，科以为教则饰行而非其自得，故先王所以化成天下者，惟躬行而使人之自生其心，则不待言孝言悌而已众著之矣。古人诱掖扶进之大用，洵非后世之所能与也。

庶子之正于公族者，教之以孝悌睦友子爱，明父子之义，长幼之序。弟，大计反。"子爱"之"子"，祥之反。长，丁丈反。

"庶子"，于《周礼》为"诸子"，庶亦诸也。庶子之官掌国子之倅，有大事则率国子以致于世子，惟所用之，使之修德学道，春合诸学，秋合诸射，以考其艺而进退之。国子之倅者，公卿大夫之适子，与世子同入太学者也。国子在学，则与世子友以劝进于道艺，其在宫中守卫而听政令，则惟世子之所使。故王者之教世子，既有师保疑丞以辅之，大司成乐正以教之，而尤慎其所与游，而听其令者统受正于庶子之官，则世子左右近习莫匪正人，而养其德者备矣。"正"，督正之也。国子受业于学，而尤必庶子之官教之德行者，亦犹世子之有四辅也。凡国子之倅，自公卿至元士之适子皆在焉，而徒言"公族"者，周道亲亲，以公族为重。举其重者以统异姓也。"睦"者，和于宗族。"友"者，惠于朋友。"子"与"慈"通。

爱人曰"子"，爱物曰"爱"。

其朝于公，内朝则东面北上，臣有贵者以齿。朝，直遥反，下同。

"其"者，指庶子所掌之国子而言，下文放此。言"公"者，别于世子私朝之称。"内朝"，在路寝庭内、庶子掌正其朝位。"北上"，齿长者上也。"臣"，国子之已仕者，其未仕者谓之"游倅"。虽已仕而贵，与未仁而为游倅者，一皆以齿序也。

其在外朝，则以官，司士为之。

"外朝"，路寝门之外庭。"以官"者仕者贵也。"为"，治也，亦谓掌正其位序。

其在宗庙之中，则如外朝之位，宗人授事，以爵以官。

如外朝之法，位以官也。"宗人"，大宗伯。"授事"，颁之执事。"爵"，父爵也。"以官"者，所司当奉之职。"以爵"者，非常职则以贵贱为大小也。

其登馂献受爵则以上嗣，庶子治之。

"登馂"，登堂而馂，《祭义》所谓"贱馂贵之余也。"庶子馂当在士馂之后，登馂者盖八人。"献受爵"，兼祭、燕而言。《燕义》所谓"士举旅行酬而后献庶子"，其献之亦如献士，其长一人升西阶上拜受爵，余则自旅酢也。"上嗣"，父爵之尤贵者。"治"犹为也。叙次其贵而作之登馂受爵也。国子于宗庙朝廷之中，或以齿，或以位，或以父爵，长长尊尊贵贵之义并行，而父子君臣长幼之教寓乎其间矣。

虽有三命，不逾父兄。

谓元士之子也。"不逾"者，谓车服礼秩。此上兼同姓、异姓而言。

其公大事则丧服之精粗为序，虽于公族之丧亦如之，以次主人。

"公大事"，国丧也。国子于君及君之母、妻、长子，虽斩衰不殊，而次序哭位则以其本属之远近，一如士。丧服精粗之数，粗者居精者之上，使不失其亲疏之等也。"公族"，王之同姓也。"次主人"，继主人之哭位西面北上也。得以其本属之亲疏交于君，所谓"教之以睦友"也。此专主公族而言。若异姓之国子，则皆序于士之下。

若公与族燕，则异姓为宾，膳宰为主人，公与父兄齿。族食，世降一等。食，祥吏反。

"若"，如也；谓公族国子丧纪之位，序亲疏而不以贵贱，其义如燕食之序，以世次齿，以睦族为道也。"公"者，统天子、诸侯之辞。凡燕礼，必别命一人为宾而不宾其所与燕者，不以礼劳之也。"膳宰为主人"，则以优君也。"齿"者，昭穆各自为齿。"食"，《大传》所谓"缀之以食"，盖合食于宗子之家也。"世降一等"，位各少退也。燕言齿亦世降，食言世降公亦与其等齿，互文也。

其在军，则守于公祢。公若有出疆之政，庶子以公族之无事者守于公宫。正室守大庙，诸父守贵宫、贵室，诸子诸孙守下宫下室。大，他盖反。

"公祢"，谓军行所载迁主。谓之"祢"者，在外亲之之辞。"守"者，守其齐车。"政"，事也。"公族"，亦谓其为国子者。"无事"，谓若《周礼》有兵甲之事，则授之车甲，合其卒伍，以从军而守公祢；其不行者，则无即戎之事而居守也。"正室"，宗子之适嗣也。"诸父"，与君为父行者；虽为君之父行，虽有父在，犹为国子之倅。"宫"，宫门。"室"，堂户。"贵"谓路门、路寝。"下"，闱门、燕寝也。此言君敦信本支之子弟而与同休戚，盖亦教以友睦子爱之义也。

五庙之孙，祖庙未毁，虽为庶人，冠、娶妻必告，死必赴，练祥则告。族之相为也，宜吊不吊，宜免不免，有司罚之。至于赗赙承含，皆有正焉。冠，古乱反。取，七句反，下同。免，亡运反。含，户暗反。

"告""赴"，则君必赐恤之矣。"族"，谓自公以外之族众也。"相为"，互相吊哭也。六世以外则"吊"，五世则"免"。"有司"，典丧礼者。"承"，禭也。丧礼：庶兄弟之禭，使人将命承进之也。"正"，常也。此言君睦族之道，所以立教自己，而为国子之倡也。

公族，其有死罪，则磬于甸人，其刑罪，则纤剸亦告于甸人。公族无宫刑。狱成，有司谳于公，其死罪，则曰："某之罪在大辟"；其刑罪，则曰："某之罪在小辟。"公曰："宥之。"有司又曰："在辟。"公又曰："宥之。"有司又曰："在辟。"及三宥，不对，走出，致刑于甸人。公又使人追之曰："虽然，必赦之。"有司对曰："无及也。"反命于公，公素服不举，为之变，如其伦之丧，无服，亲哭之。纤，之林反。告，居六反。辟，婢亦反。为，于伪反。

"公族"，通五世内外而言。悬缢杀之曰"磬"。"甸人"，掌郊野之官，

署在郊外。刑杀即之，隐其恶也。"纤"，刺也；谓墨刑。"刭"，割也；谓
劓刖。"无宫刑"者，不绝其类，代之以髡。"告"，本"鞫"字之误。读
书用法曰"鞫"，谓将就刑而数其罪以服之也。"谳"，白也；白其罪状。
"在"，犹当也。"无服"，不为之缌衰吊服。"亲哭之"者，为位而哭，不
往吊。此言睦友同姓之厚，有罪必矜，所以为立教之本，而养成子姓之仁
厚以夹辅世子者，其德远也。

**公族朝于内朝，内亲也；虽有贵者以齿，明父子也。外朝以官，体异
姓也；宗庙之中以爵为位，崇德也。宗人授事以官，尊贤也。登馂受爵以
上嗣，尊祖之道也。丧纪以服之轻重为序，不夺人亲也。公与族燕则以
齿，而孝悌之道达矣。其族食世降一等，亲亲之杀也。战则守于公祢，孝
爱之深也。正室守大庙，尊宗室而君臣之道著矣。诸父诸兄守贵室，子弟
守下室，而让道达矣。五庙之孙，祖庙未毁，虽及庶人，冠，娶妻必告，
死必赴，不忘亲也。亲未绝而列于庶人，贱无能也。敬吊临赙赗，睦友之
道也。古者庶子之官治而邦国有伦，邦国有伦而众乡方矣。** 弟，大计反。杀，
色盖反。大，他盖反。乡，许亮反。

"内亲"，谓门内以亲亲为重也。"父子"，犹言昭穆。"体异姓"者，
与异姓合序官爵，不疏远之也。"不夺人之亲"者，谓因其本服而得伸其
恩也。"孝"者，慎奉其先；"爱"者，不使冒行陈也。"有伦"，谓人伦得
其叙。"众"，谓国子也。"乡方"者，习于尽伦之道，则皆知以孝悌友睦
子爱为法也。此总结第二节以下九节而申明其意，一皆庶子之官所掌。以
见王者立庶子统国子，政令礼仪之间，无非修明父子长幼之伦，即事而垂
为至教，皆所以壹之于正而为豫养储德之资也。

**公族之罪，虽亲不以犯有司，正述也，所以体百姓也。刑于隐者，不
与国人虑兄弟也。弗吊，弗为服，哭于异姓之庙，为忝祖远之也。素服居
外，不听乐，私丧之也，骨肉之亲无绝也。公族无宫刑，不剪其类也。** 远，
于怨反。

"犯"，干也。"有司"，执法之官。"不以犯"，谓不挠法而必使有司谳
鞫之。"术"，法也。"体百姓"者，不纵所亲以贼百姓。"虑"者，以为患
而计除之也，此申明第十一节之义，其事虽非庶子之官所掌，而所以处公
族者，情法两伸，使之奖于善而惩于恶，以尽人伦之理，则亦皆国子所由

正而法无非教矣。

右第九章。

天子视学，大昕鼓征，所以警众也，众至然后天子至。乃命有司行事，兴秩节祭先师先圣焉，有司卒事，反命。卒，子律反。

"昕"，旦也。"大昕"，周正季春之朔旦，夏正之元旦也。"鼓征"，鸣鼓以召学士。须众至天子乃至者，欲令皆近天子之光以劝于学也。"乃命"者，视学事毕而乃命之，以其明日行释奠之事也。"秩节"，常礼也。"卒事"，明日祭毕。"反命"，告礼成。

始之养也，适东序。

"养"，养老。"始之"云者，对下文"命诸侯群臣养老"而言，天子先之也。"适"，天子适也。养老于学者，使众著于长幼之义也。既视学而后又适学养老，礼不相沿，各异其日。

释奠于先老，遂设三老、五更、群老之席位焉。适馈省醴，养老之珍具，遂发咏焉。退修之，以孝养也。更，古衡反。"养也"之"养"，余亮反。

"先老"，谓前所养之老也。"三老"，达于三才之道。"更"，历知也。"五更"，习知五常之节者。三老、五更各一人，余为"群老"，皆所谓"国老"也。其席位：三老如宾，当户牖间，南乡；五更如介，西阶上，东面；群老如众宾，继三老而西。"适"，调；"省"，视也；天子皆亲之。"珍"，八珍，详见《内则》。"发咏"，老、更入门而乐作也。"退修"之义未详，盖有阙文。大要谓天子亲馈之礼。

反，登歌《清庙》，既歌而语，以成之也。言父子君臣长幼之道，合德音之致，礼之大者也。

"反"字之义未详，盖有阙误。旧说以为老、更受献毕，立西阶下，待献群老毕，乃反升席，未知是否。"登歌"，堂上之歌。"语"，合语也。"成"者，歌与语意相成也。"父子君臣长幼之道"，谓所语者。"德音"，谓《清庙》之歌也。清庙以歌至德之形容，而其理则不外乎尽伦之事，其致一也。

下管《象》，舞《大武》，大合众以事，达有神，兴有德也。

"下管"，堂下笙奏；《象》，其曲也。奏《象》则舞《大武》，故《武》

亦或谓之《象》。"大合众"以下十二字有阙误；大要谓大合盛乐以事老、更，通其事于宗庙，贵齿尚德之意。

正君臣之位、贵贱之等焉，而上下之义行矣。

错简误在此。疑在前章"尊祖之道也"之下。

有司告以乐阕。王乃命公、侯、伯、子、男及群吏曰："反养老幼于东序，终之以仁也。"

"阕"，终也。乐阕则礼成矣。"公、侯、伯、子、男"，来觐而与燕者。"群吏"，乡遂之长。"反养老"，归其国邑行养老之礼也。"幼"字衍文。"仁"者，孝养普遍之谓。

是故圣人之记事也，虑之以大，爱之以敬，行之以礼，修之以孝养，纪之以义，终之以仁。是故古之人一举事而众皆知其德之备也。"记"字误，当从下文作"举"。

"虑"，谋也。"爱之以敬"者，诚爱之则不忍亵之也。按此节乃总结上文之辞，以明养老之义，必皆有所承而言。今惟"修之以孝养""终之以仁"二句，上文已具，余皆上无其文，则此章之残阙者多矣。

古之君子举大事，必慎其终始，而众安得不喻焉。《兑命》曰："念终始典于学。" 兑，本作"说"，古字通用，失雪反，俗读弋雪反者，非。

"大事"，谓视学养老之事。"慎其终始"者，谓修行备道而不倦也。"典"，常也。此篇皆言教世子之道，而此章以天子视学养老之礼终之，盖建师傅、齿国学、习礼乐、正庶子、睦公族，以养世子之德者，极其详备而犹其末也。若其立教之本，则必为之君父者躬行勤学敬老之礼，自尽其孝友中和之实，而后不言之教行焉。孟子曰："身不行道，不行于妻子。"自天子以至于庶人，其理一也。抑当其为世子之日，既勉学自修，勤行孝悌，则为善之乐得于心而自不能已，逮乎嗣承大位，习而安之，修行不倦，而声律身度自足以为子孙臣民之法，则所谓"终始典于学"者，合数世而流风不衰。故先儒以为三代有道之长率由乎此，诚哉其言之也。

右第十章。按此章记天子视学养老之礼，玩其文辞次序之间，盖必委曲详尽，有视《王制》《祭义》而更备者。其于"众至然后天子至"之下，必有执经问道及简不率之事，其言养老，于"遂发咏焉"与"下管《象》、舞《大武》"之下，必详记进退、周旋、馈酳、献酢、酬侑之礼，而今皆阙亡，遂令古礼残缺。后之学者无从征焉，良可慨悼，非但文辞之舛脱难通而已也。

世子之记曰：朝夕至于大寝之门外，问于内竖曰："今日安否何如？"内竖曰："今日安。"世子乃有喜色。其有不安节，则内竖以告世子。世子色忧不满容。内竖言复初，然后亦复初。朝夕之食上，世子必在视寒暖之节。食下，问所膳羞，必知所进，以命膳宰，然后退。若内竖言疾，则世子亲齐玄而养，膳宰之馔必敬视之，疾之乐必亲尝之，尝馔善，则世子亦能食，尝馔寡，世子亦不能饱。以至于复初，然后亦复初。齐，侧皆反。善，时战反，余音同第一章。

"不安节"，小恙。"疾"，甚病也。"不满容"，气不充色也。"命膳宰"，即首章所谓"末有原"也。"善"，甘之也。"齐玄"，玄冠玄端。《玉藻》曰："玄冠丹组缨，诸侯之齐冠。"养疾服之，敬其事也。此盖文王事亲之道，而后人因记之以为世子之常法。习而安焉，则发于容貌兴居之际，自有必然之符而与圣人合德。若其不以文王之所以事亲者事亲，则亦不孝其亲也矣。

右第十一章。

《礼记章句》卷八终

礼记章句卷九

礼运

"运"者，载而行之之意。此篇言礼所以运天下而使之各得其宜，而其所自运行者，为二气五行三才之德所发挥以见诸事业，故洋溢周流于人情事理之间而莫不顺也。盖惟礼有所自运，故可以运天下而无不行焉。本之大，故用之广，其理一也。故张子曰："《礼运》云者，语其达也；《礼器》云者，语其成也。达与成，体与用，合体与用，大人之事备矣。"第一章皆夫子之言。第二章记者引夫子之言推论之。后二章则记者之所述撰。其中错简相仍，复多淆讹，窃附朱子序定《大学》之义为别次之。至于石梁王氏疑篇内"大同""太一"之说，与老庄之言相似，则抑不知其辞同而理异，而其言礼也亦褊矣。凡四章。

昔者仲尼与于蜡宾，事毕，出游于观上，喟然而叹。仲尼之叹，盖叹鲁也。言偃在侧曰："君子何叹？" 与，羊洳反。观，古乱反。

称"昔"者，明此一篇皆记者之辞，引夫子之言为发端也。"蜡"，周正十二月。国索神鬼而祭之，因以属民而饮酒。饮酒之礼，有宾，有介，有众宾。"与"者，为众宾也。"事毕"者，其明日也。"游"，游目而望。"观"，阙也。天子有两观，鲁僭设之，在雉门间。"上"者，门观有台，仰视之也。"叹鲁"者，叹其徒具礼文而昧其实。

孔子曰："大道之行也，与三代之英，丘未之逮也，而有志焉。

"行"，流行于天下也。"英"，华也。精也，谓饰之以文而精意寓焉也。"未之逮"，谓道不行，无由见之。大道之行，民淳则政可简，为之上者恭己无为，而忠信亲睦之道自孚于下土。三代以降，时移俗异，民流于薄，而精意不足以喻，故王者敷至道之精华制为典礼，使人得释回增美而与于道。盖其术之不同，由世之升降，而非帝王之有隆污也。能逮夫三代之英，则大道之行不远矣，故夫子之志之一也。

"大道之行也。天下为公，选贤与能，讲信修睦。

"天下为公"，谓五帝官天下，不授其子。"选"，择；"与"，授也；谓择贤能而禅之。"讲信"者，讲说期约而自践之，不待盟誓。"修睦"者，修明和睦之教而人自亲，不待兵刑也。凡此皆人道之固然，尧舜因之以行于天下。与贤而百姓安之，讲信修睦而天下固无疑叛，则礼意自达，无假修为矣。

"故人不独亲其亲，不独子其子，使老有所终，壮有所用，幼有所长，矜、寡、孤、独、废疾者，皆有所养。男有分，女有归，货恶其弃于地也，不必藏于己，力恶其不出于身也，不必为己。长，丁丈反。矜，古顽反。养，余亮反。恶，乌路反。为，于伪反。

"不独亲其亲"，老其老以及人之老也。"不独子其子"，幼其幼以及人之幼也。"终"，生养而死葬也。"用"，各得其职业也。"有分"，谓分田制产，无侵并之者也。"有归"，室家不相弃也。"货恶其弃于地"，不欲以有用置无用而已。"力恶其不出于身"，可以有为而不偷也。此皆民俗之厚，不待教治，而无非礼意之流行也。

"是故谋闭而不兴，盗窃乱贼而不作，故外户而不闭，是谓大同。

"谋"，相倾诈之术。"闭"，塞绝也。"盗窃"，盗之小者。"乱贼"，贼之大者。"外户"，户枢在外而反掩之，足以蔽风雨御猛兽而已。"闭"，键龠也。"大同"，上下同于礼之意也。

"今大道既隐，天下为家，各亲其亲，各子其子，货力为己。

"隐"，昧也；谓流俗蔽锢，人不能著明之也。"天下为家"，传子也。大道不著明，则好恶私而风俗薄，故禹欲授益而百姓不归，周公总己而四国流言虽欲公天下，不可得已。

"大人世及以为礼，城郭沟池以为固。

"礼"，常也。三代之王知民情之若此，故制世及之法以止乱，不足，又为之城郭沟池以守之。

"以贤勇知，以功为己，故谋用是作，而兵由此起。知，珍义反。为，于伪反。此节旧在"以立田里"之下，盖错简，今定之于此。

"以贤勇知"，疑有阙误；旧说谓以勇知为贤，义亦略通。"以功为己"，谓居劝自伐而望其报也。

"礼义以为纪，以正君臣，以笃父子，以睦兄弟，以和夫妇，以设制度，以立田里。此节旧在"以贤勇知"之上，今定之于此。

"义"者，礼之质；"礼"者，义之实也。"制度"，宫室、车服、上下之等。"田里"，井疆之制也。君臣、父子、兄弟、夫妇、制度、井疆，皆待礼义以行于天下，谋作兵起，强者干犯之而弱者不能自尽，故圣人为修明之。

"禹、汤、文、武、成王、周公，由此其选也，此六君子者，未有不谨于礼者也。以著其义，以考其信，著有过，刑仁讲让，示民有常。选，须绢反。

言成王者，周公制《周礼》而成王行之也。"选"，最也；谓德最优也。"义"者，礼之精意。"著"，谓表著其所以然之理而显之于事，使民之喻也。"考"，验也。"信"，果能之也。谓验其有礼，则知其果有德行。"著"，表暴之也。立礼为则，有失自见，不能由礼者，则知其不肖也。"刑"，则也；谓仁藏于中而礼显其型则也。"讲"，发挥之意。"仁让有常"者，大道之归而礼之本也；以礼体之，使民有所率循而行于大道也。

"如有不由此者，在执者去，众以为殃。执，古"势"字。

"由此"，谓用礼也。"在执"，言居尊位。"去"，贬削之也。"众以为殃"者，疾恶而放逐之也。谓出乎礼则入乎刑，以整齐天下。

"是谓小康。"

"康"，安也。"小康"者，民不能康而上康之，异于"大同"。此上十节，皆言大道之行，三代之英，相为表里，所以齐天下而共由于道，其继世为功而不废者有如此。礼衰而乱，文具徒设，则大道之精意尽泯，圣人之所由叹也。

言偃复问曰："如此乎，礼之急也？"孔子曰："夫礼，先王以承天之道，以治人之情，故失之者死，得之者生。复，如字，扶又反。夫，防无反。

"天之道"，顺也；"人之情"，和也。理顺则气亦顺，情和则体亦和；失之而生，幸而免尔。此甚言礼之为急也。按天道之情乃一篇之大指，盖所谓大道者，即天道之流行，而人情之治忽则同异康危之所自分，斯以为礼所自运而运行于天下者也。

"《诗》曰：'相鼠有体，人而无礼，人而无礼，胡不遄死。'相，息亮反。

"相"，视也。"体"，形具也。"遄"，速也。人所恶而欲死之，则生非生矣。引《诗》以证得生失死之意。

"是故夫礼，必本于天，殽于地，列于鬼神，达于丧、祭、射、御、冠、昏、朝、聘，故圣人以礼示之，故天下国家可得而正也。"夫，防无反。冠，古乱反。朝，直遥反。

"本"者，原其礼之所自出也。"殽"，设也。地载万物，各得其所，礼之所取则也。《易》曰："礼卑法地。""列"，犹参耦也。谓此理之屈伸变化，体物不遗，明则为礼乐，幽则为鬼神，参耦并建而成用也。"达"者，有本而推行皆通之谓。"示之"，谓教民也。此上三节，推上文之意而言三代圣人所以必谨于礼，非徒恃为拨乱反治之权，实以天道人情，中和化育之德皆于礼显之，故与生死之故，鬼神之情状合其体撰，所以措之无不宜，施之无不正。虽当大道既隐之世，而天理不忘于人者，藉此也。夫既合撰天地而为生死与俱之礼，则自有生民以来，洋溢充满于两间而为生人之纪，大同之世未之有减，而三代亦莫之增也。则三代之英与大道之公，又岂容轩轾于其间哉！

言偃复问曰："夫子之极言礼也，可得而闻与？"复，如字。与，以诸反。

"极言"，谓盛称其为天道人情之至。"可得闻"者，欲详问其所自始终。

孔子曰："我欲观夏道，是故之杞，而不足征也，吾得《夏》时焉。我欲观殷道，是故之宋，而不足征也，吾得《坤》《乾》焉。

"之"，往也。《夏时》，夏治历以授民时之书。《坤》《乾》，殷《易》、《归藏》，首《坤》次《乾》。今其书皆亡。世传有夏小正者，乃战国时人所为，非孔子所得之旧文也。于《夏时》《坤》《乾》而得礼意者，所谓"承天道以治人情"也。韩起见《易象》与《春秋》，而曰"《周礼》在鲁"亦此意与！天之时，地之义，为先王制礼之本原，则三代之英载大道之公以行，益可见矣。

"《坤》《乾》之义，夏时之等，吾以是观之。

"义"，精意。"等"，秩序也。"观之"者，观其承天治人，通大道为公之意而建之为礼，如下文所云。

"昔者先王未有宫室，冬则居营窟，夏则居橧巢；未有火化，食草木之实，鸟兽之肉，饮其血，茹其毛；未有麻丝，衣其羽皮。后圣有作，然后修火之利，范金，合土，以为台榭宫室牖户；以炮以燔，以亨以炙，以为醴酪；治其麻丝，以为布帛；以养生送死，以事鬼神上帝，皆从其朔。

衣，于既反。合，古沓反。享，普庚反。养，余亮反。此节旧在"昔从其初"之下，"故玄酒"之上，今定之于此。

"先王"，上古君天下者。"营窟"，穴土为窟而垒其外，以泻水潦，备虫兽。"橧"，与"层"通。层累架木，若鸟巢也。"茹"者，不择而吞，谓去毛不净而食之。"范金"，为型范以铸金。"合土"，抟埴为甓甃也。合土为墙甃，范金为斧斤，斫削木以为榱栋。"炮"，苴裹而烧之，去皽。"燔"，灼。"亨"，煮。"炙"，火逼烙之也。"酪"，酸浆。"朔"，初也。此言上古五行之用未修，天之道未显，人之情未得，至于后圣之作，因天之化，尽人之能，宫室衣食各创其制，人乃别于禽兽，而报本反始之情，自油然以生而各有所致。此礼之所自始，非三代之增加，实创于大同之世也。

"及其死也，升屋而号，告曰：皋某复，然后饭腥而苴孰，故天望而地藏也。体魄则降，知气在上，故死者北首，生者南乡，皆从其初。号，皋，俱胡刀反。饭，扶晚反。苴，子余反。首，舒救反。知，如字。乡，许亮反。此节旧在"散于鬼神"之下，"昔才先王"之上，今定之于此。

"皋"，呼声。"某"，死者名。复称名者，古礼质，无爵与字之别也。"饭"，实尸口。"腥"，生米也。"苴"，包也；谓包祖奠置圹中以送死。不言遣车者，亦古礼质也。"孰"，与"熟"通，谓烹牲体也。"天望"，谓望天而复。"地藏"，谓藏苴以送之。"魄"，耳目口鼻含识之质。"知"，知觉运动之灵也。魄著于体，知凭于气。人死则魄降，故养道藏之于地；知气升，故望天而求其神之复。"北首"葬也。"南乡"，乡明而治。其理亦生阳死阴，望天藏地之义也。"初"，本始之理；所谓天之道而人之情也。此节就丧礼而言礼之始制，其道虽质，而原于本始之理，则自然有其秩序而不妄，三代之英亦循是而修饰之尔。观此所言阴阳生死之义，则《夏时》《坤》《乾》为二代礼意之所存，亦可思矣。

"夫礼之初、始诸饮食。其燔黍捭豚，污尊而抔饮，蒉桴而土鼓，犹若可以致其敬于鬼神。夫，防无反。捭，卜麦反。污，乌爪反。蒉，本"凷"字之误，苦对反。桴，方无反。此节旧在"吾以是观之"之下，"及其死矣"之上，今定于此。

"燔黍"，谓未有釜甑，烧石而加黍其上，炒以为糗也。"捭"，裂也，裂豚肉而燔之也。"污尊"，坎地蓄水。"抔饮"，手掬而饮。"蒉"，土凷。"桴"，所以击鼓。"土鼓"，陶土为腔而鞔之，今武陵人莳稻，则丸泥掷瓦腔长臿鼓以劝农人，其遗制也。此节言自后圣修火政以来，民知饮食则已，知祭祀之礼，致敬于鬼神，一皆天道人情之所不容已，其所从来者远，非三代之始制也。自此以下，乃推三代之礼皆缘此以兴，而莫不惟其朔初之是从焉。前言礼达于丧、祭、冠、射、御、觐、问，而此下专言祭者，以吉礼为凶、宾、军、嘉之本。扬雄所谓"礼莫重于祭"者是已。抑此章因鲁蜡祭失礼而发，故其感为尤深也。

"故玄酒在室，醴盏在户，粢醍在堂，澄酒在下，陈其牺牲，备其鼎俎，列其琴、瑟、管、磬、钟、鼓，修其祝嘏，以降上神与其先祖，以正君臣，以笃父子，以睦兄弟，以齐上下，夫妇有所，是谓承天之祜。粢，与"齐"同，才细反。

"醴"者，醴齐，酒成而汁滓相将若醴然。"盏"，旧说以为盎齐，酒成葱白色。"粢醍"，旧说以为缇齐，酒成而红赤。"澄"，与"沉"通，旧说以为沉齐，酒成而滓沉，《周礼》五齐之四也。"酒"，三酒，《周礼》所谓"事酒、昔酒、清酒"，较五齐为清者也。醴齐、盎齐、朝践王与后之所献也。缇齐、沉齐，馈食王与后之所献也。不用泛齐者，文略耳。三酒者，以酢王及宾者也。玄酒上古所饮，四齐近古所用，三酒则当时之所制也。"户"，室内当户；在户亦在室，而殊言之者，文互见耳。"堂"，户外堂上。"下"，堂下也；沉齐与缇齐同用，宜言在堂，而谓"澄酒在下"，记者纂夫子之言，欲令成文，遂不审也。朝践事尸于堂而尊在室，礼尤重，故尊，馈食事尸于室而尊在堂，礼稍杀，故降。酒用酢酬于事衰，故在下，又以重古质而轻时制也。“陈其牺牲”者，谓先夕陈而省之。“琴瑟”，堂上升歌之乐。“管磬”，堂下笙奏之乐。“钟鼓”，金奏，愈在下。“祝”者，祝为主人飨神之辞。“嘏”者，尸酢主人已。抟黍致福而祝为之辞也。“降”，下也；知气在上，致下之也。“上”，尊也，远也；谓禘祫太祖及所自出之帝。“先祖”，祖祢也。“正君臣”者，率臣民以事其祖考。“笃父子”者，报本之义也。“睦兄弟”者，合昭穆于庙中，“齐上下”者，定异姓尊卑之位也。“夫妇有所”，谓君在阼，夫人在房，献荐交错而有别也。“祜”，福。天以其道阴骘下民，彝伦攸叙，而善承之以尽人道之大顺，斯以为备福也。此节备举三代祭祀之礼，仪文事义之盛，而其所自始，一沿夫上古饮食致敬之意推广行之，而天道人情皆得焉，盖亦莫不从其朔初也。

“作其祝号，玄酒以祭，荐其血毛，腥其俎，孰其殽，与其越席，疏布以幂，衣其浣帛，醴醆以献，荐其燔炙、君与夫人交献，以嘉魂魄，是谓合莫。 孰，古“熟”字。越，户括反。

“作”，建也。“祝号”，牲盎币玉之号，以告神者。玄酒虽不酌，设之亦以备祭仪也。荐血以告杀，荐毛以告纯。“腥其俎”者，豚解而以俎盛之以献也。“孰其殽”者，既烹体解而汤煴之以献。“与”，当作“举”，奉也。“越席”，剪蒲席。“疏布”，布若大功者。“幂”，覆尊也。“浣帛”，练染帛以为祭服。“醆”，亦盎齐。“燔”，燔肉。“炙”，炙肝。君初献肝从，夫人亚献燔从。“醴醆”，近古之饮。“燔炙”，近古之食也。“嘉”乐而合之也。夫妇翕则父母顺，所以冀祖考魂魄之歆也。“莫”虚无也。先祖之神在虚无之中，异于生人之形质，不以亵昧文物黩之，而尚质以致其精意，所以希合于冲漠也。此节言朝践事尸于堂之礼，以神为用，以质为敬，皆原本朔初以起义也。

“然后退而合亨，体其犬豕牛羊，实其簠簋豆铏羹，祝以孝告，嘏以慈告，是谓大祥。 亨，普庚反。告，工沃反。

“退”，谓事尸于室也。“合亨”者，取乡煴肉更烹之。“体”，别骨体之贵贱，分而登俎。“簠”，盛稻粱。“簋”，盛黍稷。“笾”，竹器，盛脯果。“豆”，木器，盛菹醢。“铏”，如鼎而小，实和羹。凡此皆以今人所食之味，用生者之器进之于尸，冀神嗜之也。奉养为"孝"，锡福为"慈"。"大祥"，谓礼极文备，通于时宜，以尽协神人之情而咸受其福也。此节言事尸于室馈食之礼。变质为文，用今易古，以尽人之情而合诸天道，难极乎文之盛，而要不离乎朔初致敬之诚也。

"此礼之大成也。"

总结上文，礼因时而向盛、而原委初终，实相因而立，则古今初无导致，斯三代之所以反斯世于大道之公。若其精义之存，一以天道人情为端，质文通变，与时偕行，而顺承天者，固可于《夏时》《坤》《乾》而得其斟酌损益之由矣。

右第一章。此章问答，反复申明三代制礼之精英。自火化熟食以来，人情所至，则王道开焉。故导其美利，防其险诈，诚先王合天顺人之大用，而为意深远，非徒具其文而无其实，以见后之行礼者，苟修文具而又或逾越之，则不能承天之祜，而天下国家无由而正矣。其曰"礼始于饮食"，则见人情之不容已；其曰"承天之祜"，则见天之不可诬；自生民以来莫之或易者，亦既深切著明矣。后之为注疏者，不能涵泳以得其旨趣，而立大同、小康抑扬之论，以流于老庄之说，王氏、陈氏遂疑其非先圣之格言，其亦未之察矣。今为定其错简，通其条贯，庶几大义昭明，而谤诬者其可息与。

孔子曰："呜呼哀哉！我观周道，幽、厉伤之。吾舍鲁何适矣！鲁之郊禘非礼也，周公其衰矣。杞之郊也，禹也；宋之郊也，契也；是天子之事守也。" 金，书也反。

此一节孔子之言，记者因前章叹鲁之说未及发明，故引夫子他日之言以证之。周自厉王无道，流死于彘，畿内大乱，幽王承之，遂丧宗周，故老绝，版章灭，几与杞、宋之无征等。鲁秉周礼，而社稷安存，文献足考，可以征礼，然因成王过赐，遂习于僭，名实不称，事多错乱，与周公制礼之意殊相背戾，而盛德不彰，故夫子深叹之。"郊"，祀天之祭。禹也，契也，谓禘也。"事守"，谓守其先世之事也。杞、宋之祀帝于郊与禘禹、禘契，皆因其先世有天下而行天子之事，故后王使嗣之。鲁统于周，无事可守，而徒僭焉，斯周公之道所由替也。鲁之失礼不但于僭，夫子观蜡之叹亦不徒以其僭，乃非僭而不能由礼者有矣，未有僭而能合乎礼者也。饰其所本无而为之文，则诚意自不足以相及，而望其达乎先王承天治人之精意，不可得已。礼之所由亡，僭为其大端也。

故天子祭天地，诸侯祭社稷，祝嘏莫敢易其常古，是谓大假。假，古伯反。

自此以下，皆记者推夫子之言而明礼不可僭之意。"祭天"，郊也。"祭地"，谓遍祭四望及海内名山大川。"常古"，旧章也。"假"，至也；谓礼法之大纲，至极而不可易者也。"圣人之大宝曰位"，天尊地卑，上下定而精理莫焉，故位之所在，德之所及，则诚足以至之，祭各有分而不可逾也。

祝嘏辞说，藏于宗祝巫史，非礼也，是谓幽国。

"辞"者，下告上。"说"者，上逾下。"祝"为辞，"嘏"为说。"幽"，暗昧也。天子之祭，其祝与嘏皆为有天下之言，沿于古者，昭告天下，莫之易也。诸侯郊禘，祝嘏之辞说，言一国则非其伦，言天下则嫌于欲篡，故藏之宗而不敢示人，是人神相欺，为草窃暗昧之行也。

醆斝及尸君，非礼也，是谓僭君。

"醆"，玉爵，天子以酳尸者。《明堂位》曰："爵用玉盏。""斝"，玉斝。《周礼·郁人》云："受举斝之卒爵。""尸"，以嘏天子者也；鲁僭禘而用之。"僭君"，僭窃之君。

冕弁、兵革藏于私家，非礼也，是谓胁君。

"冕"，玄冕，大夫冕而祭于公。"弁"，爵弁。二者皆大夫之所得服，然必受命赐于君而后敢服。"藏于私家"，盖世以相传而自服之也。大夫帅师，受甲于公，还而车还于甸，甲散于邱，不敢以入私门，今据为己有，则胁君自立而夺其兵柄也。上二节言诸侯僭礼。自此以下三节，则言大夫僭诸侯之事。盖君僭于上，臣僭于下，理势之必然者也。

大夫具官，祭器不假。声乐皆具，非礼也，是谓乱国。

"官"，谓有司。"具官"，不摄也。"声"，金奏。"乐"，佾舞。

故仕于公曰臣，仕于家曰仆，三年之丧与新有婚者期句**，不使**句**。以衰裳入朝，与家仆杂居齐齿，非礼也；是谓君与臣同国。**期，居之反。衰，七雷反。朝，直遥反。

"仆"，谓若仆御然；《春秋传》曰"僚"。臣仆，父母之丧则三年不从政，新婚者则期不从政，入则听治，归则致政，不敢擅国事为己有而得遂其私也。"以衰裳入朝"，当丧而不释事，欲以自固其权耳。"与家仆杂居齐齿"者，谓仆登于朝与公臣为列，若《春秋传》"公臣不能具三耦，取足于家臣"是已。

故天子有田以处其子孙，诸侯有国以处其子孙，大夫有采以处其子孙，是谓制度。处，昌吕反。

"田"，《王制》所谓"间田"，以封王之子弟也。"有国"，谓以国制禄。"有采"者，世禄而不世官也。上言诸侯大夫相习于僭以极于乱，自此以下三节则推本言之，谓谨制度修礼法当自天子始，天子正而后诸侯正，诸侯正而后大夫莫敢不正。反是，则乱之始也。

故天子适诸侯，必合其祖庙，而不以礼籍入，是谓天子坏法乱纪。坏，古拜反。

"籍"，典章也。非巡狩之常，载于礼籍，而入诸侯之国，如出居于郑，狩于河阳是也。

诸侯非问疾吊丧而入诸臣之家，是谓君臣为谑。

"谑"，戏也。天子、诸侯各授其臣以有国，有家，而使安于所处以共戴己；若自为陵夷，俯而就之，召其僭而已矣。

是故礼者君之大柄也，所以别嫌明微，傧鬼神，考制度，别仁义，所以治政安君也。故政不正则君位危，君位危则大臣倍，小臣窃。刑肃而俗敝则法无常，法无常而礼无列，礼无列则士不事也。刑肃而俗敝，则民弗归也，是谓疵国。故政者，君之所以藏身也。别，必列反。倍，与"背"同。

"傧"，接也。"肃"，急也。"不事"，谓无恒守。"疵"，病也。"藏身"，谓安其身于上，不事刑威之炫赫以服民也。承上文而言臣之僭君皆因于君之失正，而君之所以自正而正人者则惟礼而已矣。礼所以治政；而有礼之政，政即礼也。故或言政，言礼，其实一也。礼以自正而正人，则政治而君安，不待刑而自服。若无礼以正上下而虑下之倍窃，则必过为刑法以钤束之。刑愈密，法愈繁，而民愈偷，士失其职，民怨其上。以此立国，杂霸之术，所以为上下交病之道也。记者因夫子叹鲁之事，而推乱之所自生，本于天子之失正，乃反复推明先王制治未乱保邦未危之道，一惟齐民以礼而不以刑。与前章夫子极言礼之意相为发明，虽其所论有体用精粗之别，而意实贯通，读者可详玩而得之也。

是故夫政，必本于天，殽以降命。 夫，防无反。

"本"者，本其道。"殽"者，效其法。"降命"者，播而旁及于鬼神之等，因以定人神之秩序也。承上文而言礼所以治政安君，故政之所自立，必原于礼之所自生。礼本于天，殽于地，列于鬼神，莫不有自然之理，而高卑奠位，秩叙章焉。得其理以顺其叙，则鬼神以之俟，制度以之考，仁义以之别矣。

命降于社之谓殽地。

"命"者，天命自然之理，因之以制典礼者也。"降"者，由天而渐播之以差降者也。"殽地"者，天尊地卑自然之道，不亢地于天而祭达于诸侯，所以效地之顺也。由此考之，则社即后土之祀，而汉人北郊方泽之邪说，亦不辨而知其诬矣。

降于祖庙之谓仁义。

祖庙、山川、五祀皆本天子事天之精意而推之，而自然之等杀立焉，故皆谓之"降"。仁以尽其孝敬，义以裁其兴废，天子诸侯大夫各得祀其先，而德厚者流光，德薄者流卑，义之所至，仁亦至焉。或远或近，或祭或祧，皆仁义所著也。

降于山川之谓兴作。

命本于天，效于地，而天地之间有兴有作，以变化生成万物，则惟山川之兴云雨以承天地而起德业也，故因其理而制山川之祀以通幽明。于是天子遍海内名山大川，诸侯祭其境内山川，而大夫不得祭，盖有其土者斯有兴作之事，功相配而情相逮，故差等以之立也。

降于五祀之谓制度。

"五祀"，自天子达于大夫。"降"，命之下者也。五祀之神各司其令而不相逾，威福讫于家，故有家者皆以为守，则制度之所定也。

此圣人所以藏身之固也。

"圣人"，谓在天子之位而制礼者。本天，效地，别仁义，起兴作，考制度，以俟鬼神，礼由是立，而凡人君所以治政安君，使上下交正而远于倍窃，亦即此而在焉。圣人所以藏身深固，不待刑罚而民自服也。

故圣人参于天地，并于鬼神，以治政也。

"并"，列也。礼之既立，政即行焉。结上文。

处其所存，体之序也。玩其所乐，民之治也。处，昌吕反。乐，卢各反。
治，直吏反。

"处"者，存于中而以为则之谓。"所存"者，天地、鬼神、高卑、合散，神所奠丽而定位者也。"体之序"者，礼之等者。"玩"者，观其敷施秩序而通之于事也。"所乐"者，既有定位，各依以为安，而发挥于事业者无不顺也。"民之治"者，政之效也。此又承上节而申明之，言圣人参天地，并鬼神以达于礼而立政者，莫不因其实理之固然：条理之不昧者而效法之也。礼，体也；政，用也。体用合一，而皆承天以治人，则礼之不可已而为治乱之大司明矣。

故天生时而地生财，人其父生而师教之，四者君以正用之。故君者，立于无过之地者也。

"生时"，谓气之变合而先阴阳以成乎风雨寒暑者也。"正用"，谓裁成之也。人君授时理财，生遂而教训之，兼天地父师之任以居民上，必自处于无过之地而后能尽其职，礼所以为天下寡过者也。自此以下六节，皆言君道之重，以申明上文"礼者君之大柄"之意。

故君者，所明也，非明人者也；君者，所养也，非养人者也；君者，所事也，非事人者也。故君明人则有过，养人则不足，事人则失位。

"所明"，谓制礼立政而人就之以知从违。"明人"，决从违于人也。"养"，以贡赋言。"事"，谓分职任功也。君待明于人，法不自己立，而惟下所兴废，由是下皆见其过而玩之，故损公益私，臣令君从之害皆起焉，旨日贫蹙而位不安矣。

故百姓则君，以自治也；养君，以自安也；事君，以自显也。

法制明于上而百姓则之，故人皆恃君以寡过，故养君乃以自安，而事君乃能自显。修明于上而下皆则之者，惟礼而已矣。

故礼达而分定，故人皆爱其死而患其生。分，扶问反。

"礼达"则民明于则以自治，"分定"则奉养服侍之不敢后，虽驱之危亡之地，而无畏死贪生之情矣。此礼所以为君之大柄，不待刑肃而民自服也。

故用人之知去其诈，用人之勇去其怒，用人之仁去其贪。知，珍义反。

去，起吕反。

"去"，远也。"仁"，慈柔。"贪"，谓茌弱恤私。礼以为大闲，则人无不可用之材，而皆变化其气质之偏，君之所立于无过之地以为天下寡过者也。

故国有患，君死社稷谓之义，大夫死宗庙谓之变。

"大夫死宗庙"，如晋荀盈、宋荡山之类。"变"，不正也。礼达分定，人不敢爱其私，大夫或见放逐，则引身而去，不敢以国君死社稷之义自处而与君抗争矣。此上六节，既以申明礼为君柄之旨，而反覆推明人君秉礼以治人之道，则又以起下三节以礼治人情之意。盖自"是故夫政"以下八节，皆言礼以承天之道；而此下三节，则以言礼以治人之情；皆以发明第一章夫子所言之义。天道人情，虽无异致，而于天道这承征礼之体，人情之治著礼之用，则本末功效之间亦已别矣。而此上六节则络贯而曲通之，其立言之序错综而不紊，读者不可不察也。

故圣人耐以天下为一家，中国为一人者，非意之也，必知其情，辟于其义，明于其利，达于其患，然后能为之。耐，古"能"字。辟，匹赐反。

"意"，谓以私意立法而强人从也。"辟"，喻也。"义"者，情之所宜。"利"者，情之效也。承上文而言，礼达分定而人无不专致于上之情，无不可效用于上之材，合小康之世而为大同者，惟有礼以治其情也。

何谓人情？喜、怒、哀、惧、爱、恶、欲，七者弗学而能。何谓人义？父慈、子孝、兄良、弟弟、夫义、妇德、长惠、幼顺、君仁、臣忠，十者谓之人义。讲信修睦，谓之人利。争夺相杀，谓之人患。故圣人所以治人七情，修十义，讲信修睦，尚辞让，去争夺，舍礼何以治之？恶，乌路反。"弟弟"，下特计反。长，丁丈反。云，起吕反。舍，书也反，下同。

礼者，以达情者也。礼立则情当其节，利物而合义矣。

饮食男女，人之大欲存焉；死亡贫苦，人之大恶存焉。故欲恶者，必之大端也。人藏其心，不可测度也。美恶皆在其心，不见其色也。欲一以穷之，舍礼何以哉？度，徒洛反。"美恶"之"恶"，如字。余，乌路反。见，贤遍反。

"大端"，谓喜、怒、哀、惧、爱，皆自此生也。"一"，齐也。"穷"，尽也。"以"，用也。欲恶藏于心而善恶隐，人情亦至变矣。乃先王齐之以礼，既不拂人之情，而于饮食男女之事，使各获其应得，其于死亡贫苦之故，又有以体恤而矜全之；至于非所欲而欲，非所恶而恶，则虽饰情以希求而终不可得，则变诈不仇，而人皆显白其情以归于大同矣。此先王所以治人之情，不待刑罚，而天下国家自正也。乃其节文等杀之不忒，则一本诸天道之自然。故治人之情而即以承天之道，其致一也。

右第二章。此章因论僭礼之失，而推礼之所以为安君治政之大用，以终前章夫子叹鲁之意，而要以天道人情为之大旨，则即前章承天治人之义，而与下二章相为表里，非徒为僭礼者言也。

故人者，其天地之德，阴阳之交，鬼神之会，五行之秀气也。

"其"者，想像之辞。"德"者，礼之凝而化之本也。"立天之道曰阴与阳，立地之道曰柔与刚，立人之道曰仁与义"，三者一也。仁义者，阴阳刚柔之理以起化者也，人道于是而立，以别于万物之生，是"天地之德"也。阴阳以撰言，鬼神以用言。张子曰："鬼神者，二气之良能也。""交"，谓互相为成而形性皆具也。"会"，犹际也。神来而伸，于人息之，鬼屈而往，人之所消，则鬼神往来于两间，人居其中，而为之际会也。五行之气，用生万物，物莫不资之以生，人则皆具而得其最神者。郑氏曰"木神仁，火神礼，土神信，金神义，水神智"，皆其气之秀者也。此节承上章天道人情而言。人之有情皆性所发生之机，而性之所受则天地、阴阳、鬼神、五行之灵所降于形而充之以为用者，是人情天道从其原而言之，合一不间，而治人之情即以承天之道，固不得歧本末而二之矣。

故天秉阳，重日星，地秉阴，窍于山川，播五行于四时，和而后月生也。是以三五而盈，三五而阙。

"秉"者，持以施生之谓。"垂"，谓光明之下逮也。"窍"气所自通也。"生"，生明也。"三五"，十五日。"盈"，望。"阙"，晦也。天之用阳也，而阳不亢，于日星而垂其光辉暄和，以施于地而作其生之德。地之用阴也，而阴不闭，因山川之窍墟蒸为风雨露雷，以承天之阳而终其生之德。是天地之道，皆以其升降会合而施生者为德也。"五行"，地之翕聚而成材者也。"四时"，天之运行而起化者也。五行之化气合离融结，弥纶于地上，而与四时之气相为感通，以为生物之资，是亦天地阴阳相交之所成也。日为阳而外景以施明，天气之精也。月为阴而内景以受明，地气之精也。月近日而不相当则明死；远日而与日相映则明生。日阳入乎地中，交乎阴而上映于月，和之象也；月阴升于天，与日并驱，不和之象也。十五日而盈，又十五日而阙，感必以时，离合消长之宜也，则亦天地阴阳之气交相施受以成德也。此言天地阴阳之体，以和合交感成用于两间者为德之盛也。

五行之动，迭相竭也。五行、四时、十二月，远相为本也。五声、六律、十二管，还相为宫也。五味、六和、十二食，还相为质也。五色、六章、十二衣，还相为质也。还，似宣反。和，胡卧反。

"动"者，所效于气味声色而成用者也。"竭"，犹消也；气偏至而滞则不和，迭相消竭，而燥温刚柔，明暗无所过胜，轮转以互济也。五行之序，地气之推迁；四时之序，天气之运行。十二月以月与日合之次为纪，是阴阳之所自和也。"本"者，相生之谓。五行、四时、十二月，以成乎岁而各有其纪。若六气则以初之气厥阴风木为本，四时则以冬至为本，十二月则以诹訾之次合朔为本。错综以纪而定时，各因其理之顺也。此以历法征五行之动也。"十二管"，律吕也；律有雌雄，合而为六，分而为十二也。"宫"，君也。如黄钟为宫，则林钟为征，大簇为商，南吕为羽，姑洗为角之类。详见蔡氏《律吕新书》。"五声"，凡用五管而成一奏，所谓"浊不过宫，清不过羽"也，盖亦和合而成音。此以声律征五行之动也。"和"者，相得而适之谓，甘与辛和，辛与咸和，咸与酸和，酸与苦和，苦与甘和也。"十二食"未详。或菹、殽、脍、炙、炮、燔、腒、脯、菹、醢、鬻、羹之谓。"还相为质"者，以一味为主而余辅之。此五行之动应乎五味之和也。"五色"，青、赤、黄、白、黑。"六章"，若黑与白谓之黼，青与黑谓之黻之类。"十二衣"，《虞书》所谓"十二章"。"还相为质"者，以一色为质而加余色为绣绘。此五行之动应乎五色之采也。此节言天地阴阳之用著于五行，而五行之所以能成其美者，则以互相和合错综而无所偏用，斯以为五行之秀也。以上二节，皆以发明天地之德、阴阳之交、五行之秀，周遍调合，成生物之大化，以起下文惟人为能体备之意。其不言鬼神者，则以鬼神即二气、五行之屈伸，而月之盈亏，五行之动竭，皆有消息之理焉，则鬼神之理亦存乎其中矣。

故人者，天地之心也，五行之端也，食味、别声、被色而生者也。列，必列反。

"心"者，形气之灵，理之所自显也。"端"，犹萌也。"被"，施及也；谓施明于色而喻之也。天地之理，刚柔顺健，升降交和，其同异翕辟际，触感而灵，则神发而理著焉。此天地之心，人之所凝以为性，而首出乎万物者也。"五行"，万物皆资之以生，而其既成乎水、火、木、金、土，则其质丽乎粗，形而下之器也。若其神之所细缊于两间，以承天地之化而生物，则甫有其萌，而为水、火、木、金、土之所自成；此犹未离乎形而上之道，而于人乃成为形，是"五行之端"也。万物之生，莫不资于天地之大德与五行之化气，而物之生也，非天地近合灵善之至，故于五行之端偏至而不均，惟人则继之者无不善，而五行之气以均而得其秀焉。故其生也，于五行之化质，皆遇其故，以不昧其实，食而审于味，听而辨于声，视而喻其色，物莫能并焉。则天地之理因人以显，而以发越天地五行之光辉，使其全体大用之无不著也。心凝为性，性动为情，情行于气味声色之间而好恶分焉，则人之情与天之道相承终始而不二，具可知矣。上文言"四时十二月"，而此之不及者，言人为五行之端则其理著于人心，而时月之纪，寒暑启闭之宜，亦惟人之良能而物所不得与，亦可以类推已。

故圣人作则，必以天地为本，以阴阳为端，以四时为柄，以日星为纪，月以为量，鬼神以为徒，五行以为质，礼义以为器，人情以为田，四灵以为畜。

"作则"，谓立政也。"本"者，原其礼之所自出。"端"者，即其萌而推其著也。"柄"，持而运行之也。"纪"，分别之以垂法也。四者所谓本于天也。"月以为量"，谓施如其受之量，如月受日明，有盈阙也。"徒"，类也。人者鬼神之会，故理可类推也。"质"者，人所自生，以五行之德为质而生礼也。此三者所谓"殽于地"也。"礼义"者，因义制礼，而礼各有义也。"器"，成用者也，本天殽地以为道，而实著之礼以成用也。"田"者，谷所自生。"以人情为田"，言礼皆缘人情而起也。"灵"，物之神者。"畜"，谓驯致之也。本天道以尽人情，则物之性亦尽。故礼成而瑞应之，盖天人一致之征也。承上文而言人受天地之中以生，而备阴阳、四时、日月、五行、鬼神之理，故先王立政，制为礼以达人情，即以合天德，体用一原而功效不爽也。

以天地为本，故物可举也。以阴阳为端，故情可睹也。以四时为柄，故事可劝也。以日星为纪，故事可列也，月以为量，故功有艺也。鬼神以为徒，故事可守也。五行以为质，故事可复也。礼义以为器，故事行有考也。人情以为田，故人以为奥也。四灵以为畜，故饮食有由也。_{复，芳服反。行，下孟反。}

“物”，亦事也。“举”，统也。得其本而理皆具，事无不统也。“情可睹”者，得其大端而事物之情状悉知也。“事可劝”者，运行有序而人乐为之也。“列”，陈列之而下皆喻也。“艺”，常也；功有量则可常也。“事可守”者，达于幽明之理则守人道，而鬼神之理已得，不徒务于虚罔也。“复”者，反合于道也。“考”，成也。“奥”，主也。得人之情，人归之为主也。“饮食有由”者，谓德被民物则享天下之奉而不虚也。言先王天道以治人情，故礼行政立而无不宜也。

何谓四灵？麟、凤、龟、龙谓之四灵。故龙以为畜，故鱼鲔不淰；凤以为畜，故鸟不獝；麟以为畜，故兽不狘；龟以为畜，故人情不失。

“鲔”，大鲤，尤善逸者，“淰”，惊散也。“獝”，狂飞。“狘”，惊走。三者在是，则其属聚而绕之，“人情不失”，谓灼之以卜而知吉凶之情状。此释四者所以为灵，而致之足以为瑞也。

故先王秉蓍龟，列祭祀，瘗缯，宣祝嘏辞说，设制度，故国有礼，官有御，事有职，礼有序。

“秉”，奉也。“列”，定其制也。“缯”，币也。牺牲币玉皆祭之物，独言“瘗缯”者，盖有阙文。“宣”，告也。“制度”，宫室衣服之等。“礼”者，吉、凶、军、宾、嘉之仪。“官”，《周礼》六官。“御”，所治也。“序”，上下之等杀。官有御而因事赋功无不举之职也，国有礼而尊卑上下无相越之序也。蓍龟、祭祀以承天，制度、官礼以治人，皆所谓“礼义以为器也”。而惟通于天人情理之故，故幽明咸受治而皆得也。

故先王患礼之不达于下也，故祭帝于郊，所以定天位也；祀社于国，所以列地利也；祖庙所以本仁也；山川所以傧鬼神也；五祀所以本事也。故宗祝在庙，三公在朝，三老在学；王前巫而后史，卜、筮、瞽、侑皆在左右，王中，心无为也，以守至正。_{朝，直遥反。}

"定天位"者，天不可以方所求之，就郊而远之，以尊之也。"于国"者，社在公宫之右也。"列地利"者，地生财以养人而各有封守，故因而分祀之也。山川为地之所窍以交于天，鬼神之所自屈伸，故专以鬼神属之。"本"，谓仁与事之原。孝为仁之本，五祀各有所司，分职任事之本也。"巫""史"，皆有事于祭者。"卜""筮"，卜人，筮人，以诹日及尸。"鼓"，乐工。"侑"，佐食。"中"，居其间。"心无为"者，肃雍不言而存之于心也。"至正"者，端庄诚敬之至也。承上文而言人神之治皆先王所以本天治人之事，而精意所存，不能遍喻于愚贱，故躬行于上者特以祭为礼之尤重，加之意焉。祀典既定，上下咸秩，而当祭之日，任宗祝于庙中，与三公之在朝，三老之在学均其隆重，巫、史、瞽侑交相天子，肃穆端静以通神明，所谓"庙中者天下之象"也。以此作则于上，庶几民感于上之所敬修者，潜移默喻，以习知制度官礼之各有本原而非以强天下，则不待告诫而礼自达焉。是人情之所自治，必本于天地阴阳之精理，亦愈可见矣。

故礼行于郊而百神受职焉，礼行于社而百货可极焉，礼行于祖庙而孝慈服焉，礼行于五祀而正法则焉。故自郊社、祖庙、山川、五祀，义之修而礼之藏也。

"礼行"，谓典修官备而敬以行之。"百神受职"，风雨寒暑不忒其节也。"极"，至也。"百货极"者，物顺成也。"服"，事也；谓人皆以孝慈为当然而尽其事也。不言礼行于山川者，略文。"法则"，谓以神有专司，知人有恒守也。"藏"，函也。祭祀之义修，而制度官礼之良法美意皆函于此也。申结上文，而言其效之著于人神者，以终本天道以治人情之意。

右第三章。上章言先王制礼，既承天道，抑顺人情，此章乃言天道人情合一之理，明人之有情，率原于天道之自然，故王者必通其理以治情，而情无不得，则礼之所自设，深远普遍而为生人急者，其愈明矣。前四节推明人生受命之原，以显人道之所自立，盖言命而性在其中，与《中庸》《孟子》意相发明，而周子《通书》、张子《西铭》皆自此出，学者不可不详玩焉。

是故夫礼必本于大一，分而为天地，转而为阴阳，变而为四时，列而

为鬼神。夫，防无反，下同。大，他盖反。

"大"，至也。至一者，理无不函、富有万殊而极乎纯者也。语其实则谓之诚；无所感而固存，四应而不倚，则谓之中。其存于人而为万善之所自生，则谓之仁；其行焉皆得而不相悖害，则谓之顺；天之德，人之性而礼之缊也。"分"者，体之立也。"转"者，气之变合也。"变"者，运行之化也。"列"，序也；谓屈伸往来之序也。天地、阴阳、四时、鬼神，皆大一之所函，函则必动，体有阖辟而天地定矣，气有嘘吸而阴阳运矣，变通相禅四时成矣，由是而生化之机出焉。伸以肇天下之有则神也，屈以归固有之藏则鬼也，莫不橐合于大一之中，以听自然之推荡，而高卑之位，刚柔之德，生杀之序，幽明之效，皆于是而立，则礼之所本也。

其降曰命，其官于天也。

"降曰命"者，即所谓"殽以降命"，礼之秩序也。"官"，效其职也；谓皆以效大一之动而著其能也。

夫礼必本于天，动而之地，列而之事，变而从时，协于分艺。分，扶问反。

自其一理浑沦，阖焉辟焉，而清浊高下各奠其位，则天地固大一之所分矣。而阖辟之朕，初无二几，清者升则浊者自降，是大一之生众理者皆具于天，而地者其动之所成也。礼所自生，存中而发外，因用而成体。其用者天之德，其成而为体则效地之能，是本于天而动于地也。由是而事之序、时之宜，分艺之各效，酬酢万变而不穷，皆以行其中和自然之节而为仁之所自显，斯一本而万殊之实也。"分"者，职所守。"艺"者，才所任也。

其居人也曰养，其行之以货力、辞让、饮食、冠昏、丧祭、射御、朝聘。
养，盖"义"字之误，宜寄反。食，祥吏反。冠，古乱反。朝，直遥反。

"居"，存也。"义"者，人心之宜，礼之所自建者也。存于中则为义，天之则也；施于行则为礼，动之文也。"饮"，燕飨。"食"，馈食、公食。"货力、辞让"，则饮食、冠昏、丧祭、觐问、射御之所资以为礼者也。

故礼义也者，人之大端也。所以讲信修睦而固人肌肤之会、筋骸之束也，所以养生送死、事鬼神之大端也，所以达天道、顺人情之大窦也。故惟圣人为知礼之不不可以已也。故坏国、丧家、亡人，必先去其礼。 坏，古拜反。丧，息浪反。去，起吕反。

"人之大端"，谓吉凶得失之主也。"固"者，操敛之，勿使偷佚以耗其生也。"会"，腠理。"束"，脉络也。"事鬼神"，谓祭祀。"窦"者，天人之通也。"亡人"，戕其生者。讲信修睦，则争乱息而无外患；固其肌肤之会筋骸之束，则淫泆远而无内戕，丧亡之害免矣。礼原于天而为生人之本，性之藏而命之主也，得之者生，失之者死，天下国家以之而正，惟圣人知天人之合于斯而不可斯须去，所为继天而育物也。此上四节，皆明礼本于天德而道不虚行，非达天德者不能体之，以起下文本仁达顺之意。

故礼之于人也，犹酒之有糵也。君子以厚，小人以薄。

礼待人而行，犹酒之待糵而成也。君子敦仁以致顺，则礼达于上下；小人饰文以窃礼，徒为礼蠹而已矣。故典礼具存，而夫子叹三代之英未能逮者，盖以此也。

故圣王修义之柄，礼之序，以治人情。

义为礼之制，"柄"也；礼为义之章，"序"也。义之柄，礼之序，盖天道之著于人情者圣王本仁达顺，修其德以凝其道，则人情治而人之大端立矣。

故人情者，圣王之田也，修礼以耕之，陈义以种之，讲学以耨之，本仁以聚之，播乐以安之。 种，之用反。

"田"，谓礼所自植。"耕之"，修治使淳美也。"陈"，分别其宜也。"种之"者，义为礼本，犹种之生苗也。义非学不精，"耨之"才。去其似义而非者也。仁者心之德，学以精义，而不存仁以为之本，则无以会通而合于天德也。"播"，达也；达之以乐，所以大顺人情之和也。礼所自立，原于天德，故非修德者不足以治人情而符天道，依于仁而本立，成于乐而用行，斯修德之极至，而后礼非虚行也。

故礼也者，义之实也。协诸义而协，则礼虽先王未之有，可以义起也。

礼为义之实，而礼抑缘义以起，义礼合一而不可离，故必陈义以为种也。

义者，艺之分，仁之节也。协于艺，讲于仁，得之者强。

"艺"，学也。"分"，区别其宜也。"节"，则也。"讲"，习也。"强"，固也。义由学而精，而受则于仁，故必讲学存仁，而义礼乃坚固也。

仁者，义之本也，顺之体也，得之者尊。

礼以精义，而天德自然之符以施之事物而咸宜者，非仁不足以体之，故仁为义本。"顺"者，乐之德也；乐为顺之用而仁则其体也。"尊"，崇也，谓为物所信从也，以上五节，反复推原圣王修德以行礼之本而极之于仁。盖仁者大一之缊，天地阴阳之和，人情大顺之则，而为礼之所自运，此一篇之枢要也。子曰："人而不仁，如礼何？"明乎此，则三代之英所以治政安君，而后世习其仪者之流于倍逆僭窃，其得失皆缘于此，所谓"道二，仁与不仁而已"矣。

故治国不以礼，犹无耜而耕也。为礼不本于义，犹耕而弗种也。为义而不讲之以学，犹种而弗耨也。讲之以学而不合之以仁，犹耨而弗获也。合之以仁而不安之以乐，犹获而弗食也。安之以乐而不达于顺，犹食而弗肥也。

"无耜"，则亦不在耕矣。"合"，谓内皆符于心也。"弗获"，则非己有。"弗食"，不能利其用。"弗肥"，不能享其成也。仁者顺之体，体立于至足，举而措之以尽其用，则仁之利溥矣。仁为礼乐之合而天道人情之会也。

四体既正，肤革充盈，人之肥也。父子笃，兄弟睦，夫妇和，家之肥也。大臣法，小臣廉，官职相序，君臣相正，国之肥也。天子以德为车，以乐为御；诸侯以礼相与，大夫以法相序，士以信相考，百姓以睦相守，天下之肥也。是谓大顺。

"革"，皮也。"法"，秉法不阿。"廉"，方值也。"相序"，辑睦而共理也。"德"，谓仁也。载礼之谓"车"，行礼之谓"御"。"信"，实行。"考"，成也。敦仁而行之以顺，则天下无不顺矣。大顺斯大同矣，三代之英所以与大道之公而合德也。自此以下至章末，皆以极言顺德之美而赞仁用之大。

大顺者，所以养生、送死、事鬼神之常也。养，余亮反。

大顺而后礼非虚行，以承天道，治人情而不匮也。

故事大，积焉而不苑，并行而不缪，细行而不失。深而通，茂而有间，连而不相及也，动而不相害也，此顺之至也。苑，于粉反。缪，眉救反。"细行"之"行"，下孟反。间，余字。

"事大"，谓临大事。"积"，冗也。"苑"，滞也。"缪"，悖也。"细行"，小节。"失"，疏忘也。"深"，意深远也。"通"者，能达其意。"茂"，密也。"有间"，疏通也。"连"者，事相因。"不相及"，各成其章而不紊也。"动"，变也。"不相害"，变而不违其初也。以大顺之道接事应物而无不咸得，此顺之效而乐之实，若其体则仁也。

故明于顺，然后能守危也。

"顺"者，以至仁而体人之情，人情得则虽危而不倾，政治而君安也。

故礼之不同也，不丰也，不杀也，所以持情而合危也。故圣王所以顺，山者不使居川，不使渚者居中原，而弗敝也。用水、火、金、木，饮食必时，合男女，颁爵位，必当年德，用民必顺。 杀，色戒反。当，丁浪反。

"不同"，谓等杀之宜。"持情"者，人情之流，喜放恣而厌约束，得其宜则有以定其情而自持也。"合危"，谓安危一致。"山者"，山居者。"渚者"，泽居者也。"敝"，劳也，各安其居，习其利，不病之也。"饮食"者，土谷之产，与水、火、金、木为六府。"时"，因其德王材成之时。"合男女"，谓婚嫁。"年"者，女二十而嫁，男三十而娶，四十授职，五十授爵。"德"，因能任职也。"用民"，力役之事。"顺"，得其时制而人乐为之。此言顺之达于人情者也。

故无水旱昆虫之灾，民无凶饥妖孽之疾。故天子不爱其道，地不爱其宝，人不爱其情。故天降膏露，地出醴泉，山出器车，河出马图，凤凰麒麟，皆在郊棷，龟龙在宫沼，其余鸟兽之卵胎皆可俯而阚也。 棷，与"薮"同，素旦反。

"昆虫"，螟螣之属。"凶"，疫也。草木之异曰"妖"，禽虫之怪为"孽"。"疾"，害也。"爱"，吝也。"道"，谓三辰之轨，寒暑之正。"器车"，未详，"可俯而阚"，不惊骜也。此言顺之达于天道者也。

则是无故，先王能修礼以达义，体信以达顺故 句，**此顺之实也。**

"是"，此也。"无故"，谓无异故。礼者义之实，修礼而义达矣。信者实理，天之德、仁之藏也。仁者顺之体，故体信而达顺矣。天道人情，凝于仁，著于礼，本仁行礼而施之无不顺，皆其实然之德也。

右第四章。此章承上三章而言礼之一本于天，而惟体天德者，为能备大顺之实，以治政安君而天人无不顺焉。三代之英所由绍大道之公而继天立极也，乃推求其本，则一言以蔽之曰仁。盖此章之言仁与《中庸》之言诚，一也，是礼之所自运而运于天下则顺者也。故夫子答颜子问仁而曰"复礼"，学者由是而体察之，则天德王道体用合符之理，可不昧其要归矣。

　　《礼记章句》卷九终

礼记章句卷十

礼器

形而上者道也，礼之本也。形而下者器也，道之撰也。礼所为即事物而著其典，则以各适其用也。此篇详论礼制之品节尽人情而合天理者，一因于道之固然而非故为之损益，与《礼运》一篇相为表里，盖一家之言也。运之者体也，而运行焉；成乎器者用也，而要以用其体。张子曰："礼器者藏诸身，用无不利，修性而非小成者与！"其说是已。凡二十六章。

礼器，是故大备。大备，盛德也。

器有大有小，有精有粗，有厚有薄，有贵有贱，各顺其则，以成万物之能而利生人之用，故合以成章而大备焉。其所以能备众善，而大小相容、精粗相益、厚薄相资、贵贱相治而不相悖害者，皆原于德之盛也。

右第一章。此章总言礼器之所自备而本之以德，盖一篇之纲领也。

礼释回增美质句**，措则正，施则行。**

"释"，除也。"回"，邪也。"增"，长也。"质"，才也。"措"，置也；言置身也。"施"，加于物也。礼原天理之至正者为喜乐之节，所以闲邪而增长其才之善者，以之立身而应物，无不得也。

其在人也，如竹箭之有筠也，如松柏之有心也。二者居天下之大端

矣，故贯四时而不改柯易叶。_{筍，于贫反。}

"箭"，篠也。"筍"，竹箭外青皮。"贯"，彻也。"柯"，枝也。"改柯"者，椿樗之属。"易叶"者，枫橡之属。天下之物莫不有自然之秩序以成材而利用，天之礼也。天以是生人而命之为性，则礼在性中而生乎人之心矣。竹箭有筍，是以内固；松柏有心，是以外荣。内外交养之道，天之所以化育万物，人之所以修德凝道，皆此而已矣。礼行乎表，而威仪即以定命；礼谨于内，而庄敬成乎节文。畅于四肢，发于事业，历乎变而不失，则惟礼以为之干也。

故君子有礼则外谐而内无怨，故物无不怀仁，鬼神飨德。_{谐，户皆反。}

"有"者，有诸己也。"谐"，宜也。"怨"，悔也。外谐则发诸言动者皆顺，内无怨悔，则喜怒哀乐各协其心之安。内外交养之道得，以治人事神无不佑助矣。

右第二章。此章承上章而言天理之节文察乎人之身心，惟君体之以为德，斯亦备乎礼器也。

先王之立礼也，有本有文。

"立"，犹制也。本藏于中，文著于事，凡文皆有本，而载本以成乎文也。
忠信，礼之本也；义理，礼之文也。无本不立，无文不行。

本心固有曰"忠"，用情不疑曰"信"，处事得宜曰"义"，因物不逆曰"理"。固有其情而无所疑，则发之于外，事皆得宜而物理顺矣。非己所固有而不信于心，则虽外托义理，而持之也不固。既固有而信诸心矣，苟不度事物之当然，使内外合符而不爽，则亦不足以达其忠信也。文皆载本而本必尽文，故礼器由是大备，盖亦上章内外交善之意。

右第三章。此二章承第一章而言君子秉礼以修己，先王制礼以治人，皆原本于内外交尽之盛德而器非虚设。自下章以后二十章，乃详著其节目，以终第一章"大备"之义。

礼也者，合于天时，设于地财，顺于鬼神，合于人心，理万物者也。是故天时有生也，地理有宜也，人官有能也，物曲有利也。

"设"，处置也。"官"，耳目口体之司也。"曲"，得天理之一曲以成其材也。顺天之生，协地之宜，尽人之能，用物之利，不吝其所得为，不强其所不能，以体义理而达忠信，则幽可顺于鬼神，明可合于人心矣。此礼器之所由备也。

故天不生，地不养，君子不以为礼，鬼神弗飨也。

天施阳精故曰"生"，地笃阴滋故曰"养"。非时而生，阴阳之变，非天德也。不于其地而长，人为所强，非地道也。非君子之所用，亦知鬼神之不飨矣。"鬼神"者，天地之贞气，君子以天地之贞为正也。此下三节，错举礼之恒制以申明上文之意，言虽未备，而凡礼之斟酌于天地民物之宜者，皆可类推矣。

居山以鱼鳖为礼，居泽以鹿豕为礼，君子谓之不知礼。

"为礼"，相赠遗也。财不设以其地，则虽己所见异，而非畜之于其诚。义理之差，忠信之薄也。因是而推之，合于天道者斯合于人心，无二致矣。

故必举其定国之数以为礼之大经，礼之大伦以地广狭，礼之薄厚与年之上下。是故年虽大杀，众不匡惧，则上之制礼也节矣。杀，色戒反。匡，邱阖反。

"定国"，谓因提封之大小、酌年岁之凶丰以为中也。"礼"，谓丧、祭、宾、军之纪。"伦"，常也。"杀"，减也；谓岁凶所入减也。"匡"，与"恇"同，忧而扰也。礼有制，用有恒，人心素定而不足为忧，则虽有所减损也而终不废；盖顺天地民物之数以为大常，义理得而忠信不匮也。

右第四章。

礼：时为大，顺次之，体次之，宜次之，称次之。

"礼"，谓制礼之道。"时"，乘天之时也。"顺"，因天之经也。"体"，以心体而知之也。"宜"，缘情事之必然而起义也。"称"，量其所可为与其所得为也。"时"者，创非常之原，故尤为重大。"称"，因乎在己之分，审量易知，故最为次。然五者因事各当，皆求其称，亦非有先后缓急之差也。

尧授舜，舜授禹，汤放桀，武王伐纣，时也。

理势之自然，各适其时而已。故先王制礼，因革、损益，应天以顺人而无所让也。

《诗》云："匪革其犹，聿追来孝。"

"革"，改也。"犹"，谋也。"聿"，语助词。"追"，追成先人之志也。"来孝"，贻来人以孝道也。引《诗》以证乘时而大有为者，非以私意故为改革之谋，乃以自尽其道也。

天地之祭，宗庙之事，父子之道，君臣之义，伦也。

幽则有天地宗庙，明则有父子君臣，尊亲之不容已，皆顺天经以立人之大伦而为礼之大纲也。

社稷山川之事，鬼神之祭，体也。

"鬼"，人鬼，古帝先贤之类。"神"，星辰风雨之类。天神地祇固无形体，人鬼亦已无体，而因人心以体之，则有其举之而不可废，所谓"幽明一理"也。

丧祭之用，宾客之交，义也。

有其事则必有其情，有其情则必尽其事，心以之惬而事以之成也。

羔豚而祭，百官皆足，大牢而祭，不必有余，此之谓称也。 大，他盖反。

"羔豚"，少牢。"百官"，助祭之有司。足而无余者，人各有俎，而骨体肤肉因牲之大小为丰杀，此谓称其财力之可为以酌其丰俭也。

诸侯以龟为宝，以圭为瑞。家不宝龟，不藏圭，不台门，言有称也。

"圭"，命圭。"瑞"，信也。"台门"，筑土为台，作门其上也。此谓称其分之得为以立制度也。酌于五者以制礼，则义理各得而礼器大备矣。

右第五章。此章立义有五，而及其行之适乎事理之用，则皆称而已矣。

礼有以多为贵者。天子七庙，诸侯五，大夫三，士一。天子之豆二十有六，诸公十有六，诸侯十有二，上大夫八，下大夫六；诸侯七介、七牢；大夫五介、五牢；天子之席五重，诸侯之席三重，大夫再重；天子崩，七月而葬，五重八翣，诸候五月而葬，三重六翣，大夫三月而葬，再重四翣。此以多为贵也。 后三"有"字，于救反。重，直龙反。

"庙"，中、下士也。适士二庙，举一庙而言者，取"降杀以两"之义也。"豆"，正羞之豆。天子朔食，诸侯大夫觐聘而受食，设之酱东者也。豆之多寡，俎、笾视之。介、牢之数，诸侯朝于天子及自相朝迎饩之礼也。公九介、九牢，子男五介、五牢，公之大夫七介、七牢，子男之大夫三介、三牢。此言"七"、言"五"者，侯伯君臣之礼举其中以概上下也。"席五重"，六席；"三重"，四席；"再重"，三席。天子莞筵、缫席、次席各二，诸侯蒲筵、莞席各二，大夫蒲筵一、莞席二。葬之重者，谓抗木与茵也。抗木在椁上，茵在棺下。凡抗木横三缩二，加抗席三，为一倍设之为"重"。"茵"，以浅缁布为褥充以茅莠草，亦缩二横三，为一倍为"重"也。"翣"，画黼黻云气，大夫无黼。

有以少为贵者。天子无介，祭天特牲；天子适诸侯，诸侯膳以犊；诸侯相朝，灌用郁鬯，无笾豆之荐。大夫聘，礼以脯醢。天子一食，诸侯再，大夫士三，食力无数。大路繁缨一就，次路繁缨七就。圭璋特，琥璜爵。鬼神之祭单席。诸侯视朝，大夫特，士旅之。此以少为贵也。 朝，直遥反。繁，薄官反。

天子有天下，无适而为宾，故适侯国不用介。"特牲"，特牛，无羊豕。"膳"之为言善也，致善馔以养也。"以犊"，不备牢也。献用郁鬯曰"灌"。"郁鬯"者，以郁人所贡香草一千二百叶以为筑，酿秬黍为酒也。诸侯相朝享毕，酌以礼宾，大夫聘享毕，则以醴礼之，有笾豆脯醢。"食"，犹飧也。"一食""再食""三食"，谓食毕加饭而告饱也。凡天子十五饭，诸侯十三饭，大夫十一饭，饭毕更侑之食为加饭。"食力"，食而劳力，谓农工也。"无数"，以饱为度也。"大路"，木路；殷祭天之车。"繁"，与"鞶"同，马大带。"缨"，鞅也；在马膺前，皆以采罽为之。"就"，匝也。五色为一匝，"一就"者，其文疏。旧说以此为殷礼，周则祭天驾玉路，十有二就也。"次路"，殷之第三路，革路也。"七就"，文细缛也。《郊特牲》言"五就"，此云"七就"，未知孰是。"圭"，聘圭。半圭曰"璋"，聘夫人者。特达，不以币将之也。"琥"，刻玉为虎形。"璜"，如半环。"爵"，谓诸侯相飨以侑爵也。公、侯以琥，伯、子、男以璜，以玉侑爵，则必币将之矣。"单席"，不重也。"特"，各揖之。"旅"，犹众也。上士、中士、下士各以类而合揖之。

有以大为贵者。宫室之量，器皿之度，棺椁之厚，丘封之大。此以大为贵也。

谓天子、诸侯、大夫、士之差也。"量"者，广狭之制。"器"，尊彝之属。"皿"，盘盂之属。"棺椁之厚"者，天子之棺四重，其外棺与椁必大矣。棺椁大则坎广轮大，其上邱封亦必大矣。

有以小为贵者。宗庙之祭，贵者献以爵，贱者献以散；尊者举觯，卑者举角；五献之尊，门外缶，门内壶，君尊瓦甒。此以小为贵也。

献尸为贵，献宾长兄弟祝佐食为贱。“举”，举酬也。“尊”者，宾长长兄弟。“卑”者，众有司。“爵”容一升，“散”五升，“觯”三升，“角”四升。“五献”，子、男相飨之礼，举子、男以上统公侯也。“壶”容一石。“瓦甒”，所谓瓦大也，容五斗。“缶”，未闻，当倍壶，容二石也。“君尊”，两君所酌之尊。“门内”，酌诸臣之尊；“门外”，酌士旅食者。

有以高为贵者。天子之堂九尺，诸侯七尺，大夫五尺，士三尺；天子诸侯台门。此以高为贵也。

“堂”，屋下基也。“门”，大门。大夫、士不台门，门与庭齐，就地立之，升降不以阶。

有以下为贵者。至敬不坛，扫地而祭；天子、诸侯之尊废禁，大夫士棜禁。此以下为贵也。

“至敬”，谓郊祭。筑土曰“坛”。“扫”，除也。“废”，去也。“禁”，承尊架也。人君之尊，或用舟，或用丰，皆如盘就地措之，不用禁。“禁”之为言戒也，君尊，不敢施戒焉。“棜”，斯禁也。长四尺，广二尺四寸，深五寸，中凿孔以受尊。禁则更加以三寸之足焉。

礼有以文为贵者。天子龙衮，诸侯黼，大夫黻，士玄衣纁裳；天子之冕朱绿藻，十有二旒；诸侯九，上大夫七，下大夫五，士三。此以文为贵也。 有，于敖反。

此记服冕之制与《周礼》不同。旧说以为夏、殷之制也。龙衮九章，黼二章，黻一章。冕及爵弁服皆上玄下纁，独于士言“玄衣纁裳”者，弁服无绣绘，但著其色也。“藻”，与“缫”同，以采丝为绳，垂于冕延之下，以贯玉也。凡玉之数如其缫，“十二旒”用玉二百八十八，“九旒”用玉百六十二，“五旒”用玉五十，“三旒”用玉惟一十八耳。

有以素为贵者。至敬无文，父党无容，大圭不琢，大羹不和，大路素而越席，牺尊疏布鼏，樿杓。此以素为贵也。 琢，读如“篆”，直充反。“大羹”之“大”，他盖反。和，胡卧反。越，户括反。牺，苏禾反。樿，知演反。杓，是约反。

“至敬”，谓事父也；问安视膳，愀心而止，不为文也。“父党”，诸父行也。"无容"者，授受进退惟命之从，不为谦抑也。"大圭"，天子所搢圭。"琢"，与"篆"同，刻为文也。"大羹"，肉汁。"和"，加盐梅也。"大路"，殷路。"素"，不用金玉之饰。"越席"，蒲席，覆车笭者。"牺尊"，饰以翡翠，象凤羽婆娑然，天子禘祭，朝践以盛醴齐者。"疏布"，布若大功服。"幂"，覆尊巾也。"椫"，木名，今谓之黄杨。"杓"，斟酒以酌者，以白理之木为杓，不加饰也。

孔子曰："礼不可不省也，礼不同，不丰不杀。"此之谓也。盖言称也。 杀，色戒反。称，尺证反。下同。

"省"，察也；谓察其同异之所以然也。"不丰"，言以约为贵者，不可得而丰。"不杀"，言以备为贵者，不可得而杀也。记者引夫子之言，以证上文多寡、大小、高下、文素之各有尚，非故为丰杀，皆求其称而已也。

礼之以多为贵者，以其外心者也。德发扬诩万物，大理物博，如此则得不以多为贵乎？故君子乐其发也。 乐，鱼教反。

"以"，用也。"外心"，谓游心观物，以极德之著也。"扬"，兴也。"诩"，动也。"大理"，条理之大也。"物博"，备物也。"乐"，乐而欲之也。"发"者，备盛德之形容也。盖天下之物与君子之德，其理一也。德之盛者，发见于物而物皆其德之象，诚外其心以观其发，凡万物之所自扬诩，条理不昧，极乎博大者，无非至仁大义之所显，则备其德者用其物，不可得而杀也。君子于德之发而见百昌众美之荣，皆以劝成吾德之盛，斯乐用之而不厌矣。

礼之以少为贵者，以其内心者也。德产之致也精微，观天下之物无可以称其德者，如此则得不以少为贵乎？是故君子慎其独也。 致，直利反。

"内心"，谓潜心内观，以体德之所自凝与物之所自生也。"产"，生之始也。"慎"，谨持之也。"独"者，人所不得而见闻而心自喻者也。天下之生莫非德之所产，而德之产物自无而有，其用之密致精粹希微不可以形象求，故德之至者，天下之物已成乎形者，皆不足以象之。诚内其心以观其所藏，则固不待物以增美，反其始以居其约，不可得而丰也。君子于独知之地，自喻夫洗心藏密之妙，慎以持之，而不逐于形器之粗矣。此二节承上文而推言制礼之精意，体义理于心以求其宜称，而根心以无疑于理之固然，则忠信之德即此而存矣。非忠信之至，不足以审义理之变通，所谓

“无本不立”也。

古之圣人，内之为尊，外之为乐，少之为贵，多之为美。是故先王之制礼也，不可多也，不可寡也，惟其称也。乐，卢各反。

“内”，内心。“外”，外心也。内其心以反物之本始，则取其精微，舍其粗大，不于物求称而德尊矣。外其心以知天下之物皆可为德之象，则道之大用宣著盛大者皆有以极之，而志意欣畅以不穷矣。德尊则物诎其贵，心乐则物见其美，多寡之间，皆以称德，而礼之品节备矣。“多”，兼大、高、文而言。“少”，兼小、下、素而言。

右第六章。此章承上章言称之义而详绎之，以反求之于君子德性问学之际。盖天德王道初无二理，而异端以礼为忠信之薄者，其浅鄙而不足道，不待辨而明矣。

是故君子大牢而祭谓之礼，匹士大牢而祭谓之攘。大，他盖反。

“君子”，大夫以上。天子之大夫祭以大牢。“匹士”，无采邑不得有家者之称。“攘”，窃也。物同而用之者异，得失判然矣。

管仲镂簋，朱纮，山节藻棁，君子以为滥矣。晏平仲祀其先人，豚肩不掩豆，浣衣濯冠以朝，君子以为隘矣。朝，直遥反。

“镂”，谓刻而嵌之也。天子嵌以玉，诸侯嵌以象，大夫之簋刻为龟甲文耳。“纮”，系冕组也；上属于笄，下周于项，垂其余为缨；天子朱，大夫缁。“滥”，放溢也。“掩”，覆也。豚盛以俎，而言“不掩豆”者，甚言其小也。大夫少牢而用特豚，又赢小已甚。“隘”，谓室礼不行也。

是故君子之行礼也，不可不慎也，众之纪也，纪散而众乱。

“纪”，织者丝缕之数也。“慎”，则辨于多寡之数而无不称矣。纪散，则上下无定，无以相统，乱之道也。

孔子曰：“我战则克，祭则受福。”盖得其道矣。

慎以求称，则理得而事序；故御众若寡，而治幽若明也。

右第七章。此章就名分之别以言称而原本之于慎，以终上章不可不省之意。盖滥而攘者固为侈肆不谨之大，隘而失礼者任其私意而不求尽乎义理之当然，则亦不知慎也。

君子曰："祭祀不祈，不麾蚤，不乐葆大，不善嘉事，牲不及肥大，荐不美多品。"乐，鱼教反。善，时战反。

"祈"，求福也。《周礼》有六祈，然祈而祭，非祭而祈也；常祭自尽而已，不以利交鬼神也。"麾"，快也。"蚤"，速也。事有常期，不欲速办也。"葆"，丰也。器币各有度数，不忻丰大也。二者以恒事鬼神而不逞其意欲也。"嘉事"，冠、昏也；冠、昏告奠而已，不因之而祭，不敢以己之嘉事而善鬼神也。"及"，极也。"荐"，豆笾之实，牲荐皆有常制，不敢侈美，事神以诚，不以口腹之奉为敬也。

右第八章。此章言尽诚以事神，称其诚而止，不溢乎其外也。

孔子曰："臧文仲安知礼？夏父弗綦逆祀而弗止也。燔柴于奥。夫奥者，老妇之祭也，盛于盆，尊于瓶。"父，方矩反。綦，《春秋传》作"忌"，渠记反。奥，本"爨"字之误，七乱反。夫，防无反。盛，是征反。

臧文仲，鲁大夫，名辰，时人称其知礼，故夫子辨其不然，而举二事以证之。夏父弗綦，鲁宗人典礼者。"逆祀"者，僖公虽闵公之兄，而尝臣事闵公，弗忌以文公为僖公之子，尊僖公加于闵上以媚文公，辰方当国而听之也。"爨"，饔爨、饎爨，礼祭而尸卒食则祀之，以报火德。"老"，家臣为饔人者。"妇"，宗妇，主妇之娣姒及从子妻也，使主其祭，主人主妇不与焉。盛肉于盆，实酒于瓶，不用尊俎，其事亵矣，辰躬祭之而又燔柴拟于天神。二者昧于尊卑贵贱之等而不求其称，虽进退仪文之可观，恶足以为知礼乎！

右第九章。

礼也者，犹体也。体不备，君子谓之不成人。设之不当，犹不备也。当，丁浪反。

性以礼为体，生以形为体，有定体而用无不宜，其理一也。耳目官骸必备而各有常位，仪文度数必备而各有常制，体失其所，则形不成而君子矜之，礼不成而君子恶之。备而皆当，惟其称也。

礼有大有小，有显有微。大者不可损，小者不可益；显者不可掩，微者不可大也。

"大"，备体而丰也。"小"，具体而俭也。"显"，立体昭著而人可共由也。"微"，托体隐深，君子喻之而众人不能知也。"不可大"，谓不可张大之以示人也。

故《经礼》三百，《曲礼》三千，其致一也，未有入室而不由户者。

《经礼》《周礼》三百六十，言三百者，概举之也。《曲礼》，吉、凶、军、宾嘉之《仪礼》，今其存者十七篇而已。一节为一曲，约有三千焉。"一"者，称之谓，称则诚也。大小显微，各如其体，以尽天理民义之实然，致则一也，犹之入是室则必由是户，室异则户异，然其为必由则一也。

君子之于礼也，有所竭情尽慎，致其敬而诚若，有美而文而诚若。

"诚若"者，状其甚诚之辞。情竭于心，慎尽于事，以致其敬，备于内也。美而可欲，文而可观，备于外也。皆因理之实有而称之也。

君子之于礼也，有直而行也。

哀敬之至，不为仪文。

有曲而杀也。 杀，色戒反。

哀而不伤，敬而不谄，以委曲中道为等杀也。

有经而等也。

贵无所伸，贱无所诎，常无所增，变无所减，为不易之常道。

有顺而讨也。

"讨"，求也。降杀之节，顺其贵贱亲疏而求得其度数。

有撕而播也。

"撕"，谓割分之也。"播"，散也。分孝慈惠敬以逮下，所谓"礼行于上，泽流于下"也。

有推而进也。

义有可尊，情有可亲，则引而进之加厚也。

有放而文也。 放，如字。

极天下之美，适足以称其情理，故大著其文也。

有放而不致也。 放，分两反。

事相仿而不尽相若则降杀之，顺而讨者减其礼，放而不致者如其礼而减其事。

有顺而摭也。

"摭"，拾也。等杀悬殊无嫌，则可拾上之礼以行也。九者各以行乎天理之自然而曲尽其宜，斯以大备而咸当也。

右第十章。此章言称之为道而皆以求尽乎其诚。诚者，实理也。体以是立，用以是当，忠信之原，而义理之所自出也。

三代之礼一也，民共由之，或素或青，夏造殷因。造，才到反。

三代之王者，率乎人心之实然，求其宜称以制为典礼，虽有损益，其致一尔，非出于三代之私意以为沿革，故天下乐用而不违。素可以为青，其质一也。"因"者，不离乎造者之质也。

夏立尸而卒祭，殷坐尸，周坐尸，诏侑武方，其礼亦然，其道一也。"夏立尸"二句，旧在"其道一也"之下，盖错简，今定之。卒，子律反。武，本"无"字之误，武夫反。

"诏"，祝相礼也。"侑"，佐食劝餐也。"无方"，无所不诏侑也。夏以人道事尸，故终祭而尸皆立，尸虽为神象，不敢以尊自居也。殷周则皆坐矣，以神事之也。坐立虽异，而诏侑之礼，三代胥然，其尽道以敬尸一也。举此以见三代之礼，虽异而同，所言事尸之道，虽礼之一端，而其他可以类推矣。

周旅酬六尸，曾子曰："周礼其犹醵与！"与，以诸反。

此周祫祭之礼也。太祖与三昭三穆，凡七尸，言"六尸"者，后稷尸发爵，不受酬也。"醵"，合钱饮酒也。事尸之礼，有献而无酬，六尸各为昭穆，父子之道而更相为酬，故曾子讥之，以为如庶人之合钱饮酒，无尊卑之别。此言周礼之变不因乎殷而礼失，不如殷之因夏，虽坐立异而道无疵也。

右第十一章。

君子曰："礼之近人情者，非其至者也。"

"情"，欲也。尊亲之至，不敢导欲以事之，故尽道以将敬，而不苟近其情以为悦也。

郊血，大飨腥，三献焨，一献孰。

"大飨"，祫祭。"三献"，社稷五祀之祭。"一献"，群小祀也。"血"，杀而即荐血也。"腥"，生肉也。"焖"，初熟肉，渍于汤以献也。"孰"，切而盛于俎也。荐血而后荐腥、焖、孰，荐腥则不荐血，以次省也。孰而后可食，人之情也。至敬必以荐血始，礼繁而不以给欲者为尚也。举祭荐之一端，以明凡礼之称者称其道之当尽，非徒以称人情之所便利者也。

右第十二章。

是故君子之于礼也，非作而致其情也，此有由始也。

"作"，起也。"始"，先也。谓非因意之偶动遂迫起而致之，必先预畜其敬而后将之也。

是故七介以相见也，不然则已愨。三辞三让而至，不然则已蹙。见，贤遍反。

"七介"，侯、伯相朝之礼，公九介，子、男五介，此举中言之也。"三辞"者，宾初至大门交摈陈辞。"三让"，大门、庙门及阶，每让先入也。"愨"，愿也。"蹙"，迫也。不愿不迫，舒徐以养其敬之豫也。

故鲁人将有事于上帝，必先有事于頖宫。晋人将有事于河，必先有事于恶池。齐人将有事于泰山，必先有事于配林。恶池，与"滹沱"通，上荒乌反，下徒河反。

"有事"，祭也。"上帝"，郊祀。頖宫，鲁君之宫，宗庙在焉，将郊则先修时祭也。汉人以頖宫为学宫者误。河在晋东南境。泰山在齐西，诸侯祭其境内山川。恶池水出山西雁门，晋之小川。配林，齐之小山也。礼行自亲及尊，自小及大，以次举行，非一旦作而致其情也。

三月系，七日戒，三日宿，慎之至也。故礼有摈诏，乐有相步，温之至也。系，古诣反。相，息亮反。

"系"，养牲于牢也。"三月系"者，郊庙之牲也。"戒"，散齐之誓戒。"宿"，致齐而合宿也。"礼"，通宾祭而言。"摈诏"，摈者诏也。"相"，拊也；以韦为之，充之以穅，所以为音之节。"步"，缀兆，所以为舞之节，皆使不陵遽也。"温"，和缓也。慎以先之，温以行之，敬和之节，从容详缓，乃可以交于神人，而不乘介然之情急用之也。

右第十三章。

礼也者，反本修古，不忘其初者也。

"本"，质也。"古"，事所自始，皆礼之"初"也。极乎器之大备，皆以求称乎此，未有忘之者也。

故凶事不诏，朝事以乐。朝，如字。

"不诏"，无揆也。因其自致之哀，不备文也。"朝事"，禘祫朝践之事，谓始祭事尸于堂也。"以乐"者，臭味未登，先以音声，荡涤发洋，降神于漠也。哀因其自然，音合于虚漠，皆以质用，所谓"反本"也。

醴酒之用，玄酒之尚；割刀之用，鸾刀之贵；莞簟之安而稿鞂之设。

以蘖酿黍一宿而成曰"醴"，大概似今之饧汁。"割刀"，可割之刀。"鸾刀"，刀端有铃，挥之成音以为割节。"莞"，苻也，以为筵。"簟"，箧席也。谷茎去穗曰"稿"，去实留穗曰"鞂"。宾祭用玄酒，宗庙君亲割牲用鸾刀，郊以稿鞂为神席，三者无当于用，而以古初之始制尚之为礼，所谓"修古"也。

是故先王之制礼也，必有主也，故可述而多学也。

"主"，义理之统宗也。申结上文，言先王以反本修古为礼之主，而非但随时以集事，故可行之永久，使率礼者乐称述其义而不厌也。

右第十四章。

君子曰："无节于内者，观物弗之察矣。欲察物而不由礼，弗之得矣。"

"节"，喜怒哀乐自然之准也。万物之理切乎人用者，人心皆固有其则以饬吾喜怒哀乐之用，苟昧其节，则好恶偏而不足以尽物理之当然矣。节之所著则礼是已，故欲察物者必反求诸心，因其本然之节以率由乎礼，乃使物之情理毕著而惟吾之用。不然，逐物而察之，不切于吾身，而又奚以用乎？此人性之蕴与物理之宜同原而互著，礼所为率性体物而不可离也。

故作事不以礼，弗之敬矣；出言不以礼，弗之信矣。

礼出于人性自然之节，故为天下之同然。言行一依于礼，则不待求合于人情，而敬信自孚也。

故曰：礼也者，物之致也。

"物"，兼人与事而言。"致"，极也。万物之理，人心之同，皆以礼为之符合，是人己内外合一之极致也。

右第十五章。此章之义最为深切，学者能达其所以然，则尽性成物之理悉备于此矣。若舍是而别求观物之妙者，徒穷大而失居，鲜有不流于庄、列之说者，可不慎哉。

是故昔先王之制礼也，因其财物而致其义焉尔。

"财"，币玉之类。"物"，粢牲之类。"致"，尽也。财物皆造物之产，其义之所宜，质文多寡，惟先王能达之。精于其义而尽之，以与生物之理相称，斯大礼之制，建诸天地而不悖矣。

故作大事必顺天时，为朝夕必放于日月，为高必因丘陵，为下必因川泽。 放，分两反。

"大事"，郊、社之祭也。冬至阳生而祭郊，夏至阴生而祭社，顺其时也。"为"，亦作也。"朝"，朝日。"夕"，夕月也。日出于东，月生于西，故朝日于东，夕月于西，放其方也。"为高"，祭山；"为下"，祭川。登高临深而祭之，因其体也。三者皆因其义之固然而致之，以求称尔。

是故天时雨泽，君子达亹亹焉。 雨，王遇反。

"雨泽"，雨降而泽物也。"达"，通其义也。"亹亹"，生而不已之意。天以其时而雨泽，则百昌皆荣，是天施之无倦，即天理之流行也。《易》曰："云行雨施，品物流形，乾道变化，各正性命。"无二理也。君子达于化机之不已，而知物之表里精粗皆载天之义，而即是以致之，以格鬼神，用之不穷矣。

是故昔先王尚有德，尊有道，任有能，举贤而置之，聚众而誓之。

心得义理之实曰"有德"，明于事天治人之方曰"有道"，材称其事曰"有能"，皆所谓"贤"也。"置"，用也。"誓"，戒也；谓将祭而戒之也。先王以爵禄任用贤者，及乎将祭，选其后髦，分以执事与齐戒而助祭，亦以贤才之生，皆天之以善继人亹亹不已之化，故即因其笃生者以事之。盖择于天生而用其美，以承天之祜，乃精义之极致也。

是故因天事天，因地事地。

总上文而结言之。财、时、方、体与助祭之贤才，一皆因天地之美以事天地，致其义而无不称也。下节乃推其合德之效。

因名山升中于天，因吉土以飨帝于郊。升中于天而凤凰降，龟龙假；

飨帝于郊而风雨节，寒暑时。假，古伯反。

"名山"，五岳。"升"，上告也。"中"，成也。天子巡守方岳，燔柴祭天，告以诸侯之成绩。《虞书》所谓"至于岱宗柴"是已。"吉土"，蠲洁之土，谓南郊也。"帝"，亦天也。告则称天，尊之也。飨则称帝，亲之也。名山、吉土，天之灵化所昭著，故因而求之，则休征可至也。"假"，至也。

是故圣人南面而立而天下大治。

善因乎天，则无为而化成矣。

右第十六章。按此章所言名山升中之礼，词义简明，《尚书》《周礼》《王制》皆可证据。自司马相如倡为封禅之说，说经者遂托此以为征，怪谲荒唐，不可殚究，虽以汉光武之贤明犹受其惑。盖汉儒之驳，流于邪妄者往往如此。而郑氏妄分天帝以立之名，为耀宝魄及灵威仰之属，媟天嫚礼，具可嗤鄙。有宋诸子芟除而廓清之，功亦伟哉！

天道至教，圣人至德。

法象变化，精义昭焉，无非教也。体其法象，达其变化，则天理存于己而用之咸宜，德之至矣。

庙堂之上，罍尊在阼，牺尊在西；庙堂之下，县鼓在西，应鼓在东，君在阼，夫人在房；大明生于东，月生于西。此阴阳之分，夫妇之位也。
牺，素何反，下同。县，胡涓反。

"庙堂"，庙之堂。《周礼》：牺尊、象尊皆有罍。"罍尊"当作"象尊"，字之误也。"象尊"者，夫人酌亚献之尊也。"牺尊"者，君酌尸之尊也。献重而酌轻，故象尊尊而在阼阶，牺尊卑而在西阶。堂上统乎神而南面，故东为左，西为右也。"县鼓"，大鼓，县于笋簴者。"应"，小鼓。堂下统乎人而北面，故西为左，东为右也。室侧堂后曰"房"，诸侯之庙有左右房，夫人所立者西房也。象献养阳，牺酌养阴，鼓县倡而应鼓和，皆有夫妇之义焉。"大明"，日也，旦出于东。"月"，朔后生明于西。阴阳之定位，法象之分，天之教也。夫妇之位，二尊之陈，二鼓之设皆因之，则圣人体天之法象以为德也。

君西酌牺象，夫人东酌罍尊，礼交动乎上，乐交应乎下，和之至也。

由阼而西，由房而东，动以相错，故谓之"交动"。县鼓、应鼓相为倡和，故谓之"交应"。"和"者，阴阳往来，变合以成化也。阴阳交动，变化之合，天之教也。礼交动，乐交应，则圣人体天之变化以为德也。此言先王之礼法天以成乎分合之节，皆载至德以与天道相称也。间尝论之，天地阴阳之撰，分合而已矣。不知其分则道无定体，不知其合则方体判立而变化不神。故君子之学，析之以极乎万殊，而经纬相参，必会通以行其典礼，知分知合，而后可穷神而知化。天之教，圣人之德，未有不妙其分合者也。自邵子为四片八块之说，学者泥而不通，知其分而不知其合，执法象以为变化，囿道于器中，有吉凶而无大业，乃至流为占验一成之小术而大道隐，学者可弗辨哉。

右第十七章。

礼也者，反其所自生；乐也者，乐其所自成。是故先王之制礼也以节事，修乐以道志。"乐其"之"乐"，卢各反。道，徒到反。

节文之实，固有于心，治之所自生也。仪文之具，皆以反尽其心之实也。文以开治，武以止乱，功之所自成也。歌舞之文，皆以序其成功之由而乐之也。礼所自生者心，而心为事之节，故礼之制，乃以中乎事之则；乐成于事效之迹，而事缘志立，故乐之作，宣道其拨乱致治之始志，以著立功之有本，盖内外交相为效也。

故观其礼乐而治乱可知也。遽伯玉曰："君子之人达。"故观其器而知其工之巧，观其发而知其人之知。治，直利反。"之知"之"知"，珍义反。

考心以其节，推功以其志，节具而志和则治，否则乱。"君子之"下阙一"于"字。"达"，通知之也。"发"，发矢也。"知"，射之审也。因迹以知心，即微以知著，内外交征而得失治乱之理无不达也。

故曰：君子慎其所以与人者。

"与"，示也。制礼作乐，皆以示天下后世者也。礼乐之有声容，器也，而为道之所显。故尽其道必备其器，器不备则道隐，而德亦因之不立矣。

右第十八章。

大庙之内敬矣。君亲牵牲，大夫赞币而从；君亲制祭，夫人荐盎；君亲割牲，夫人荐酒。"大庙"之"大"，他盖反。从，才用反，下同。

"大庙"，谓祫祭也。"敬"者，情文交尽以称其诚也。"牵牲"者，初献毕，君出庙门迎牲，执纼牵之而入，告而后杀。"赞"，助执也，告杀以币，大夫奉入以奠也。"制"，宰割也。已杀牲，荐血膋时，君自割肝，洗以郁鬯，以就燔，待祭于室也。"盎"，盎齐，郑氏所谓旧醳之酒也。"荐盎"者，君方割牲而夫人亚献也。"割牲"者，荐孰之时，君亲割牲体以登俎。"酒"者，别于五齐之称，君方割牲而夫人三献也。三者皆朝践事尸于堂之事，君臣夫妇交勉以不使礼之中匮，敬之至也。

卿大夫从君，命妇从夫人，洞洞乎其敬也，属属乎其忠也，勿勿乎其欲其飨之也。属，之玉反。

"从"，佐执事也。"洞洞"，深远貌。"属属"，诚悫相附著貌。"勿勿"，象旌旗之动，迫切不宁貌。合夫妇君臣而壹于敬，故其骏奔走之容有如此者。

右第十九章。

纳牲诏于庭，血毛诏于室，羹定诏于堂。三诏皆不同位，盖道求而未之得也。定，多径反。道，徒到反。

此通言祫祭时享之礼。"纳牲"，迎牲而杀也。"诏"，告神也。"庭"，墠也。血毛告于堂，当朝践时；羹定告于室，当馈食时。此云"血毛诏于室，羹定诏于堂"者，"堂""室"二字互相误也。"羹"，肉也。"定"，熟也。神无方所，求之外而不得，乃更求之内，孝子冀见其亲之至。

设祭于堂，为祊乎外，故曰：于彼乎？于此乎？

"祭"，正祭。"祊"，绎祭也。"外"，庙门间西室也。庙门两端各有堂室，绎祭之礼，设奠于门室而事尸于堂，与正祭之于庙中堂上者异，"曰"，谓其意如此也。"于彼""于此"，不知神之定在而博求之也。祭无恒位，以求神于多方，亦以称神之不可度而孝思之无已也。

右第二十章。

一献质，三献文，五献察，七献神，大飨其王事与？与，以诸反。

"献"或一、或三、或五、或七，宾祭皆有之。宾，则乡饮酒及燕，一献也；飨子男之使，三献也；飨子男之君及侯伯之使，五献也；飨侯伯，七献也；祭，则群小祀及殇，一献；社稷五祀及少牢馈食，三献；山川、四望，大夫之大牢，五献；侯伯宗庙之祀，七献。"察"，备也。"神"，尊事之也。天子之禘祫与飨上公皆谓之"大飨"，盖九献。"王事"，谓礼隆乐备，王者盛德之事也。明以定尊卑，幽以秩鬼神，皆因其义理之攸称而酌其隆杀，繁者不为泰，简者不为约也。

三牲、鱼腊，四海九州之美味也。笾豆之荐，四时之和气也。

"三牲"，牛、羊、豕，所谓大牢也。"腊"，干兽。"鱼腊"，陪鼎之实也。自五献以上，皆备大牢及陪鼎。四海九州之美味，谓人所同嗜也。"笾"实果饵，"豆"实菹醢。"四时之和气"者，果蔌得雨旸寒暑之和而丰美也。五献以上事重礼隆，故物亦备美，至于大飨而极备矣，物称其文，文称其道也。

右第二十一章。

内金，示和也。束帛加璧，尊德也。龟为前列，先知也。

此章言诸侯朝而致享于天子者也。"金"，金奏之乐器。"内"者，陈之庭中，乡北，近堂上也。乐以象和，列之于内，和当自内出也。"璧"，享玉。"加"者，加于束帛之上。"德"者，君子以玉象德也。"前列"，与金、璧同在内列也。"知"，谓知吉凶。"先"，尚也。凡此三者为一行，金东上，相继而西。

金次之，见情也。丹、漆、丝、纩、竹、箭，与众共财也。见，贤遍反。共，九容反。

"金"，三品，黄金、银、铜也。"次之"者，次于龟后。"情"，实也。"丹"，丹砂。络茧出绪曰"丝"。蛾出煮茧为绵曰"纩"。大曰"竹"，小曰"箭"，皆矢材也。"与众共财"者，率天下之财以共天子之用也。此数者为一行，金在西，余相继续而东。

其余无常货，各以其国之所有，则致远物也。

"无常货"，不一品也。其余随国之所产而献之，示天子德及于远而致物备也。此无常之货为一行，在后列，近外。

其出也《肆夏》而送之，盖重礼也。

《肆夏》，金奏之乐章。"送"者，送诸侯之出。诸侯备物以享天子，天子盛礼乐以接之，盖非以其物之厚而宠之，上下以礼相接之为重也。《肆夏》，郑氏以为当作《陔夏》，盖从杜子春之说“尸出入奏《肆夏》，客醉而出奏《陔夏》”耳。按《春秋传》《国语》皆云“《肆夏》，天子所以享元侯”，则自当以经文为正，不必改“肆”为“陔”也。

右第二十二章。此章章首及“致远物也”之下，疑皆有阙文。

祀帝于郊，敬之至也。宗庙之祭，仁之至也。丧礼，忠之至也。备服器，仁之至也。宾客之用币，义之至也。故君子欲观仁义之道，礼其本也。

“敬”者，义之实。“仁”者，爱之理。尽己之谓“忠”，仁之质也。“丧礼”，谓哭踊服食居处之节。“服”，谓袭敛之服。“器”，谓棺椁明器。“宾客”，谓相觐聘。“用币”为“义之至”者，利物而以将敬也。德至于内，则文必备于外，礼器之所以必大备而无文不行也。

右第二十三章。

君子曰：“甘受和，白受采，忠信之人可以学礼，苟无忠信之人则礼不虚道，是以得其人之为贵也。”和，胡卧反。道，徒到反。

“和”，咸酸之调也。“采”，缋也。“道”，行也。甘而以余味和之则适，非甘则虽有余味不适矣。白质而加之以绘则章，非白则虽施五采不章矣。忠信之人以学礼，则情与文称而文皆载道，非其人，则虽备仪文，情不及物矣。

右第二十四章。上章言天理之发因事而见者，仁义之藏即此为体，《易》所谓“藏诸用”也。此章言天理之存为法用之本，忠信与礼相为体而不可离，故待忠信以行，《易》所谓“显诸仁”也。学者合而玩之，而道妙可睹矣。自第四章以下至第二十三章，皆以言礼器之大备，为义理之所必尽。此下二章，乃言器皆载道而非道则无以成乎用，以终第三章“无本不立”之意。末章则以敏为学礼者之先务，盖敏者尽己之实，而义理之蠹蠹者由此而生，乃初学入德之门也。

孔子曰：“诵《诗》三百，不足以一献。

"一献"，群小祀之祭，礼之简者也。诵《诗》三百，则能兴起其心以达乎义理，而志之发，不能必其诚之存，则肃敬之心、强力之容未能自固，虽使之主一献之小祀，而不克自尽于礼者有之矣。

"一献之礼不足以大飨，大飨之礼不足以大旅，大旅具矣，不足以飨帝。

"大飨"，宗庙之祭。"大旅"，山川方望之祭，祭地之大者也。"飨帝"，郊也。人鬼，地祇，天神，亲疏高下之别，诚之格也；有易有难，至于飨帝而极矣，故曰"惟仁人可以飨帝"，不然，则漠然其不相及也。然亦岂有他哉？忠信而已矣。忠信者，仁之实，诚之著。纯一而不已，则天之道也。

"毋轻议礼。"

诚不至，德不盛，道不凝，徒测义理以议损益之文，必无当也。故知之非艰，行之维艰，所以行之者，一而已矣。

右第二十五章。

子路为季氏宰。季氏祭，逮暗而祭，日不足，继之以烛。

"季氏祭"，谓子路未为宰时。"逮"，及也。"暗"，日未出也。季氏僭礼，礼文繁而有司不治，故常穷日而不足。

虽有强力之容，肃敬之心，皆倦怠矣。有司跛倚以临祭，其为不敬大矣。

"跛"，偏足立也。"倚"，立而凭物也。

他日祭，子路与，室事交乎户，堂事交乎阶，质明而始行事，晏朝而退。
与，羊洳反。朝，直遥反。

"他日"，子路为宰时。"与"，典其事也。"交"，相授受也。有司备官，各守其职，即其位以次相授受，不言而职举矣。"质"，至也。"晏朝"，谓常人君出视晏朝之时，脯前也，"退"，礼毕出。

孔子闻之，曰："谁谓由也而不知礼乎！"

事豫则治，治则敏，敏则心力有余而得以自尽。故欲尽其忠信者，必预以为之基，敏以竭其才，斯以恒而可久也。

右第二十六章。

《礼记章句》卷十终

礼记章句卷十一

郊特牲

此篇杂记五礼之大端而著其义理之所主，其所发明，皆即《礼器》所云"时、顺、体、宜、称"之五义，疑盖《礼器》之下篇也。其间或有与上篇复出者，则记者各有所授，以互相为征耳。凡二十章。

郊特牲，而社稷大牢。天子适诸侯，诸侯膳用犊；诸侯适天子，天子赐之礼大牢；贵诚之义也。故天子牲孕弗食也，祭帝弗用也。 大，他盖反。

"礼"，飨饩也。"诚"者，专悫无文之谓。"天子牲"，谓诸侯所奉膳也。"孕"，已生犊者。

大路繁缨一就，先路三就，次路五就。 繁，薄官反。

"大路""先路""次路"，旧说殷之三等路，故就数与《周礼》异，尊者弥质，卑者弥文也。

郊血，大飨腥，三献爓，一献孰，至敬不飨味而贵气臭也。

"不飨味"，言不以味为飨。"气"者，焄蒿之生气。"臭"者，膻香之烈。"血""腥"，初杀未久，则生气犹有存者，而臭亦保其自然。"爓""孰"则生气尽，臭亦变，惟致味而已。

诸侯为宾，灌用郁鬯，灌用臭也。大飨尚腶修而已矣。

"为宾"，朝于天子而礼之也。上公再灌，侯、伯、子男一灌。"大飨"，天子飨来朝之诸侯。"腶修"，捶治肉脯，加姜桂，以为荐豆。"尚"者，先设于筵前，后乃设余馔。此亦大礼不尚味之义。

右第一章。此章兼言宾祭之礼。

大飨，君三重席而酢焉。三献之介，君专席而酢焉，此降尊以就卑也。重，直龙反。

"大飨"，诸侯相朝而主君飨之也。"君"，谓主君。宾酌主人曰"酢"，"酢焉"，谓受酢也。"三献"，来聘之大夫，飨之三献。其介，士也。燕则宾为苟敬，介为宾。"专"，单也。诸侯之席三重，两君相献酢，其体敌，主人得伸其贵；士介本单席，主君降席而受酢，所以尊宾，不以贵临之。

右第二章。此章言宾礼。

飨、禘有乐，而食、尝无乐，阴阳之义也。食，祥吏反。禘，盖"禴"字之误，以灼反，下同。

"飨"，具礼以饮觐聘之宾客。"禴"，殷之春祭。"食"，以食食宾，其礼存者有《公食大夫礼》。"尝"，秋祭。五谷初登，以食为重，宾则飨有乐而食无乐，祭则禴有乐而尝无乐。尝之无乐，熊氏以为殷礼也。

凡饮养阳气也，凡食养阴气也。食，如字。

"凡"者，兼事人事神而言。飨、禴主饮；食、尝主食。酒醴为五谷清刚迅疾之化，助生阳气；肉谷滋益荣理，充牣阴质。方书云"阳不足补之以气，阴不足补之以味"，盖此义也。

故春禘而秋尝。

因气之盛而修其养道也。

春飨孤子，秋食耆老，其义一也。

"孤子"，气之稚也，养以饮而举于春。"耆老"，形之衰也，养以食而举于秋。其义与飨、禴、尝、食通也。此上三节，反复以明阴阳之义。

而食、尝无乐。

五字衍文。

饮养阳气也故有乐，食养阴气也故无声。凡声，阳也。

声乐之道，动而伸出，虚而致和，皆阳之用也。养称其理，斯养道纯而礼有秩也。

右第三章。此章兼言宾祭之礼。

鼎俎奇而笾豆偶，阴阳之义也。笾豆之实，水土之品也。不敢用亵味而贵多品，所以交于旦明之义也。 旦，当从后章作“神”，古篆文“旦”“神”二字相近，转写之误。

杂见十六、十七二章。盖错简而重出者也。“旦”，当以后章作“神”。古篆文“旦”“神”二字相近，转写之讹。

宾入大门而奏《肆夏》，示易以敬也。卒爵而乐阕，孔子屡叹之。 易，以豉反。卒，子律反。

此亦谓飨礼用乐之节也。“易”，和也。迎宾而献酢，以将敬而用乐焉，则和易与敬并行矣。“爵”，献酢之爵。“阕”，一节终也。自宾入门始奏《肆夏》，至献宾、宾祭、啐酒、告旨而乐恰一终，宾酢主君，主君拜受而《肆夏》又作，至主君卒爵而乐恰再终，礼之度，乐之数，不疾不徐，终始恰合，故夫子屡叹其善。

奠酬而工升歌，发德也。歌者在上，匏竹在下，贵人声也。

“奠酬”，献毕举奠酬而旅，于时礼将终而以乐继之也。“升歌”，工升堂上以瑟和歌也。“德”，惠也，发施恩惠以乐宾也。“匏”，笙。“竹”，管也。“下”，堂下。“歌者在上，匏竹在下”，谓间歌及合乐也。“贵人声”者，晋人所谓丝不如竹，竹不如肉，渐近自然也。此明奠酬待旅而歌乐作，所以行和惠而养敬于有余也。

乐由阳来者也，礼由阴作者也，阴阳和而万物得。

乐以发情而和，其德阳；礼以敛形而肃，其德阴。乐因天地自然之声以感其性情，故谓之“来”；礼待志气之动而后行，故谓之“作”。“得”，谓各得其理也。礼乐交动，阴阳合一，志气调洽，温肃相资，君子所以治万物而皆得其理者，其道备于此矣。

右第四章。此章言宾礼用乐之义。

旅币无方，所以别土地之宜而节远迩之期也。 别，必列反。

此言诸侯之享贡于天子者也。“旅”，陈也。“无方”者，不为一定之数也。土地之产各有所宜，其产丰者其币厚，远近之觐见，疏数不等，其来数者其币轻，故国异制也。

龟为前列，先知也。以钟次之，以和居参之也。虎豹之皮，示服猛也。束帛加璧，任德也。任，旧本作"往"，孔氏云：北，本作"任"，今从之。

"居参"，谓居其间而相参也。按《礼器》：龟、钟、璧为一列，盖参居龟璧之间也。"任"，犹尚也。尚德，故加玉于帛上。

右第五章。此章言宾礼。

庭燎之百，由齐桓公始也。

"庭燎"，设燎于庭，以待诸侯入见而早至者。天子旅见诸侯，故设百燎。齐桓公霸诸侯，朝之者众，僭旅见焉，亦僭设之。

大夫之奏《肆夏》也，由赵文子始也；大夫而飨君，非礼也。"大夫而飨"以下八字，旧在此章之末，今定之于此。

诸侯相朝而大飨，宾入则奏《肆夏》。赵武专政，主盟中国，诸侯朝晋，往见于其家，武飨之，遂僭用金奏。礼不得飨，则亦无由干其乐矣。

朝觐大夫之私觌，非礼也。大夫执圭而使，所以申信也。不敢私觌，所以致敬也。而庭实私觌，何为乎诸侯之庭？为人臣者无外交，不敢贰君也。朝，直遥反。使，色吏反。"何为"之"为"，于伪反。

"朝觐大夫"，大夫从君朝于邻国者。"私觌"，以束锦乘马献主君也。奉使而聘则私觌，所以申结信好也，从君则不敢。君专两君之敬而己私得行，是嫌贰于君矣。

大夫强而君杀之，义也。由三桓始也。

逼君无礼，成乎篡弑之萌，天子不能正，诸侯自杀之，义所许矣。三桓，谓公子牙及庆父。

天子无客礼，莫敢为主焉。君适其臣，升自阼阶，不敢有其室也。

"无客礼"者，不授馆，舍于其祖庙，无介，膳而不飨。"君"，谓国君。"适其臣"者，吊丧问疾。

觐礼，天子不下堂而见诸侯。下堂而见诸侯，天子之失礼也。由夷王以下。

"下堂"，谓迎之升阶也。夷王，名燮，武王七世孙，厉王父。天子之失，诸侯、大夫僭之由也。

诸侯之宫县，而祭以白牡，击玉磬，朱干设锡、冕而舞《大武》，乘大路，诸侯之僭礼也。县，胡涓反。

"宫县"，四面县如宫，诸侯轩县，阙其前也。诸侯宗庙之牛不纯。"白牡"，殷牲。僭用纯牛，嫌同于周，窃附于宋也。"玉磬"，《书》所谓"鸣球"也，诸侯石磬。"干"，盾也。"朱干"，以丹涂之。"设锡"，谓涂金饰朱干之脊，《大武》之始，总干山立者所执也。"冕"，舞人之服。"大路"，殷天子郊祀之路，亦窃宋礼也。此言诸侯僭郊禘而用天子之礼乐，盖指鲁也。

台门而旅树，反坫，绣黼，丹朱中衣，大夫之僭礼也。

"旅"，道也。"树"，屏也；谓建屏于门以蔽行道也，大夫蔽以帘。"反坫"者，反爵之坫。张揖曰"反坫谓之序"，谓于东西砌为坫基，内乡阶上，为屋覆之，置丰其中以盛献酢，饮毕而反之虚爵，两君相飨则然。大夫相燕则就筐于阼阶之侧而反爵，堂无坫，不设丰也。"绣黼"，绣之于裳也。大夫玄冕，服一章，裳刺黻而已，加黼，僭希冕也。"中衣"，祭服之里衣。"丹朱"，以赤色缯为中衣领缘，大夫以青。

故天子微，诸侯僭；大夫强，诸侯胁。于此相贵以等，相觌以货，相赂以利，而天下之礼乱矣。

"微"，自卑弱也。"胁"，见迫制也。"于此"，犹言由此。"相贵以等"者，诸侯、大夫不用王命，互相援立推戴也。"觌"，见也。"货"者，币"贿"。诸侯不贡于王而致贡于大国，甚则献及私门也。"赂"，贿而有求也。"利"者，输之土地，助之甲兵，篡弑者以免讨，弱小者以求庇也。"天下之礼"，谓君臣上下之大经。总结上文而言上失下僭祸乱之由也。

诸侯不敢祖天子，大夫不敢祖诸侯，而公庙之设于私家，非礼也。由三桓始也。

鲁立文王庙，故三家因立桓公、僖公之庙，礼乐自此僭矣。此节当在"不敢贰君也"之下，盖错简。

右第六章。此章言宾祭之礼，而著僭者之非。

天子存二代之后，犹尊贤也。尊贤不过二代。

"存"，谓使修事守而郊禘也。前王之贤德及于民未远，犹当尊之。二代以上，德泽远矣，虽封其裔，不得用天子之礼也。

诸侯不臣寓公，故古者寓公不继世。

"寓公"失国，亡在他国，禄养而不臣，优之也。寓公之子仕于新国为大夫，即以受命有家者为祖，不继寓公之统，大夫不得僭祖诸侯也。

右第七章。此章申明诸侯不得窃附杞、宋而郊禘与大夫不得庙祀诸侯，以终上章之意。

君之南乡，答阳之义也。臣之北面，答君也。乡，许亮反。

"君"，兼天子、诸侯而言。"答"，对也。"南"，离明之位，人君继明以照四方，承阳施也。人臣心乎君，故惟君是乡。卿大夫以答君为义，不得南乡以临陪臣。

大夫之臣不稽首，非尊家臣，以辟君也。辟，毗义反。

国无二统，尊于一也。

大夫有献弗亲，君有赐不面拜，为君之答己也。为，于伪反。

"弗亲"，使人致之。"君"，谓国君。"不面拜"，拜于门外，小臣以告也。亲献而拜，君必答其拜，重烦君也。因此见诸侯于其臣拜必答，不得上同天子。若陪臣于大夫则亲献面拜，不避答己，分愈降矣。

右第八章。此章言宾礼上下之等，亦承上二章而广其意也。

乡人裼，孔子朝服立于阼，存室神也。裼，式羊反。朝，直遥反。

"裼"，傩也。"存"，依也。"室神"，祖祢五祀之神。此盖礼之当然，时人所忽而夫子行之也。

右第九章。此章亦祭礼之小者。

孔子曰："射之以乐也，何以听？何以射？"

"乐"，以乐为射节也。"何以"，诘辞。听而射，两不失节，非气壹志通以浃洽于礼者不能也。盖人心之灵虚而一，而天下之事理赜而不相为通，无适乃一，一乃敬，敬则无适而无不适矣。故所恶于言一者，为其执一也，执一而吾心泛用曲当之大用废矣。先王于射而节之以乐，合内外以行典礼，通耳目之蔽而会之以心，以尽夫殊涂百致之大用，所以牖人心而体天德者至为深切，故夫子诘学者，使自省而得之。

孔子曰："士使之射，不能则辞以疾，县弧之义也。" 县，胡涓反。

"使射"，作之耦也。以疾辞，可一而不可再，则愧愤以自强于学矣。"县弧"，始生之礼，明男子所有事也。

右第十章。此章言乡大射之礼，盖嘉礼也。

孔子曰："三日齐，一日用之，犹恐不敬，二日伐鼓何居？" 齐，侧皆反。居，居之反。

"伐鼓"，以警执事，然亦用乐之事，适以荧听而荡志。"何居"，怪而诘之之辞。

孔子曰："绎之于库门内，袚之于东方，朝市之于西方，失之矣。" 朝，如字，陟遥反。市，盖"事"字之误。

"绎""袚"，一祭也；求神之始，奠而祝祭曰"袚"，事尸曰"绎"。绎礼求神于庙门外之西室而事尸于堂，室以西为尊，堂以户牖间南面为上，库门在庙门外之南，今事尸于库门内而袚于庙门之东室，非其所矣。"朝事"，正祭朝践之事，尸席堂上户牖间，而席之于西阶，皆失其常尊也。齐而伐鼓，绎祭、朝事之失所，皆当时行礼之不称者，故杂引夫子之言以正之。

右第十一章。此章言祭礼。

社祭土而主阴气也，君南向，乡于北墉下，答阴之义也。 乡，许亮反。

"土"，地之质也。五行皆地质之成，独言"土"者，其最著者也。"主"者，神无方无时，而以义类求之为适从也。"主阴气"者，于夏至阴生之时乡北求之也。"君南"者，君位于南而北面也。"墉"，墙也。凡神之席皆于西南而社于北墉下，阴之位也。"答"，对也。

日用甲，用日之始也。

《月令》所谓"元日"也。

天子大社必受霜露风雨，以达天地之气也。是故丧国之社屋之，不受天阳也；薄社北牖，使阴明也。 大，他盖反。丧，息浪反。

天子自立社曰"王社"，为天下立社曰"大社"。凡社，皆筑墉为壝而无屋，举大社以该之耳。地天通而后生物之功成，故使受天阳焉。丧国之社立于庙屏，《白虎通》所谓"诫社"也。《公羊传》曰："掩其上，柴其下。""薄"与"亳"通。殷都亳，"亳社"，周所立丧国之社也。有室屋则有户牖，使受阴明，不得受阳明。

社所以神地之道也。地载万物，天垂象，取财于地，取法于天，是以尊天而亲地也。故教民美报焉。家主中霤，而国主社，示本也。

道以启化，化斯神，故道者所以神也。万物皆载而财用备，民资以养也。"法"者，物之则也。日月以照临之，寒暑以节宣之，民所取则，以知时而辨方也。法以正德，父道也。财以厚生，母道也。父道尊而母道亲。尊天，故惟天子而后敢祭天；亲地，故天子达于庶人皆得祭地。尊者统于一，亲者众所亲也。"教民"，谓自为社而令民立之也。"美"，厚也。"中霤"，亦土神也。"本"，谓载于土而取财，生之本也。

惟为社事单出里，惟为社田国人毕作，惟社丘乘共粢盛，所以报本反始也。乘，绳证反。共，九容反。盛，是征反。

此言民所立社也。大夫以下，百家以上则共立一社，曰"置社"。"为"，祭也。"事"，谓共其薪汲奔走之役也。"单"，尽也。"出里"，谓因里而计，家出一人也。"田"，猎禽以共祭也。"国人毕作"者，祭社有常期，凡置社皆以其日祭，故举国同时而田也。十六井曰"丘"。"乘"，六十四井，出长毂一乘之地也。粢盛之实，按丘乘户数使各有所出，人得少致其诚也。人养于地，"本"也；生于地，"始"也。君子不夺人之所亲，故皆使得反报之。

右第十二章。此章言祀社之义，亦祭礼也。其曰"尊天而亲地"，则郊以答天，社以报地，礼之等杀明矣。汉儒创为北郊之说，与南郊并崇，而分地祇与社为两祀，以逆天地自然之礼，世主不察而从之，由是尊亲之统乱，宠阴以亢阳，而酿女主夷狄之祸，以流毒于天下。使衷于三礼以为之裁定，则邪说淫行庶几为衰息乎。

季春出火，为焚也。为，于伪反。

"季春"，周正建寅之月。"出火"，令民举野烧也。"焚"，焚莱也。古者田有一易再易，其受易而间之田谓之莱。莱长蓬蒿，故当耕之岁则焚之。

建寅之月，农事方始，出火焚莱，莱焚而车卒可以驰趋，禽兽无所逃匿矣。

然后简其车赋而历其卒伍，而君亲誓省以习军旅。左之右之，坐之起之，以观其习变也。而流示之禽，而盐诸利，以观其不犯命也。求服其志，不贪其得，故以战则克，以祭则受福。 卒，子律反。省，旧本作"社"，郑氏曰："社"或作"省"，今从之。监，以赡反。

此《周礼》所谓"教茇舍，遂以搜"也。盖建寅之月焚莱而建卯之月乃搜也。"简"，选也。"车赋"者，车甲出自丘乘之赋也。"历"，序而比数之也。百人为"卒"，五人为"伍"，谓步卒。"誓"，戒也。司徒戒于陈前而君临之，省阅其技能也。"左""右"，旁击也。"坐"，伏也。"起"，作而击也。"习"，熟于法也。"变"，善趋便也。"流示"，谓禽来无方，示以随机而获也。"盐"，与"艳"通，羡也。合围而禽奔，人可有获，动其歆羡之心则争取无制，而誓命之曰"无干车，无自后射"，故于逐禽之时观其违命与否，使之虽趋利而不敢干令也。"服"，习也。"志"，所事也。教其左右坐起以习战阵，所谓"服其志"也。大禽公之，小禽私之，君不贪民之得，而又禁民之犯命争禽者，以戢民之贪也。事治而和，法明而不为利动，故战胜而祭受福也。"祭"，谓得禽以为干豆。此言春搜之礼而夏苗、秋狝、冬狩，皆可通矣。

右第十三章。此章言军礼。

天子适四方，先柴。

"适四方"，谓巡狩方岳。"先柴"者，祭告天已，乃觐群后也。此亦祭天之事，故于此言之。

郊之祭也，迎长日之至也，大报天而主日也。

"长日"者，自冬至以后日渐长也。"至"，犹来也，谓长日自极南而返也。"大"，广也。天体无方，欲报之而不知所乡。"日"者，阳之精，天之用也；故"主日"而就其渐返乡之时南乡而迎祭之，庶几于天无不可通。

兆于南郊，就阳位也。扫地而祭，于其质也。器用陶匏，以象天地之性也。

"兆"，为域也；即所谓"圜丘"也。"郊"，近郊。"扫地"，不为坛也。天之至尊，不可以增高示崇，因见成之丘而已。"天地之性"，自然以为德，尊用"陶"，爵用"匏"，皆不假雕琢以效其自然。

于郊，故谓之郊。牲用骍，尚赤也。用犊，贵诚也。

郊于郊，别于祭地之于国中；地有分守，天道旷远也。"骍"，黄赤色；今黄牛色带赤者。"尚赤"，周道也。"诚"者，敬之至，不以丰大为美。

郊之用辛也，周之始郊日以至。

武王受命始郊之日正当长至而日榦为辛，故后代因之。辛或在至后，卜月内三辛而用之。

卜郊，受命于祖庙，作龟于祢宫，尊祖亲考之义也。

卜而后行事，敬之至也。卜不从，则免牲而不郊。"受命"，告于祖而后卜。"作"，灼也。"尊"者，禀命；"亲"者，谋也。不敢以大礼自专，尊亲其祖考也。

卜之日，王立于泽，亲听誓命，受教谏之义也。献命库门之内，戒百官也。大庙之命，戒百姓也。大，他盖反。

"卜之日"，卜而从，则即以是日戒也。"泽"，泽宫，所谓"辟雍"也；择士与祭于此。王就听誓，示己亦在选择之中也。"献命"，有司班序助祭者之职事，进于王以命之也。"库门之内"，当庙门外右，内朝也。"百姓"，王同姓之臣。上下同戒，敬之至也。戒已，王乃还，齐于路寝之室。

祭之日，王皮弁以听祭报，示民严上也。

"报"，告也。小宗伯告时于王，王乃自次趋诣祭所。"皮弁"，朝服，不敢早服盛服也。"严"，惮也。天者，王之所尊上。

丧者不哭，不敢凶服。泛扫反道，乡为田烛，弗命而民听上。泛，孚鉴反。反，孚袁反。

此谓斋齐三日之中也。"泛"，遍也。"反"，平也。治王所由至郊之道也。"田烛"，举烛陇首，以待王夙行也。王严于上，百官严于下，庶民莫敢不听，不待禁令而自率旧章也。

祭之日，王被衮以象天。戴冕，璪十有二旒，则天数也。乘素车，贵其质也。旂十有二旒，龙章而设日月，以象天也。天垂象，圣人则之，郊所以明天道也。有，于救反。

"衮"，九章服，取象于《乾》之用九也。十二为"天数"者，天有十二次也。"素车"，殷路也。旗之下垂小幅曰"旒"，字本作"斿"。"明天道"，谓昭著天上常道，使人得事之也。按《周礼》：王大裘冕无旒，以祀上帝。又云："玉路以祀。"又云："日月为常，交龙为旂"，"王建大常，诸侯建旂"。此记皆不同者，杂说殷礼也。盖孔子尝斟酌三代，欲垂为一代之法，门弟子述之，而记礼者用之尔。

帝牛不吉，以为稷牛。帝牛必在涤三月，稷牛惟具，所以别事天神与人鬼也。

"不吉"，卜不吉也。"以为稷牛"者，养牲必二，取一卜之以为帝牛，吉则以其不卜者为后稷配食之牛，若不吉则以所卜之牛为稷牛，而更取未卜者卜为帝牛也。"在"，省也。"涤"，除也。养于牢之时，恒省察，务涓洁也。"别事"者，天尊而稷亲。

万物本乎天，人本乎祖，此所以配上帝也。

此释以祖配天之义。合万物而言之则天为本，自一人而言之则祖为本，故张子曰"乾称父，坤称母"，言乾坤者人物之父母，而父母者人之乾坤。盖一本万殊之理于斯著矣。

郊之祭也，大报本反始也。

迎日配祖，"大报本"也。贵诚用质以明天道，"反始"也。总结上文。

右第十四章。此章言郊祀之义，亦祭礼也。郊礼之大端于斯备矣。其云"迎长日之至"，即所谓"冬至祀天于圜丘"，自其去国中之远近则谓之"郊"，其兆位之所在则谓之"圜丘"，其实一也。戴氏当汉之初，邪说未兴，故其言简明而不妄。其后方士醮祠之说兴，始多为神号以眩愚目。及王莽之世，谶纬蜂起，光武因之而不能革；垂至郑氏，附以星家之言，迂鄙妖诞，同于俗巫，诬经教以伸其邪论。至于曹叡，信高堂隆之淫辞，析郊与圜丘为二，别立圜丘于委粟。自是以来，惟王肃所说虽未能尽合礼文之本旨，犹为近似。乃郑学既盛，驳难骈冗，日增其妄，至谓禘为祭天，谓长至为建寅之月，其悖谬有如此者，盖千年矣。自宋以来，邪说始为衰息，庶几斯礼之大明。而靖康之祸，礼崩乐坏，日就苟简，大礼终不可复，而人道且沦胥以亡，守先以待后者，能无忧惧乎！

天子大蜡八。

八蜡，侯国之通祀，而天子言"大"者，其礼必有差等，今不可考尔。旧说：先啬一，司啬二，农三，邮表畷四，猫虎五，坊六，水庸七，昆虫八。今按：祝辞云“昆虫毋作”，既非致祭之词；而《诗》称“秉畀炎火”，方且驱之，岂更祭之？且下文明有“祭百种”之文，则当去昆虫而以百种为一，明矣。

伊耆氏始为蜡。蜡也者，索也，岁十二月合聚万物而索飨之也。索，由戟反。

伊耆，帝尧之号。“索”，求也。“十二月”，建亥之月也。“万物”，水土、草木、禽兽有功于农事之神。

蜡之祭也，主先啬而祭司啬也。祭百种，以报啬也。种，之陇反。

“啬”，与“穑”通。“先啬”，始耕者。“主先啬”，以为祭之主，余七皆从祀也。“司啬”，主一岁穑事之神。“百种”，百谷之种，物之精英而成化者，皆神之所为也。三者皆以报穑之功也。

飨农，及邮表畷禽兽。

“飨”，亦农也。叠言祭者，各有位兆及献主也。“农”，田畯之有功而没者。“邮表畷”，田畯督耕之处。八家同井，割公田二十五亩表建庐舍，当一井之中，田畯至则止焉，故祭其舍神也。“禽兽”，猫虎也。三者报稼事之功。

仁之至，义之尽也。古之君子，使之必报之。迎猫，为其食田鼠也。迎虎，为其食田豕也。迎而祭之也。

首七字衍文。此申言祭禽兽之义也。“使”者，资其力之意。“迎”，装饰而游行之，乃致祭焉。

祭坊与水庸，事也。

“坊”，堤也，以护川浍之水使不溢。“水庸”，沟也，以通亩间之水使不涸。“事”，犹功也。二者祭水土之神，以报其无水旱之功也。

曰：“土反其宅，水归其壑，昆虫毋作，草木归其泽。”

此祝词也。“反其宅”者，土气敛厚则肥美也。“归其壑”者，不泛泆也。“昆虫”，螟螣之属。“泽”，薮也。菅稗榛棘，各生于薮，不侵田也。

皮弁素服而祭。素服，以送终也。葛带榛杖，丧杀也。蜡之祭，仁之至，义之尽也。杀，色界反。

此主祭者之服。“榛”，似栗而小，以其木为杖。“杀”，等也，言与丧礼等也。百谷之登，岁功之成，以效于人而物则毙也矣。葱薪未几，旋为槁落，亦仁人所极目而恻然者，故报其功而哀其衰死，以丧礼处之。《周礼》所谓"息老物"也。物之衰死而必为悯之，仁也；知利于己者非物之利，义也。推及于草木，则至且尽矣，由是而仁民亲亲，皆此心为之也。

黄衣黄冠而祭，息田夫也。野夫黄冠。黄冠，草服也。

此野人助祭执事者之服也。"息"，矜怜也；矜田夫之勤，使服其服以彰其劳苦。礼无"黄冠"。黄冠象笠，黄衣象蓑，皆效草服为之。

大罗氏，天子之掌鸟兽者也，诸侯贡属焉。草笠而至，尊草服也。罗氏致鹿与女而诏客告也，以戒诸侯，曰："好田好女者亡其国。" 好，呼到反。

此使倡巫效为之也。"贡属"者，谓以禽兽之皮贡者使掌之也。大罗氏掌诸侯之贡，故效为之以戒诸侯。"草笠"，黄冠也。"致"，携而至也。"女"，盖为偶人象女子。假作罗氏，于蜡祭时致女鹿而告与祭之实，使戒诸侯。必效罗氏者，以其主田猎之事。

天子树瓜华，不敛藏之种也。 种，之陇反。

亦使倡巫效为之也。"树"，种也。"华"，谓华而结实，桃李之属。设为天子树瓜华之戏者，以瓜及华实不可敛畜，示天子无私积之义也。蜡设诸戏皆有义存焉，与后世鱼龙曼延以恣华艳者异矣。然习为既久，或至不雅，子贡讥其若狂，盖以是与。

八蜡以记四方。四方年不顺成，八蜡不通，以谨民财也。顺成之方，其蜡乃通，以移民也。 移，以豉反。

"记"，识也；所以表识其方之丰凶也。风雨若曰"顺"，百谷登曰"成"。"通"，行也。"谨民财"者，蜡既不行，则民皆杀礼节食以赡生也。"移"，羡也；丰饶自得之意，使欢裕以劝于耕也。

既蜡而收民息已，故既蜡君子不兴功。

"收民"，民之收敛者。"息"，休也。"已"，止也。《诗》所谓"役车其休"也。"兴"，起也。"功"，土功。凡土功兴作皆于龙见而始事，至既蜡之后，惟毕前功，不更兴起事端也。

右第十五章。此章言祭礼。

恒豆之菹，水草之和气也；其醢，陆产之物也。加豆，陆产也；其

醢，水物也。

"恒豆"，谓宗庙之祭，朝事之豆。"菹"，罨菜。"和气"，谓草得和气而丰好也。"醢"者，荤膊干之肉；杂以梁曲及盐，渍以美酒，酿之而成，盖今之鲊也。"加豆"，祭末酳尸之豆。"陆产"，谓其菹也。菹之水草，则昌、本、茆、芹、蒲也，其陆产，则韭、菁、葵、菭、笋也。醢之陆产，则牛、羊、豕、麋、鹿、兔也，其水物，则雁、鱼、蠃、蠯也。此记恒豆加豆之别，与《周礼》不合，未知孰是。每一菹一醢为一列，而水陆互用，盖阴阳和以成味之意也。

鼎俎奇而笾豆偶，阴阳之义也。 奇，居之反。此节及下节，旧在下章"如是而后宜"之下，今详文义所安，定之于此。

"鼎"，有牢鼎，有陪鼎；牢鼎或九、或七、或五、或三；陪鼎或三、或一。"俎"，如鼎；一鼎而一俎也。"笾"盛果饵脯鲍者，"豆"盛菹醢，自四至百二十，皆偶也。"阴阳"者，天一地二，天三地四，天五地六，天七地八，天九地十；阳奇而施，阴偶而受也。鼎俎为主，笾豆为从。

黄目，郁气之上尊也。黄者中也，目者气之清明者也，言酌于中而清明于外也。 气，盖"鬯"字之误。

"黄目"，黄彝也，以黄金为之，外镂刻目形也。凡用郁有大罍、瓢齐、卣、蜃、概、散之等，而彝为上尊，卣中尊，罍下尊也。"中"，谓中央之色，地之理也。《易》曰："黄中通理。""气之清明"者，人清明之气凝于目，阳之精也。所酌者中央之正色，而外著其清明，备阴阳之德。

右第十六章。此章言尊俎笾豆皆效法阴阳之法象。先王制礼非规规然屈人事以从之，而其自然合德之符，不待比拟而必肖，如拘牵象数而于致用之理不安，则亦非先王之所尚矣。按鼎俎豆笾乃宾祭通用之器，而诸侯朝礼祼用郁，则黄目亦非仅宗庙之设，此章盖兼言宾祭之礼。

祭天，扫地而祭焉，于其质而已矣。醢醢之美而煎盐之尚，贵天产也。割刀之用而鸾刀之贵，贵其义也。声和而后断也。 断，丁乱反。此节旧在此章之末，今定之于此。

"于其质"，言就天地自然之丘域也。"醢"，以为菹者。"煎盐"，煎水而成者，若今淮、芦盐是也。"天产"，谓非人所酿造。"断"，割绝之也。

声中音节而后割之绝，示不取轻率，礼以洋缓为贵也。

酒醴之美，玄酒明水之尚，贵五味之本也。黼黻文绣之美，疏布之尚，反女功之始也。莞簟之安而蒲越稿鞂之尚，明之也。大羹不和，贵其质也。大圭不琢，美其质也。丹漆雕几之美，素车之乘，尊其朴也。贵其质而已矣。所以交于神明者，不可同于所安亵之甚也。越，户括反。"大羹"之"大"，他盖反。和，胡卧反。几，渠希反。此节旧在"安乐之义也"之下，"如是而后宜之"之上，今定之于此。

"明水"，以方诸取于月之水。郊之"玄酒"，以明水为之。"文"，绘也。"疏布"，郊尊之幂也。"明之"者，神明之也。"大圭"，长三尺，天子搢之以郊。"雕"，刻饰。"几"，以漆饰其沂鄂，谓五辂之饰也。"甚"字疑误，或当作"旨"，古篆文"甚""旨"二字相近。"旨"亦义也。此上二节言郊祀之礼。

笾豆之荐，水土之品也，不敢用常亵味而贵多品，所以交于神明之义也，非食味之道也。此节及下节，旧在"其醯水物也"之下，今定之于此。

"土"，亦陆也。"笾"，实枣栗麦蕡，白黑糗饵，土所产也。鲍鱼，水物也。"常亵味"者，人所食炰鳖脍鲤之类。食味之道，致美主养；交神之道，致备主敬。

先王之荐，可食也，而不可耆也。卷冕、路车，可陈也，而不可好也。《武》壮而不可乐也。宗庙之威，而不可安也。宗庙之器，可用也，而不可便其利也。所以交于神明者，不可以同于所安乐之义也。耆，时利反。卷，与"衮"同，古本反。壮，与"庄"通，侧羊反。好，呼到反。乐，卢各反。

"先王之荐"，谓祭荐先王者。"路车"，玉路。"陈"，谓设之华美。"不可好"，谓服不适体，车不任驱也。《武》，《大武》。"壮"，严整。"威"，高广。"不可安"，谓无燕息处。"便利"，谓移为他用。此二节言宗庙之礼。

如是而后宜。此节旧在"亵之甚也"之下，"鼎俎奇"之上，今定之于此。

总结上文，享帝享亲皆以崇质致敬为宜也。

右第十七章。此章言祭礼。

冠义，始冠之，缁布之冠也。大古冠布，齐则缁之。其緌也，孔子曰："吾未之闻也，冠而敝之可也。" "冠也""冠布"之"冠"，如字。余，古乱反，下同。大，他盖反。齐，侧皆反。

"冠义"，明冠礼之义也。"始冠"，初加也。初加服玄端，玄端之冠玄冠，而于冠礼时设缁布之冠，重本始也。凡冠皆特用三十升，惟缁布冠用常布十五升，"大古"质也。染六人为玄，七人为"缁"。"大古"，谓唐、虞以上。"布"，素布也。后世之丧冠，大古之常冠也。"緌"，缨之下垂者。缁布冠，项中有缩以受颎固冠而无緌，末世加緌，于制不緌，故夫子非之。"敝"，谓藏之待敝也，其后服玄端则冠玄冠，此冠不更用也。

適子冠于阼，以著代也。醮于客位，加有成也。三加弥尊，喻其志也。冠而字之，敬其名也。 適，丁历反。

"著"，表也。"代"，易世也。"醮"，冠毕而宾酌之也；无酬酢曰"醮"。"客位"，在户西南面。"加"，与"嘉"通。"有成"，成人也。"三加"者，初加缁布冠，再加皮弁，三加爵弁，士礼也。《大戴礼》云："公冠四加玄冕。""喻"，《仪礼》作"谕"，教也。以朝祭之服示之，广其志也。"敬"，尊也，谓不亵称之。

委貌，周道也。章甫，殷道也。母追，夏后氏之道也。 母，莫浮反。追，都回反。

三者初加缁布冠之别也。皆以缁布为之，或形模微异，或名异实同，今无所考矣。盖士之常服。"道"，制也。

周弁，殷冔，夏收。

三者，三加爵弁之别也。爵弁三十升布为之，色赤而微黑，如爵头然。"冔""收"，今亦无考，大略同尔。士弁而祭于公，大夫弁而祭于己。

三王共皮弁素积。

此再加之皮弁也。"皮弁"，以白鹿皮为之，侍君听朔之冠也。"积"，襞积也。"素积"，以素为裳，襞蹙其腰间，其衣用玄，盖与玄端同。惟爵弁服则纁裳缁丝衣，玄端服黄裳为异耳。

无大夫冠礼而有其昏礼。古者五十而后爵，何大夫冠礼之有？

大夫有昏礼，为再娶也。三命受位而后为爵。

诸侯之有冠礼，夏之末造也。

"造"，犹运也。古者诸侯幼而嗣，服以士服，见天子，五十乃受爵命。夏末篡弑祸兴，乃早贵以临之。

天子之元子，士也，天下无生而贵者也。

虽天子之元子，其冠亦用士礼。

继世以立诸侯，象贤也。以官爵人，德之杀也。死而谥，今也。古者生无爵，死无谥，礼之所尊，尊其义也。杀，色戒反。

此因大夫无冠礼而推言之也。"象贤"者，象其先人之贤也。"官"，职位也。"爵"，禄命也。"杀"，衰也。"尊其义"者，谓义在可尊而后尊之也。诸侯之世国，以其先世之有元德显功，故早贵之，若大夫则但授官分职，居其位而为大夫，失其位则仍士，生不得有恒爵，死亦不得有谥也。今官爵为一而世官立谥，皆衰世僭越之礼，非古者盛德之事也。世官司窃爵而有早为大夫者，于是疑大夫之当有冠礼矣。

失其义，陈其数，祝史之事也。故其数可陈也，其义难知也。知其义而敬守之，天子之所以治天下也。治，直吏反。

"数"者，礼之所有与其所无也。有者以备用，无者以止乱，通于其义以无所干越，则礼达分定而天下治于此矣。

右第十八章。此章言冠礼。

天地合而后万物兴焉，夫昏礼万世之始也。夫，防无反。

夫妇者，天地之用也。"兴"，生也。"万世"，谓相续以无穷。

取于异姓，所以附远厚别也。取，七句反。

"附远"者，联属疏远，使相亲也。"厚别"者，异姓疏远，不疑先有嫌也。

币必诚，辞无不腆，告之以直信。信，事人也；信，妇德也。壹与之齐，终身不改。故夫死不嫁。

有恒之谓"诚"。"壹"，专也。"齐"，配也。纳币用帛，无过五两，自天子达于士，有恒而无所易，"信"也。赠遗之礼，皆称"不腆"，独纳币"不然"，不为虚让之辞，"直"也。礼行于直信，所以倡示妇人以信事人为德，而夫死不嫁，皆自此而推也。

男子亲迎，男先于女，刚柔之义也。天先乎地，君先乎臣，其义一也。

迎，鱼庆反。先，苏佃反。

刚者屈之则和，柔者伸之而后廉耻以立。天施地受，君聘贤而后贤者至，皆其义也。

执挚以相见，敬章别也。男女有别，然后父子亲；父子亲，然后义生；义生，然后礼作；礼作，然后万物安。无别无义，禽兽之道也。挚，与"赞"通。

"执挚"，谓亲迎奠雁也。"敬"，慎也。"章"，明也。礼以章之，非礼而不合，则确然一本而父子亲矣。仁不昧而后义生，礼以行义者也。"物"，事也。"安"，定也。"无别"则仁无自以生而义亦不立矣。不言无礼者，礼者禽兽之所本无，不待言也。"禽兽之道"者，谓知有母不知谁为其父，与禽兽同也。

婿亲迎授绥，亲之也。亲之也者，亲之也。敬而亲之，先王所以得天下也。

上"亲"，谓躬亲之，敬其事也。下"亲"，亲爱之也。敬以崇之，奖之于善也。亲以宜之，率之于顺也。家齐而国治，风化行而天下归之，王业之所自兴也。

出乎大门而先，男帅女，女从男，夫妇之义由此始也。妇人，从人者也。幼从父兄，嫁从夫，夫死从子。帅，所律反。

"先"，谓妇车既行，婿自乘其车而先至家也。"从"者，行止不自专也。

夫也者，夫也。夫也者，以知帅人者也。知，珍义反。

"夫也"，谓丈夫也。德任帅人，故得所帅而人从之。

玄冕齐戒，鬼神阴阳也。将以为社稷主，为先祖后，而可以不致敬乎？齐，侧皆反。

亲迎皆摄盛服，士服爵弁，大夫得服玄冕矣。五冕通用玄，诸侯虽衮冕以下亦得谓之玄冕。《士昏礼》无齐戒之文，或诸侯将亲迎则齐戒以告庙与？"鬼神阴阳"者，言阴阳配合之理与鬼神合撰，故以祭服临之也。

共牢而食，同尊卑也。故妇人无爵，从夫之爵，坐以夫之齿。器用陶匏，尚礼然也。三王作牢用陶匏。

合卺之馔，诸侯大牢，大夫少牢，士特豚；通言"牢"者，尊之之辞。"共牢"，无异牲也。"坐以夫之齿"，谓姒娣不论长幼也。"匏"，卺也，中分一匏而为二卺。“陶”，未闻，或以为敦与？“尚”，上也；言上古之礼器然也。“作牢”，制为同牢之礼。“用陶匏”，言三王一崇古初，无所改易。

厥明，妇盥馈。舅姑卒食，妇馂余，私之也。舅姑降自西阶，妇降自阼阶，授之室也。

此适妇之礼也。“厥明”，合卺之明日也。进食曰“馈”。“盥馈”者，妇如其牢以馈舅姑。“馂余”，妇馂姑之余也。“私”，亲也。“降”者，已馈，舅姑飨妇以一献之礼毕，舅姑先降自西阶也。“授之室”者，阼阶室主之所升降，使代己嗣主室事也。

昏礼不用乐，幽阴之义也。乐，阳气也。

物皆资阴以生，阴自外来为主以承阳之施，其道尚静，与乐为阳德不相应也。

昏礼不贺，人之序也。

“序”，世次也。将来者进则成功者退，人子之所忧惧也。

右第十九章。此章言昏礼，盖杂诸侯、大夫、士之礼而为言，读者当分别观之。

有虞氏之祭也尚用气。血、腥、爓祭，用气也。

“尚”，先也，谓始祭用之以求神也。“血”，始杀以血诏神于室。“腥”，朝践荐腥肉于堂。“爓”，沈肉于汤，次腥而荐。“气”，生气也。三者皆非熟食致味，生气犹有存者。

殷人尚声，臭味未成，涤荡其声，乐三阕，然后出迎牲。声音之号，所以诏告于天地之间也。号，胡刀反。

“成”，登也。“涤荡”，涤除万籁喧嚣而振动乐音以四达也。“号”，大声也。“天地之间”者，魂升于天而随天气以下降，魄降于地而附地气以上腾。“诏”，告之使来格也。

周人尚臭，灌用郁鬯句。**郁合鬯，臭阴达于渊泉。灌以圭璋，用玉气也。既灌然后迎牲，致阴气也。萧合黍稷，臭阳达于墙屋，故既奠然后焫萧合膻芗。**合，古沓反。

动物之臭曰“气”，动气也，阳也；植物之气曰“臭”，专气也，阴中之阳也。"灌"，始献神于堂也。九献之礼，王初灌，后亚灌，而后尸入，凡再灌而七献酒。诸侯七献，一灌而六献与？"鬯"，秬黍酒。"郁"，百草英。"合"，酿也。郁臭味中之臭，凝而降也，故为"阴"，其理下达。"圭"，圭瓒，王初灌者。判圭曰"璋"，璋瓒，后亚灌者。"玉气"者，玉质缜润，聚发香气也。亚灌毕而后迎牲，神已降然后荐味也。"萧"，蒿属，叶似艾。"合"者，杂而爇之也。草谷之臭乘烟而发者轻而升，故为"阳"，其理上达。"墙"，四旁。"屋"在上也。"奠"者，朝践礼毕，改而事尸于室以馈食礼，祝酌奠于奥而后延尸入室，室事之始也。"焫"，焚也，字或作"爇"。兼言"膻"者，杂以脂也。五谷之臭曰"芗"。凡此盖先求诸阴而后求诸阳也。凡臭之礼，今世烧香，其遗意与？

凡祭慎诸此。

结上三节，言气也、声也、臭也三代之所尚，所用者微，而求神于冲漠，非诚敬之至不足以格。过此，则荐熟终献皆有尸可事，敬以有所施而易致矣。

魂气归于天，形魄归于地，故祭，求诸阴阳之义也。殷人先求诸阳，周人先求诸阴。

魂依气，魄依形，气散而魂在天为昭明，形坏而魄在地为焄蒿；求以其道则魂动而气可聚，魄感而若有形矣。声无质，臭有质，声依气，臭依形，故阴阳分焉。

诏祝于室，坐尸于堂，用牲于庭，升首于室。直祭祝于主，索祭祝于祊，不知神之所在，于彼乎？于此乎？或诸远人乎？祭于祊，尚曰求诸远者与！ 祝，职求反。索，山戟反。远，于愿反。"远"者，如字。与，以诸反。

"诏"，诰也。"祝"，飨辞也。"诏祝"，谓馈食告飨时。"室"，室中西南隅，神席所在。"坐尸"，延尸坐而事之。"堂"，户西南面。"用"，杀也。"庭"，堂下埠也。"升首于室"，纳牲首于室中北牖下也。"直祭"，正祭也。"主"，在尸席左。"索"，求也，谓绎祭也；始奠于祊，即就祊而祝告也。"于堂""于庭""于室"，不知神所在而彼此求之也。于祊远矣，近求之，疑其不得而更远求之也。"尚"，庶几也。

祊之为言惊也。所之为言敬也。富也者福也。首也者直也。相，飨之也。嘏，长也、大也。尸，陈也。毛血，告幽全之物也。告幽全之物者，

贵纯之道也。相，息亮反。

此下四节，由上文而推广言之，以释其义。"祊"，谓绎祭。"倞"，旁索也。"肵"，肵俎，载心舌，设于馔北以敬尸，尸每举牲体皆反置于心舌之上，祭毕以归尸。"富"，嘏辞，所谓"受禄于天""宜稼于田"也。富非君子所贵，而嘏以富告者，利在君子，斯为福也。"首"，升首也。"直"，特也，谓特杀也。"相"，诏尸者谓佐食也，使尸飨此馔，故劝相之也。"嘏"者，尸以俎盛挀黍贻主人，锡以福禄之长大也。"陈"者，谓有仪象之可陈见也。"幽"，谓血在体内，阴幽之物也，对毛在外为明也。"告幽全"者，血以告幽之物，毛以告色之全也。内外皆完，所谓"纯"也。

血祭，盛气也。祭肺肝心，贵气主也。祭黍稷加肺，祭齐加明水，报阴也。取膟膋燔燎，升首，报阳也。明水涚齐，贵新也。凡涚，新之也。其谓之明水也，由主人之洁著此水也。齐，在诣反。著，直略反。

"血祭"，荐血也。"盛气"者，初杀生气尚盛，附于血中也。"祭肺肝心"，谓制此三者以共尸之绥祭也。周祭肺，殷祭肝，夏祭心。周于举肺之外特制祭肺于俎上，则二代亦特制祭肝、祭心矣。"气主"者，气所舍。肺藏魄，肝藏魂，心藏神，有生之气栖以为主，故贵而祭之。"祭黍稷加肺"，谓始食尸时祭举肺，此独举周礼也。"齐"，五齐，一曰泛齐，二曰醴齐，三曰盎齐，四曰缇齐，五曰沈齐，皆似酒而浊，古人所始制，祭则共之，灌后之所献也。二者以味为主，味以养阴也。"膟膋"，肠间膏。火灼曰"燔"。"燎"，焚也。燔燎膟膋者，合黍稷与萧而焫之也，以气荐神，气以养阳也。首为诸阳之聚，故"升首"亦以答阳也。"涚"，清之也。五齐浊，加水以清之，则虽宿酿而亦如新矣。"明水"，方诸所取之水，为祭故洁诚以取之，此先天水气之初合无所染污者。"著"，附也，谓主人之洁诚附此水以见也。"明水涚齐"以下六句，申释上"祭齐加明水"之义。

君再拜稽首，肉袒亲割，敬之至也。敬之至也，服也。拜，服也。稽首，服之甚也。肉袒，服之尽也。祭称孝孙孝子，以其义称也；称曾孙某，谓国家也。祭祀之相，主人自致其敬，尽其嘉而无与让也。相，当为"道"字之误。

"再拜稽首"，谓奠祝时。"割"，解牲体也。"肉袒"，执劳之容。"服"，屈也，屈己所以伸敬也。"孝孙孝子"，对祖祢之称，达乎士之辞也。诸侯有国，大夫有家，得祀曾祖以上，乃称"曾孙"。"曾"之为言层也，从此以往，层累至于历世，皆得称焉。"义"，分义也。"孝"者，子孙之分义，不能孝则不足以为子孙矣。"嘉"，善也。"让"，谦也。孝为至德而自称不谦者，以期尽其敬爱之善，而后可以事其祖考，不可让于德之未至也。

腥、肆、爓、腍祭，岂知神之所飨也？主人自尽其敬而已矣。举斝、角，诏妥尸，古者尸无事则立，有事而后坐也。尸，神象也。祝，将命也。肆，与"剔"通，他历反。

"腥"，豚解也。"肆"，体解也。"爓"，初熟而沈之汤。"腍"，已熟而登于俎也。凡四荐之，盖不知神之何飨，故自杀至熟屡荐，以冀其一之或歆也。"斝"，玉爵，琢为禾稼之文。"角"，兕爵。天子举斝，诸侯举角，盖初荐熟馈食，奠于铏南，延尸入室而举之也。"诏"，告也。"妥"，安也；谓主人拜尸使安坐也。"古"者，谓夏后氏。"有事"，谓举食。缘古者尸立，故拜而安之使坐也。诏者，"祝"也。"将命"，谓如人之相见必有将命者。

缩酌用茅，明酌也。酂酒涚于清，汁献涚于酂酒，犹明清与酂酒于旧泽之酒也。献，与"莎"通，苏禾反。泽，与"醳"通，羊益反。

"缩"，滤也；谓滤酒而渀缩于上也。"茅"，《春秋传》所谓"包茅"。"明酌"，旧醳之事酒也。此言涚醴齐之宜也。醴齐者，酒如醴，汁滓相杂，尤浊之酒，朝践之所献也。《周礼》曰"醴齐缩酌"，言当祭时，以久醳之事酒和醴齐而用包茅滤之也。"酂酒"，盎齐也。"清"，清酒也。盎齐之成，翁翁然葱白色，较醴齐而清，故不必以茅缩，而但以清酒和之则澄矣。清酒，冬酿接夏而成。此言涚盎齐之宜也。"汁献"，郁鬯也。郁鬯最清，故投盎齐摩莎之，发其香气。此言涚郁鬯之宜也。齐有五，与郁鬯而六，皆有以涚之。此独言其三者，泛齐从醴，缇沈从盎也。醴齐、盎醴，皆以三酒涚，郁鬯独以五齐涚者，郁鬯清而味薄，故以酂酒之厚浊者涚之，则亦与醴、盎二齐新成味薄，须以旧醳之事酒、清酒涚之，欲使清浊厚薄之相得，其义一也。此节以释第七节"凡涚新之也"之义。按缩酒用茅，但以涚酒使清而实之于尊彝耳，非对神前而以缩祭也。后世不达奠为陈献之义，遂置茅沙上，于神席之侧倾已献之酒于茅以酹神。司马公及程、朱二子未有以正之，而误引《春秋传》及此经为证，浇弃狼藉，夷神明于草土，有非仁人孝子之所忍为者。是不可以不辨。

祭有祈焉，有报焉，有由辟焉。辟，与"弭"同，绵比反。

三者皆谓山川鬼神之祭。未得而请曰"祈"，已得而酬曰报。"由"，用也，用弭灾兵，免罪戾也。"有"者，或有也。君子之祭非以媚神徼福，而或以社稷人民之故用是三者而祭，要非为一己之私也。

齐之玄也，以阴幽思也，故君子三日齐，必见其所祭者。齐，侧皆反。

"玄"，玄端服。"三日"，致齐也。"玄"者，幽隐之色，与君子之幽思相称者也。凡色之炫者加于身则其神发越，其幽者加于躬则其神肃穆，耳目肢体之内生其心有如是者，故君子内外交养而非法不服，其义精矣。"见其所祭"者，所谓"优然""肃然""忾然"，若闻其声，若见其容也。盖古之君子，其祭也以仁事天，以孝事亲。天者人之所自生，祖者己所自出，气之所受，理自通焉；故若闻若见，诚至而不爽，非能于类之不亲者强求而辄见之也。后人因是不察，遂谓苟竭其谄媚之私，鬼神皆可昭现，愚者为妖梦病目所惑，往往据为实有，其去狂病也无几。其黠者又以释氏惟心之说为之文，致违天理，荡人心，以引天下于怪妄，祖祢之神，血食顿绝，殚财力以媚本无之鬼，亦可悲矣。

右第二十章。此章言祭礼。

《礼记章句》卷十一终

礼记章句卷十二

内则

"内"，门内之事也。"则"，法也，教也。《周礼》师氏以德行教国子，曰"孝德"，曰"孝行"，曰"友行"，曰"顺行"，其节目之详，著于此篇。盖孝友之德生于心者，不学而能，不虑而知，而苟有其心，不能施之于行，则道不立而心亦渐向于衰矣。学以能之，虑以知之，乃以充此心之全体大用，虽有不逮者，习而安焉，则因事生心而心亦油然以兴矣。故曰"下学而上达"。学者能于此致慎以自勉，而治天下者修明之以立治教，则至道之行不出于此矣。世教衰，民不兴行，其所谓贤知者又为鲁莽灭裂之教以倡天下于苟简，如近世王氏"良知"之说，导邪淫，堕名义，举世狂和之而莫之能止。学者勿以此篇为事迹之末，慎思明辨而笃行之，则经正而庶民兴，邪说之作，尚其有惩乎。凡十有七章。

后王命冢宰降德于众兆民。

"后"，君也。"王"，三代有天下之通称。冢宰建邦之六典，二曰教典，以安邦国，以扰万民。教虽司徒之职，而颁自冢宰者，重其事也。"降"，播告也。"德"者，人之所得于天而情所必至、才所可尽者也。盖虽事迹之末，而非根乎心之所得，则未有能行者矣。万亿曰"兆"。"众兆民"者，自王国而达于天下也。此一节乃一篇之纲领。自下节以讫于篇末，皆降德之条目也。

子事父母，鸡初鸣，咸盥、漱、栉、纵、笄、总、拂髦、冠緌缨、端、韠、绅、搢笏。

"鸡初鸣"者，民间不得与知更漏，以鸡鸣为度也。"咸"，皆也，戒令之皆若此也。"盥"，涤面。"漱"，荡口也。"栉"，梳也。"纵"，以黑缯为之，用韬发作髻。"笄"，簪也，以固髻者。"总"，亦以黑缯为之，以束发本而垂其末于髻后以为饰。"髦"，以髦牛尾为之，父母在，子戴之以象幼时剪发为髻之形。"拂"，披也。"緌缨"者，以缨结于颔下以固冠，其余下垂为饰。"冠"，玄冠，其缨青组。"端"，玄端，士服也。"韠"，爵韠。"绅"，大带。"笏"，士以竹为之，以记事待问。"搢"，插于绅间也。

左右佩用。左佩纷、帨、刀、砺、小觿、金燧，右佩玦、捍、管、遰、大觿、木燧。

"佩用"，言左右所佩皆用物，别于佩玉之为德佩也。"纷"，拭器巾。"帨"，拭手巾。"刀"，小刀。"砺"，磨刀石。"觿"，形如锥，以象骨为之，以解小结。古人衣带皆交固结之，不为虚纽，以防解散，故解之必用觿也。"金燧"，阳燧，以向日取火。"玦"，指决，著右巨指以钩弦者。"捍"，拾也，以韦为之，敛左臂之衣以捍弦也。"管"，笔弢也，所以韬笔者。"遰"，刀鞞也。有钩则有笔，有鞞则亦有刀，所谓刀笔，以削椠书字也。"大觿"，解大结者。"木燧"，钻四时之木以取火者。

偪，屦著綦。偪，彼域反。著，张略反。綦，渠吏反。

"偪"，如袜而无底，以饰足胫，或谓之行滕。"著"，系之也。"綦"，屦上小带。此上三节言衣冠佩屦之事。必于详慎而后敢以见于父母，敬之至也。敬其身以敬父母，敬之本也。亏体辱亲，托于奉养，其为不孝大矣。

妇事舅姑如事父母。鸡初鸣，咸盥、漱、栉、纵、笄、总、衣、绅，左佩纷、帨、刀、砺、小觿、金燧，右佩箴、管、线、纩、施縏袠、大觿、木燧、衿缨、綦屦。

"如事父母"，谓如十五而笄以后事其父母也。"笄"，刻首，长尺二寸，为髻饰者。"衣、绅"，士妻之服，衣裳不殊，皆玄，谓之宵衣，绅色亦如衣也。"箴"，与"针"通。"管"，插针囊。纫麻曰"线"。纺绵曰"纩"。"施"，加也，纳线纩于縢也。"縏"，小囊。"袠"，縢下垂带也。

"衿"，结之于衿也。"缨"，缡也。"綦屦"者，缀綦两端于屦上，不待结而屦自固也。

以适父母舅姑之所。及所，下气怡声，问衣燠寒，疾痛苛痒而敬抑搔之。出入，则或先或后而敬扶持之。 下，胡驾反。先，苏佃反。后，胡遘反。

"所"，燕寝也。"下气"，敛息也。"苛"，与"疴"同，疥痱也。"抑"，按摩也。"搔"，爬也。"敬"者，专志详审以消息之也。"或先或后"，因其便也。以手承掖曰"扶"，以手提腕曰"持"。

进盥，少者奉盘，长者奉水，请沃盥，盥卒，授巾。 少，诗照反。奉，扶陇反。长，丁丈反。卒，即律反。

"盘"，盛水器。"沃"，倾水于盘也。"请而后沃"者，伺便，恐沃早水寒也。巾不言奉者，故悬于桦。

问所欲而敬进之，柔色以温之。饘、酏、酒、醴、芼羹、菽、麦、蕡、稻、黍、粱、秫惟所欲，枣、栗、饴、蜜以甘之，堇、荁、粉榆，免薧滫瀡以滑之，脂膏以膏之。父母舅姑必尝之而后退。 温，于问反。免，亡运反。"膏之"之"膏"，古到反。

"问所欲"，皆夙具也。古者家贫亲老，则为禄仕，给所欲也。"温"，与"缊"通，藉也，承也。"饘"，糜也。"酏"，粥也。"芼羹"，以菜杂肉加米糁而煮之。"饘、酏、酒、醴、芼羹"五者，晨小食也。"菽麦"以下，朝夕食也。"菽"，大豆。"蕡"，枲实，今谓之火麻仁。"黍"，似稷而粒大，壳光滑，或赤或黑或白，其赤者今或谓之高粱，或谓之蜀黍。"秫"，稷之黏者，今俗谓之糯粟。七者皆以为饭也。"堇"，一名堇葵，方书谓之堇菜，茎如荠，叶如柳，开紫花，结三棱小荔，一名箭头草。"荁"，似堇而叶大，皆滑菜也。"粉榆"，白榆也，其皮渍之生白黏，新生曰"免"，干者曰"薧"。"滫"，泔也。"瀡"，滑也。言堇荁粉榆，或新或干，渍之滫中，令生滑瀡以和食也。戴角者"脂"，无角者"膏"。"膏之"者，谓以肥润之也。老人咽膈恒苦不快，故调和肉菜，宜用膏滑也。"退"，少退以俟使令，不待立者，恐劳顾昛致哽咽。

男女未冠笄者，鸡初鸣，咸盥、漱、栉、縰、拂髦、总角、衿缨，皆佩容臭。昧爽而朝，问何食饮矣。若已食则退，若未食则佐长者视具。 冠，古乱反。朝，直遥反。

"总角"，童子聚两髦结束之也。"衿缨"，女子施缨带于衿也。"容"，函也。"臭"，香也。谓函兰芷之属于小囊也。不佩用者，不敢同于成人也。"昧"，暗；"爽"，明。谓由暗向明时。早见曰"朝"。"视"，省设也。"具"，食馔。

凡内外，鸡初鸣，咸盥、漱、衣、服、敛枕簟，洒扫室堂及庭，布席，各从其事。衣，于既反。

"衣"，著衣。"服"，冠冠。"事"，所业也。此居家之常道，各自以其时为之。逮事父母者间则从事，不逮事父母者以此为夙兴之本务，故言"凡"以概之。

孺子早寝，晏起，惟所欲，食无时。

"孺子"，八岁以下未入小学者。"惟所欲"者，长者矜恤之而达其欲也。"无时"，少与而频给之，使饥饱得中。

由命士以上，父子皆异宫。昧爽而朝，慈以旨甘。日出而退，各从其事。日入而夕，慈以旨甘。朝，直遥反。上，时掌反。

"命士"，谓子为命士也。侯伯之上士、天子之中士，始受命，必别宫者，自有政治官属也。"昧爽始朝"者，未昧爽父之宫门不启也。"慈"，爱养也。味永曰"旨"。命士以上皆有膳宰，奉甘旨以将爱养可矣。"事"，君事也。暮见曰"夕"。君之视朝，别色始入，不逮夕而退，故以其先后修定省。若事暇则省问无恒数，此言其常礼耳。

父母舅姑将坐，奉席请何乡；将衽，长者奉席请何趾，少者执床句**；与坐，御者举几，敛席与簟。**奉，扶陇反。乡，许亮反。长，丁丈反。少，诗照反。"与坐"之"与"，羊洳反。

"衽"，谓更易卧处。"执床"，举床而移之也。"与坐"，命侍坐也。惟冢子冢妇或时侍坐。"御者"，侍坐者也。坐起则御者举几敛席簟，不敢委之少者以自尊。

县衾，箧枕，敛簟而襡之。

错简重出。

父母舅姑之衣衾簟席枕几不传；杖屦，祗敬之，勿敢近；敦牟卮匜，非馈莫敢用。祗，旨夷反。近，其隐反。敦，都隧反。

"传"，移动也。"近"，以他物与之杂处也。"敦"如盂而有盖；"牟"

以木为之，似釜而小；皆盛黍稷器。"卮"，酒器，似爵而无足。"匜"，水器，似卮而大。馂则子因父器，妇因姑器。

与恒食饮，非馂莫之敢饮食。与，羊洳反。

"与"，修治也。修治有余，储之以待赐与，不敢食也。恒食，老少异粢。

父母在，朝夕恒食，子妇佐馂，既食，恒馂。父没母存，冢子御食，群子妇佐馂如初。旨甘柔滑，孺子馂。

"佐"者，群子妇共馂之，普恩私也。"馂"者，既不敢以复进，又不敢以委弃失所，故必馂之无余也。"既食"，小食。"恒"，朝夕恒食也。既食有余，不能遍众，则留待恒食毕，与恒食之余同馂也。"群子妇"者，冢子之妇与诸叔妇娣妇。"如初"，如父在。"柔"，脂膏所膏。

在父母舅姑之所，有命之，应惟敬对，进退周旋。慎齐升降出入揖游，不敢哕噫、嚏咳、欠伸、跛倚、睇视，不敢唾洟，寒不敢袭，痒不敢搔，不有敬事不敢袒裼，不涉不撅，亵衣衾不见里。惟，以水反。齐，如字。哕，如月反。噫，乌界反。撅，居卫反。

"惟"，速应声。诏则"惟"，问则"敬对"也。"周旋"，圆转也。方进而退，方退而进，必圆转，不遽为向背也。"齐"，整肃也。"升降"以阶言，"出入"以门言。"揖"，推手，谓接宾客时。"游"，谓从父母舅姑闲步也。六者皆敬慎其步履，而整肃其仪容也。"哕"，逆气。"噫"，呃也。"嚏"，歆气。"咳"，嗽。"欠伸"，呵气伸体。"跛"，斜倾一足。"倚"，依物而立。"洟"，鼻液流也。"睇"，微睨也。"袭"，重衣也。猝寒加衣，必于隐僻，不敢当尊者之前也。"敬事"，重事也。祭则袒而割牲，吊则裼，否则虽执劳役不敢尔也。"涉"，躐等升阶也。"撅"，与"蹶"同，跳也。"亵衣衾不见里"者，行则敛衽，或时侍寝，则局曲敛衾，不敢掀足飐动令里见也。此节所记以敬为主，或且疑其敬有余而爱不足者，然爱而不敬，非真爱也。人子之于亲，求以得其欢心者，诚切专至则志气壹而详慎敛肃，自无往而或纵，故一堂之上，肃雍静穆而和气充盈，君子之孝所由大异于禽鹿之呴呴者，恃此而已。

父母唾洟不见。冠带垢，和灰请漱；衣裳垢，和灰请浣；衣裳绽裂，纫箴请补缀。五日则燂汤请浴，三日具沐，其间面垢燂潘请靧，足垢燂汤

请洗。<small>见，贤遍反。潘，方燔反。和，胡卧反。</small>

"唾洟不见"，拭除之也。灰，能涤垢。"和"，投于水中搅而澄之也。"漱"，荡涤之也。"浣"，挼莎之也。缝解曰"绽"，布破曰"裂"。"纫"，贯线也。"补"，裨益其裂。"缀"，缝合其绽也。"煗"，温也。"浴"，澡身。"沐"，濯发也。"其间"，三日之内，无恒期而频频也。"潘"，米泔。"靧"，洗面也。此节所记虽若细故，而非目不妄营、心不外驰、专志壹气于其父母，则未有能中其节者。循而为之，无有懈怠，而亲爱绸缪孝思之发将益日生，而恶可已矣。

少事长，贱事贵，其帅时。<small>少，诗照反。长，丁丈反。帅，所律反。</small>

"少""长"，谓弟子于师。"贵""贱"，小臣、妾媵之于其君也。"帅"，循也。"时"，是也。循此而通之，虽小异而大同也。

右第一章。此章言事父母舅姑之常礼，备矣。仪物容貌之间，极乎至小而皆所性之德，体之而不遗，习于此则无不敬，安于敬则无不和，德涵于心而形于外，天理之节文皆仁之显也。不知道者视此为末，而别求不学不虑者以谓之"良知"，宜其终身而不见道之所藏也。

男不言内，女不言外。

酒食丝枲之事非丈夫之所与知，家国之政非妇人之所得闻，各安其所，以敦其职，家齐国治之本也。

非祭非丧，不相授器。

祭事严，丧事遽，可以无嫌耳。

其相授，则女受以篚，其无篚，则皆坐奠之而后取之。

内所需者必自外来，故专言男授女以该女之授男也。"无篚"，谓物之不可以篚盛者。"奠"，置也。授者坐奠已起而后受者坐取也。不俯奠者，嫌不敬也。

外内不共井，不共湢浴，不通寝席，不通乞假。男女不通衣裳。内言不出，外言不入。

"不共井"，不同时汲也。"湢"，浴室。"通"，互用也。"寝席"，寝之席也。"乞"，求也。"假"，借也。"不通乞假"，谓不传言相求借也。于衣裳重言"男女"者，虽夫妇亦然也。

男子入内，不啸不指。夜行以烛，无烛则止。

"啸"，吟啸。"啸""指"，皆嫌于有所传意也。

女子出门，必拥蔽其面；夜行以烛，无烛则止。

"门"，围门。"拥蔽"者，或以簂，或以袂。

道路，男子由右，女子由左。

此《王制》然也。国中之道以公门南面为准，东左西右，其或东西旁出，亦循是而分焉。中道惟君与丧车专之，余者车徒皆行左右轨途。地道尚右，故男由右。

右第二章。上章尽父子之敬，仁之至也。此章严男女之别，义之大也。夫妇别而后父子亲，则义所以成仁之用也。以下十五章皆以推广而备言之。盖此二章者，《内则》之大纲也。以仁敦亲，而兄弟之谊准此矣；以义彰别，而君臣朋友之道准此矣。仁义立而五伦叙，礼以之序，乐以之和，故立人之道，仁与义而已。

子妇孝者敬者。

"子妇"，子若妇也。孝者根于心，敬者尽其理。此言能孝敬者，必如下文所云也。

父母舅姑之命，勿逆勿怠。若饮食之，虽不耆，必尝而待。加之衣服，虽不欲，必服而待。 饮，于禁反。食，祥吏反。耆，时利反。

"不耆"，谓偶有疾不甘食也。"加"，授也。"不欲"，非己所当服也。"待"，俟后命然后已之。

加之事，人代之，己虽弗欲，姑与之而姑使之，而后复之。 复，芳服反。

"弗欲"者，受亲之事必躬亲之，心乃安也。"与"，听之代也。"使之"，使他往也。"复"，己复自为也。所以然者，人欲代己而共事吾亲，固人子之所歆愿而不可遽拂之，故姑领其意而曲以却之也。

子妇有勤劳之事，虽甚爱之，姑纵之而宁数休之。 数，所角反。

"子妇"，事亲者之子妇也。"勤劳之事"，大父母所命也。"爱之"，以非所堪任而恤之也。"纵"，任也。"数休之"，勿使怨吾亲也。

子妇未孝未敬，勿庸疾怨，姑教之；若不可教而后怒之；不可怒，子放妇出而不表礼焉。

"未孝未敬"，谓不能事大父母也。"疾"，憎也。"怨"，忿也。事亲，人子自尽之事，不可遽责之不肖之子妇，故不遽疾怨而徐教之也。"怒"，责挞也。"不可怒"，谓骄悖恐为逆也。"表"，著也。"礼"，谓所当放出之礼。不著明其逆吾父母之罪以章其当放出，所以安父母而不令受怨谤也。

右第三章。

父母有过，下气怡色柔声以谏。谏若不入，起敬起孝。悦则复谏，不悦，与其得罪于乡党州闾，宁孰谏。父母怒，不悦，而挞之流血，不敢疾怨，起敬起孝。说，弋雪反。复，如字，扶又反。

"起"者，更振作之意。恐以谏故分其孝敬之守，故更自警省而振作之也。孝敬者人子之常，谏之不从，事之变也，遇变而贞其常，初未尝藉是以感吾亲，亦以自尽其所当为而止，舜之致亲于厎豫者惟此焉耳。然而不如此，则先已自居于不孝，故曰："道二，仁与不仁而已矣。"

右第四章。

父母有婢子若庶子庶孙，甚爱之，虽父母没，没身敬之不衰。

"婢子"，父所通贱人所生者。"庶孙"，其祖母，妾也。爱可能也，敬不可强也，知为父之遗体所托而爱钟焉，而忍不敬乎？

子有二妾，父母爱一人焉，子爱一人焉，由衣服饮食，由执事，毋敢视父母所爱，虽父母没，不衰。

"由"者，历数之辞。执事有劳逸荣辱之分，父母所爱，必施之敬也。

子甚宜其妻，父母不悦，出。子不宜其妻，父母曰是善事我，子行夫妇之礼焉，没身不衰。说，弋雪反。

孝子之心，事亡如事存。父母没而移其意，则是幸父母之亡以得自行其喜怒矣。

右第五章。或问：士之有婢妾子妇，犹天子诸侯之有臣，父母所爱，终身敬之不衰，然则先君所宠任之臣将必以终其恩礼乎！曰：不然也。士之于其婢妾子妇，嚬笑之私，衣服饮食之惠，其所得专也。有天下国家者，序天位，颁天禄，授天职，以为宗庙社稷效，非其所得专也。故先君之所宠任，非有大病于国者，三年无改可尔。若其蠹政殃民而将危社稷，则诛逐之以救倾覆，勿能待矣。虽然，臣子之不幸而遇此，屈其心以伸法，必将以弗获已之心行之，而后可以免于疚；若快意驱逐，自矜明断，以廓清为功，以倾否为名，施施然论功行赏于庙堂之上，则已不歉于心，而小人反得借不孝之名以议其后，此元祐诸臣所以激成绍圣之祸也。天理之不差，尤严于君子，可不鉴哉！

父母虽没，将为善，思贻父母令名，必果；将为不善，思贻父母羞辱，必不果。

人子能终身以父母为心，则自强于为善去恶，有不期然而必然者矣。故孝者，万行之原也。

右第六章。

舅没则姑老。

"老"，传家政于冢妇也。丈夫七十老而传，妻从之，未及七十而没，妻亦授家政于妇，祭祀不为主妇。

冢妇所祭祀宾客，每事必请于姑。介妇请于冢妇。

"介"，副也。"介妇"，介子之妇。姑虽不制命，犹必禀焉。介妇受命于冢妇，不敢越告于姑。

舅姑使冢妇，毋怠，不友、无礼于介妇。

此下二节据舅未没姑未老而言。"怠"，废命也。"不友无礼于介妇"，推劳苦、挟贵倨于群娣妇也。无此三者，以恪奉舅姑之命。

舅姑若使介妇，毋敢敌耦于冢妇，不敢并行，不敢并命，不敢并坐。

"命"，使令婢妾也。"不并坐"者，雁行而坐，虽有舅姑之命，犹安其卑。

右第七章。

凡妇，不命适私室，不敢退。妇将有事，大小必请于舅姑。子妇无私货，无私畜，无私器，不敢私假，不敢私与。畜，丑救反。

"凡妇"，兼冢妇介妇而言。"有事"者，其私事，若归宁之类。"子妇"，子及妇也。财币曰"货"，牧养曰"畜"。"假"，借物与人。

妇，或赐之饮食、衣服、布帛、佩帨、茝兰，则受而献诸舅姑。舅姑受之则喜，如新受赐。若反赐之，则辞，不得命，如更受赐，藏以待乏。

“茝”，白芷。“兰”，紫茎绿叶，叶微似菊，八月开小紫花，今俗谓之马兰，苗可为茹。二者皆香草，干而囊之以为佩，所谓“容臭”也。“如新受赐”者，喜得伸其孝养也。“如更受赐”者，如受赐于舅姑也。“藏”者，待舅姑之乏也。

妇若有私亲兄弟，将与之，则必复请其故赐而后与之。

妇人谓父母家之党曰“私亲”。“复请其故赐”者，虽旧已反赐，必重请之也。

右第八章。

適子庶子祗事宗子宗妇，虽贵富，不敢以贵富入宗子之家；虽众车徒，合于外，以寡约入。適，丁历反。祗，旨夷反。

“適子”，继祢者。“宗子”，继祖以上之小宗及大宗也。“祗”，敬也。“贵富”，贵而富也。“不敢以入”者，所受命之车服逾于宗子者也。“车”，贰车。“徒”，旅众也。卿行旅从。“舍”，止也。“外”，大门外。

子弟犹归器，衣服、裘衾、车马，则必献其上而后敢服用其次也；若非所献，则不敢以入于宗子之门。

言“子弟”者，谓事宗子之礼通于子之事父、庶子之事冢子也。“犹”，若也。“归”，犹《春秋》“归赗”“归脤”之“归”，君所赐也。谓之“归”者，其分所应受也。“上”“次”，谓其精粗之别也。“非所献”，谓宗子及父兄位卑，非所得服用也。既不可献，则不敢以入宗子之家。

不敢以贵富加于父兄宗族。

“加”，施也。“族”，族所尊也。此申释上文二节之义。

若富，则具二牲，献其贤者于宗子，夫妇皆齐而宗敬焉，终事而后敢私祭。齐，侧皆反。

“富”，谓大夫有家，田禄厚也。“二牲”，牲各二也。“贤”，善也；谓硕肥有加者。“宗敬”者，修敬于宗子之家也，宗子主祭而助之。宗子虽位卑，而介子为大夫以上，则以己所得行之礼，请宗子代祭其先祖，所谓“孝孙某为介孙某荐其常事”也。“终事而后私祭”，自祭其祖祢也。此宗子为士、庶子为大夫之礼。若宗子爵与己同，则惟助祭而不具牲矣。此章言事宗子之道均于父兄；古者重宗睦族以敦一本之谊，至为深远，盖仁义之尽而孝之大者也。程子曰："立宗子则人知重本。古者子弟从父兄，今也父兄从子弟，由不知本也。"又曰："立宗非朝廷之所禁，但患人自不能行之。"

右第九章。此上三章皆推广第一章之义，其下十五章则又推孝养之方而及于养老之礼。一篇之义，以父子夫妇为大纲，而自第三章以下十二章，皆以言父子之伦也。

饭：黍、稷、稻、粱、白黍、黄粱，稰、穛。穛，侧角反。

"黍"，黄米，一名丹黍，今俗谓之泰州红。"稷"，青粱也，谷穗有毛而粒青，细于黄白粱，粟之早成者也。"粱"，白粱，谷䆉长，穗大多毛。"白黍"，一名芑，差白于丹黍。"黄粱"，谷粒大于白粱，今俗谓之"竹根黄"。"稰"，熟获而生舂之。"穛"，生获而蒸熟乃舂之也。或稰或穛，因其便尔。凡饭之属六，皆敦实也，旧以为诸侯之常食。按《公食大夫礼》设簋六，而《诗》言"陈馈八簋"，为飨食诸侯之礼，则此所记非必诸侯之食矣。大抵此章主记中馈供养之具，通上下而具记之，若执其陈设多寡，以为或为诸侯，或为大夫，皆穿凿而失其义矣。

膳：胗、脁醢、牛炙；醢、牛胾；醢、牛胘、羊炙、羊胾；醢、豕炙；醢、豕胾；芥酱、鱼脍；雉、兔、鹑、鴽。脁醢，"醢"字衍文。炙，章夜反，俗读之亦反者，非。

"膳"，美食，盖庶羞豆实也。牛臛曰"胗"，羊臛曰"臐"，豕臛曰"脁"；三者皆煮肉，少汁，无菜和，故可登豆也。"炙"，烙肉。"胾"，切熟肉为大脔。"醢"有四品，杂用诸醢以和胾炙而食者。"脍"，细切肉，腥食也。"芥酱"，捣芥子末杂盐酿之。"鹑"，鹌鹑。"鴽"，庄子所谓"斥鴽"，黄雀也。雉、兔、鹑、鴽皆腊也。凡膳之属二十。

饮：重醴，稻醴清糟、黍醴清糟、粱醴清糟；或以酏为醴，黍酏、浆、水、醷、滥。重，直容反。

"饮"，所以酳者也。"重醴"者，醴有清有糟，兼设之，随所嗜也。"清"者，已沛之醴。"糟"未沛，和滓者也。"酏"，薄粥也。"或以酏为醴"者，或不具醴则以薄粥代酳。酏用黍，取其不黏也。"浆"，以泔为之，酿令酸而澄以为饮。"水"，所谓玄酒也。"醶"，《周礼》作"医"，梅浆也。"滥"，《周礼》作"凉"，以糗饭杂水，寒而饮之也。凡饮之属十有一。

酒：清，白。

"清"，冬酿接夏而成之酒，澄久而清也。"白"，新酿之酒，未成而浊者也。凡酒之属二。

羞：糗、饵、粉、酏食。酏，当作"饘"，之然反。食，祥吏反。"粉"下脱"餈"字。"酏食"下当有"糁食"二字。皆阙文。

"羞"，进也，谓加进豆笾之实也。"糗"，炒米粉。"粉"，炒豆屑。合蒸曰"饵"，今之糕也。饼之曰"餈"。饵餈既熟，以糗粉傅之，令不黏手，便举持；此加笾之实也。"酏食、糁食"，详见下文，二者加豆之实也。

蜗醢而苽食，雉羹；麦食，脯羹；鸡羹；折稌，犬羹；兔羹；和糁不蓼。蜗，落戈反。食，祥吏反。和，胡卧反。蓼，卢鸟反。

"蜗"，古"螺"字，今田螺也。"蜗醢而"，三字盖下文脱误在此。今未详其在处，姑仍之。"苽"，古"菰"字，雕胡米也。"脯羹"，牛豕羊脯煮之成羹也。"稌"，稻也。言"折"者，以稻米必熟舂，其粒或折也。"糁"，米屑。"和糁"者，投之汤中成糊也。"蓼"，芼也，古人以蓼为菜，故菜通谓之"蓼"。"蓼"者，如辣蓼而茎短节密，一名兔儿酸，一名穿地鳞，味微甘，可食。"不蓼"，无菜芼之和也。此节言以羹配食之宜，且记铏实也。按六食当有黍、稷、粱所配食之羹，上盖有阙文。

濡豚，包苦实蓼；濡鸡，醢酱实蓼；濡鱼，卵酱实蓼；濡鳖，醢酱实蓼。包，布交反，卵，读如"鲲"，古门反。濡，与"胹"同，如之反。

"濡"，谓烹肉得汁以和羹也。"包"，炮也，合煮之也。"苦"，大苦，甘草也。"实"，犹置也，置蓼汁中，以芼羹而不糁也。"醢酱"，肉酱也。"卵酱"，鱼子酱。上节言太羹，此节言菜羹，凡羹之属九，皆铏实也。

殷修，蚳醢；脯羹，兔醢；麋肤，鱼醢；鱼脍，芥酱；麋腥，醢酱；桃诸，梅诸，卵句，盐。

此谓以醢配豆实之所宜也。"殷修"，切牛羊肉为长条，捶令熟而加姜桂干之。"蚳"，蛙也。"肤"，薄切熟肉。"腥"，亦脍也。"诸"，藏也；谓罨藏桃梅干也。"卵"，鹅鹜鸡子也。桃、梅、卵皆盐和，不用醢。

凡食齐视春时，羹齐视夏时，酱齐视秋时，饮齐视冬时。食，祥吏反。
齐，在诣反。

"齐"，温凉之宜也。视其时者，视其时之所适也。春以温为适，夏以寒为适，秋以凉为适，冬以热为适。"酱齐"，谓俎豆之实，以酱为和者也。

凡和，春多酸，夏多苦，秋多辛，冬多咸，调以滑甘。和，胡卧反。

"多"，于五味中偏胜也。味各因其时气之所王。"滑甘"，土味也。

牛宜稌，羊宜黍，豕宜稷，犬宜粱，雁宜麦，鱼宜苽。

此肉与食相配之宜也。其说与《月令》《内经》《淮南子》各异，盖以味为主而不泥于象数也。

春宜羔、豚，膳膏芗；夏宜腒、鱐，膳膏臊；秋宜犊、麛，膳膏腥；冬宜鲜、羽，膳膏膻。

"膳膏"，以膏煎之令美也。"腒"，干雉。"鱐"，干鱼。夏不宜腻，故以干肉为宜，余则各因其肥美之时也。"麛"，小鹿。"鲜"，鲜鱼。"羽"，鹜雁。牛膏芗，犬膏臊，鸡膏腥，羊膏膻，各因其味之相得以煎之。

牛修，鹿脯、田豕脯、麋脯、麇脯，麋鹿、田豕、麇皆有轩，雉兔皆有芼。轩，许建反。

条切捶熟不煮曰"修"，薄切干之煮食为"脯"。此脯修之属凡五，皆豆实也。"田豕"，野豕。"轩"者，薄切，以蓼包，揉而干之。雉兔为腊，以菜烹之，先不包蓼也。

爵，鷃，蜩，范，芝，栭，菱，椇，枣，栗，榛，柿，瓜，桃，李，梅，杏，楂，梨，姜，桂。

此皆笾实也。"蜩"，蝉也。"范"，蜂也。二者皆今人所不食。按庄子称丈人承蜩，则古人盖采而食之矣。《尔雅》"大蜂"，郭璞曰："似土蜂而小，在树上，江东人食其子。"则古今异味，犹今人食虾蟹而古人未之闻耳。"芝"，菌也，庚氏曰："春夏生木上，可用为菹。"今人或以荡沦暴干为果茹。"栭"，芧栗，今误"芧"为茅，谓之茅栗。"椇"，似橘而纤小，盖今之金橘子。"榛"，似栗而圆。"楂"，山查，一名棠毬子。凡诸果属，或生或干，皆可为笾实也。

大夫燕食，有脍无脯，有脯无脍。士不贰羹胾。庶人耆老不徒食。

"燕食"，常食。"贰"，并设也。非耆老，虽大夫食必有节，耆老则虽庶人必腆，饮食之用惟以将孝养也。

脍：春用葱；秋用芥；豚，春用韭，秋用蓼；脂用葱，膏用薤，三牲用藙；和用醯，兽用梅。蓼，卢鸟反。和，胡卧反。

此言和脍之宜也。别言"豚"者，豚脍异于余脍也。夏从春，冬从秋，各以时所宜菜也。戴角者"脂"，麋鹿之属。无角者"膏"，田豕、麕之属。"三牲"，牛羊豕，家畜也。"藙"，茱萸也。此上言用辛之异。"和"，三牲之和也。"兽"，脂膏之和也。"梅"，梅浆。此言用酸之异。凡脍，必假辛酸以杀其腥烈之气。

鹑羹、鸡羹、鴽，酿之蓼；鲂、鱮句、蒸雏句、烧雉句、芗句，无蓼。

此言肉菜相和之宜也。"鴽"，鹑类；不言"羹"者，小不可羹，丞食之也。"酿"，和也。"酿之蓼"者，以菜杂煮也。"鲂"，编。 鲐"鱮"，鲢也。"雏"，鸡鹜也。以其自雏饲成，故谓之"雏"。"烧"，炙也。"芗"，苏、荏之属，略用之，取其香气。"无蓼"，不加菜也。

不食雏鳖，狼去肠，狗去肾，狸去正脊，兔去尻，狐去首，豚去脑，鱼去乙，鳖去丑。去，起吕反。

"不食"者，有毒害当除去之也。"鳖"，尾肉也。"狼"，当作"羊"，羊肠曲，治不能净。"狗肾"，《木草》云"有毒"。"兔尻"九漏，"猪脑"败肾，能白人发。"乙"，鱼颔下骨，状如乙字，鲠人不可出。"丑"，类也。鳖额上有骨，类小鳖，误食之，成鳖瘕，杀人。

肉曰脱之，鱼曰作之，枣曰新之，栗曰撰之，桃曰胆之，柤梨曰攒之。柤，与"楂"同。攒，借官反。

皆涤治之名也。"脱"，去其肤垢也。"作"，除其鳞而也。"新"，拭其尘也。"撰"，选也。剥去壳则坏者选除也。"胆"，去毛也。"攒"，《尔雅》作"钻"，剔去核也。

牛夜鸣则庮；羊泠毛而毳，膻；狗赤股而躁，臊；鸟麃色而沙鸣，郁；豕望视而交睫，腥；马黑脊而般臂，漏；雏尾不盈握，弗食。舒雁翠，鹄鸮胖，舒凫翠，鸡肝，雁肾，鸨奥，鹿胃。庮，以久反。麃，匹沼反。沙，所嫁反。般，布还反。漏，落侯反。奥，于六反。

此皆不可食者也。"庮"，臭如久屋朽木也。"泠"，聚也。"毳"，结也；谓毛不周匀，或聚生而毳结也。"赤股"，股里无毛也。"躁"，数吷唶也。"鸟"，兼家禽野鸟而言。"𪆅"，羽不泽美也。"沙"，音破也。"郁"，臭若腐也。"望视"，举头远视。"交睫"，睫毛长相交也。"腥"，与"星"同，肉内有米星散也。"般"，与"班"通，毛色杂也。"漏"，《周礼》作"蝼"，臭如蝼蛄也。"尾不盈握"，雏未成，味薄，臭腥，食之不益人。"舒雁"，鹅也。"翠"，尾肉。"鹄"，小鸟。"鷕"，一名鹏，今人谓之竹鸡。"胖"，胁侧薄肉也。"舒凫"，鸭也。"鸨"，水鸟，无后趾。"奥"，脾胵也。"舒雁翠"以下，皆谓食时去之。

肉腥，细者为脍，大者为轩。或曰：麋、鹿、鱼为菹，麕为辟鸡，野豕为轩，兔为宛脾。切葱若薤，实诸醢以柔之。轩，许建反。辟，必益反。

此记脍之别也。"轩""菹"，皆薄切之成片，"脍""辟""鸡""宛脾"则薄切之，又条解之如丝，其命名之异未详，盖当时之方言耳。"柔之"，谓耄酿使软也。

羹、食，自诸侯以下至于庶人无等。食，祥吏反。

牲肉随有即可为羹，百谷随力所获即可为食，二者养生之主，精美无嫌也。

大夫无秩膳。大夫七十而有阁。天子之阁，左达五，右达五，公、侯、伯于房中五，大夫于阁三，士于坫一。

"秩"，次序设也。"膳"，庶羞也。天子、诸侯虽常食恒设庶羞之豆，《周礼》所谓"天子羞用百二十品"也。设豆之制，每饭更进之，皆豫实而陈之于阁，每阁十二豆，故天子之阁十，诸侯六十豆故阁五，大夫三十六豆故阁三，士十二豆故阁一。"阁"者，庋豆架也。大夫常食之豆不过菹醢，皆先设于席，无以次续荐之羞豆，七十而养，于是乃有之而阁三；士亦七十受养，而始有阁一。故曾子曰："始死之奠其余阁也与"，为养老而终者言也。"达"，夹室也，夹室在序外。"房"，左右房也。房在正室两旁，其外为序，序外为夹室。士无夹室，则于序端旁出之坫置阁焉。庖馔之所，尊者远而卑者近，故诸侯于房中。若大夫亦于夹室，得同天子者，变于诸侯，无嫌于天子也。此言大夫、士老而养，得有羞豆，虽多寡殊、而养道必备也。

右第十章。此章记饮食之制。盖中馈之法，所谓"内则"也。子之养父母，妇之养舅姑，必详求而躬亲之，而后可以尽其敬爱，而宾祭之具皆放此而推行之耳。所以终第一章视膳之义而起下章养老之礼，所谓"以其饮食忠养之"也。事虽微而必谨，物有恒而不渎，后王降德以教士女者，斯为至矣。读者不可以其细而忽之也。

凡养老，有虞氏以燕礼，夏后氏以飨礼，殷人以食礼，周人修而兼用之。凡五十养于乡，六十养于国，七十养于学，达于诸侯；八十拜君命，一坐再至，瞽亦如之；九十者使人受。五十异粻，六十宿肉，七十贰膳，八十常珍，九十饮食不违寝，膳饮从于游可也。六十岁制，七十时制，八十月制，九十日修；惟绞纻衾冒，死而后制。五十始衰，六十非肉不饱，七十非帛不暖，八十非人不暖。九十虽得人不暖矣。五十杖于家，六十杖于乡，七十杖于国，八十杖于朝，九十者天子欲有问焉则就其室，以珍从。七十不俟朝，八十月告存，九十日有秩，五十不从力政，六十不与服戎，七十不与宾客之事，八十齐丧之事弗及也。五十而爵，六十不亲学，七十致政。凡自七十以上，惟衰麻为丧。凡三王养老皆引年。八十者，一子不从政。九十者，其家不从政，瞽亦如之。凡父母在，子虽老不坐。有虞氏养国老于上庠，养庶老于下庠。夏后氏养国老于东序，养庶老于西序。殷人养国老于右学，养庶老于左学。周人养国老于东胶，养庶老于虞庠，虞庠在国之西郊。有虞氏皇而祭，深衣而养老；夏后氏收而祭，燕衣而养老；殷人冔而祭，缟衣而养老；周人冕而祭，玄衣而养老。

音义并见《王制》，文句次序稍有异同，传者殊也。"子虽老不坐"者，谓侍必立也。王者继先君而立，既无父之可事，而天子诸侯臣诸父昆弟从兄之敬，又屈而不得伸，乃孝弟之德根于性者不可掩也，于是以敬老近父、敬长近兄之义，制为养老之礼以达其诚焉。四代帝王率行不易，斯后王躬行于上，以道民于孝，所为降德之本也。

右第十一章。

曾子曰："孝子之养老也，乐其心，不违其志；乐其耳目，安其寝处，以其饮食忠养之。养，余亮反。乐，卢各反。

"乐其心"，恤其私也。"不违其志"，伸其道也。"乐其耳目"，备礼乐以奉之也。"安其寝处"，授之逸也。发己自尽曰"忠"。饮食之于养，末也；而尽心以备物，则忠行于所养矣。惟孝子不忍其亲之心诚切充实，施及于老者，一以事父之道事之，故能然也。

"孝子之身终。终身也者，非终父母之身，终其身也。是故父母之所爱亦爱之，父母之所敬亦敬之，至于犬马尽然，而况于人乎？"

孝子亲没而思慕之心毕世不衰，见人之老，瞿然心动，自不容已于爱敬，况爱老敬长，人心之所同，彼老者既尝为吾亲之所爱敬，而忍不竭诚以养之乎？此养老之礼所以为孝治之极致，而非徒修其文具已也。

右第十二章。

凡养老，五帝宪，三王有乞言。五帝宪，养气体而不乞言，有善则记之，为惇史。三王亦宪，既养老而后乞言，亦微其礼，皆有惇史。养，余亮反。"有乞"之"有"，于救反。

此养国老之礼也。"宪"，法也；养之于庠序，凡其言行皆取之以为法则也。"乞言"，请其教也。养礼毕，又以礼请陈说善道以立教，如今讲学然。乐其心志耳目，"养气"也。奉其寝处饮食，"养体"也。"不乞言"者，重烦之也。"惇"，厚也；载嘉言善行之史名也。"微"，略也；谓不重相问难也。"皆有惇史"，宪与乞言两记之也。三王以道为重，五帝以德为重，自尽其孝养之德而不期必之以闻道，五帝至矣。

右第十三章。

淳熬：煎醢加于陆稻上，沃之以膏，曰淳熬。

"淳"，亦沃也。"熬"，亦煎也。"煎醢"者，以膏炒醢也。"陆稻"，陆种之稻，今闽、粤有之。"沃"，煤也，以陆稻粉为糁，煎醢为其馅而以膏煤之，令熟可食也。

淳母：煎醢加于黍食上，沃之以膏，曰淳母。母，莫胡反。

"食"，亦糁也。谓之母者，未详。

炮：取豚若将，刲之刳之，实枣于其腹中，编萑以苴之，涂之以谨涂，炮之；涂皆干，擘之，濯手以摩之，去其皽，为稻粉糔溲之以为酏，以付豚，煎诸膏，膏必灭之；巨镬汤，以小鼎芗脯于其中，使其汤毋灭

鼎，三日三夜毋绝火，而后调之以醯醢。将，与"牂"同，子郎反。苴，子余反。谨，与"墐"通，巨巾反。干，古寒反。去，起吕反。

"炮"，烧也。"将"，牡羊也。"刲"，杀也。"刳"，破腹去藏也。"苇"，乱草。"苴"，苞也。"谨涂"，赤黏泥也。"擘"，手除其涂也。"濯手以摩"，乘热而拭之也。"皽"，肤上垢皮。"糔"，糟沥也。"溲"，揉和也。"付"，涂其上也。以糔和稻粉，如为酏食之法，涂傅豚上而煤之，勿使焦灼也。独言"豚"者，以牂大，须切为大脯以裹酏，不全煎也。"灭"，漫其上而没之也。"镬"，釜也。"汤"，煮沸汤也。前言"付豚"，此言"芗脯"，互文。羊脯亦付，煎豚亦芗。"芗"，用苏荏和之也。纳煎肉于小鼎，置之巨镬汤中温顿之也。"汤不灭鼎"，不使汤入鼎也。"三日三夜"，温微火而旋添镬水，需其糜也。炮豚、炮牂，八珍之二，以炮煎法同，故合记之。

捣珍：取牛羊麋鹿麕之肉，必脄，每物与牛若一，捶反侧之，去其饵，孰，出之，去其皽，柔其肉。 反，孚袁反。去，起吕反。

不用豕者，豕多肥，不可捶也。"脄"，脊侧肉也。"每物与牛若一"者，或羊、或麋鹿麕，各一分，牛一分，合为之也。"反侧"，周遭捶之也。"饵"，筋也。"孰"，烹之熟也。"出"，出于釜也。"皽"，分肉际薄膜也。"柔"，以酸滑调之也。

渍：取牛肉必新杀者，薄切之，必绝其理，湛诸美酒，期朝而食之，以醢若醯醷。 绝，子悦反。湛，子廉反。期，居之反。

"绝其理"，横断之也。"湛"，亦渍也。"期朝"，旬有二日。"醷"，梅浆。盖亦烹熟而后渍之以酒也。

为熬：捶之，去其皽，编苇，布牛肉焉，屑桂与姜以洒诸上而盐之，干而食之。施羊亦如之，施麋、施鹿、施麕，皆如牛羊。欲濡肉，则释而煎之以醢；欲干肉，则捶而食之。 去，起吕反。盐，以赡反。干，古寒反。

"熬"，谓火逼干也，若今之炙肉然。"捶之"者，捶下文所布之肉也。"编苇"，所以架肉安火上。"洒"，散也。"盐"，盐罨之也。"干"，谓煴炭逼之也。"施"，治也。"释"，以水泡之令润也。"捶而食之"，更捶令易啮断也。自此以上凡七珍，与肝膋而八，其下文糁酏则为羞豆二，记者编次先后或有错耳。

糁：取牛羊豕之肉，三如一，小切之，与稻米；稻米二，肉一，合以为饵，煎之。合，古沓反。

"三如一"者，三分各一，合而匀之也。"与"，和也。"稻米"，盖舂之以为粉。此《周礼》所谓"糁食"也。

肝膋：取狗肝一，幪之以其膋，濡炙之，举燋其膋，不蓼。蓼，卢鸟反。

"膋"，肠间脂。"幪"，裹也。"濡"，以醢酱。"举"，尽也。膋皆燋，则脂透肝熟矣。"不蓼"，谓不更加调笔。

取稻米，举糔溲之，小切狼臅膏，以与稻米为酏。

"举"者，独溲稻米粉也。"狼臅膏"，牛羊豕之胸臆膏也，盖亦为饵而煎之。此《周礼》所谓"酏食"也。

右第十四章。此章言造八珍与羞豆之法，以终前章养老之事。夫古人以之为珍而奉以将其爱敬者，于此极矣。自今观之，则下肆之所鬻，田野之所供，食农人而饱役夫者，亦此物焉。古人岂不能穷山海之品，极修治之精，以蕲乎至美哉？而以为苟可以适口而养生，则爱敬于斯尽而养道于斯成，君子事人之道尽矣。自秦以后，薄于礼而侈于味，殚物力，极人功，以供一箸之爽，乃至君相师师，侈为盛事，如韦巨源、张俊身为将相而以口腹事其君，贤如蔡襄，亦以贡茗取悦而不知耻；孟子所谓"饮食之人，人皆贱之"，其为世教风俗之所系，亦非浅鲜也。

礼始于谨夫妇。

夫妇人伦之本，夫妇之道正，则父子亲、家政立、而仁义行矣。此一章之纲领。

为宫室，辨外内，男子居外，女子居内。深宫固门，阍寺守之，男不入，女不出。

此明先王制宫室之本义，以明夫妇之必谨也。"宫"，周围墙门也。"室"，内闺也。"阍寺"，阍宦。阍以几入，寺以禁出，人君先立法于上，以作民则也。

男女不同椸枷，不敢县于夫之楎椸，不敢藏于夫之箧笥，不敢共湢浴。夫不在，敛枕、箧簟席、襢器而藏之。枷，居讶反。县，古涓反。

"男女"，通兄妹姊弟而言。"县"，挂巾服也。椓杙于墙曰"楎"。

"藏"，贮衣也。方曰"筥"，狭长曰"篋"。枕当言"篋"，簟席当言"敛"，传写互讹耳。"器"，栉沐之具。"不在"，外出也。必藏者，不敢亵用；且以夫不在，室中不宜有男子之器服也。

少事长，贱事贵，咸如之。夫妇之礼，惟及七十，同藏无间。间，如字。

首九字重衍。"及"，至也。"藏"，寝也。"无间"，常也。未及七十，虽无妾，必引嫌避夕。

故妾虽老，年未满五十，必与五日之御。与，羊洳反。

"五日之御"，诸侯之制也。侄娣六人当三夕，二媵当一夕，夫人专夕，五日而复，五十绝孕则可退。前此，夫人必缪屈逮下，以广继嗣，远妒忌。

将御者齐，漱浣，慎衣服，栉，缡，笄，总，角，拂髦，衿缨，綦屦。齐，侧皆反。綦，渠记反。

"齐"，洁也。"浣"，与"盥"同。"角拂髦"三字衍文。物不可以苟合，必致其饰。

虽婢妾，衣服饮食必后长者。后，胡豆反。长，丁丈反。

"婢妾"，贱妾也。士无媵则妾皆婢矣，于其中自有长少，虽或得宠，不敢越也。

妻不在，妾御莫敢当夕。

"不在"，谓或时归宁及卒也。"当夕"者，王后则圣间二日；诸侯夫人五日而周，则其第五日；大夫内子三日而周，其第三日也。于此夕必虚之，以避正嫡之嫌。

右第十五章。此章申言夫妇之别，以补第二章之义。

妻将生子，及月辰，居侧室，夫使人日再问之。作，而自问之，妻不敢见，使姆衣服而对。至于子生，夫复使人日再问之。见，贤遍反。姆，莫候反。复，如字，扶又反。

"月辰"，旬月满，自朔日始也。"侧室"，在燕寝旁；燕寝尊，避亵黩也。"作"，动作，将免也。"不敢见"者，不能备服饰也。"姆"者，妇人五十无子，出而不复嫁，则归教其娣侄，至将免时来相抚持。"衣服"，缃笄宵衣，盛饰以重其事也。

夫齐则不入侧室之门。<small>齐，侧皆反。</small>

谓当动作之日，夫适将祭而齐，则使人问也。

子生，男子设弧于门左，女子设帨于门右。

"弧"，木弓。"门"，侧室之门。

三日始负子，男射，女否。

"负"，抱之出门，为将见父而先为行兆也。此士大夫之通礼。负人、射人不具官者，父之子摄之。

国君世子生，告于君，接以大牢，宰掌具。<small>大，他盖反。</small>

"接"，谓相交接也。父子之道始于此，故重其礼，以大牢养其母。"宰"，宰夫，掌宾客之牢礼，以宾礼崇之也。

三日，卜士负之，吉者宿齐，朝服寝门外，诗负之，射人以桑弧蓬矢六，射天地四方，保受乃负之。<small>齐，侧皆反。朝，直遥反。"射天"之"射"，食亦反。</small>

"士"，内小臣也。称"士"者，其秩上士，以负子事重，故称其秩以贵之。"寝"，燕寝。"诗"，承也。"蓬"，似蒿，有絮。古始为射者以桑为弓，蓬为矢，故用之，不忘初也。"天地"，犹言上下，上以弋飞禽，下以猎走兽，四方以御侮。"保"，保母。"乃负"者，始生，寝之床，三日乃付保母也。

宰醴负子，赐之束帛。

一献无酬酢曰"醴"。"束帛"，以侑负子者。

卜士之妻、大夫之妾，使食子。<small>食，祥吏反。</small>

"食"，乳也。以士、大夫之妻妾为之，于义未安。

凡接子择日，冢子则大牢，庶人特豚，士特豕，大夫少牢，国君世子大牢。其非冢子，则皆降一等。<small>大，他盖反。少，诗照反。</small>

"择"，卜也，三日内外，卜其吉也。"冢子则大牢"，谓天子元子也。豚小豕大，庶人无可降，非长子亦可用特豚，贫则已之。凡用牢牲之差，俎豆笾铏亦如之。

异为孺子室于宫中，择于诸母与可者，必求其宽裕慈惠、温良恭敬、慎而寡言者使为子师，其次为慈母，其次为保母，皆居子室。

"异"，别也。"为"，扫除之也。"诸母"，群庶母。"可"者，内外宗五十无子而大归，其德可任者也。"师"，主教导，不令求非道。"慈母"，调其乳餔。"保母"，安其居处。此诸侯大夫养子之通礼。

他人无事不往。

气微弱，恐致惊触，且以杜妒害之萌。

三月之末，择日剪发为鬌，男角女羁，否则男左，女右。是日也，妻以子见于父，贵人则为衣服。由命士以下皆漱浣，男女夙兴，沐浴，衣服，具视朔食。夫入门，升自阼阶，立于阼，西乡。妻抱子出自房，当楣立，东面。姆先相曰："母某敢用时日只见孺子。"夫对曰："钦有帅。"父执子之右手，咳而名之。妻对曰："记有成。"遂左还授师，子师辩告诸妇诸母名，妻遂适寝。夫告宰名，宰辩告诸男名，书曰"某年某月某生"而藏之。宰告闾史，闾史书为二，其一藏诸闾府，其一献诸州史，州史献诸州伯，州伯命藏诸州府。夫入，食如养礼。乡，许亮反。相，息亮反。只，旨夷反。帅，所律反。咳，户来反。还，似宣反。辩，卑见反。

此大夫、士之礼也。"鬌"，留胎发下垂，示不忘所生也。夹囟两髦曰"角"，中顶达前后曰"羁"。"贵人"，卿大夫之子也。"为衣服"，象命服制小衣以衣子，《诗》所谓"载衣之裳"也。士则仍褓裸。"男女"，室中子弟、妾媵。"衣服"，各服其上服也。"视朔食"者，当视朔之日，大夫食具少牢，士特豚，皆有铏豆。"入门"，入侧室之门也。侧室在燕寝左右，亦南乡，具两阶焉。"楣"，檐也。"姆"，保母；称"母"者，子为主，从子而称也。"时日"，是日也。"钦"，敬也。"帅"，导也；言母敬导之于善也。"执右手"者，示将授之以事也。"咳"，与"哈"通，笑也。"记有成"者，谓谨记父命名之意，自成立也。"诸妇"，妾媵也。"诸母"，父之世叔母也。"适寝"，反燕寝；前此犹居侧室，至是乃反燕寝，遂当御矣。先言"遍告"而后言"适寝"者，终事之辞，实则授子于师而妻旋适寝也。"宰"，家宰。"男"，同姓之父兄子弟也。"书"，书于策也。二十五家为"闾"，闾有师，其属史二人，掌登人名之数。"府"，藏书廨也。二千五百家为"州"，有州大夫，所谓"州伯"也。闾达族，族达党，党乃达州，言献州者，终举之。"夫人"，入燕寝也。"食"，食前所具之朔食也。"养礼"，妇初见，馈养舅姑之礼，夫妇合食，乳母代子馂，成其为父母之道也。夫出告宰已即入食，而先言"献之州伯"，后言"夫人"者，亦终一事之词也。士或无宰，告闾史者，其亲告与？

世子生，则君沐浴朝服，夫人亦如之，皆立于阼阶，西乡。世妇抱子升自西阶，君名之，乃降。朝，直遥反。乡，许亮反。

此亦三月之后，剪髻之日也。君之朝服，皮弁素衣，夫人次而展衣。"世妇"，宗伯礼官之属，其秩视乡，诏夫人之礼事者也。诸侯见子于路寝，重国本也。"升自西阶"，子道也，盖由侧室出闱门，复自大门入升。其余礼与大夫、士同。

适子庶子见于外寝，抚其首，咳而名之，礼帅初，无辞。适，丁历反。咳，户来反。帅，所律反。

此亦诸侯之礼也。"适子庶子"者，适子中之庶子，世子之同母弟也。"外寝"，君之燕寝。"帅初"，谓余礼如世子，以夫人故崇之也。"无辞"者，不致"钦有帅""记有成"之辞。

凡名子，不以日月，不以国，不以隐疾。大夫、士之子，不敢与世子同名。

义见《曲礼》。

妾将生子，及月辰，夫使人日一问之。子生三月之末，漱浣，夙齐，见于内寝，礼之如始入室。君已食，彻焉，使之特馂，遂入御。齐，侧皆反。

此大夫、士之礼也。或称"夫"或称"君"者，从其子而言则有夫妇之道，馂本妾媵之事，故称君。"内寝"，适妻之寝。"始入室"，谓初从嫡嫁之时，夫妇合食，妾馂夫之余也。"特"者，馂必众妾共，此独馂以优之。

公庶子生，就侧室。三月之末，其母沐浴朝服见于君，摈者以其子见君所句**。有赐，君名之。众子则使有司名之。**朝，直遥反。

"公"，诸侯之通称。"庶子"，妾子也。妾之朝服，褖衣也。君不朝服，略之也。"君所"，君之所在，盖夫人燕寝也。"摈者"，御女之属。君尊，虽妾不自抱子。"有赐"，谓在嫔妇之列受赐命者。"众子"，母益贱也，特馂，入御，与大夫、士同。

庶人无侧室者，及月辰，夫出居群室。其问之也，与子见父之礼，无以异也。

"庶人"，《燕礼》所谓"士旅"也。云"无侧室"者，容先世为士或有之也。"群室"，无定之名，随可居即居之，避寝以便其妻也。"无以异"，与士大夫同。

凡父在，孙见于祖，祖亦名之，礼如子见父，无辞。

"父"，生子者之父，在子谓之"祖"矣。妻以见夫，夫乃赞之。"见父无辞"者，舅妇不得酬答。具朔食以养父而夫妇合馂。

食子者三年而出，见于公宫，则劬。大夫之子有食母，士之妻自养其子。 食，祥吏反。

"见于公宫"者，先时养子在别室也。"劬"，劳赐之也。大夫子之食母，或使家臣之妾、府史之妻与？

由命士以上及大夫之子，旬而见。冢子未食而见，执其右手。适子庶子已食而见，必循其首。 上，时掌反。适，丁历反。

"旬"，十日也。"见"，谓三月既见以后，养子者寻常奉之以见也。君子不抱子，虽在怀抱不恒见父，旬乃一见之，告安存而已。"食"，谓释乳而食食也。"适子"，冢子同母弟。"庶子"，妾子。"执手""循首"，皆所以礼之，然冢子虽幼必执手，庶子虽稍长必循首，正名定分，无所苟也。君子之于子，敬之而不昵，所以别于野人禽犊之爱也。

右第十六章。此章言生子之礼，盖正夫妇之终而谨父子之始也。

子能食食，教以右手；能言，男惟，女俞。男鞶革，女鞶丝。 "食食"，下祥吏反。惟，以水反。

"食"，饭也。"教"者，女师教之。"惟""俞"，皆应声。"鞶"，佩囊，盛帨巾者。"革"，示有田猎讲武之事。"丝"，示有蚕缲织纴之功。

六年，教之数与方名。七年，男女不同席，不共食。八年，出入门户及即席饮食必后长者，始教之让。九年，教之数日。 后，胡豆反。长，丁丈反。"数日"之"数"，所矩反。

"数"，由一至十。方名，东西南北，指其处而名言之也。"数日"，朔望及十干、十二支。六年以上，固有早慧而可与于六艺者矣，而古人不及焉，岂靳教哉？盖迫之小成而固不足以达于广大深远之义，则聪明局隘，志意苟且，将终其身于粗浅卑近之中而不足以入斯道之室，故必待其可喻而后迪之，斯以正蒙养而为圣功之大成也。孟子曰："羿不为拙射变其彀率"，安能屈道使易企及以就童稚乎？

十年，出就外傅，居宿于外，学书计，衣不帛，襦裤，礼帅初，朝夕学幼仪，请肄简谅。帅，所律反。

"外傅"，小学师。"书"，六书之音义。"计"，九章数。"衣不帛"者，戒侈也。"襦"，短衣。"裤"，下衣。"襦裤礼帅初"者，犹服孩提之服，不衣裘，戒蹻等也。"幼仪"，洒扫应对进退之节也。"肄"，习也。"简"，书策也。"谅"，谓熟识之，无欺饰也。

十有三年，学乐，诵诗，舞《勺》。成童，舞《象》，学射御。有，于救反。勺，章灼反。

《勺》，文舞。"成童"，十五以上。《象》，武舞。乐以怡情，礼以贞性，情移而后性可得而正，故乐先于礼。

二十而冠，始学礼，可以衣裘帛，舞《大夏》，惇行孝弟，博学不教，内而不出。冠，古乱反。衣，于既反。弟，特计反。内，奴答反。出，尺类反。

二十入大学之后，于道无不学，而专言"礼"者；礼，仁之用，义之体，知之所征，信之所守也，复礼则仁矣。故可教可学者，无如礼也。《大夏》，禹乐，八佾之舞，文武备者也。"可以衣"，御极寒，养疾，则可也。"内"，谓闻善而藏之于心。"不出"者，不务见之言行也。

三十而有室；始理男事，博学无方，孙友视志。孙，苏困反。

"男事"，家政也。"无方"，无常师也。"孙"，和顺也。友以责善，孙以交之，使得尽其规谏，以自考其所志之得失大小也。

四十始仕，方物出谋发虑，道合则服从，不可则去。

"方"，比度也。"物"，事也。洁度事物之长短轻重以定谋虑也。"谋"者，谋其成。"虑"者，虑其败。"服从"，任职也。

五十命为大夫，服官政，七十致事。

"服"，专任也；在其官则任治一官之政也。二十以后为学为仕，固非童年之所可豫教，而当蒙养之始，正其志，端其习，以早远于非僻，则年至而道行，出处之不妄，施行之必效，皆循序而得矣。此善教者之所以必贵于豫也。

凡男拜，尚左手。

亦幼教之也。"尚左"者，交手而左在上也。

女子十年不出，姆教婉娩听从；执麻枲，治丝茧，织纴组紃，学女事

以共衣服；观于祭祀，纳酒浆、笾豆、菹醢，礼相助奠。共，九容反。相，息亮反。

"婉"，言之柔也。"娩"，容之静也。"听"，听长者之言。"从"，从长者之为也。四者妇德之本，故姆教以为先也。"麻"，牡麻，苴也。"枲"，大麻，今之火麻。"茧"，煮茧为绵也。"织"，织布。"纴"，织缯。"组"，结丝为辫。"紃"，绦也。"纳"，传致授主妇以献也。"相"，赞也。"奠"，陈设也。十年之前，姆教大约同于男子，十年以后，教以妇道也。

十有五年而笄，二十而嫁。有故，二十三年而嫁。

笄则许嫁矣。"有故"，谓父母死及婿之父母死，辞婚而待其服除也。

聘则为妻，奔则为妾。

"奔"，谓六礼不备也。夫虽更无适室，然生不得主祭，没不得祔于祖姑。女子之嫁，男子之仕，守身之理一也。

凡女拜，尚右手。

交手而右在上也。凶拜则男右女左。

右第十七章。此章承上章而言，生则必教而教之必豫，则男女、阴阳之道辨，而父以严教，子以顺受，父子正而孝弟行矣。

《礼记章句》卷十二终

礼记章句卷十三

玉藻

　　此篇备记冠服之等章，而交接容貌称名之仪附之以见。世降礼坏，苟简之习日移，而三代之法服几无可传焉。有王者起，修明章服以为典礼之本，亦尚于此考而知之，非小补也。《易》曰："黄帝、尧、舜垂衣裳而天下治，盖取诸乾坤。"衣裳之义，系于三极之道，亦甚重矣。人之所以为人而别于禽兽者，上下之等，君臣之分，男女之嫌，君子野人之辨，章服焉而已矣。否则，君臣混处，男女杂秽，而君子之治野人也，抑无以建威而生其恭，故曰："天尊地卑，乾坤定矣；方以类聚，物以群分，吉凶生矣；在天成象，在地成形，变化见矣。"衣裳者，乾坤之法象，人道之纪纲。寒而毛，暑而裸，于人亦便安矣，而君子甚恶其便安者，惟其裂法象而乾坤且以毁也。习于禽兽，便而安焉，乃以疑先王之法服繁重侈博，寒不足温而暑不足清，则人道之仅存者渐灭濒尽，而不亦悲乎！故益以知此篇之传，非小补也。凡三十章。

　　天子玉藻，十有二旒，前后邃延，龙卷以祭。有，于敕反。卷，与"衮"通，古本反。

　　"玉"，琢玉珠。"藻"，《周礼》作"缫"，杂采组也。"玉藻"，藻而贯玉，系于冕上版。"十有二旒"，前后皆然，每旒十有二玉。"延"，版上覆巾，玄衣纁里，前后垂。"邃"，深也。孔氏以叔孙通所制汉冕放之，延广八寸，长尺六寸，下垂深长，故曰"邃延"也。"龙卷"，衮冕九章，龙为之首。"祭"者，祭宗庙也。宗庙之祭，以昭世守，故盛饰焉。

玄端而朝日于东门之外，听朔于南门之外。端，本"冕"字之误，美褊反。朝，如字，直遥反。

"玄冕"，玄衣而冕，裳无文，惟衣刺黼。大夫玄冕三旒，天子虽玄冕仍十有二旒。"朝日"，春分迎日于东，出而祭之也。"东门"，国门。"听朔"者，月朔日以特牲告于太庙而颁一月之政也。"南门"，雉门。每月之政，县于象魏，象魏在两观之间，雉门之外，所谓"外朝"也。"朝日""听朔"，皆以钦天行政，故其服卑。"玄冕"，王者之下冕也。

闰月则阖门左扉，立于其中。

"闰月"者，月有而岁无之，故阖左扉，启右扉，以顺阴也。"立"者，立而颁闰之朔也。凡听朔皆立，于此互见之。"门"，亦南门也。"中"，酌左扉之中也。然则十二月之听朔于南门，门扉皆启而立两扉之中与？闰月之服，盖亦玄冕。

皮弁以日视朝。朝，直遥反。

"皮弁"者，以白鹿皮为冠，象上古也。王之皮弁，会五采玉璂，用玉十有二。日视朝，常朝于内朝也。视朝以治人，服愈降，故不冕。

遂以食，日中而馂，奏而食，日少牢，朔月大牢，五饮，上水、浆、酒、醴、酏。少，诗照反。大，他盖反。

"遂以"者，仍皮弁服也。朝食以礼食，故仍弁以重之。"馂"，谓不更杀也。"奏"，奏乐。午馂奏，则朝食之奏可知已。朔主乎月，故称朔月。朔食大牢，三侑，有金奏。"上水"，以玄酒为上尊。

卒食，玄端而居。卒，子律反。

"玄端"，玄冠、玄衣、黄裳。"居"，燕居于内寝，服益约矣。

动则左史书之，言则右史书之，御瞽几声之上下。

此通视朝燕居而言。"左史"，大史；"右史"，内史也。必书者，以记得失传后世，人君知警惧，免疚过也。"御"，侍也，"瞽"，大师。"几"，微察也。"声"者，语言之音响，上不欲亢，下不欲坠，所谓"声律身度"也。

年不顺成，则天子素服，乘素车，食无乐。

自修省，且先民俭也。

右第一章。此章记天子之礼。

诸侯玄端以祭，裨冕以朝，皮弁以听朔于大庙，朝服以日视朝于内朝。端，本"冕"字之误，美褊反。朝，直遥反，下同。大，他盖反。

"裨"，副也，天子大裘之冕为上冕，其余皆副也。公、衮冕；侯、伯，鷩冕；子、男，毳冕。"朝"，朝于天子也，盛饰以昭王命也。其他则皆下天子一等，诸侯皮弁亦用玉，或九或七或五，《诗》云"会弁如星"是已。"听朔"者，天子颁朔于诸侯，受而藏之大庙，月朔则以特牲告庙而即庙门颁行之。"朝服"，玄衣、素裳。"内朝"，在路寝门外。

朝，辨色始入，君日出而视之，退适路寝；听政，使人视大夫，大夫退，然后适小寝，释服。

"朝"，日常朝也。"入"，群臣入也。视朝，以礼见群臣。"听政"，则大夫有政者入议之，余皆伺于外，事毕而后群退。"小寝"，燕寝，在路寝后。"释服"，释朝服，服玄端。

又朝服以食，特牲三俎，祭肺；夕深衣，祭牢肉；朔月少牢，五俎四簋；子卯稷食菜羹。少，诗照反。"稷食"之"食"，祥吏反。

"特牲"，豕也。"三俎"，豕牢鼎也，鱼、兔腊陪鼎也。鼎各一俎。"祭肺"，加于牢俎上以祭。"夕"，夕食。"深衣"，玄冠。"祭牢肉"者，因朝所杀之牢余切为小段，加肉俎上以祭，无祭肺也。"五俎"，羊、豕牢鼎二，羊肠胃鼎一，鱼、麋腊陪鼎二，鼎各一俎。"四簋"，黍、稷、稻、粱。日食则黍、稷二簋而已。"稷食"，去黍，惟一簋也。"菜羹"，无肉。天子朔食大牢十有二俎，牢俎九，陪俎三，食用六谷凡十二簋。凡此类，皆互举而可推也。

夫人与君同庖。

"庖"，牢也，后亦与王同庖也。此及下节，因诸侯之食礼而推广言之。

君无故不杀牛，大夫无故不杀羊，士无故不杀犬豕。君子远庖厨，凡有血气之类弗身践也。远，于愿反。践，慈演反。

"君"，国君。"故"，宾祭也。"犬"，羹肉。"远"者，置于己所不至之处。"庖"，杀牲处。"厨"，烹割处。"践"，与"剪"通，杀也。昭俭以立义，远杀以全仁，君子之道也。

至于八月不雨，君不举。年不顺成，君衣布搢本，关梁不租，山泽列而不赋，土功不兴，大夫不得造车焉。衣，于既反。列，力制反。造，昨到反。

"至于八月"者，数不雨之期凡八月也。"举"，杀牲而以乐侑也。"本"，竹笏而象饰其本，士笏也。"梁"，桥也。"租"，税也。"不租"者，通商以致粟也。"列"，与"厉"通，阑遮而禁非时之采伐。"不赋"者，广鲜食，备材木，以养生送死也。"造车马"者，造驾马之乘车。

右第二章。此章记诸侯之礼。

卜人定龟，史定墨，君定体。

"定"，占视而详定其吉凶也。"龟"，当作"坼"，璺兆也，其占百有二十。"墨"，兆之晕也。"体"，兆纹之俯仰、前后、左右也。体有吉凶，墨有大小，坼有微显，尊者视其兆象知其大概而已，大小微显占验之细，则有司存。君子之所求于神明者，敬而不渎，所由异于小道之察察也。

右第三章。此下三章皆杂记礼文之一曲而无次第，疑有脱误，姑逐段分章而为之释。礼文阙失之余，藉以缀拾旧闻可尔。

君羔幦虎犆。大夫齐车鹿幦豹犆。士齐车鹿幦豹犆。犆，除力反。齐，侧皆反。朝，直遥反。

"幦"，覆笭也。车中以小竹为簀而立其上谓之笭，上用皮为幦覆之以承足。"犆"，缘也。"羔幦虎犆"，旧说以为君之齐车，然则君之余路及士之朝车必各有异，此盖阙文，而他亡所考矣。

右第四章。

君子之居恒当户，寝恒东首。若有疾风、迅雷、甚雨则必变，虽夜必兴，衣服冠而坐。首，舒救反。

"君子"，有德者之称。"居"，燕坐也。"当户"，乡明也。"东首"者，燕寝南向，衽席必横设之，以避不祥，在户东牖西，东首首当尸，亦如昼坐，且向牖以知曙也。"迅"，速之甚也，雷随电，迅发则必震。"变"，谓坐必起而更修容也。阴阳相薄，气之大变，君子定性以贞气，不与化而俱变，则莫能为之渗也。

右第五章。

日五盥。沐稷而靧粱，栉用樿栉，发晞用象栉，进机、进羞，工乃升歌。机，其既反。

"五盥"者，朝夕视朝及三食已，皆濯手也。"沐"，则三日一举。"靧"，每晨洗面也。"稷""粱"，用其泔也。"栉"，方沐而栉也。"樿"，今黄杨木。樿栉密而理涩，利以沐。"晞"，晾也。晾发复栉之，使速干也。象栉疏而理滑，利以晞。"进机""进羞"，皆言沐也。"机"，一作"饥"；许慎曰"小食也"，盖用酒醴以补阳气，使上升也。"羞"，笾豆之食，以佐饮也。"升歌"，倚瑟而歌于堂上，用乐者，亦以助阳气。此皆言诸侯之沐礼也。

浴用二巾，上絺下绤，出杅，履蒯席，连用汤，履蒲席，衣布，晞身，乃屦，进饮。连，郎旦反。

二巾以摩挲去垢也，自脐以上用絺，下用绤，贵上贱下也。"蒯"，菅也。"杅"，盆也。在湢内以濯身，濯已出杅。"履菅席"，取其涩也。"连"，浇淋也，淋汤浇足，不入杅中，足尤贱也。足净乃履蒲席。"蒲席"，坐席。"衣布"，密布可为衣者。"进饮"，或酒或浆。无羞、不歌者，浴事贱于沐也。

右第六章。此章记人君沐浴之礼。大夫以下降杀之节，亦可因是而推也。

将适公所，宿斋戒，居外寝，沐浴，史进象笏，书思对命。齐，侧皆反。

"适公所"，谓因事而朝，如孔子沐浴请讨陈恒之类也。"宿"，先夕。"史"，庶人在官者。"象笏"，鱼须文竹，饰之象也。"思"，所欲言者。"对"，酬君问。"命"，君所先诏者也。书之以备遗亡不审。

既服，习容观，玉声乃出。揖私朝，辉如也；登车则有光矣。观，古乱反。辉，许归反。朝，直遥反。

"既服"，易朝服毕也。"容观"，容可观者也。"玉"，佩玉，行中节则玉声和也。"揖私朝"者，家臣待于庭，揖之而行也。敬整而暇，则从容自得，神气充盈，叵以动人主而成上交矣。刘晔有言，"对明主须用精神"，庶几近之。"辉如"，容貌。"有光"，神采及人也。

右第七章。此章记人臣因事见君之仪。其每日趋朝，虽不必备斋戒沐浴之节，而必敬以庄者则亦同也。

天子搢珽，方正于天下也。

"搢"，插于带也。天子之笏曰"珽"，《考工记》谓之"大圭，长三尺，杼上终葵首"。"终葵"，椎也，其首如椎头，四角正方，无所诎杀。"方正于天下"者，示无私之义。

诸侯荼，前诎后直，让于天子也。 荼，伤鱼反。

诸侯之笏曰"荼"，以象骨为之，取舒迟畏慎之义。上曰"前"，下曰"后"，谓之"前""后"者，自搢而言之也。"诎"，角杀。"直"，廉方不杀也。"让"，退逊之意。

大夫前诎后诎，无所不让也。

大夫之笏，以象饰竹，并下亦杀其角。"无所不让"，纯乎臣也。

右第八章。此章记珽笏之制。

侍坐则必退席，不退则必引而去君之党。

"侍坐"，侍君坐。"退"，移席向后也。"不退"，君命勿退也。"引"，却也。"去"，远也。"党"，近君处也。却坐尽后，不敢逼近于君也。

登席不由前，为躐席。徒坐不尽席尺。读书、食则齐，豆去席尺。 为，于伪反。

席有首尾。"前"，席首也。布席之法，首近君，从下而升，不由前也，由前则是躐践席端矣。"徒坐"，谓非读书及食时。"不尽席尺"，却后一尺也。"齐"，与席边缘齐也。古者书以简册，置席外地上。"豆"，食豆也。"去席尺"，复却坐一尺，伸臂适相及也。

若赐之食而君客之，则命之祭然后祭。

"客之"，《燕礼》所谓"命为宾"也。燕则宰为主人，故不待命而祭；赐食，君自为主，则必命而后祭，不敢以宾礼自居也。惟大夫为客卿则否。

先饭，辩尝羞，饮而俟。饭，扶晚反，下同，辩，卑见反。

此君不命为客之礼。"先饭"，不祭也。"饮"，酳食也。饮须待饭毕，今亦以尝故而先饮，俟君之食而更食也。

若有尝羞者，则俟君之食然后食，饭饮而俟。君命之羞，羞近者，命之品尝之，然后惟所欲。凡尝远食，必顺近食。

"有尝羞"者，或膳宰、或群侍食而长者一人尝耳。"饭饮而俟"，谓三饭后，饮而不飧，以待君也。"羞"，豆实。"品尝"，逐品皆食。"顺近"者，先近而后及远，不贪所欲。

君未覆手，不敢飧，君既食，又饭飧。饭飧者，三饭也。

"覆手"，拱也，食已复其常度而拱也。"飧"，以饮浇饭，连进之也。君食未毕不敢飧，不先饱也。"既食"，食毕而覆手也。"又饭飧"者，先已三饭而酳，今又飧而三饭也。君既食而飧，若未饱欲君之更食然。

君既徹，执饭与酱乃出，授从者。饭，如字。从，才用反。

"饭""酱"，所食之余也。授从者已，复入。

凡侑食，不尽食。"尽食"之"食"，祥吏反。

"侑食"，君食而因命之食，非赐也。"不尽食"者，食不为己设，不敢尽也。

食于人不饱，惟水浆不祭，若祭，为已僈卑。

此因侍食而概及之也。"人"，敌体之称。"已"，太也。"僈"，厌也。使臣于主君，虽浆亦祭，施于敌体者则过自厌伏卑屈矣。

君若赐之爵，则越席再拜稽首受。登席祭之，饮，卒爵而俟。君卒爵，然后授虚爵。卒，子律反。

此因食而赐之酳爵也。"授虚爵"，授之赞者，俾反于篚。

君子之饮酒也，受一爵而色洒如也，二爵而言言斯，礼已三爵而油油，以退。洒，苏典反。言，语中反。

此谓君燕之而命为宾也。"三爵"者，献爵一，酬爵二。酬爵一不举而亦数者，以礼言也。"洒如"，肃敬也。"言言"，和敬也。"斯"，犹如也。"已"，毕也。"油油"，悦敬也。受献礼重故肃，将酬则以和先之，酬举而欢交，故悦容色，各不爽其节也。"退"，谓礼毕取俎以出也。献酬礼终，不敢贪惠，故君虽有后命而必姑退。

退则坐取屦，隐辟而后屦，坐左纳右，坐右纳左。<small>辟，匹亦反。</small>

此通侍坐、侍食及燕而言。"退"，出也。凡屦不升于堂。"隐辟"，俯而逡巡也。

右第九章。此章记大夫侍君之礼。盖衣服制度与威仪相表里，故类记焉。

凡尊必上玄酒。

上，列于酒之上也。面尊以南为上，侧尊以西为上。

惟君面尊。

君席在阼，尊设于两楹间，南北列之，尊有鼻为"面"，鼻东向与君相面，示君专有此酒以惠臣下也。

惟飨野人皆酒。

"飨野人"，蜡饮也。"皆酒"，无玄酒也。

大夫侧尊用棜，士侧尊用禁。

"侧尊"，尊在侧也。主人席在阼，西向，尊于房户之间，东西横陈，主人不得专此酒，与客共之。"棜"，有四周；"禁"，加足；公尊设丰而已。

右第十章。此章记尊制。

始冠缁布冠，自诸侯下达，冠而敝之可也。玄冠朱组缨，天子之冠也。缁布冠缋緌，诸侯之冠也。<small>"始冠""冠而"之"冠"，古乱反。余如字。</small>

"下达"，达于士也。诸侯终丧，以士服见天子，故始冠与士同，加缋緌而已，其再加则皮弁、朝服、素韠，三加则玄冕。天子始冠以玄冠朱组缨，再加皮弁，三加衮冕，《大戴礼》所谓"天子拟焉"者是已。"缋"，采也。"緌"，亦缨也，自其下垂者谓之"緌"。

玄冠丹组缨，诸侯之齐冠也。玄冠綦组缨，士之齐冠也。<small>齐，侧皆反。</small>

"丹"，亦朱也。"綦"，杂采，亦缋也。言天子以诸侯之齐冠为始冠，诸侯之始冠其缨知士之齐冠也。不言大夫者，大夫与士同。

缟冠玄武，子姓之冠也。缟冠素纰，既祥之冠也。垂緌五寸，惰游之士也。玄冠缟武，不齿之服也。居冠属武，自天子下达。<small>属，之欲反。</small>

"缟"，白生绢也。"武"，冠下卷围额际者，横裁之，其上直者为冠身。"姓"，孙也。祖父有服，子孙无服，或虽有服而已除，从尊者之侧不敢纯吉，则武吉而冠凶以居焉。"素"，熟绢也。"纰"，缘冠两旁及武下也。"既祥"，谓禫月。"垂缕五寸"，其冠亦缟，缟冠无缕，此独加缕，示非凶服，为罚冠也。"惰游之士"，《周礼》所谓"疲民"也。收之圜土，三年之中，著此缟缕之冠；三年之后，虽出圜土，终身不齿，则为易玄冠而缟武，缕亦缟焉。凡此冠、武异色，非凶则罪。若燕居之冠，冠、武相连属而皆玄，自天子至于庶人无以异也。

有事然后缕。

"有事"，谓齐也。齐冠则缕以尽饰，燕居玄冠不缕。

五十不散送。亲没不髦。大帛不缕。<small>散，苏坦反。</small>

"散"，经端之麻散垂不结也。"送"，送亲葬也。送葬散麻，既葬而后结之，五十始衰，不备礼也。"髦"，人子之饰，亲没则脱之。"大帛"，白冠也。国有凶祸则君冠之。"不缕"，去饰也。

玄冠紫缕，自鲁桓公始也。

诸侯之齐冠，缋缕而紫之，徒为艳饰，非礼也。"鲁"，盖"齐"字之误，《传》称齐桓公好紫，而凡《记》言鲁君，类不称国，知此当为齐君矣。

右第十一章。此章记冠制。

朝玄端，夕深衣。

此谓大夫、士私朝及燕居之服。

深衣三袪，缝齐倍要，衽当旁，袂可以回肘。<small>齐，即夷反。要，于宵反。</small>

此下二节皆记深衣之制，与《深衣》一篇互相发明，其制备矣。"袪"，袖口也。"三袪"者，如袖口三围之广也，袪尺二寸，围之二尺四寸，三其围七尺二寸。深衣之制，上衣用布二幅，前后屈之为四幅，幅一尺八寸，四幅凡七尺二寸，以属于裳。"齐"，裳下边也。"要"，古"腰"字。衣长一尺八寸，正当腰际，四幅之广，每幅二尺二寸，缝合成衣，各去缝一寸，又以八寸为两袖袂，止得七尺二寸。裳用六幅颠倒斜裁为十二幅，狭头得广头之半，广头一尺四寸，两边各缝一寸，实成一尺二寸，十二其一尺二寸，凡一丈四尺四寸，倍于腰之七尺二寸，是已缝而其齐倍要也；狭头幅八寸，两旁各缝一寸，实成六寸，十二其六，凡七尺二寸，与衣之下际相等。"衽"，襟也。衣之下与裳之上正相等，则衣之两襟正当裳两旁之中缝也。深衣之制，裳续衣而缝合之，与玄端衣裳殊者异，衣直而狭，裳下博而侈出，乃其中幅及两旁之缝则直也。"袂"，袖当腋者，其博如衣之长一八尺寸，渐杀而向袪，乃为一尺二寸。周尺一尺八寸，当今官尺一尺八分，可以运肘往回，著服时为便也。

长中，继掩尺，袼二寸，袪尺二寸，缘广寸半。缘，俞绢反。广，古旷反。

"长中"者，谓裳十二幅之长虽等，而在旁者以斜摄向中而短，在中者以直垂而长也。"继掩尺"者，谓前襟相交，左掩右以相继而合也。两襟之上各一尺八寸，今以一尺相掩，则前当带者二尺六寸，左右相交，以成乎曲领而为袷也。袷缘二寸，衣裳之边缘寸半。缘者内外均，外缘二寸则用布四寸，外缘寸半则用布三寸也。

以帛里布，非礼也。

"里"，谓中衣在上服之里。冕服，丝衣，中衣用素；皮弁服、朝服、玄端服，麻衣，中衣用布。时成概用帛为中衣，故讥其非礼。

士不衣织，无君者不贰采。衣，于既反。织，职至反。

"织"，染丝织之，今之纻丝也。士衣缯，已织而后染，若今之绅绢然。"无君"，谓大夫、礼士去国者，始奔素衣、素裳，三月玄端、玄裳，不服黄裳、杂裳，以表忧悯。

衣正色，裳间色。间，古晏反。

谓冕服，玄上纁下也。纁者，赤间黑色。

非列采不入公门，振絺绤不入公门，表裘不入公门，袭裘不入公门。振，与"袗"通，章忍反。

"列采"，衣裳异色，即贰采也。"不入公门"者，嫌无君也。"表裘"，不加裼衣也。"袭裘"，吊者之服。

纩为茧，缊为袍，禅为䌹，帛为褶。禅，都寒反。

皆谓褒衣也。"纩"，绵也。以绵著袷衣之中谓之"茧"，字或作"襺"。"缊"，枲著也。断枲揉之著袷衣，谓之"袍"。"禅"，衣无里者。"帛"，与"袙"通，徒为袷衣而无著。

朝服之以缟也，自季康子始也。朝，直遥反，下同。

"缟"，练绢，今之熟绢也。朝服以十五升布为之，季康子苟取轻华而失礼也。

孔子曰："朝服而朝，卒朔然后服之。"卒，子律反。

"朝"，视内朝也。"卒朔"，视朝毕礼也。视朔必皮弁服，礼毕乃更朝服视朝于内朝。时或以朝服视朔，故夫子申明之。

曰："国家未道，则不充其服焉。"道，徒到反。

再言"曰"者，杂举夫子之言也。"道"，治也。"充"，备也。谓或有寇乱灾迁之故，君摄服以礼，不必尽备弁冕之服。

右第十二章。此章记衣服之制。

惟君有黼裘以誓省。大裘，非古也。

"惟君"，犹言"君惟"也。"黼裘"，以羔与狐白杂为裘，成黼文。"誓"，谓将郊而誓戒。"省"，省牲器也。二者皆有职事之勤，故古者裘以莅之。"大裘"，羔裘也。周人因以大裘而冕祀上帝。"非古"，谓非殷以上之制，殷人衮冕而祭天也。裘本亵，非所以章敬，周人登大裘于衮冕之上，变殷而失者也。

君衣狐白裘，锦衣以裼之。君之右虎裘，厥左狼裘。"君衣"之"衣"，于既反。

"狐白"，狐腋下白。"锦"，织帛有文章者，如今花样是也。此言"锦衣"，盖素锦。"裼"者，裘裘必以衣覆其上，乃更加禅衣而露其裼；若狐白裘、素锦衣则上加皮弁服，白相称也。大夫狐裘，裼衣用素。"右"，车右。"左"，谓御者，以其在右之左而谓之左，实居中也。"虎""狼"，取其武猛。

士不衣狐白。君子狐青裘豹褎，玄绡衣以裼之，麑裘青豻褎，绞衣以裼之；羔裘豹饰，缁衣以裼之；狐裘，黄衣以裼之。"不衣"之"衣"，于既反。绞，何交反。

士不衣狐白，天子之大夫则衣之。"君子"，大夫、士之通称。"狐青"，狐脊之青处也。"豹褎"，以豹皮缘袪也。"绡"，生丝绡。"麑"鹿子。"豻"，胡地野犬。"绞"，杂也，素衣杂裳也。"饰"，亦饰袪褎也。

"狐青裘"，爵弁服之裘。"麛裘"皮弁服之裘。"羔裘"，玄端之裘也。"狐裘、黄衣"，燕居及蜡祭所衣也。

锦衣狐裘，诸侯之服也。

重申上文，见大夫、士不得僭服。

犬羊之裘不裼，不文饰也不裼。

"犬羊"，贱者之裘也，须衣裼者不服之矣。"不文饰"，谓非对君宾，则虽衣狐青羔麛，亦不裼也。

裘之裼也，见美也。吊则袭，不尽饰也。君在则裼，尽饰也。服之袭也，充美也，是故尸袭，执玉、龟袭。无事则裼，弗敢充也。见，贤遍反。

"见"，露也，露其裼衣之美也。哀则无文，饰不可尽。对君而尽饰者，昭物采以尊君也。"袭"者，从禅衣加裼衣之上，掩裼衣也。"充"，藏也。"执玉"，谓执圭，将命"执龟"，莅卜也。至敬无文，故袭。"无事"，谓执玉而已致玉，莅卜而已终事，必更裼者，以尊君也。

右第十三章。此章记裘制。

笏，天子以球玉；诸侯以象；大夫以鱼须文竹，士竹句**，本象可也。**

"笏"者，有事则搢，无事则执之以记事，备应对也。"球"，美玉，所谓"大圭"是已。"象"，象骨。"鱼须文竹"，竹文如鱼须，盖今之棕竹也。"士竹"，常竹也。"本"，下执处，大夫、士皆可以象骨饰之。

见于天子与射，无说笏。入大庙说笏，非礼也。说，他话反。大，他盖反。

诸侯、大夫人见天子，则敬之至矣。射，劳事；然皆搢笏而不说，入大庙虽至敬而有事，亦不当说笏明矣；以其书思对命，敬于所事，无往而可忘也。时或有说笏助祭者，故讥其非礼。

小功不说笏，当事免则说之。免，之运反。

丧不二事，无所书记；故大功以上说笏，小功以下恩轻哀灭，惟当敛事。袒免哀遽则说笏，余则否。

既搢必盥，虽有执于朝，弗有盥矣。朝，直遥反。"弗有"之"有"，于救反。

有事而后搢笏，则盥以待事，不待事至而始盥也。"有执"，若执玉、执爵之类。

凡有指画于君前，用笏造句**。受命于君前，则书于笏。笏，毕用也，**

因饰焉。造，昨到反。

"造"，作也；谓规画作其形势也。"用笏"者，用手则失容也。"毕"，书简也。《尔雅》曰"简谓之毕"，言笏以记事，代简之用也。加饰，故用象玉。

笏，度二尺有六寸，其中博三寸，其杀六分而去一。有，于救反。去，邱矩反。杀，色戒反。

"度"，则也。"二尺六寸"，诸侯以下之式也，天子则大圭三尺。"其中"者，大夫前诎后诎，故以中记之。"杀"，上下之诎也。两旁各规圆之，"六分去一"，凡二寸五分，每旁杀去二分五厘。

右第十四章。此章记笏制，与第八章互明其义。分为二章者，所传异耳。

天子素带，朱里终辟。此章文多错乱，今固孔氏《正义》所定，从陈氏本为次序之。此节旧在下章"赤绂葱衡"之下，今定于此。辟，频反反，下同。

"带者"，皆言大带也。"辟"，缘也。"终辟"，绕腰及垂余皆缘也。

而素带终辟，大夫带素辟垂，士练带率下辟，居士锦带，弟子缟带。"而"字衍文。"终辟"之上脱"诸侯"二字。率，吕恤反，下同。

"诸侯素带"，异于天子者，不朱里耳，盖用朱绿辟之。"辟垂"者，中腰以前及绅皆辟之，惟腰后不辟也，不辟则亦率矣。"练"熟绢染为缁。"率"，缭缉其两旁，士单带无里，腰间皆反摺向内缭之，辟其绅而已。"居士"，有道艺而隐处者。"弟子"，谓受学时。

并纽约，用组三寸，长齐于带。绅长制：士三尺，有司二尺有五寸，子游曰："参分带下，绅居一焉。"绅、韠、结三齐。并，卑政反。"有王"之"有"，于救反。"居一"，依孔氏《正义》当作"二"，自"三寸"以下至节末，旧在"夫人揄揆"之下，今定于此。

"并"，谓自天子达于弟子也。"纽"，一旁为屈戍；"约"，一旁为系约，穿纽中而结之也。"组"，结丝为辫。纽、约，皆用组，其广三寸。"长齐于带"者，约已结之，余下垂与带之绅齐也。绅长之制"士三尺"，达于天子也。"有司"，府、史之属。绅短者，以便事也。凡绅皆三尺，而人之长短不齐，故引子游之言，谓绅长之制以人为率，人率七尺，带以上二尺五寸，带以下四尺五寸，故三分四尺五寸而得其二，以三尺为绅率。若其长短不齐者，则量其下体之长，自带至跗三分之，而绅居其二，又不必泥于三尺也。深衣之制一尺八寸，而裳无成制，亦此义与？绅、韠之长皆三分带下而得二，若结之余与绅齐，则三齐矣。

大夫大带四寸。杂带，君朱绿，大夫玄华，士缁。辟二寸，再缭四寸。凡带，有率无箴功。缭，卢鸟反。此节旧在"革带博二寸"之下，今定于此。

"大夫"者，自大夫上达天子也。"杂"，谓辟也。"君"，兼天子、诸侯而言。"朱绿"，带朱绿，绅绿缘也。"华"，黄也；"玄黄"，外玄内黄也。"缁"，外内皆缁也。"辟二寸"，每旁各辟一寸，中露带身二寸也。"再缭"，辟内外各二寸计之，凡用辟四寸矣。"凡带"，谓自天子至士也。"有率"，谓以线裰贯缉。"无箴功"者，其贯处内隐，不加箴缕明缝也。

右第十五章。此间记大带之制。

韠：君朱，大夫素，士爵，韦。此下三节旧在"纽约用组"之下，今依陈氏本定序于此。

"韠"，蔽膝也；其制以熟皮为之，著于衣裳之外，大带之下，垂当前中，上分三裂，中为颈，两旁为肩，肩通革带以系佩，佩两旁垂而韠当中也。大古未有衣服，但以皮革蔽其前后；后王示不忘古，去其后而留其前以为饰焉。韠色视裳，此所言者玄端服之韠也。"君"，兼天子、诸侯而言。"爵"，赤而微黑，如爵头色。"韦"者，合上下言之，皆用韦也。

圜、杀、直：天子直，公、侯前后方，大夫前方后挫角，士前后正。杀，色戒反。

"圜、杀、直"，言其制凡三等不同也。"直"，上下皆方，无圜、杀也。上近革带者谓之"后"，下与绅齐者谓之"前"。"公、侯"，兼伯、子、男而言。"方"者，杀也；谓去上下欲尽之处五寸即斜杀之，四角向里而犹然方也。"挫角"，圜也；谓既杀而又去其杀际之角，使圜也。"正"，或直或方。天子之士直，诸侯之士方，士贱，不嫌与君同也。

韠，下广二尺，上广一尺，长三尺，其颈五寸。肩革带博二寸。广，古旷反。

再言"韠"者，衍文。"上"，即后也。一尺之广，裂而为三，中颈五寸，两颈各二寸，裂处空各五分，两空凡一寸。革带之博与韠肩之广同，其色亦视韠，以系韠佩，结系于后，其约不垂。

一命缊韍幽衡，再命赤韍幽衡，三命赤韍葱衡。缊，乌魂反。幽，于九反。此节旧在"有牵无箴功"之下，"天子素带"之上，今从陈氏定于此。

此言玄冕及爵弁服之韠也。韠、韍，一也，尊祭服为异其名尔。公、侯、伯之卿三命，大夫再命，士一命；子、男之卿再命，士一命。"缊"，赤黄色，以茜草染之，所谓"韎韐"也。"幽"，黑色；"葱"，青色；所谓水苍玉也。"衡"，佩上横玉，所以系组而垂杂佩者，以其上承革带，与韠肩齐，故并记之。杂佩玉色一皆如衡也。不言君者，自子、男以上达于天子皆朱韍，与玄端之韠同也。天子之大夫四命，韍视三命。

右第十六章。此章记韠韍之制。

王后袆衣，夫人揄狄。此节旧在"朱里终辟"之下，"三寸长齐"之上，今定序于此。揄，余昭反。狄，同"翟"。

"袆"，犹质也。"揄"，《尔雅》作"鹬"。翚、鹬，皆雉名。翟、雉也，伊、洛而南，素质五色皆备成章之雉曰"翚"；江、淮而南，青翚五色皆备成章之雉曰"鹬"。二者皆剪缯为雉，如其色绘之，缀于衣以为饰。"袆衣"，玄衣。"揄狄"，素衣。"夫人"，王之三夫人及诸侯妻之通称。

君命屈狄，再命袆衣，一命襢衣，士褖衣。屈，与"阙"通，去月反。袆，本"鞠"字之误，居六反。襢，与"展"同，张彦反。褖，吐玩反。

"君"，女君，谓王后也。"君命"者，下文所谓"世妇命于奠茧"也。"屈狄"者，剪缯为雉而不画，其衣赤。鞠衣以下无雉。"鞠衣"，色在黄绿之间，如鞠尘也。"襢衣"，白衣。"褖"衣，黑衣。"再命""一命"，视其夫之命也。不言三命者，视再命耳。"士"，未命士之妻也。凡此六衣王后兼之，以下减杀，皆衣裳同色，妇道尚专一也。有里如袍，以白纺绅为之，所谓"素沙"也。

惟世妇，命于奠茧，其他则皆从男子。

"世妇"九嫔之下，天子有二十七人。"命"，女君命之也，九嫔不待命而服屈狄，世妇则必女君命之而后敢服也。"奠"，献也。中春后帅内外命妇蚕于北郊，及秋而献功，世妇于此乃受后命而服屈狄，未命以前，与女御皆服鞠衣也。"其他"，谓公侯夫人至士妻也。男子受命，则妻服其命服，不待后命，所谓"夫尊于朝，妻贵于室"。世妇以下，不得以天子为夫，故待后命。

右第十七章。此章记妇服之制。

凡侍于君，绅垂，足如履齐，颐霤，垂拱，视下而听上，视带以及袷，听乡任左。齐，即夷反。乡，许亮反。

"绅垂"者，身俯而磬折，则绅不倚身而外垂也。"齐"，裳下边也。"足如履齐"，亦言身俯而裳前之齐且委地而如可履也。"颐"，颊也。"霤"，下垂貌。首俯则颐垂也。"垂拱"，谓交手而拱向前也。"袷"，交领也。俯首内倾则视下不过带而上及袷，所谓"视下"也。"乡任左"者，首微偏右，侧耳以承听，所谓"听上"也。必"任左"者，耳目之用，左利于右。

凡君召以三节，二节以走，一节以趋。在官不俟履，在外不俟车。

"节"，合符为瑞信也。守国者用玉节，则召臣之节以玉矣。三节次第发，二节至则走，一节至则趋；君虽有三节，臣不待三也。若在车，二节至则驰。"官"，所司之署也。"不俟"者，已趋走，而司车屦者躐及之也。

右第十八章。此章记人臣奉君之仪。此下二章当在第二十一章之下，大抵此篇杂记无序，多因传者之错，以非大义所系，姑仍之。

士于大夫，不敢拜迎而拜送。士于尊者先拜，进面，答之拜，则走。

宾至门，主人出，先拜辱，宾答拜。"不拜迎"者，惧烦其惧拜也。"拜送"，则宾不复顾，不以烦答为嫌矣。"尊者"，谓卿、大夫也；士往见之，主人出，不待其拜而先拜。"走"者，逡巡辟也。

士于君所言大夫，没矣则称谥若字，名士。与大夫言，名士，字大夫。于大夫所，有公讳，无私讳。

"君"，诸侯。"言"，称也。没则称谥、字，生必名也。于君所"名士"者，士虽没亦名也。与大夫言"名士"者，士之存者也。"字大夫"者，他大夫存没而俱字也。士没，盖亦可字矣。"公讳"，君之讳。"私讳"，大夫之家讳。

凡祭不讳，庙中不讳，教学临文不讳。

"凡祭"，祭群祀；祝嘏之辞不为先君讳也。"庙中"，上不讳下。"教"，教人。"学"，受业。"临文"，辞命简策之类。

右第十九章。此章杂记事上之节。

古之君子必佩玉，右徵角，左宫羽。趋以《采齐》，行以《肆夏》；周还中规，折还中矩；进则揖之，退则扬之；然后玉锵鸣也。徵，陟里反。齐，疾资反。还，似言反。中，陟仲反。

"古"者，记者之辞，指三代而言也。"左""右"，佩有两系。"徵角""宫羽"，其大小轻重合四音之数，数合则声合矣。徵角之数合一百一十八，宫羽之数合一百二十七，轻重相互几于均矣。门外则趋，《采齐》亦门外之乐也；堂上则行，《肆夏》亦登堂之乐也。趋行之步，疾徐与之相应，虽无其乐，节不改也。"周还"，回行也，回旋必圆，不遽为向背也。"折还"，旁行也，旁旋必方，不邪迤也。"揖"，犹抑也；进则佩易飘举，敛抑之使声不迫也。"退"，逆退也，佩倚身而不鸣，扬之使鸣也。趋、行、周、折、进、退之不失其节，玉乃锵然鸣，中于五音也。

故君子在车则闻鸾和之声，行则鸣佩玉，是以非辟之心无自入也。

"车"，乘车。"鸾"，衡上铃。"和"，式前铃。御中其度，则和鸾比于音也。"非"，戾也。"辟"，邪也。"心"，意也。声以养容，容以居敬，敬存而物交之感不忘矣。

君在不佩玉，左结佩，右设佩。居则设佩，朝则结佩。朝，直遥反。

此谓世子也。"君在"，对君也。"不佩玉"者，结之也。左，玉佩。"结"者，约其组而纽之，使不鸣也。"右"，事佩，觿燧之属。"设"，如常设而垂之也。"居则设佩"，燕居并玉佩而设垂之也。"朝则结佩"，所谓"君在不佩玉"也。玉以昭德，事佩者事亲之礼，世子修子道而已，不敢见德也。

齐则绩结佩而爵韠。齐，侧皆反。

"绩"，屈也；既结之，又屈之，反纳于革带，不欲其有声。齐不听乐，佩鸣有乐理焉，静谧以养，至敬也。"爵韠"，玄端服。齐则自天子达于士，皆玄端爵韠，不用朱素，至敬不饰也。

凡带必有佩玉，惟丧否。

"带"，革带。"必有"者，与相连属而不释也。丧以绞带、澡麻带、布带代革带，不系佩焉，哀无饰也。非丧必佩。

佩玉有冲牙。

佩有三组，冲牙悬于中组之末，两旁之组末端皆悬一璜，冲牙以左右触而璜鸣。"冲牙"，亦以玉为之，两端皆锐。

君子无故玉不去身。君子于玉比德焉。

"故"，谓丧疾也。"比德"，详见《聘义》。

天子佩白玉而玄组绶，公、侯佩山玄玉而朱组绶，大夫佩水苍玉而纯组绶，世子佩瑜玉而綦组绶，士佩瓀玟而缊组绶，孔子佩象环五寸而綦组绶。 纯，与"缁"通，庄持反。綦，渠之反。瓀，而衮反。玟，无分反。缊，乌魂反。孔，本"冢"字之误，知陇反。

"组绶"者，以组为绶也。"绶"，所以系佩玉，相承受也。"山玄""水苍"，玉之文如山水而色玄苍也。"纯"，黑色。"瑜玉"，色文未详。"瓀玟"，美石似玉者。"綦"，杂采。"缊"，赤黄色。"冢子"，卿、大夫之适长子，不佩玉者，父在不敢居德。"佩象环"者，别于庶子也。"五寸"，以围言。"綦组绶"者，与世子同，不敢纯，以避尊亲也。

右第二十章。此章记佩绶之制。当在第十六章之下。

童子之节也，缁布衣，锦缘，锦绅并纽，锦束发，皆朱锦也。 节，当作"饰"。缘，俞绢反。并，卑正反。

"缘"，衣缘。"锦绅并纽"，以锦缘绅及为纽也。"束发"，总也。皆用朱者，为华饰取悦亲也。

肆束及带，勤者有事则收之，走则拥之。 此节陈氏本从郑说，改置"无箴功"之下，今从古本。肆，本"肂"字之误，羊至反。

"肆"，余也；谓纽之下垂及绅也。"束及带"者，反屈之，扱带上也。"收"者，敛而聚结之。"拥"，手抱持之也。童子之带，绅、纽虽设，恒反屈之而不垂，及有勤劳之事则又敛结之，走则握之，便服劳且勿陨越。不垂，不备盛饰也。

童子不裘，不帛，不履絇，无缌服。听事不麻，无事则立主人之北，

南面。见先生，从人而入。

"不裘帛"者，不备服，且过燠则伤壮气也。"绚"，履头饰也。"无緦服"者，哀不能及疏远，不为虚饰也。"听事"，听事于丧家。"不麻"，不绖也。"主人"，丧主。立于其北，南面，以待事而不背宾之外至者也。"从人"，从求见者入，不敢抗宾主也。

右第二十一章。此章记童子之礼。当在第十七章之下。

侍食于先生、异爵者，后祭先饭。饭，扶晚反。

"先生"，师长。"异爵者"，士于大夫。凡食，主人延客先祭，侍食不敢当宾，故后祭先饭，若尝食然。

客祭，主人辞，曰："不足祭也。"客飧，主人辞以疏。主人自致其酱，则客自彻之。一室之人非宾客，一人彻。壹食之人，一人彻。凡燕食，妇人不彻。"燕食"之"食"，祥吏反。

此谓敌体相食者也。相食非食礼，故祭必辞。"飧"，以饮浇饭，致饱也。"疏"，言食粗恶，不堪饱也。致，"置"也。"一室之人"，同食者也；非食礼，故少者一人彻耳。"壹"，聚也。"壹食之人"，将有事而聚食趋事也。"一人"，亦少者。妇人虽燕食不备礼。

食枣桃李，弗致于核。瓜祭上环，食中，弃所操。凡食果实者后君子、火孰者先君子。后，胡道反。先，悉荐反。

"致"，尽也；龁之彻核，鄙也。"瓜祭"，食瓜而祭也。"环"，断瓜中如环处。"所操"，蒂及脱花处，不尽食叶之。食致于操，亦鄙也。果实各自为美恶，后以明让，火孰者则尝食必先也。

右第二十二章。自此章以下皆杂记礼仪，与《曲礼》相出入。

有庆，非君赐不贺。

"有庆"，若成室、生子之类。君不赐，不敢受僚友之贺，避私好也。

有忧者。

下有阙文。

勤者有事则收之，走则拥之。

重出。

右第二十三章。

孔子食于季氏，不辞，不食肉而飧。

季氏不以"不足祭"为辞，故不食肉而飧。无礼，不足与为礼也。

右第二十四章。此章当在第二十二章"主人辞以疏"之下。

君赐车马，乘以拜赐；衣服，服以拜赐。_{"赐"字旧连"下为"句，今从陈氏。}
章君惠也。

君未有命，弗敢即乘服也。

谓新受爵者，虽所得乘之车、得服之衣，犹必君命之而后乘服，不敢辄自尊也。

君赐，稽首，据掌致诸地。

"据掌"，谓君所赐可手持者，方稽首之时以掌据之也。凡稽首，两手张而下，今有所据，故合手致地而不张。

酒肉之赐，弗再拜。

"再拜"者，拜受于家，又拜于公所也。君子不以口腹为恩。

凡赐君子、与小人，不同日。

"君子"，命士以上。"小人"，嬖臣、有司之属。君子曰"赐"，小人曰"与"。

凡献于君，大夫使宰，士亲，皆再拜稽首送之。

"宰"，家宰。大夫于宰行，再拜送之。宰至公门，及士亲献。以授小臣时，又皆再拜稽首。

膳于君有荤、桃、茢，于大夫去茢，于士去荤，皆造于膳宰。_{荤，许云反。俗音呼昆反者，非。去，卬矩反。}

"膳"，献孰食也。"荤"，姜及五辛也。"桃"，用枝。"茢"，炎帚也。膳而致之，嫌有凶邪干食气。"去茢"，则亦去桃矣。"造"，谐也。既告而致之于膳宰，亵不敢劳君受，且俾膳宰调而尝之。

大夫不亲拜，为君之答己也。_{为，于伪反。}

"拜"，拜献也。

大夫拜赐而退；士待诺而退，又拜，弗答拜。

大夫拜于公门，小臣入告而即退，不待诺也。"诺"者，小臣入告，出报君之已闻也。"又拜"，拜君之诺也。士所以待诺者，为君于士弗答拜也。君于大夫答拜，恐或召己，须面拜而烦君之答，故亟退。

大夫亲赐士，士拜受，又拜于其室。衣服弗服以拜。

"其室"，大夫之室也。大夫使人赐士，则拜受而已。"衣服弗服"者，别于君，不崇人之惠以失己也。

敌者不在，拜于其室。

"敌者"，爵相等者。"不在"，谓亲馈而己不在家拜受也，则往拜。

凡于尊者有献，而弗敢以闻。

"尊者"，谓臣于君，家臣于大夫。"弗敢以闻"，因有司致之。

士于大夫不承贺，下大夫于上大夫承贺。

"承"，受也。"不承"，谓不听其亲来也。大夫受爵，士则贱也。

亲在，行礼于人，称父。人或赐之，则称父拜之。

"行礼"，谓庆、吊、馈、问。称父之辞曰"某使某"也。

右第二十五章。

礼不盛，服不充，故大裘不裼，乘路车不式。

"充"，实也。礼盛则无待于文，服皆崇实；礼不盛，则资文饰以隆之。"大裘"，天子祭天之服。"不裼"，不加衮也。"路车"，天子乘玉路以祀天，金路以祀先王也。"不式"，不为敬容。二者皆盛礼，敬充于内，无假于外也。

右第二十六章。

父命呼，惟而不诺，手执业则投之，食在口则吐之，走而不趋。惟，以水反。

"惟"疾"诺"迟。"业"，所执事物也。"走"，流水行，不为容。

亲老，出不易方，复不过时。亲瘵，色容不盛。复，芳服反。

"方"，所告之方。"时"，所期之时。"瘵"，病也。

此孝子之疏节也。

"疏"，粗概也。孝子之道，精密无间，非此之所能尽也。总结上文。

父没而不能读父之书，手泽存焉尔。母没而杯圈不能饮焉，口泽之气存焉尔。

"泽"，染迹也。"圈"，与"棬"同，盘也。"不能"，凄恻生怀，自不容已。以此思孝，则无时无在无存无没而忍忘其亲，岂疏节之尽而可谓孝乎？

右第二十七章。

君入门，介拂闑。大夫中枨与闑之间。士介拂枨。

此言两君相朝之礼。"君"，来朝之君也。"门"，大门。"介"，上介，卿也。大夫承介，士末介。"拂"，衣撇及之也。"闑"，门两扉之中，树短木以止门者。"枨"，门旁附柱木。介之入门，雁行而进，君中枨闑之间，上介由君东近闑，承介当君后，末介益西近枨。主君迎宾西入，摈亦雁行。

宾入不中门，不履阈，公事自闑西，私事自闑东。

此言大夫聘于邻国而为宾也。"不中门"者，不当枨闑之中，东近闑，避君位也。"阈"，门限也。门启而限去，设限之处固在，两君相见则于阈次小立相让，大夫入门趋而过之，不敢伫立也。"公事"，聘享也。"自闑西"，以君命故，用宾礼也。"私事"，私觌也。"自闑东"，非君事，用臣礼也。

君与尸行接武，大夫继武，士中武，徐、趋皆用是。

此言庙中步趋之节也。"与"，及也。尸尊，故与君同也。"武"，足迹也。"接武"，两足相蹑，后迹接前迹之半也。"大夫""士"，助祭者也。"继武"，各自成迹，相继而无间也。"中武"，两迹相去，中间容一武也。"徐"，步也。"皆用是"者，步趋有疾迟，而步法之疏数各如其度，所谓"君行一，臣行二"也。此谓诸侯庙中之礼。天子之庙，其诸侯继武、大夫中武与？

疾趋则欲发，而手足毋移。圈豚行，不举足，齐如流，席上亦然。 欲，本"数"字之误，所角反。圈，窘远反。

此通言趋容也。"数发"，不停顿也。毋移者，手则肘不摇，足则平直不东西佗步也。"圈豚"，家畜小豕。家豚之行，膝以下动而髀不与俱动，小步密数，两足相继，有似齐举，如流水之波，中无间隙，鳞鳞相因而速，盖徐趋之状然也。"席上"，谓即席、离席时。

端行，颐霤如矢。弁行，剡剡起屦。执龟、玉，举前曳踵，蹜蹜如也。

"端"，玄端，燕居之服。"弁"，皮弁、爵弁，朝祭之服也。"行"，步也。燕居之步，颐如垂霤，不东西望，而步随之，直如矢矣。"剡剡"，锐貌。在朝、在庙，以局脊为敬，故举足向内，两踵外迤，不敢张足侈行也。"举前"，举趾也。"曳踵"，踵不起也。"蹜蹜"，促狭之貌。

右第二十八章。

凡行容惕惕，庙中齐齐，朝廷济济翔翔。惕，与章反。济，子礼反。

三者皆行时之身容也。"行"，谓行于道路。"惕惕"，自得貌。"齐齐"，整肃貌。"济济翔翔"，盛貌。无事尚和，宗庙主敬，朝廷以威仪为盛也。

君子之容舒迟，见所尊者齐遬，足容重，手容恭，目容端，口容止，声容静，头容直，气容肃，立容德，色容庄，坐如尸，燕居告温温。齐，侧皆反。

此通言容貌之宜也。"君子"，临下之称。"舒迟"，动止不遽也。"齐遬"，起敬而酬酢不懈也。"重"，践地不浮也。"止"，唇颊不动也。"声容静"者，虽言而头不倾、身不摇、目不瞬，颊不动、手不指。"气容肃"者，息不浮喘，肃若寂也。"德"，正直也。"色"，面色。"庄"者，盛气内凝，充实而不苶也。"告"，有所教示也。"温温"，和浃貌。

凡祭，容貌颜色如见所祭者。

爱敬不舍，则只肃如有所承，温柔如有所亲矣。

丧容累累，色容颠颠，视容瞿瞿梅梅，言容茧茧。瞿，九遇反。

此节言居丧之容。"丧容"，身容也。"累累"，彷徨求索貌。"颠颠"，坠下而不伸之貌。"瞿瞿"，惊遽貌。"梅梅"，视而蹙额，如酸螫然。"茧茧"，气微而不相续之貌。

戎容暨暨，言容诖诖，色容厉肃，视容清明，立容辨，卑毋诎，头颈必中，山立，时行，盛气颠实扬休，玉色。

此节皆言临戎之容。"戎容"，身容也。"暨暨"，倥偬控扶之貌。"诖诖"，严断貌。"厉"，怒；"肃"，严也。"清明"，瞻视详审也。"辨"，审所立而不妄也。"卑毋诎"者，时或对所尊者，毅然不为曲敬也。"头颈必中"，不旁倾也。"山立"，立之坚也。"时行"，非行时不妄移足也。"颠"，顶也。"休"，大也。怒气上发达于颠顶，充实以发扬其盛大之气也。"玉色"，坚缜而不变貌。

右第二十九章。

凡自称：天子曰"予一人"；伯曰"天子之力"；臣诸侯之于天子曰"某土之守臣某"，其在边邑曰"某屏之臣某"，其于敌以下曰"寡人"；小国之君曰"孤"，摈者亦曰"孤"。守，舒救反。

"自称"，别于摈者之辞也。"一人"，犹言眇躬。"伯"，五官之长，分东西而治者。"力臣"，谓宣力于四方。"某土"，以国言。"边邑"，四夷之长，"某屏"，以方言。"敌"，谓邻国之君。"以下"，达于臣民也。小国之君，摈与自称同，词异于大国。摈者称寡君，小事大之礼也。

上大夫曰"下臣"，摈者曰"寡君之老"。下大夫自名，摈者曰"寡大夫"。世子自名，摈者曰"寡君之适"。公子曰"臣孽"。适，丁历反。孽，牙葛反，俗音五结反者，非。

此谓聘使之辞。下大夫不称臣，未受王命，卑也。"寡大夫"之称，于名义不顺，始于楚公子围僭倨之词，春秋之末或循用之，记者误仍之。"公子"，庶子。孽，木旁侧生芽。

士曰"传遽之臣"，于大夫曰"外私"。传，直恋反。

"传"，驲也。"遽"，驲之急递者，谦言奔走将命，若驲卒也。此亦为介对主君之词。"于大夫"，于主国之大夫也。"私"，家臣也，士谦与其家臣等。

大夫私事使句，**私人摈则称名，公士摈**句，**则曰"寡大夫"，"寡君之老"。大夫有所往，必与公士为宾也。**使，疏吏反。宾，与"摈"通，必刃反。

"私事使"，大夫自遣人至邻国也。"摈"，介也。"私人摈"，大夫以私事行，不敢用公士为介。二者使与介词不及君，不敢以私黩君也。"有所往"，谓君命出使。"与"，犹"以"也。以公事行，则必以公士为介，词必称"寡君之老"，不敢专公事于己也。

右第三十章。此章所记与《曲礼》小异，盖摈与自称之别，当参观而互证之。

《礼记章句》卷十三终

礼记章句卷十四

明堂位

《明堂位》者，取篇首之辞以为篇目，盖鲁之后儒张鲁而为之侈大之辞，原本周公总己之事以记其礼乐之盛，其后班固《典引》、柳宗元《晋问》之类，皆迹此而为者也。顾不知鲁僭天子之为非礼，则欲张之而只以损之。后儒不察，益从而附会焉，加之周公负扆之说以厚诬圣人，则伤名义而启僭乱，尤为世道人心之大害。读者知节取焉以稽古仪文器物之制可尔，若侈其说以淫泆而入于乱，则所谓"尽信《书》不如无《书》"者也。抑考明堂之制，孟子曰"王者之堂"，犹言天子之宫也。其在《考工记》所志，既详庙门、闱门、路门之制，抑云"内有九室，九嫔居之；外有九室，九卿朝焉"，是内容燕寝，外列官署，即王宫之通称，审矣。天子之宫以大庙为礼法之正朝，故《觐礼》曰"天子负扆"，正与此记吻合。又云"诸侯肉袒于庙门之东，乃入门右，北面立，告听事。"是天子朝诸侯于大庙、户牖之间，其庙之堂坫即所谓明堂也。自吕不韦之说兴，沿流至汉，谓天子于国之南立一十二月颁政之宫，曰明堂；公玉带之徒又以邪说文之，而上圆下方九室十二庭纤妄之制出，不时规模琐屑，同于儿戏，迁徙避就，等于师巫，且令匠者无所施其结构，小道害正，莫有如此之甚者也。即以此篇考之，曰"天子负斧依，南向而立"，是位于向明，其不随四时而易面，既有明证，且其序次诸侯四夷之位，固非九筵而广三分去一之所能位置，抑云"大庙天子明堂"，则堂为庙堂，益为可信，而吕不韦、蔡邕之邪说，不待辨而知其诬矣。

昔者周公朝诸侯于明堂之位。朝，直遥反。

"朝"，谓序其朝位也。"明堂"，大庙之堂，堂基去地高九尺，广九筵，深七筵，诞九尺，前为三阶，旁辟四门，古者天子必于大庙见诸侯，而路寝乃以听政。庙在库门之内，于路寝为左，庙堂南向，诸侯四面立焉。周公之功，始于胜殷，成于定礼。周礼定而上下定，海内治，天下平矣。礼莫大于朝诸侯，周公班位以绥辑九服，于功最大，故记者将张鲁得赐天子之礼乐而先述之，以明功德之所自起。

天子负斧依，南乡而立。依，于岂反。乡，许亮反。

"天子"，谓成王。"依"，屏风。"斧依"，画黼于屏风也。斧依设于户牖之间，当前檐之中。"南乡"，乡明也。诸侯升见则皆北面。此言周公制礼，正天子之位以临诸侯也。

三公，中阶之前，北面东上。诸侯之位，阼阶之东，西面北上。诸伯之国，西阶之西，东面北上。诸子之国，门东，北面东上。诸男之国，门西，北面东上。

"中阶"者，惟天子之庙有之。"门"，庙门。门东、门西，皆在门内。

九夷之国，东门之外，西面北上。八蛮之国，南门之外，北面东上。六戎之国，西门之外，东面南上。五狄之国，北门之外，南面东上。九采之国，应门之外，北面东上。四塞，世告至。塞，先代反。

"九""八""六""五"，举其大概而言之也。庙设四门，四夷位在门外，拜立各于其位，有所命，乃召入也。位皆以右为上，狄南面而东上，尚左者，嫌与王同向，故东上，如北面之序也。"九采"，九州之收典职贡者，居应门之外，以序纠诸侯。"四塞"，九州之外，羁縻之国也。每世一见，不在述职之列，于大门外拜谒，因有司以告而已，不入朝位。

此周公明堂之位也。明堂者也，明诸侯之尊卑也。

结上文以明周公制礼之功，尊卑明而天下定矣。

昔殷纣乱天下，脯鬼侯以飨诸侯，是以周公相武王以伐纣。武王崩，成王幼弱，周公践天子之位以治天下。六年，朝诸侯于明堂，制礼作乐，

颁度量，而天下大服。七年，致政于成王。 <small>相，息亮反。治，直之反。朝，直遥反。</small>

鬼，国名，《周本纪》作九。"飨"，遗也。"践位"，犹言行事。周公摄政在成王之元年，其明年遂居于东，则亦谅阴总己之常礼。旧谓践位为居负扆南向之位，盖鲁人张大之辞既已文害其意，而后儒因附会以成妄也。"致政"，谢事之称。承上文而言周公武功文德之盛，足以受成王之宠赐而非溢赏也。

成王以周公为有勋劳于天下，是以封周王于曲阜，地方七百里，革车千乘；命鲁公世世祀周公以天子之礼乐。 <small>乘，绳证反。</small>

王功曰"勋"，定典礼以治天下是也。事功曰"劳"，相武王以伐纣是也。曲阜，今兖州属县。"方七百里"者，提封方五百里，为方里者二十五万，其外附庸之国二十四，为方里者二十四万。并附庸而数之，张大之辞也。"千乘"者，六十四井旁加一里而出兵车一乘，盖六万五千井之赋。方五百里而以其四分之一为车赋之实，四乘而供一乘之征，以中地制田二百亩而当百亩，又半用之为更番也。鲁公，鲁君也。鲁侯爵而称公，亦臣子之辞。

是以鲁君孟春乘大路，载弧韣，旂十有二旒，日月之章，祀帝于郊，配以后稷，天子之礼也。 <small>载，都代反。有，于救反。</small>

此下皆所谓天子之礼乐。鲁君受王命而行，非辄僭也。"孟春"，周正建子之月。"大路"，殷之水路。"载"，施之旗上也。"弧"，以竹为之，状类弓，两端施金锥以张旗幅令开舒者。"韣"，画布为弧衣。日月为常，交龙为旗，旗而有日月之章，礼之不纯乎天子也。

季夏六日，以禘礼祀周公于大庙。牲用白牡，尊用牺、象、山罍，郁尊用黄目，灌用玉瓒大圭，荐用玉豆、雕篹；爵用玉琖仍雕，加以璧散、璧角；俎用梡、嶡；升歌《清庙》，下管《象》；朱干玉戚，冕而舞《大武》；皮弁素积，裼而舞《大夏》。《昧》，东夷之乐也。《任》，南蛮之乐也。纳夷蛮之乐于大庙，言广鲁于天下也。 <small>"大庙"之"大"，他盖反。牺，素禾反。篹，损管反。瓒，才旱反。梡，苦管反。嶡，居卫反。任，如林反。</small>

言"季夏"而又言"六月"者，夏正建未之月也。所以禘于建未之月者，春祠非禘时，因礿而禘。禘以建午而缓一月者，避天子之禘时也。"禘"者，禘其所自出之帝以祖配之，伯禽为鲁始封之祖而上禘周公，亦如周之禘喾也。“白牡”，殷牲，以避周也。“牺尊”，以翠羽饰尊，画为凤羽娑娑然，祠礿朝践盛醴齐之尊。“象尊”，以象骨饰尊，馈食献尸之尊。“山罍”，刻山于罍，罍亦尊也。口侈者为“尊”，颈细口敛者为“罍”。“山罍”，追享朝享再献之尊也。“黄目”，黄彝刻画为目形，尝烝之裸尊也。“灌”，用郁鬯为始献也。“瓒”，于圭端为盘以盛郁。瓒圭长尺有二寸，而用大圭，亦礼之不纯者也。“篹”，“笾”也，形似筥。珓，夏后氏之爵。玉爵，所以酳也。“仍”，循也。“仍雕”者，循爵口而雕之也。“加”，酳后加献。“璧散、璧角”，皆以璧饰口，“梡”，俎下有四足。“嶡”，四足中间横木为距。“升歌”，堂上之歌。“下”，堂下也。“管”，笙奏。《象》，《周颂》之篇，歌而笙播之也。“积”，裳之襞积。“素积”，素裳。“裼”，素锦衣裼裘也。冕及皮弁素积，皆舞者之服。《大夏》，禹乐。《昧》，《周礼》作《韎》，持矛舞。《任》，持羽舞。西方乐曰《株离》，北方曰《禁》。王者兼用四夷之乐以示无外，鲁独用东南者，降于天子，以周公化行于南而建国于东也。“广鲁于天下”，谓著其威德之加于远方也。鲁用天子之礼乐，本为非礼以诬周公，然而降杀庞杂，参用杞、宋，则天理之不可违而人心之固有其不安者，亦见矣。

君卷冕立于阼，夫人副袆立于房中；君肉袒迎牲于门，夫人荐豆、笾；卿大夫赞君，命妇赞夫人；各扬其职。百官废职服大刑，而天下大服。 卷，与“衮”同，古本反。副，敷救反，俗音方遇反者，误。

“卷冕”，冕九旒，衣九章。“副”，首饰；郑氏以为若今步摇；刘熙曰：“兼用众物成其饰，汉制八雀、九华、十二镇也。”“袆”，袆衣。“副袆”，王后之上服也。“房”，东房。“立”者，尸初入时。“门”，庙门。“赞”，助也。“命妇”，内则世妇，外则大夫之妻。“扬”，举也。“天下大服”者，无异议也。言以诸侯用天子之礼，行禘祭之大典，内外交襄成事而不惭，天下闻之而无异议，惟周公之勋劳足以堪之也。

是故夏礿、秋尝、冬烝，春社、秋省而遂大蜡，天子之祭也。 省，本“狝”字之误，息浅反。

不言春祠，诸侯之祭缺其一也。不祭则荐。春蒐遂以祭社，秋狝遂以祭方，言“春社、秋狝”者，互文。大蜡行于季冬，鲁于秋方之后遂举行之，亦避天子也。

大庙，天子明堂。库门，天子皋门。雉门，天子应门。振木铎于朝，天子之政也。大，他盖反。朝，直遥反。

"明堂"，天子大庙之堂，今鲁大庙之崇广如之。天子五门，外为皋门，次库门，次雉门，次应门，次路门。诸侯惟库、雉、路三门，崇广亦降于天子。鲁虽三门，而库门之制如皋门，雉门之制如应门。天子雉门外设两观，为象魏悬法于上，而遒人振木铎以徇众，象魏之下为外朝。鲁设两观，徇木铎，皆拟天子矣。"政"，谓布政之所。

山节、藻棁、复庙、重檐、刮楹、达乡、反坫出尊、崇坫康圭、疏屏，天子之庙饰也。复，芳服反。乡，许亮反。康，苦浪反。

"复庙"，谓下柱平栌如井阑，上复施柱起脊檐也。"重檐"，四周檐下更立廊屋、起卑檐，以蔽飘雨也。"刮楹"，斫檐柱令方也。当门为"乡"。"大庙"，宫启四门，四达于庙，上文所谓"四夷位在门外，皆乡庙而立"也。"出尊"，出而覆尊也。诸侯之反坫，但置反爵，而尊在两楹之间，天子则尊于序，反坫广长出而檐覆尊也。"崇坫"，于坫之上又甃为台。"康"，亢也，安置也。诸侯受玉则藏之，天子则为重坫以奠之，人君相见必于庙中，故尊圭之坫皆庙制。"屏"，树门外；"疏"者，雕刻玲珑，后世所谓"罘罳"也。此上言鲁用天子之礼一如周制，下乃备言四代之文也。

鸾车，有虞氏之路也。钩车，夏后氏之路也。大路，殷路也。乘路，周路也。

"鸾车"，无钩锡，但有和鸾也。"钩车"，金路也，无锡有钩。"钩"，娄颔之钩。"大路"，木路。"乘路"，玉路。鲁以木路郊，以玉路祀宗庙，余未详所用。

有虞氏之旂，夏后氏之绥，殷之大白，周之大赤。绥，与"緌"通，如谁反。

"旂"，交龙旗也。"绥"，大麾，注旄牛尾于竿首，其旓则黑。"大白""大赤"，俱有绥，以色辨尔。旂以宾，绥以田，大白以戎，大赤以朝。

夏后氏骆马黑鬣，殷人白马黑首，周人黄马蕃鬣。

白黑相间谓之"骆"。"黄马"，骊马。"蕃"，赤也。马须间色成文章，白黑赤黄，相生之色。皆谓驾大路之马也。

夏后氏牲尚黑，殷白牡，周骍刚。

"刚"，本作"牨"，牛脊也。脊骍而已，不求纯骍，避天子也。"白牡"，周公牲。"骍刚"，鲁公牲。"黑"，未详所用。

泰，有虞氏之尊也。山罍，夏后氏之尊也。著，殷尊也。牺、象，周尊也。著，直略反。牺，苏禾反。

"泰"，所谓瓦大也。"著"，尊著地无足者。

爵，夏后氏以琖，殷以斝，周以爵。

"琖"之为浅也，所容浅也。"斝"之为言稼也，刻禾稼于斝琖也。"爵"，象黄爵形。

灌尊，夏后氏以鸡夷，殷以斝，周以黄目。其勺，夏后氏以龙勺，殷以疏勺，周以蒲勺。

"夷"与"彝"通，尊而谓之"彝"者，重郁鬯，言法则之器也。"鸡彝"，刻鸡形彝上。周用之为祠祏之灌尊。"斝"，斝彝，刻稼文，周用之，与黄目彝为尝烝之灌尊。旧说用木为之，今按《宣和博古图》，商、周彝皆铜器也。"勺"，所以挹酒于尊而注之爵者。"龙勺"，刻其柄为龙。"疏勺"，则更镂柄空令疏通。"蒲勺"，柄尾微开，如蒲草本合而末开。鸡彝用龙勺，斝用疏勺，黄目用蒲勺。

土鼓蒉桴、苇籥，伊耆氏之乐也。蒉，与"块"同，苦怪反。桴，缚牟反。

"土鼓"，烧土为瓦鼓，腔以皮鞔而绞之。"蒉桴"，丸泥，掷鼓令鸣；今武陵人莳稻时犹传其制。"苇"，荻属，以为籥，如笛，三孔，易以成音；《周礼》所谓"豳籥"也。伊耆氏，帝尧之号。此乐用之以大蜡。

拊搏、玉磬、揩、击、大琴、大瑟、中琴、小瑟，四代之乐器也。揩，古黠反。

"拊搏"，以韦为之，如小鼓，充之以穅，筑地作声。"揩"，与"戛"同，拊敔也。"击"，捣柷也。"大琴、大瑟"，未闻。世传古瑟五十弦，帝以其太悲，分之为二十五弦，其此类与？

鲁公之庙，文世室也。武公之庙，武世室也。

"世室"，百世不迁之庙也。周立文、武二世室。伯禽本鲁始封之君，宜为鲁祖，以祖周公，故别为世室。武公、伯禽元孙，名敖，以峯之战立其宫，与鲁公俱不祧，配周二世室。抑武宫之立在成公六年，则鲁之僭礼非尽出成王之过赐明矣。新都杨慎谓鲁用天子之礼，惠公请之而僖公以后始僭用之，其说亦通。

米廪，有虞氏之庠也。序，夏后氏之序也。瞽宗，殷学也。頖宫，周学也。

"米廪"，《春秋》谓之"御廪"，以藏粢盛，其堂因为教学之所。"序"，射宫。"瞽宗"，为庙以祀乐祖而国子于焉学乐者也。"頖宫"，鲁之泽宫，因泮水而为之，以合乐飨射而选士。谓之"学"者，兼合国人饮射而布政教也。

崇鼎、贯鼎、大璜、封父龟，天子之器也。越棘、大弓，天子之戎器也。父，方矩反。

崇，国名，在今陕西之鄠县。文王灭崇，俘其宝鼎，后以赐鲁。贯，亦国名。《春秋》"盟于贯"，其故墟也。杜预云"在梁国蒙县西北"，今蒙城县也。"璜"，半璧。"大璜"，夏后氏之遗宝。封父，亦国名。"棘"，戟也。"大弓"，《春秋传》所谓"封父之繁弱"也。六者皆鲁世守之宗器。

夏后氏之鼓足，殷楹鼓，周县鼓。县，胡涓反。

"足"，谓鼓腔一面施四足，植立也。"楹鼓"，以木贯鼓腔，植之如柱然。"县鼓"，腔上为环，系而县之于筍簴。

垂之和钟，叔之离磬，女娲之笙簧。娲，古蛙反。

垂，舜之共工。叔，名无句，始作磬者。女娲，风姓。"和钟"，和合十六枚而为一簴。"离"，特也，特县，不与编磬为耦也。三者皆用古人之制为之，非必古器也。

夏后氏之龙簨簴，殷之崇牙，周之璧翣。"璧翣"，当作"树羽"，因下文更有"殷之崇牙"相仍而误。

县钟磬之架，横者曰"簨"，字或作"筍"，植者曰"簴"。"龙"，刻为龙形也。"崇牙"，于簨上设大板，刻为龃龉，以击钟磬之纮。"树羽"，重五采羽葆于簨端，如流苏然。

有虞氏之两敦，夏后氏之四琏，殷之六瑚，周之八簋。敦，都队反。

皆盛粢盛之器也。"敦"有盖，"簋"方，"琏""瑚"，未详。皆刻木为之，饰之以玉。"两敦"者，黍、稷各一，四琏倍之，六瑚加稻、粱各一，八簋又加白黍、黄粱。鲁人杂用之于宾祭，如其器即如其数，特所施用之殊未详耳。

俎，有虞氏以梡，夏后氏以嶡，殷以椇，周以房俎。椇，俱禹反。

"椇"，俎下足曲挠为圆形。"房"，足下复加小平板，周围承跗也。

夏后氏以楬豆，殷玉豆，周献豆。楬，苦瞎反。献，苏禾反。

"楬"，不饰也。"玉豆"，以玉嵌之。"献豆"，翡翠饰，若牺尊然。

有虞氏服韨，夏后氏山，殷火，周龙章。韨，本"黻"字之误。

有虞氏备十二章，而以黻为尚；夏尚山；殷尚火；周九章，登龙于八章之上。此皆谓衮冕服。

有虞氏祭首，夏后氏祭心，殷祭肝，周祭肺。

"祭"者，豆间之祭，祭始制饮食者也。三代各祭其气之所胜。若此类，鲁亦传其制而已，非必兼用之也。

夏后氏尚明水，殷尚醴，周尚酒。

若冠礼则尚醴，昏礼则尚酒是已。盖酌三代而杂用之。

有虞氏官五十，夏后氏官百，殷二百，周三百。

各言其官署也。鲁兼用者，或用其名号耳，非备官六百五十之谓。

有虞氏之绥，夏后氏之绸练，殷之崇牙，周之璧翣。绥，如谁反。

谓丧车所建旌旗之饰也。详见《檀弓》。"璧"，当作壁，墙也；所谓"周人墙置翣"也。

凡四代之服、器、官，鲁兼用之。

总结上文。

是故鲁，王礼也，天下传之久矣，君臣未尝相弑也，礼乐、刑法、政俗未尝相变也，天下以为有道之国，是故天下资礼乐焉。

诸侯皆遵一王之制，惟王者则损益先代而创制，故曰"王礼"。"变"，如杞用夷礼之类。"资"，借徵也。此篇所记，先儒皆讥其失实，盖其流于矜夸者，诚有之矣。然观齐仲孙、晋韩起之所推奖，则"天下资礼乐"之非诞。及后项羽之亡，鲁受围而弦诵不辍，则风流余韵皆载周公之德，亦不诬矣。子曰："为国以礼。"礼者，固非徒仪文器服之谓，而仪文器服之仅存，犹足以维人心而端风俗，其又可忽乎哉！

右第一章。

《礼记章句》卷十四终